纺织服装高等教育"十二五"部委级规划教材
普通高等教育服装营销专业系列教材

服装零售管理教程
FUZHUANG LINGSHOU GUANLI JIAOCHENG

主　编｜胡守忠

副主编｜孙菊剑　鲁　成

东华大学出版社

图书在版编目(CIP)数据

服装零售管理教程/胡守忠主编. —上海:东华大学出版社,2013.10
ISBN 978-7-5669-0328-0

Ⅰ.①服… Ⅱ.①胡… Ⅲ.①服装—零售商业—销售管理
Ⅳ.①F717·5

中国版本图书馆 CIP 数据核字(2013)第 171729 号

上海沙驰服饰有限公司赞助

TO BE A BETTER MAN
Satchi 止于至善

责任编辑　谭　英
封面设计　陈　澜　杨雍华

服装零售管理教程
主　　编　胡守忠
副 主 编　孙菊剑　鲁　成

出　　版：东华大学出版社(上海市延安西路 1882 号，200051)
本 社 网 址：http://www.dhupress.net
天猫旗舰店：http://dhdx.tmall.com
营 销 中 心：021-62193056　62373056　62379558
印　　刷：苏州望电印刷有限公司
开　　本：787 mm×1 092 mm　1/16　印张　21.25
字　　数：540 千字
版　　次：2013 年 10 月第 1 版
印　　次：2013 年 10 月第 1 次印刷
书　　号：ISBN 978-7-5669-0328-0/TS·417
定　　价：47.00 元

普通高等教育服装营销专业系列教材编委会
（按姓氏笔划为序）

编委会主任

倪阳生　中国纺织服装教育学会
杨以雄　东华大学服装·艺术设计学院

编委会副主任

万艳敏　东华大学服装·艺术设计学院
李晓慧　北京服装学院商学院
赵　平　北京服装学院服装艺术与工程学院
刘国联　苏州大学纺织与服装工程学院
刘　利　天津工业大学艺术与服装学院
吴海弘　上海沙驰服饰有限公司
沈　雷　江南大学纺织服装学院
陈建伟　青岛大学纺织服装学院
胡洛燕　中原工学院服装学院
胡守忠　上海工程技术大学服装学院
顾朝晖　西安工程大学服装与艺术设计学院
潘　力　大连工业大学服装学院

编委会委员

王建伟	郑州轻工业学院艺术设计学院
方泽明	福建师范大学美术学院
朱　坤	重庆师范大学服装学院
任　力	浙江理工大学服装学院
刘红晓	广西科技大学艺术与文化传播学院
刘青玲	青岛大学纺织服装学院
孙玉钗	苏州大学纺织与服装工程学院
孙菊剑	安徽农业大学轻纺工程与艺术学院
李　敏	东华大学服装·艺术设计学院
吴春胜	浙江科技学院服装学院
张巧玲	河南工程学院服装学院
张技术	山东工艺美术学院服装学院
张皋鹏	四川大学轻纺与食品学院
陈东生	闽江学院服装与艺术工程学院
陈明艳	温州大学美术与设计学院
陈　欣	扬州大学艺术学院
陈晓鹏	中原工学院服装学院
季嘉龙	常熟理工学院艺术与服装工程学院
周　萍	河南科技学院服装学院
侯东昱	河北科技大学纺织服装学院
徐　静	德州学院纺织服装学院
奚柏君	绍兴文理学院纺织服装学院
曹　喆	南通大学纺织服装学院
彭景荣	浙江农林大学艺术设计学院
穆　芸	大连工业大学服装学院

前言 | PREFACE

零售业是一个古老的行业,零售业的发展是人类历史上最重要的经济变革展示。人类在进行有效的零售活动已有数千年的历史,但从零售实践到形成一套比较完整的零售理论,则经历了一段漫长的发展历史。在我国各纺织服装类院校中服装市场营销、贸易和管理专业,相应地都开设了零售学,已有着较长的相关教学与研究的历史背景和积淀;但随着我国经济和社会的发展,零售领域发生了一系列的深刻变化,这些变化也相应地对服装零售学教学内容和教学方法改革,提出了新的要求,以适应现代零售业发展的需要,更好地为社会服务。

《服装零售管理教程》是高等院校纺织服装类"十二五"部委级规划教材,是纺织服装类高等院校市场营销专业课程系列教材之一。该教材除全面、系统地介绍了零售业的基本知识、服装零售业发展的规律与本质等内容外,还综合了国内学术界对零售管理的最新研究成果,贴近了我国服装零售业现代发展的步伐,是一本较有特色的服装零售学教材。

本书的主要特色在于:

(1)以服装零售业为核心,全面概括了交叉行业的理论体系。服装业是一个与零售业结合的非常紧密的行业。服装零售与一般的商品零售相比,有自己的显著的特点,如时尚潮流的影响、零售服务的互动性、价格变化快等。因此,作为一本专业基础理论教材,本书在一般零售业的理论基础上,构建和丰富了服装零售业的理论体系。

(2) 以市场发展为导向,用大量案例解读理论运用。 服装零售业是一门应用性很强的学科,为了将理论教学更好地利于学生理解,本书的每章均用一个以上借鉴性和启发性的案例来解释章节中的核心理论,为教学中的理论教学与案例讨论相结合提供支持。

(3) 鼓励衍生思考,设计章节习题。 市场环境不断地在发生变化,服装零售业的发展也不可能一成不变。 为了鼓励学生的自主分析与自主思考能力,本书的每个章节都设计了章节习题,为学生指明了这一领域的发展要点和思考的方向。

《服装零售管理教程》教材系统有机融合了零售企业经营活动各要素基本内容,结合国内外学者对零售管理的最新研究成果,贴近的零售业发展了重大变化,教学内容也应随之进行调整和改革,包括服装零售概述、服装零售环境与策略、服装零售组织管理、服装商品流通管理、服装零售商品管理、服装零售服务管理、服装零售发展趋势等共 7 篇 14 章,由胡守忠、孙菊剑、鲁成、吕继东、李娟、孔凡栋等教师完成各章节教材的编写。

本书可作为高等院校市场营销专业和其他管理类专业本专科生、研究生、MBA 及相关专业学生的教材,亦适合于零售企业管理的实践者和理论研究者用作培训教材或阅读参考。

在本教材的编写过程中,中国纺织学会教育专业委员会、东华大学出版社蒋智威社长给予了大力支持及谭英责任编辑对本教材进行了将近二年的跟进与关心,同时还参考了众多专家学者的相关教材、书籍和论文,在此一并表示感谢。 由于服装零售学科专业还在发展中,有关学术研究、讨论还待深入,因此本书难免存在不足和疏漏,恳请读者和师生们评判和指正。

目录 | CONTENTS

第一篇　服装零售概述

第 1 章　服装零售导论　　003
1.1　零售的特性和职能　　004
1.2　零售业四次重大变革　　007
1.3　服装零售业的分类　　010
1.4　中国服装零售业的发展趋势　　018

第 2 章　服装零售的时尚特性　　023
2.1　服装的时尚特性　　023
2.2　服装零售业的时尚性　　026
2.3　服装零售时尚面临的独特挑战　　032

第二篇　服装零售环境与策略

第 3 章　服装零售的扩张战略和商圈选择　　043
3.1　服装零售扩张战略　　043
3.2　服装商圈选择和服装店铺选址　　047
3.3　服装零售扩张中的横向一体化与纵向一体化　　054

第三篇　服装零售组织管理

第4章　服装零售企业组织结构　　065
4.1　服装零售企业的组织结构设计　　065
4.2　服装零售企业的组织建立　　069
4.3　服装零售组织结构部门设置的基本模式　　071
4.4　不同服装零售企业组织结构　　075

第5章　服装零售企业人力资源管理　　085
5.1　服装零售企业的人力资源规划　　085
5.2　服装零售企业的人员招聘、选聘与培训　　090
5.3　服装零售企业的员工绩效考核与激励体系　　095
5.4　加强企业文化建设　　102

第四篇　服装商品流通管理

第6章　服装商品采购　　113
6.1　商品采购过程　　113
6.2　商品采购原则与方式　　115
6.3　供应商的选择　　119

第7章　服装零售供应链　　127
7.1　服装零售供应链的概述　　127
7.2　服装零售供应链的物流管理　　131

第五篇　服装零售销售管理

第8章　服装商品零售定价　　143
8.1　影响服装定价的因素分析　　143
8.2　服装零售价格的确定与策略　　149

第 9 章　服装零售促销组合　　170

- 9.1　服装零售促销策略　　170
- 9.2　服装零售广告　　171
- 9.3　服装零售中的 POP 广告　　179
- 9.4　服装零售中的营业推广　　181

第 10 章　顾客服务管理　　191

- 10.1　顾客服务的内涵和特征　　191
- 10.2　服装零售的顾客服务　　194
- 10.3　服装零售流程中的顾客服务　　197
- 10.4　服装零售顾客服务管理　　202

第六篇　服装零售信息与财务系统

第 11 章　服装零售信息系统　　221

- 11.1　服装零售信息系统概述　　221
- 11.2　服装零售信息系统常用功能模块　　223

第 12 章　服装零售财务管理　　242

- 12.1　财务管理内容概述　　242
- 12.2　服装零售企业财务分析　　246
- 12.3　服装零售店铺财务管理　　259

第七篇　服装零售发展趋势

第 13 章　服装非店面零售营销　　271

- 13.1　服装网络营销　　271
- 13.2　服装目录零售　　285
- 13.3　物联网零售交易系统　　290

第 14 章　多渠道下服装复合零售的发展　　306

- 14.1　复合零售　　306
- 14.2　多渠道下复合零售的策略　　310

第一篇 服装零售概述

第1章 服装零售导论

学习目的、要点：

1. 了解零售、零售商和零售业基本概念、职能；
2. 了解零售组织演变理论和经历重大变革；
3. 区分服装零售组织的分类方法及其特点；
4. 了解中国服装零售业的状况及其特征；
5. 掌握中国服装零售业未来的发展趋势。

近10多年来，中国零售业态的变化让人眼花缭乱，各种新兴业态如超级市场、专卖店、折扣商店、仓储式商店、便利店、邮购商店以及网络商店纷纷涌现，加上原有传统业态如百货商店、专业店、食杂店等，零售业的每一次变化都带来了人们生活质量的提高，甚至会引发一种全新的生活方式。

在西方发达国家，由于多数零售业态已经步入成熟期，它们有着各自的定位和各自忠实的消费群，因而占据着各自的市场空间而竞争相对缓和。在国内，由于新兴零售业态大多还处于起步和摸索阶段，各自的定位并不十分清晰，因而出现了多种业态相互融合模仿的现象，西方国家已出现的零售业态几乎都可以在国内找到模型。

任何零售组织必须同社会经济环境的变化相适应，才能继续存在和发展，否则将不可避免地被淘汰。服装零售经营者必须充分了解现代零售业态的背景、特点及发展趋势，才能在市场竞争中准确定位，形成自己鲜明的经营特色。服装零售业态正处于不断成长、不断创新中，这些变化不是无章可循的，而是有规律地从量变到质变的过程。西方发达国家零售业曾走过的路是中国零售业正在走和将要走的路。因此，了解服装零售业所发生的变化及其背后的规律，对于今天的中国服装零售商无疑是必要的。

1.1 零售的特性和职能

1.1.1 零售的涵义及特性

(1) 零售的涵义

零售是指将商品销售给最终消费者，以供个人、家庭或社会团体消费的商业性活动。广义的零售包括向最终消费者提供有形的物质商品销售或无形的各种劳务或服务的商业活动。零售作为商品流通的一种方式，采用零散的而不是批量的销售方式，向最终消费者提供产品。通过零售环节，商品将会退出生产，进入流通并最终退出流通领域。这是零售与批发、工业性采购相区别的重要特征。因此，本书中的零售指狭义的零售，即将商品提供给最终购买者用于个人或家庭消费的商业行为。

(2) 零售的基本特性

零售可以指一般性地向最终消费者销售商品的行为，而零售活动的本质特性可以表述为：零售活动是一种发生于营销渠道末端，以最终购买者和商品供应者为服务对象，以商品交换为目的的职能性服务。

① 零售活动是一种服务，零售活动的目的不是生产或制造某种有形的商品，而是实现市场的商品交换。因此，它是一种联结商品供求的服务。因为是服务，所以与其他服务相同，它也具有无形性、异质性、生产与消费同步性以及易逝性的特点，这些特性把零售活动与生产制造活动区别开来。

② 零售活动是一种以市场商品交换为目的的职能性服务。零售服务的提供者，即零售企业，有两个市场：向前有商品的供方市场，向后有商品的需方市场。简言之，为生产者的有形产品寻找销路，为消费者选择、聚集、提供物美价廉的有形商品，是零售活动的主要目的。

③ 零售活动只发生在销售者与最终购买者之间，最终购买者的购买目的是为了自己或其他人直接消费。如：在服装行业中，零售活动发生在产业链的末端；而零售活动涉及到的商品销售对象是最终购买者（见图1-1）。

1.1.2 零售业的基本职能和特点

(1) 零售业的基本职能

零售是将商品或服务直接销售给最终消费者供其个人非商业性使用的过程中所涉及的一切活动。因此，零售具有以下职能：商品与服务组合、商品陈列与展示、提

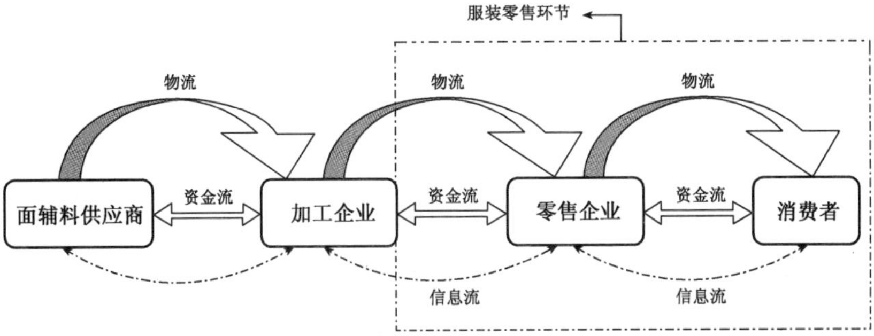

图 1-1　服装产业链与零售环节关系图

供市场供求信息、商业价值创造。

① 商品与服务组合。零售是向最终购买者提供适当的综合商品组合。其首先涉及商品组合。由于市场上很多商品的生产与消费在空间与时间上存在差异，商品生产制造商的供应与消费者或购买者的需求之间存在着许多矛盾。而零售商在商品的采购，商品的聚集、分类、分装、搭配、销售渠道的配置等方面，能为解决和调节这些矛盾发挥很大的作用。其次涉及服务组合。伴随着商品零售内涵的拓展，零售还可以提供许多其他的服务，如提供信息、展示商品、送货上门、上门安装以及商品保证与维修等。因此，零售提供的不仅仅是商品组合，而是商品与服务的组合，是有形商品与无形服务的融合合理匹配，增大购买者或消费者从购买中所得到的利益，减小购买者或消费者的购买成本，提升了商品零售的效益。

② 商品陈列与展示。商品展示是零售企业为供求双方提供的一种重要的职能性服务。从购买者的角度看，陈列展示商品是零售商向他们提供商品综合信息的过程。这些信息不同于一般的购买者从生产制造商或供应商那里得到的信息，它们是一种客观、立体和集成的综合信息。比如，服装购买者的购买意向已趋向于多元化，他们对于购买地点的选择、对时尚的追求、对消费价值的感受等，不再是简单的价格导向、购买便利等，产品设计、服务品质、购物感受等都很重要。零售商结合商品的视觉营销、体验营销等策略，让服装商品在零售店里展示职能，消费者或购买者可以通过触摸、试穿，得到综合信息的感受。零售商高效率地组织与进行商品交易活动，通过服装零售渠道的营销设计及卖场陈设，可将服装品牌和服装设计师的设计理念有效的转化为服装的促销卖点。由卖场气氛、促销手段、顾客层、硬件设施、信誉及售后服务综合形成零售商店的整体形象，可以吸引主顾客群，使最终购买者在方便的时间与场所，以较少的耗费和适当的形式，得到自己想要的商品。

③ 提供市场供求信息。零售活动处于产业链的末端，零售企业通过零售活动与

最终购买者或消费者直接接触,对于消费需求的变化最为敏感。生产制造商或其他供应商在很大的程度上依赖它们得到市场信息,把握市场未来的走向。由于服装属于时尚类消费品,因此其销售的时间性和季节性非常强,每季的销售周期都较短。而零售商可以迅速根据市场需求的变化,为服装供应方提供变更服装的款式、色彩、产量等市场供求信息。零售企业通过更好地服务于消费者或购买者而更好地服务于生产制造商或其他供应商,即为生产制造商或其他供应商提供更广阔的市场;通过更好地服务于生产制造商或其他供应商而更好地服务于消费者或购买者,即为消费者或购买者提供更多物美价廉、适销对路、选择范围广泛的商品。

④ 创造商业价值。从价值工程理论角度,商品价值涉及两大因素的比值:一方面是从商品供给角度来定义的生产、消费成本;另一方面从消费需求角度来定义的商品能够给消费者带来利益或满足。服装服饰类商品是一类融合了消费者生理需求和心理需求的特殊商品。由于该商品的特性,使得服装产品的顾客价值研究,不再仅仅局限物品的实用价值,而是更加追求它所附加的精神文化价值。现代商品经济形态下,价值创新模式最重要的竞争不再是传统意义上的商品本身,而是附加在商品上的品牌文化内涵;也不局限于市场无限的商品信息量本身,而是有限消费者的注意力;谁的品牌更有名,谁能吸引更多消费者的注意力,谁就能成为消费市场的主宰。通过市场顾客满意来提高企业品牌价值,保持企业品牌营销的持续竞争优势,就会产生巨大的商业价值。从零售角度理解商业价值,商业价值由购买者收益除以购买者成本构成。因此购买者收益越大,商业价值越高;购买者成本越小,商业价值越大。(见图1-2)

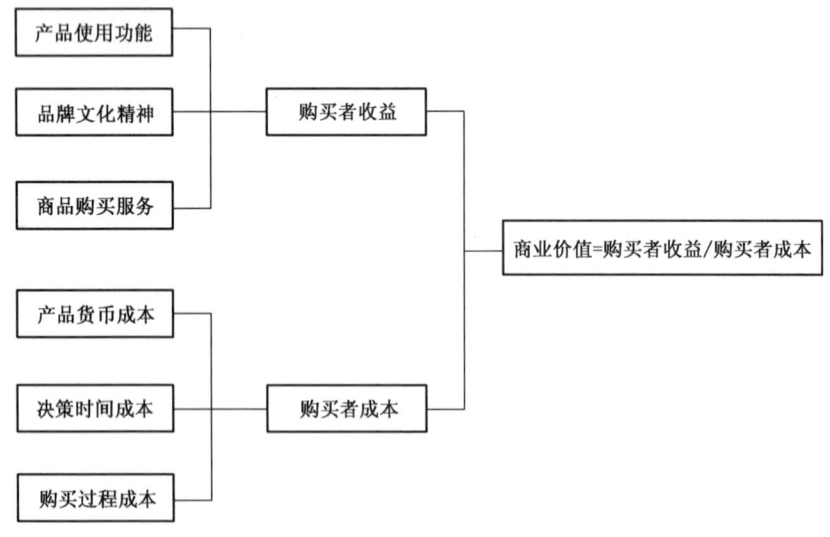

图1-2 从零售角度理解商业价值

除此以外，零售商还可能发挥其他一些作用，如商品的储存、保管、运输和企业规划、系统设计等方面的职能。

(2) 服装零售业的基本特点

根据定义，零售是包括将商品或服务直接销售给最终消费者供其个人非商业性使用的过程中所涉及的一切活动。则服装零售是指向消费者销售服装类商品并提供相关服务的商业活动。服装零售活动的产品主要包括服装及服饰配件等，是服装产业链连接消费者的终端，服装企业及上游厂商的经营活动通过零售环节实现市场价值。

① 服务对象的广泛性。服装作为人们生活必需、与生活息息相关的商品，服装零售业的服务对象囊括了社会的各个阶层，如不同年龄、性别、职业、贫富等的消费群体。众多购物者面对受到某种感性消费与理性消费的刺激，而产生购买欲望、购买行为的冲动性高。同时服装业作为时尚产业，与媒体、艺术活动、社交活动关系紧密，因此服装零售业与他们的大量信息沟通、互动十分重要。

② 零售的季节性和时间性。服装属于时尚类消费品，受流行趋势的影响，销售的季节性非常强；生命周期短；服装商品的设计、生产和零售通常是为了迎合即期需求，因此可销售的时间往往很短或是季节性的。在服装市场，时髦、质量与价格都是重要的参数，但看准流行趋势并迅速将适销新品导入市场更为重要。零售业需要拥有卓越的市场敏感性、商品策划能力和行之有效的营销体系以及快速的市场信息反馈系统。

③ 零售市场的多样性和变动性。销售的旺季淡季、消费者的不同消费理念、品牌的交错定位、流行元素的潮起潮落等等，使得整个服装零售市场瞬息万变、充满各种商业机遇和激烈的市场竞争。服装产品的需求多数是不稳定的、波动的，可能受到气候、影视娱乐热点等的影响而难以预测流行、时尚因素的变化影响，可预测性低。零售市场的多样性和变动性，使得对一段时间的服装零售的总需求难以非常准确地把握。怎样预测、制定和贯彻经营计划是服装零售企业面临的巨大挑战。

1.2 零售业四次重大变革

零售是商业活动是一种最早、最古老的商业形式。如中国古代就有搞长途贩运、沿街叫卖的"行商"和前店后作坊的坐商。但是由于中国市场经济发展缓慢，零售商业形态变化不快，没有出现过对世界经济活动产生重大影响的商业经营方式。

从世界范围看，在进入 19 世纪以后，零售业变化的速度加快，发生了几次重大的变革。这些变革在零售业发展史上被称为"零售革命"。零售革命发生了多少次，大家说法不一，本书采用四次"零售革命"的说法，把网上商店而不是无店铺零售视为第四次零售革命。这是因为无店铺零售，如上门推销、沿街叫卖等，古已有之，而我们在说"零售业第四次革命"时，主要指以网上商店为代表的现代无店铺零售所引发的革命。四次"零售革命"都首先发生在西方市场经济发达国家，其中的主要原因是零售形式对于零售环境发展和变化要求的适应。当变革如此之大，以至于旧的零售格局完全被打破并建立起新的零售格局时，我们就称之为"零售革命"。

(1) 第一次零售变革——百货商店的诞生

百货店作为第一次零售变革，产生于19世纪中后期。1852年，在法国出现了世界上第一家百货店"邦·马尔谢"（Bon Marhe）商店，这是世界商业史上第一个实行新经营方法的百货商店，是资本主义经济发展及城市发展的产物。一方面，资本主义经济快速发展需要零售业将其工业产品转化为消费者需要；另一方面，城市化进程加快，人口聚集程度提高，为商业发展提供了客观的市场条件。新诞生的百货商店是以"大批量、少品种"供给的生产技术为基础开展经营，百货商店在零售业的革新性主要体现在以下两个方面：

① 零售方式上的变革。百货商店是世界商业史上第一个实行新销售方法的现代大型销售组织。即顾客自由自在地进出商店；商品销售实行"明码标价"价格标签；陈列出大量商品，以便于购买任意挑选；购买的商品，可以实现退换。

② 经营管理上的变革。百货商店最大的一个特点是，经营以生活用品为中心，根据商品类别设有若干不同的商品部，即把许多商品按商品类别分成部门，并由部门实行分工和分层合作、负责组织进货和销售管理。这种综合经营的规模比起之前的杂货店和专业店来说就十分庞大。因此，百货商店实行综合经营也是其适应大量生产和大量消费的根本性变革。因而，百货商店的诞生当之无愧地被称作零售业的第一次革命性变化。

(2) 第二次零售变革——超级市场的崛起

超级市场作为零售业形态的第二次革命，产生于20世纪30年代，至今已有半个多世纪的历史。1930年8月，世界上第一家"金·库伦"超级市场在美国纽约开业，它在继承百货商店规模大、品种多的优势的基础上，再加上自己的创新，采取了开架自选售货方式以及低费用、低毛利、低价格的"三低"政策，从而使顾客购买商品时感到更方便、轻松、自如，体现了当时先进的生产方式和生活方式。一般认为在社会商品日益丰富、消费者购买力增强、城市基础设施改善的条件下，传统百货店的购物概念已不能满足消费者需要。在零售市场激烈的竞争中，超市作为后起的一种零售业态,改变了传统零售店的商品组织方式及服务方式,采取了开架式、自助式的购物方式,并扩大了营业面积,适应了消费者购物需要的变化。事实上,这种全新概念的购物方式一开始就得到了消费者的青睐,并迅速从美国向周边发达国家普及,超市经营也从独立超市发展到连锁超市,并逐渐成为零售业中一种主流的零售形式,标志着零售业爆发了一场革新。

超级市场的基本特征表现为四个方面:①敞开式售货,顾客自我服务代替营业员服务,形成自由来往,任意挑选自助式购买;②商品定量包装,明码标价,分门别类摆放在货架上,适合顾客一次大量采购的乐趣;③由电子计算机结算代替人工结算,减少了差错率,缩短了顾客等待的时间,引发了一场销售形式和电脑技术在流通领域应用的革命;④超级市场的围绕居民住宅区,形成了一种全新的社区、郊区商业格局,其出现与兴盛还引发了店址城郊化的进程。

(3) 第三次零售变革——连锁经营的兴起

连锁商店的形式产生于19世纪中期。最早的连锁商店产生于1859年,当时在美国纽约开了一家专售红茶的小店,取名为"大美茶叶公司",后来发展成为"大西洋和太平洋宏大茶叶公司"的廉价连锁零售系统。连锁经营是现代大工业发展的产物,其革新性主要体现在零售组织经营模式。其实质就是通过将社会化大生产的基本原理应用于流通领域,按照标准化运作,刺激了商品生产的标准化和技术化(如严格的产品质量保证、标志系统、条形码的应用等)。按照统一管理的理念进行组织扩展,达到提高协调运作能力和规模化经营效益的目的,使零售组织由单体向群体或联体发展,提高经营效率、降低成本、方便消费,使顾客购物空间距离缩短、时间花费变少。

连锁经营的基本特征表现在四个方面:①连锁店实行"集约经营、统一进货、统一配送",进货批量大,可直接从生产企业进货,减少了流通环节,降低了进货成本,有价格竞争优势;②连锁店实行"统一管理、统一企划、统一服务",整体经营管理、促销活动费用大大降低;③连锁形成大规模的零售商店群,调整了社会化大生产和消费者个性化需求之间的矛盾,集聚的零售实力和渠道权力,增强了在营销渠道中的势力地位;④连锁使零售企业突破了固有的地域限制,通过跨区域或跨国经营,为零售企业形成规模经济提供了无止境的空间。

(4) 第四次零售变革——网络零售逐渐发展

20世纪90年代是信息时代,网络技术的发展对零售服务领域产生了最为广泛而深刻的影响。1994年诞生于美国的网上商店,不仅改变了零售经营管理的过程与模式,也改变了传统的商品实体零售概念,创造了网络虚拟商店,给消费者提供了网上购物的新概念,是一种现代化的无店铺零售。网上商店之所以被称为一次零售革命,是因为它与店铺零售和传统的无店铺零售相比具有很大的变革。它巧妙地利用了店铺零售和无店铺零售两者的优点,为消费者购物提供了更多的方便。

这种影响具体表现在:①网络技术打破了零售市场时空界限,店面选择不再重要。信息时代使网络技术突破了这一地理限制,任何零售商只要通过一定的努力,都可以将目标市场扩展到全国乃至全世界,市场真正国际化了,零售竞争更趋激烈。②销售方式发生变化,新型组织形式崛起。信息时代消费者从过去的"进店购物"演变为"坐家购物",能轻松在网上完成过去要花费大量时间和精力的购物过程,导致了崭新的零售方式——网络商店应运而生,其具有的无可比拟的优越性将使其成为未来商业的主流模式。传统零售模式面临融入电子商务的重组和改造,网络技术都将代替零售商原有的一部分渠道和信息源,网络虚拟零售模式对传统零售的企业组织造成重大影响。

1.3 服装零售业的分类

消费者不断变化的生活方式和不同的需求,决定了服装零售模式的多样性,促进了各种类型服装零售方式的产生。服装零售业常用的分类方式包括如下几种:按照销售业态分有百货商店、超级市场、仓储式商场、服装街等;按照经营内容分有品牌专卖店、专营店、精品店、平价店等;按照经营方式分有品牌企业自营店、连锁加盟店或特许经营店、产品目录销售、网上零售等(见图1-3)。不同的零售方式在服装销售上各有优势,但也都存在一定的缺陷。随着商品经济的发展,服装零售模式也将不断变化和演变。

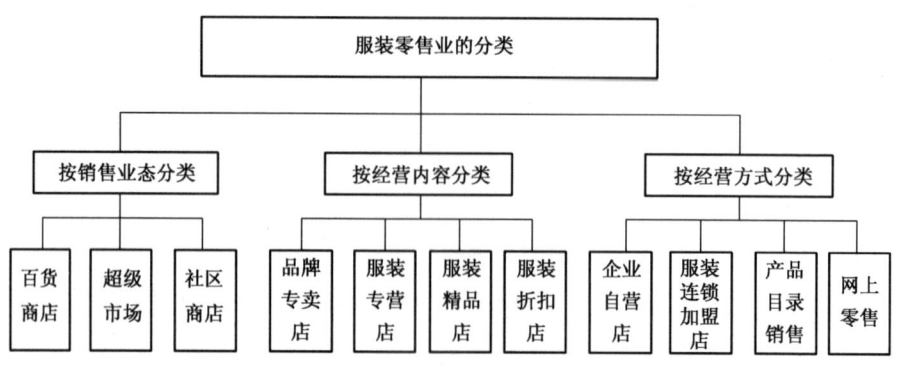

图1-3 服装零售业的分类

1.3.1 按零售业态分类

所谓零售业态,是指零售企业为满足不同消费者需求而形成的不同的经营形态和组织形式。它是零售商经营方式的外在表现,由零售商的目标市场、选址策略、卖场规模、商品结构、价格水平、购物氛围、服务功能等多种要素组合构成;体现一种零售经营理念和经营方式,这种经营理念和经营方式是根据不同消费需求和目标顾客而形成,使消费者容易识别,每一种零售业态都是为了满足某一特定目标市场需求而存在的,只有采取与目标市场需求相适应的零售业态形式,零售商店的经营才是有效益的,否则很难立足。

要准确理解零售业态的概念,还要将之与零售业种的概念区分开来。传统意义上的零售业种是根据销售的品种划分零售类型,是"卖什么";而现代意义上的零售业态是根据消费者需求的方式划分零售类型,是"怎么卖"。所以,零售业态是现代意义上的零售词汇,它是由零售业种发展演变而来。

零售业态商店与零售业种商店的区别:目的不同。业种商店的主要目的是推销自己所经营的商品,而业态商店的目的主要是为了满足目标顾客的需求;核心不同。业种商店的经营是以商品为核心,而业态商店的经营是以顾客为核心,体现了营销观念由销售导向向消费导向的转变;经营重点不同。业种商店强调的是卖什么,而业态商店强调的是怎么卖。

零售业态是随着商品经济的发展而发展的动态概念。同样,服装零售业态是针对各自消费群体的特定需求,按照一定的营销目标,有选择地运用服装商品经营结构、店铺位置、店铺规模、店铺形态、价格政策、销售方式、零售服务等经营策略来提供服装零售和服务。服装零售业态主要有以下几类:

1)百货商店

(1)百货商店的产生

百货商店产生于19世纪中后期,是由早期普通商店发展而成的,其特色是经营的商品种类非常庞杂,一般均建在城市的主要商业中心。在商店里,零售商提供大量的、不同种类的商品,每类商品都集中在一个独立的柜台或楼层里,这就是百货商店名称的由来。百货商店为购买者提供了一站式购物场所,可满足顾客同时购买多种商品的需求。同时,百货商店为各种商品的供应商提供了一个销售平台。目前,百货商店的经营方式仍然是服装零售领域的主要形式,但其正受到专卖店、连锁店、网上零售、邮购等其他各种现代零售形式的挑战。

(2) 百货商店的特点

① 产品线特点：大型百货商店一般地处城市黄金地段，其营业场地大、设施齐全、顾客流量多、产品线宽而深。服装是百货商店重要的商品，所占经营面积最大，是商店营销策划的重点商品。一般服装及相关配件的销售额占百货商店总销售额的60％以上，与其他产品线如家电、食品等相比，服装为商店提供了最大的经营利润。

② 商品定位：百货商店经营的服装种类很多，如按性别划分有男装、女装、童装，按功能划分有休闲服、运动服、职业装，按织物材料分有内衣类、针织类、裘皮类、皮革类等。从商品的结构上来看，百货商店主要经营挑选性强的品牌服装，一般走中高价位路线，尤其以中等价位的服装为主体。随着服装零售形式的多样化，百货商店逐渐将廉价服装让位给低价型服装零售方式——超级市场、仓储商场或平价商店，而主营中高档服装，以配合百货商店的商品定位。中高档服装的特点在于质量好、服务优、价位高。

2) 超级市场

(1) 超级市场的产生

超级市场产生于20世纪30年代的美国。在当时，其被认为是一种高级的市场经营理念。在社会商品日益丰富、消费者购买力增强、城市基础设施改善的条件下，传统百货商店的购物已经不能满足消费者需要。超级市场作为新兴的一种零售方式，改变了传统零售店的商品组织形式和服务方式，采取了开架式、自助式的购物方式，并扩大营业面积，适应了消费者购物需要的变化。超级市场简称超市，一般是指规模大、成本低、毛利低、以消费者自我服务为主的商店。仓储式商场是以经营日常生活用品及基本服装为主，实行储销一体、低价销售、提供有限服务的商店。20世纪90年代后期，我国出现的大型综合超级市场（沃尔玛、家乐福等）、仓储式商店等大型卖场，已经成为与百货商场竞争服装销售的主要对手之一。但从服装零售的角度来看，它们有着共同的特点，即销售的服装以低价的大众服装为主体，所售服装以日常便装、休闲装及童装为主。

(2) 超级市场的特点

① 商品价格：超级市场和仓储商场最吸引顾客的是价格低廉。商家要降低售价必须先降低零售成本，超市，特别是仓储式商场一般建在场地租金较便宜的地区，商场装修简单，服务内容和设施少，采用自助式购物形式。一般都实现商品的集中采购配置系统，减少进货环节，实行大批量集中采购，降低商品购置成本，使商品价格便宜。商品低价格，吸引购买者，必然使商场销量大，商品周转快，由此形成超级市场零售良性循环。

② 商品类别：超市、仓储式商场的商品与百货商店一样种类齐全，品种繁多，一些超市将无限宽、无限深的产品线作为经营目标。而在仓储式商场中，服装以大众化服装为主，除了正常销售的服装外，也会销售季节性处理或削价的服装。有些大型超级市场的产品组合也力求多变，经常进一些知名品牌服装，以品牌折扣，略低于市面的价格销售，以此吸引消费者，增加市场人气。

③ 零售方式：超市、仓储式商场成功主要原因在于开架、自助的体验购物方式。超市不仅为消费者接触商品、选择商品提供了最大限度的自由度，而且丰富的品种能为顾客提供一站式购物服务，使顾客感到方便、省时，也刺激了顾客的购买欲。由于运营成本低，使得商品低价，提高了超市商品的价格竞争力。由于营业面积的扩大，从而为消费者提供了宽松、舒适的购物环境，使购物和休闲概念相结合，形成了一种新的零售理念和消费观念。

3）社区商店

社区商店是以一定居住地域为载体，为社区居民提供日常物质生活、精神生活需要的商品和服务的属地型商店。据有关资料，在人均 GDP 超过 3000 美元之后，社区商业所占消费零售总额的比例一般在 40% 左右，有的甚至占到 60%。欧美国家的社区商店比较发达，这就形成了很多的社区商圈。而在我国，即使是社区商店相对发达的上海，社区商店也仅占社会商业支出总额的 30% 左右。随着现代城市化水平的提升，居住社区规划的完善，社区商店的拓展空间巨大。对于服装与市中心商业圈相比，社区商店因店面小、房租费用低、商业进入门槛低，社区居民消费需求的多元化，业态繁多而更适合社区商店创业和发展。

（1）小型独立服装店

事实上，零售业也是从独立的小商贩小规模的商业活动发展壮大而来的。小型独立服装店是最传统的服装零售形式，国内服装独立零售店中出售的商品，很多是从商业中心城市贩卖来的产品，其定价无规律可循，有时高出成本价几倍甚至几十倍，有时也低于成本价，皆随行就市，大多数可以由消费者讨价还价。这类服装店的经营规模和店铺面积都较小，所以提供的服装种类非常有限，在价格方面又不能与减价零售店竞争。但小规模赋予了独立商店最大的灵活性，在针对多元化的消费需求、细分市场方面也最具有优势，能满足被大型的服装零售机构所忽略的小众顾客的需求。在商铺装潢方面，也可以非常与众不同和个性化，能吸引到消费者的眼球。许多店主乐于与购买者信息交流，已经超出了买卖的关系，而是培养特殊供求关系和友谊。所以，一些独立服装店在社区常常会有忠实稳定的顾客群。

(2) 服装街

在国内,几乎每个城市的区域、社区范围都有一条或一条以上的特色商业街,若其两侧排满了个体服装经营摊位,这样的街道通常被称为"服装街"。这里的服装零售商经营的商品大部分价格较低,但款式时尚、新颖,其中会有一些仿名牌服装。服装街能吸引向往时尚,追求流行,但购买群主要为低收入的消费者或学生。服装街的形式很多,有的是露天场所,也有的是由比较固定、装修较好的小店连接组成。在广大的农村普遍存在的一种方式是"服装集市",与百货商店相比,许多家庭妇女更偏爱这样的集市服装市场,原因主要是廉价物美。

(3) 跳蚤市场

类似于服装流动售货摊,跳蚤市场所需投资少,为个人销售商品提供了较好机会。跳蚤市场在国外也被称为"二手货市场",通常开设在公共娱乐场所,如露天电影院、运动场、戏院、百货商店等处,当这些地方荒废或者暂不营业时,就可以作为跳蚤市场。跳蚤市场的经营者大多都是兼职人员,每周工作大约1~2天,也有些是全职经营。跳蚤市场给个人提供了自我发展的机会,许多人在维持一个稳定工作的同时,为了增加收入也兼做跳蚤市场的生意。许多人在跳蚤市场的经营中获得了成功,并在其他的地点开设了摊位,成为一位全职连锁经营商。跳蚤市场中服装产品品种较多,包括服装、鞋子、配件等。跳蚤市场因为管理费用较低、折扣较大、价格便宜而成为购买者最大的吸引点。

1.3.2 按经营内容分类

1)服装专卖店

在服装零售中,按照经营内容分类的专业服装店主要指两种形式:一种是汇集各类品牌服装或无品牌服装的专营店;另一种是只经营一种品牌的产品,大多为产、供、销一条龙的品牌专卖店。

(1) 品牌专卖店

品牌专卖店是指专门经营或授权经营某一服装品牌的专卖店,通常采取连锁或特许经营,由品牌企业统一进行标准化管理。品牌专卖店的兴起,是服装零售业从"宽而浅"向"窄而深"方向发展的结果,即零售服务的对象由原来面向大多数消费者的广泛需求转向面向某一阶层消费者的特殊需求,或者面向忠诚于某一品牌的消费群,有着明确的品牌定位和目标市场。

品牌专卖店也称为概念店,即其店面装潢设计、标志、商标、包装等相互配套,一同纳入企业形象 CI 的整体设计，强化服装品牌形象，让顾客全身心地感受品牌的魅力。如在李宁篮球服装用品专卖店，迎接的是一个镶嵌有篮球的主题门头，看到的是 CBA、NBA 视屏、篮球杂志、夸张的扣篮模型，听到的是 CBA、NBA 动感的现场转播声等。在这里李宁服饰品牌已经被篮球运动融合，专卖店环境中的一切都包含了篮球的信息，青少年购买者的购买欲望将在这里被激发出来，给人留下了深刻的印象。

品牌专卖店的的购买者大多是某一品牌的推崇者。品牌专卖店独有的款式、风格、营销方式等锁定了非常明确的目标顾客。特色服务使消费者可以在专卖店获得一般服装店相对较缺乏的个性化服务，如在导购商品专业知识方面的服务或售后服务等。

(2) 服装专营店

专营店是指进行专业化经营的商店。服装专营店不像品牌专卖店那样只经营单一品牌，也不像百货商店那样包罗万象。针对相对狭小的市场，经营少量的商品线，但商品种类多样，产品系列完整，能为顾客提供较好的选择。这样既避免了百货商店大而全造成的风格不突出，同时又避免了单个品牌势单力薄难以形成气候的弱点，符合市场细分的要求，符合消费者对商品专业化和物美价廉的要求。据预测将来的超级专业商店成长最快，它在市场细分、目标市场的制定和产品专业化方面都获得更多的机会。

服装专营店的经营方式主要分为进销式和招商式。进销式是凭借买手对市场的熟悉和独特的经营眼光，挑选适合自己商店风格和市场定位的品牌服饰或无品牌服饰，从厂家直接进货或者从批发市场进货，买断经营，自主定价。对所买断经营的货品的存货会在季末让利销售。进销式是服装销售值得提倡的方式；招商式与百货商店的招商方法类似，即出租柜台，由于专营店比大型百货商店的经营成本低，专柜的租金较便宜，所以服装价格比大型百货商店有竞争力。如果此时还继续增设专卖店，很可能资金的筹措会赶不上店铺扩展的速度。一旦经营不善，很容易给公司带来资金运转上的问题，服装专卖连锁店的发展必须根据公司的实力，计划好自销和代销的比例。

(3) 服装折扣店

折扣商店作为一种新型商业模式，是专为投合中低价市场中大众消费者所好设立的零售渠道。廉价服装店的经营理念产生于 20 世纪初期，这些服装店通常销售一些知名设计师或服装品牌企业的剩余单件服装或存货，由于这些店内有各种高质量的服装，价格远远低于专卖店和百货商店，能满足那些收入不高，又希望消费名牌产品的消费者的需要。这种经营方式很成功，吸引了不少的服装投资者加入了这一零售行列，折扣店就这样产生了。除了通过采购渠道来降低价格以外，减价服装零售商还通过减少服务、简化销售模式、缩短中间环节、降低店面装潢来降低经营成本，面对服装专营店和百货商店，折扣零售商的最大竞争优势在于价格。

折扣店的经营模式与特点，是为让购买者体验到"大品牌、小价格"的购物惊喜，折扣店成功经营低价服装需要具备以下几个方面的条件：要求经营者能了解世界服装市场行情，提供比第一手批发商还便宜的服装；当生产商有一些产品有尾数或是生产周期太慢而零售商不再需要时，或在季末尚有部分剩余产品没有配送给零售商时，生产厂家会以低于生产成本的价格处理这些货品，而低价店应及时获取这些信息并以较低的价格买进；为了能向同一个生产商采购到比传统零售商更便宜的服装，低价零售商通常选择远离传统百货店或专业店的位置，甚至国外折扣店通常都开在郊区，这样他们的经营方式就不会对用高价购买货品并高价销售的传统零售商产生压力，从而减轻低价采购的压力；低价零售商采购最关注的是价格而不是产品组合的完整性，采购机会很重要，不像传统的零售商能一贯地向同一生产商采购到需要的货品。

1.3.3 按经营方式分类

1）实体性店铺零售

（1）服装品牌生产企业自设专卖店

20世纪80年代以前，生产商只通过零售商销售他们的产品，但在80年代以后，有一些生产商选择企业直销店以及服装定制店。企业直销选择在购物中心开设或开设自有的服装零售商店来销售他们的产品。这些生产企业将那些零售量低、零售商不需要的产品，生产厂家剩余的产品不再卖给平价零售商，而全部放在自己的零售店，其特点是以较低的、便宜的价格自己销售以服务为导向的、价格固定、采用设计师专业定制的服装定制店已出现，并且这种经营形式取得了成功。在我国也有许多知名服装生产企业自设专卖店，比如雅戈尔专卖店、杉杉衬衫专卖店等，与其周围的百货商店及专卖店开展竞争。

厂商直销店以及服装定制店，都是一种省略了中间流通环节，使企业直接供货给顾客的一种形式，很多这样的企业都获得了成功。不同的是，厂商直销的服装一般产品单一，或具有特色，价格比百货商场及专卖店要低，经销他们的剩余产品及尾数产品；而服装定制店以满足顾客个性化需求为特色，提供的服装不仅款式丰富，而且合体独特，由于其制作成本高，提供的是个性化服务，价格一般较高，目前有向高级定制发展的趋势。

(2) 连锁加盟与特许经营

加盟店与特许店都是现代零售业的重要形式之一,是利用已存在的零售总公司的商誉来经营零售店铺的一种方式,其优势在于为那些没有或稍有服装零售经验、但又想进入这一领域的投资者提供一个投资平台,总零售商向其加盟者提供诸如品牌、商誉、消费者认知、产品和销售等方面的支持。对于个体投资商而言,如果选择建立一个新的服装零售企业,其风险会远远大于加盟一个现有的品牌。

服装连锁店是指在若干地区以复制的方式建立的经营模式相同的若干服装零售店。连锁经营的特色是连锁总部的集权控制、统一的服务、突出的标识系统、特色的商品组合、便利的购物环境,这些也是其成功的因素。同时,大型的服装品牌专卖连锁店经营,可采取较大采购量,而获得较高优惠的采购价格。各连锁店的经营决策大多是由总部完成,节省了大量的高薪工人,因而降低了行政管理费用。并且通过专业分工,将零售过程分解为销售、促销、商品计划、商品储运等几个部分集中运作,大大地节省了经营成本。服装连锁店经营模式有以下两种基本的形式:

① 自我连锁店。指所有的连锁店由品牌经营者独资经营,如真维斯服装连锁店。由于自我连锁店一体化程度较高,特别是连锁零售网构建需要巨大的资金投入,这种形式在我国服装零售市场中应用较少。

② 特许经营的连锁店。指品牌所有者以特许的方式,吸引许多加盟者建立服装零售店,如佐丹奴连锁店。由于特许经营将品牌经营与商品零售分开,品牌经营者的投入相对较少,而大量的加盟商能快速建立起较宽的零售网,这种形式在我国服装零售市场中被广泛地应用。特许经营有两种类型的组织形式。一种是支付加盟费,以取得经营权的特许经营;另一种是不需要支付加盟费的特许经营方式。但两种形式都要求有特定数量的投资,才有可能被总零售商所接受,而且都要签订严格限制的合同,包括采购需要、企业政策、决策权利等,甚至企业的扩张和创造性受到了限制,如特许经营店铺的扩张必须得到特许者同意并缴纳扩张的费用。

2) 非实体性店铺零售

随着全球零售业的飞速发展,服装零售市场已经出现了许多新的零售形式。除了所讨论的实体店铺零售之外,无店铺零售,例如邮购目录和网上销售,也得到了迅猛的发展。不同的服装零售模式和零售终端的运营与管理,应在满足不同顾客类型和需求的基础上,寻求其不同的服务社会功能和发展自身合适的商业零售模式。

(1) 服装目录零售的模式

产品目录零售的特点。产品目录零售是指零售商通过向顾客提供产品目录,刺激消费者进场购买产品目录上的商品,或者选择通过邮购或送货上门的方式购买产品。早期的产品目录只是用于向消费者介绍时尚耐用品与日用品的宣传资料。20世纪80年代中期,在西方发达国家该销售方式得到繁荣发展,并产生了巨大的影响。这种零售方式兴起的原因在于职业女性及其家庭极少有时间或因交通不方便购物,但她们的工作环境却使她们有着强烈的时尚需求,于是产品目录销售便成为最佳的选择。

服装产品目录销售的基本模式。百货商店或专业连锁店通过时尚产品目录,让消费者获得时尚产品信息,告诉他们零售环境的变化及鼓励他们进场购买。经营者没有开店而是通过产品目录推销产品。零售商通过产品目录告诉消费者零售环境的变化,刺激消费者的购买欲望,从而给这些零售公司增加了销售机会。产品目录通常在销售旺盛时期派发出去,如春节、圣诞节或一个新季节的开始。产品目录零售业发展最快的是完全的产品目录服装零售的形式。专注于这种零售形式的公司大部分会针对特定的目标消费群来制作目录。例如,有的品牌的目标消费群是学生类型的顾客;而有的则定位于年轻的、职业的女性。

(2) 网上服装零售模式

互联网不仅改变了人们的生活方式,也高度集成了商业机会。20世纪90年代,网络信息取得迅速发展,资讯科技对服务领域产生了最为广泛和深刻的影响,资讯科技为零售业创造了无限的经营能力。网上零售融合了零售管理信息系统、互联网、电子商务的应用,不仅改变了零售经营管理的过程与模式,也改变了传统的商品实体零售概念。一个零售商在同一个时间里可以同时为成千上万的消费者提供产品或服务、满足他们的需要,这是任何一个实体商店或其他零售形式都无法做到的。网络虚拟商店、邮购服装销售等方式给消费者提供了网上购物的机会,并提供了超值的零售服务,取得了任何一种零售变革都难以达到的集成效果,改变了人们以顾客为标准的市场细分及根据细分市场选定目标市场策略的传统零售经营理念。

1.4 中国服装零售业的发展趋势

中国的商业和零售业有着十分悠久的历史。中国零售业的发展是与经济发展密不可分的,当经济发展飞跃到一个崭新阶段时,必然会引起工业生产和消费需求两方面产生质的变化,从而导致零售业的重大变革。纵观改革开放以来零售业的发展,中国零售业才真正进入了快速发展期,我国服装零售业发展将出现以下一些趋势:

(1) 百货商店主导地位的动摇

百货商店在零售业中的主导地位正在逐渐下降。近年来,许多世界著名的大型百货商场由于经营不善而不得不停止营业。而我国的很多百货商场也正面临相似的困境。产生这种现象的原因主要有:消费者购物时间越来越少,他们不愿意到人群拥挤的百货店购物;管理水平低;还有来自专业店及自营店的竞争压力。这就要求传统的百货商店通过转变观念来迎接竞争的挑战,可以引入新的零售模式,如加强百货商店的销售渠道,发展分店或引进专业品牌、开设店中店等。

(2) 专卖店、连锁店迅猛发展

从20世纪90年代初开始,服装连锁店在我国的大城市迅猛发展,既有独立门面的品牌专卖店,也有开设在大型购物中心的店中店。特许经营造就了一大批服装品牌经营者、庞大的服装零售网以及服装品牌零售商,特许经营与加盟连锁的方式使服装连锁店的地位不断提升,并成为服装零售的主流业态。

(3) 自有品牌专业零售店不断增多

商家品牌是零售商用自己的品牌销售商品,其基本做法是由零售商向生产商下达生产订单,并使用自己的品牌。通常有两种形式,一是全部的商品用自己的品牌;二是部分商品用自己的品牌。服装零售商为了获得价格控制权及产品设计控制权、维持高的营业额与商业利润、提高自己的竞争力,纷纷采用"商家品牌"的方式争夺市场。商家品牌的发展,会使零售商控制零售市场,最终控制市场营销的制高点,从而使制造商在市场竞争中陷入被动的局面,为了弥补这种缺陷,许多生产厂家已经自设零售店,开始创立自己的品牌并建立自有的零售网络,提高产品的市场竞争力,争取到更高的商业利润。生产厂家自设品牌零售形式将会不断增加。

(4) 服装(品牌)折扣店逐步拓展

低价服装零售店仍然存在一定的发展空间,那些购买生产厂家剩余的和库存、断码的服装,然后以远低于传统价格的价位出售给零售商家。这些零售商通常打着折扣店、特价店等招牌,一方面可降低租金成本,另一方面也可营造低价氛围。许多从事这类经营的零售商会定期地开设新店,这种扩展在一定时期内将不断持续,并且其他领域的商家也开始进入平价服装店的经营。对于低收入消费群体,低价格仍然是最富有吸引力的购买因素,因此廉价服装零售店仍然存在一定的发展空间。

(5) 电子商务虚拟经营快速普及

企业虚拟经营实现对某种市场机会的快速反应,通过互联网技术将拥有相关资源的若干独立企业集结,以及时地开发、生产并销售多样化、定制化的产品或服务而形成一种网络化的战略联盟经济共同体。电子商务网络的发展为家庭购物提供了技术上的支持，随着消费观念变化及网络零售模式建立，职业人士的工作越来越繁忙，去商场购物的时间大大减少，目录订购、有线电视购物、网上购物得以快速发展，并成为一种时尚的购物方式，越来越受到消费者的青睐。

本章小结

零售是商品分销的最终环节，商品通过零售环节，便从生产领域进入到消费领域。

零售业是一个古老的行业，也是一个重要的行业。零售业处在商品交换渠道的终端，连接着批发商（或生产者）和消费者。在市场经济条件下，零售业在国民经济体系中占有十分重要的地位，体现在满足人们的消费需求、促进生产发展、增加劳动就业机会和为国家提供税收等几个方面。零售业态是由多种因素所决定的，包括零售商的目标顾客、商品结构、价格策略、服务方式、店铺环境等。由于各因素选择余地大，组合变化多，这就使现代零售业态的经营内容精彩缤纷，即使同一业态的零售商店也表现出不同的经营特色。

零售商是指以零售活动为基本职能的独立的中间商，介于制造商、批发商与消费者之间，以盈利为目的从事零售活动的组织。由于零售活动本身所具有的特点，零售商要成功地承担起制造商、批发商与最终消费者之间的中介作用。

零售组织形式繁多，划分的标准也不统一。目前，对零售组织的分类主要有三种方法：按零售组织的目标市场及经营策略不同划分，按零售组织是否设立门店划分，按零售组织所有权性质划分。

从世界范围看，零售商业发生了几次重大的变革，在零售商业发展史上被称为"零售革命"。近代以来，西方国家零售业发生了四次重大变革：第一次变革是以百货商店的出现为标志，它彻底改变了传统小商人狭隘的经营观念和经营手法；第二次变革是以超级市场的出现为标志，它使开架自选售货方式和"三低"的经营思想在零售界广为普及；第三次变革是以连锁商店的普及为标志，它将分散的、单个的店铺组织起来，实行专业化分工、标准化管理，大大推进了零售业整个现代化进程；目前，信息技术尤其是网络技术的发展正在拉开零售业第四次变革的序幕。第四次变革不仅将生成新的零售组织和新的经营方式，还将使所有零售组织受到前所未有的冲击和挑战。

但近10多年来中国零售业的巨大变化已是有目共睹。尤其中国服装零售业已成为中国最活跃的领域，中国服装零售业最重要的发展趋势是百货商店将不再占据主导地位，服装零售组织规模正以令人兴奋的速度迅速扩张等历史性的变革，无疑对每一个服装零售商来说都是一场严峻的考验。

本章习题

1. 思考题

(1) 什么是零售？零售的主要职能是什么？

(2) 零售活动具有什么特点？这些特点使零售商在经营过程中需要注意什么问题？

(3) 商品从生产领域转移到消费领域可以经过哪些路径？零售商在这一转移过程中担任什么角色？

(4) 零售业态是根据什么分类的？这种分类法科学吗？为什么？

(5) 零售业态与零售业种有何区别？零售业态是由哪些因素所决定的？

(6) 近代西方零售业发生了几次重大变革，每一次变革都对当时的零售业带来了什么样的影响？

(7) 中国的零售结构演变能使用零售业态演变的相关理论来解释吗？为什么？

(8) 你认为服装网络商店的出现最终将取代传统的有店铺的服装零售组织吗？

(9) 为什么说中国零售业目前正处于一个急剧变革的时期？引发这场变革的动因是什么？

2. 练习题

(1) 参观一个传统的百货商店、一个品牌专卖店、一个平价服装零售店、一个超级市场，对其进行比较（评价），完成下面表格。

项目	百货商店	品牌专卖店	折扣商店	超级市场
服装分类				
服务				
销售				
服装展示				
价格				
参观感受				

(2) 准备一个特许服装经营报告。报告中要包括开店费用、店铺营运费用、赢利点、所经营的服装定位、产品种类及产品组合、消费群体特征、客流量、地区特点、市场潜力、竞争对手以及运作方法等。

(3) 请通过查阅资料,完成你对服装零售业未来发展趋势的调研报告。

参 考 文 献

[1] 肖怡.零售学[M].高等教育出版社,2010.

[2] (美)迈克尔,利维.零售管理[M].人民邮电出版社,2010(11).

[3] 和弦.购物中心:上海零集商业新地标[J].今日上海,2006(7).

[4] 孙菊剑.服装零售终端运营与管理[M].东华大学出版社,2011(1).

[5] 周筱莲,庄贵军.零售学[M].北京大学出版社,2009.

[8] 张小雁.服装零售业经营管理探讨[D].天津大学管理学院硕士论文,2006(12).

[9] 刘小红,林松涛.服装零售概论[M].中国纺织出版社,2010.

第 2 章　服装零售的时尚特性

学习目的、要点：

1. 了解服装产品的时尚性及表现；
2. 了解服装零售业的时尚生命周期；
3. 学习时尚周期与服装产业的商业模式之间的关系；
4. 掌握时尚周期对服装零售业的影响；
5. 分析市场现状下服装零售业面临的时尚性挑战。

　　我们正处于一个尊崇美、时尚和艺术的时代。人们对时尚的需求激发了时尚品牌对层出不穷的创新和时尚产品的需求。同时，互联网与信息化技术，加速了时尚的创造和扩散过程，缩短了时尚周期，丰富的时尚信息和快速的市场流通，使时尚不再是少数人的独享，不再仅是沙龙中的清谈、社交圈的炫耀和明星的作秀。时尚促进了经济增长和社会进步，为多数人带来了福利，时尚越来越渗入到千家万户成为人们生活的一部分。时尚的流通性转变了人们的生活方式和价值观，人们对时尚价值、时尚信息也形成了独特的态度。

　　现代媒体技术结合互联网和物联网，使时尚资讯迅速传播，使时尚的新款型、新式样、新产品不断被创造出来，传递发送出去，人们不断接受着外部世界的时尚新事物，流行周期越来越短，不断受到时尚变化的冲击的人们，也反过来以自己的方式影响时尚社会。

2.1　服装的时尚特性

2.1.1　时尚定义和时尚产品

　　"美"是时尚的基本要义。只有"美"的事物，人们才会去追索。人天生爱美，中国古代最早的美文《诗经》，记载和颂扬的就是美人、美好的事物和美好的自然。追溯到河姆渡文化时期甚至更早，虽没有文字记载揭示当时人类美的标准、服饰心理，但骨针、纺轮等工具和贝壳饰物等，说明当时先民就已经追求"穿戴"，并开始用工具制作这些"饰品"。这些物件已经不仅仅是为了保暖遮体，更是对美的追求。

中文"时尚"对应的英文是 fashion，英文中与时尚相关的词还有 style、mode、vogue、trend、fad、chic 等。Fashion 一词有多种含义，一是指服饰，与 garment、clothing、apparel 相近，是实义词；二指流行、时尚，这是一个抽象、衍生词。作为实义词的 fashion 被理解为服饰、时装。时装即时髦流行、富有个性化的服装，它于18世纪末19世纪初在法国兴起，并于20世纪初在中国出现。时装最早的含义指的是款式设计新颖特别、用料考究、做工精细、价格不菲的淑女服装，这些服装有别于普通人群日常穿着的便装，比较时兴、精致与合体。如今，时装已不单单形容女子服装，已成为包括男子服装、男女饰品等在内的随着季节和潮流趋势变化的各种服装及饰品的总称。在中文中 fashion 常常被简单的翻译成为"服装"，这是因为时尚产业及其相关产业都是以服装产业为根基，因为人类最早的时尚就是从着装开始。在当今时尚产业链中，时装业仍是其主流和核心，充当着时尚不断变化的时代风尚标。

2.1.2 服装产品的特点

服装及饰品是人们所穿着或携带的载体，以视觉为主要的感知和体验途径，能给消费者带来功能效用、物质享受、精神愉悦、意像体验和价值实现的产品，如服装、包袋、鞋履等。他们都具有一定的实用性功能，能够满足人们在某一方面的生理需要。服装及饰品同时也是人的文化和价值观的体现，是生活方式、个性的表征与载体。

服装产品的主要特征如下：

(1) 与人体密切联系

服装类产品是为了人体的需要发展而来的产品，其设计、造型、制作工艺都强调人体舒适性，而且根据人体体型不同展示出不同的穿着效果，因此是一类注重人体体验的产品。

(2) 具有展示性

服装类产品不仅仅为了满足人体的简单生理需求，更在此基础上对人体进行了二次包装。人们希望借此展示给他人以独特的视觉形象，满足自我和他人对美的追求。

(3) 产品生命周期逐渐缩短

服装虽然属于耐用消费品，但作为时尚类商品，被人为的大大缩短了产品生命周期,用流行周期替代了产品的消耗周期,表现出时尚产品随时间而动态变化的特征。

2.1.3 服装产品的社会属性

服装产品的价值除了其物理效用之外,越来越多提现在其精神效用上,即时尚产品作为符号或象征,通过设计、风格、款式、纹样、材质、颜色等元素体现其内涵或核心价值。每个人都通过时尚产品展示着个性、生活方式、品味、时尚态度等。时尚产品常常被赋予内在与象征,不同价值观的人们借助其象征不同的内容,如地位、阶层、财富、生活态度和信仰等。

由于人们的社会地位、价值、角色、生活方式不同,其对"时尚"的判别标准也不同,对美的理解也大相径庭。因此,服装产品可以反映不同的文化传统、价值标准、社会地位、生活形态和情感等。

(1) 文化传统

印度女性穿纱丽,日本人穿和服,中国人崇尚旗袍和汉服,这就是服饰文化传统。尽管全球化是时尚无国界,而各国家、民族、地区、信仰的时尚文化差异是巨大的。服装产品除了要吸收来自不同民族的文化之外,还要尊重本地文化,避免因为文化冲突导致的产品冲突。

(2) 价值标准

凡勃伦(Veblen)在其著作《有闲阶级论》中第一个精辟地分析了不同价值观下对"时髦"地理解。他认为,炫耀性消费是一种普遍的社会现象,只不过由于不同时代价值观不同,从而炫耀的东西不一样。

(3) 角色和自我认识

人们在社会与家庭中所扮演的角色不同,会选择相应的服装产品与角色匹配。如公司里上班的职员因为其常穿白色衬衫而被称之为"白领",而做体力劳动者或技术工种因为其常常穿蓝色衬衫而被称之为"蓝领"。又如越来越多的公司提倡"星期五着装",区别与周一到周四的正装,满足员工们在周末的放松心态。

(4) 社会阶层地位

社会阶层地位的差异是客观存在的,必然会影响人们的时尚消费,这固然与不同阶层的经济状况有关,也与其社会活动交往有关。时尚产品的展示性,正好成为其表达社会阶层与地位的符号。

(5) 生活方式

生活方式通常是一个人活动、兴趣、观点(即 AIO)的表达,比如一个人对家居的兴趣,对运动的爱好,对社会的态度等。户外探险成为一种生活方式后,与户外运动相关的器材、工具、背包、服饰鞋帽也就成了一种时尚。这些用品甚至演化成为日常使用的流行产品,如登山包,虽然背登山包的人不一定去登山。生活方式的变化影响了流行,常常扩大了时尚产业的领域。

2.2 服装零售业的时尚性

时尚市场具有明显的竞争性市场特征。但时尚产品与同质产品不同,在同质产品的竞争市场中,价格是影响购买决策的主要因素;但时尚产品是异质选购品,款式、颜色、设计细节、原材料、质感、纹样、平面与立体构成、搭配等各不相同,消费者更是品味相异。因此,时尚市场需求的变化性是时尚市场的主要特征之一。

正是由于变化性这一特点,使得服装零售业具有广泛性。随着经济的发展,时尚不再是少数人享用的奢侈;随着生活观的发展,时尚也渗透到人们生活中的方方面面;随着全球化的进程,时尚成为全世界的共同需求。凡是有人的地方就有时尚,于是就有了广泛时尚需求和生生不息的时尚市场。这给时尚产业规模发展以无限的市场空间。

同时,同一市场的服装零售业还具有包容性。即使在同一地域或同一文化背景下,由于消费者的不同价值观、不同生活方式、不同个性,导致他们对时尚产品的追求、偏好都大不一样,个人的品味、格调也不一样。另一方面,越来越多的人将时尚产品当作表达自己的思想、信念和生活态度的载体,彰显自己的个性。时尚需求的个性化是时尚产业的基础,是时尚创新的推动力,也为众多的时尚企业提供了生存空间。个性化使时尚产品的品种越来越多,平均批量也越来越小。这种趋势对于习惯大批量、单一品牌或少品种的经营模式提出了挑战,靠规模化的低成本已经不能满足服装产业的发展要求。服装企业应该不断提高设计、创新能力,以满足市场需求。另一方面,采用数字化柔性技术如单位生产系统(UPS),以适应小批量、多品种、快时尚,降低启动成本;采用数字化色彩系统提高品种适应性和质量水平;采用在线设计和订单系统加快打样和缩短供货时间。

2.2.1 服装的时尚生命周期

每一种流行都有周期性,这是因为流行总是逐渐变化的。每个季节,消费者都会见到一系列设计师介绍的新款式,消费者逐渐接受新的组合和新的形象,但另一些款式很快被淘汰。作为企业,通常可用销售额来衡量。

服装的流行一直处于循环往复的状态,十年前的流行元素,在十年后可能成为新的趋势。当然，不同时代的时尚操盘手会赋予他们新的创意和内涵。如果翻看十年前的 VOGUE 或 PECLERS、PROMSTYL 等流行趋势权威机构发布的趋势手册，你很有可能会发现脚上穿的鞋子和服装可能与杂志中的流行惊人相似。人们常说，时尚是一种循环，十年一个周期。在不断的发展历程中，人们时不时的念旧，并赋予怀旧的产品以新的含义。

(1) 流行生命周期

服装流行周期变化可用一系列钟形曲线描述、通常分为五个阶段(类似于一般的产品生命周期)导入期、成长期、成熟期、衰退期、消亡期。

① 导入期。设计师依据自己对时代潮流的理解推出一种具有创造性的款式，并通过零售渠道向公众提供这种新的服装商品。如巴黎的某些"最新时装"可能未被任何人接受，所以，这一时期的流行只是意味着时尚和新奇。

绝大多数的新款都以高价推出。一般而言，以创造性和对潮流把握著称的设计师需要得到巨额财力的支持，结合高品质的原材料和精美的制作工艺，才能自由地进行创作设计。但这样做成本极高，因此只有极少数人承担大量销售自己的作品，因为小批量生产能给他们提供更多的自由，更大的灵活性和发挥创造力的空间。

② 成长期。当某种新的时装被购买、穿着并为更多的人了解时，它就有可能逐渐为更多的顾客所接受，对于那些昂贵的时装，它却可能是设计师一个系列中最流行的，甚至是所有高档时装中最流行的，但销售额可能永远也不会高，为此，在现实经营活动中，某种款式可以通过驳样和改制得以进一步流行或扩大市场份额。

一些企业通过品牌授权的方式进行生产，而后以较低的价格出售，而另一些企业则用较便宜的面料和修改一些细节进行批量生产，然后以更低的价格进行销售，著名设计师也许会对自己的设计进行一些修改以符合他们的顾客需要和价格定位，许多知名服装设计师品牌通过这些方法获得不菲市场收获。

③ 成熟期。当一种流行达到成熟时期时，消费者对它们的需求就会极大，以致许多服装企业都以不同的方式驳样或改制流行时装，并进行成批生产，使流行款式更多地被顾客购买。

大批量生产必须能得到大众的接受，因此，许多服装企业紧随已经形成的流行趋势进行生产，因为他们的顾客需要的是正处于流行的主流服装。

④ 衰退期。最终，相同款式的服装被大批量生产，以致具有流行意识的人们厌倦了这些款式而开始寻求新品，此时的消费者可能仍会购买或穿着这类服装，但他们不再愿意以原价购买，于是零售店铺将这些服装放在削价柜上出售，以便尽快为新款式腾出空间。

⑤ 消亡期。流行周期的最后一个阶段是消亡期,这时消费者已经开始转向新的款式,因此又开始了一个新的流行周期,这种现象的发生是因为这种款式已落伍。

(2) 流行周期的长短

尽管每一种流行都遵循同样的流行模式,但没有一种能遵循流行周期的时间表。某些流行很快达到鼎盛期,而有些却要漫长一些;有些流行缓慢地衰退,而有些却是急速下降;有些时装只能在一个流行季节里流行,而另一些却可能持续几个季节甚至更长;有些风格会迅速消亡,而另一些则经久不衰。

经典服装:有些款式永不会被彻底摒弃,而是在很长一段时间被或多或少的人群接受。经典的服装以简洁的设计为特征,从它被推出就一直被保持和传承。典型的例子如夏奈尔套装,它于20世纪50年代晚期达到鼎盛时期,在70年代晚期和80年代后期又被广大消费者所欣赏和接受。

流行快潮:昙花一现的流行快潮,可能只在一个季节里出现又消失,它们缺乏能长时期吸引消费者的个性。流行快潮只能影响极小部分消费者,以较合适的价格推出,相对来讲比较简单,复制方便,因此能很快在市场上流行,由于市场很快趋于饱和,公众很快就会厌倦而摒弃它。

每一个服装新产品,与很多其他产品一样,从萌芽开始发展到顶峰,然后进入衰退,直到被新产品取代。但由于服装产品除了物理效用之外,更重要的是它所具有的精神效用,即为消费者带来的物质享受、精神愉悦、意象体验、价值实现,是人的文化、个性、生活方式的表征和载体。因此其生命周期更不确定,人类在思想、生活环境和经济等方面的变动对时尚产品寿命长短有决定性的作用,它随着时尚市场需求的变化而变化。

比如,在二战前叛逆的香奈儿用套装裤型女装让女性从束缚中解放出来;而在经历了第二次世界大战的战争创伤之后的时代,克里斯汀·迪奥的X造型"New Look"又重新让女性回到了丰胸细腰的妩媚姿态;到了20世纪80年代,当时为迪奥工作的伊夫·圣·洛朗却又以一款蒙德里安直身连衣裙藏起了女性的腰部线条。这些堪称经典的服装作品的产生、兴盛和衰退,除了与人们审美的视觉周期有关之外,更反映了这些作品与当时时代背景的密切关联。

对于新兴事物的好奇和新鲜感是一般人具有的正常心理反应。旧产品的推出加以巧妙的包装宣传,勾起消费群体的关注兴趣和购买欲望。对于能够让自己处于潮流的前段,美化外在形象并且赢得关注和称赞的时尚类产品,他们给予了更多的注意力,当然也少不了经济投入。一旦市场上可选择的商品数量达到一定高度,可供选择增多,单个产品被购买和使用的几率就会逐步降低。尤其是服装、珠宝、配饰等处于时尚产业核心层的产品,由于市场需求的多样化和不确定性,生命周期较扩展层的场频短暂,新旧更替的速度和频率相对而言高了很多。

时尚流行的生命周期适用于设计细节、廓形、款式、色彩、纹样、标志、香氛等,也适用于穿戴者的搭配、穿戴方式等。时尚流行周期是一个市场概念,即某种时尚的市场生命,与使用寿命有所区别。

2.2.2 时尚周期与社会经济周期

时尚界普遍认同时尚流行受到社会因素、经济因素、心理因素、个人因素的影响,而时尚在传媒、互联网、物联网的推波助澜下,流行周期越来越短,传播越来越快。这是时尚流行周期的主流和趋势,流行周期常常与社会或经济重大历史事件有关,如 SARS 时期的时尚口罩,波黑战乱期的护士装等。

而人们注意到,经济短周期和时尚流行长周期有某种联系。比如超短裙就是人们对社会动乱和经济萧条的不满和对抗的心理反应。20 世纪 70 年代初虽然嬉皮士倡导长裙,但事实是 70 年代裙子越来越短,在经济衰退期仍大行其道。到了 90 年代社会面临经济危机和社会分裂,川久保玲提出"反机械"时尚和"大规模生产"的对抗,当时的褴褛的牛仔裤是"反主流、反传统、发时尚"的时尚,与"反机械"有相同的意思。90 年代的"颓废时尚"是 70 年代时尚的回归,到了 2010 年仍被雅各布斯"堕落"地表达为反叛,但决不是对 70 年代和 90 年代地简单复制,而是又融合了纽约的生动和巴黎的奢华。

时尚长周期虽然与经济长周期未必完全同步,特别是心理因素有"反应滞后",或者时尚传播有流行惯性,或者受到其他时尚和非时尚事件地扰动,然而确实有某种关联。这种关联既是消费者对经济波动地反应,也包括设计师被社会变化所激发出的灵感,或经济周期中产业的创新(如新型材质与面料)而导致的时尚消费趋势、时尚态度与时尚生活方式,从而引发一段时期的时尚风格和时尚商业模式的创新。

2.2.3 时尚周期与商业模式

20 世纪 30 年代经济大萧条,服装行业被迫降低成本,大型企业运营与制造分离,并出现 OEA、OEM 模式;五六十年代经济不景气使成衣业上升,服装业不再炫耀奢华的工艺;70 年代巴黎高级女装受到经济危机影响,意大利式的成衣潮流开始取而代之,而美式的休闲试图与欧式优雅结合。随着 70 年代后期经济的持续萧条,80 年代的消费者开始追求超值低价。长期经济不景气,人们希望回归平静,而提倡宽容的休闲。沃尔玛的天天低价模式顺势而起,迅速发展成为世界零售之王。沃尔玛的天天低价模式通过大批量采购、信息化配送、快速反应折扣店业态模式而达到。同时专卖店的个性化是对折扣店的一种补充。

21世纪以来，人们对低档同质化时尚开始厌烦，希望既平价又时尚的产品。时尚消费也开始分化，高端和大众的消费群在扩大，而低端消费群在萎缩，时尚市场结构是葫芦型而不是金字塔型，而且不管哪一类消费者都更加注重时尚与功能化。因此，"平价时尚"、"快时尚"大行其道。ZARA、H&M时尚零售业态创新的成功就是与时尚的发展保持同步的结果，当然这种商业模式和零售业态的成功还包括海量设计、快速周转、弹性配送等管理思想和数字化物流技术的支持。另一方面，高端奢侈品牌也开始回归，保持令人惊讶的销售业绩。

经济周期、时尚周期和产业周期之间关系如螺旋泵运动：经济衰退导致时尚市场需求疲软，技术创新伴随着时尚的创新，逼迫产业要素重组，激发新的市场繁荣与经济繁荣。而商业模式创新的基础和支持都是技术创新，如数字化信息技术、快速反应、在线设计、时尚化功能化材质、数字化仓储与配送等应用，从而推动一波又一波消费需求，促进产业新一轮的增长。

2.2.4 时尚周期与零售策略

典型的服装产品在其生命周期的四个阶段呈现出不同的市场特征，企业的营销策略也就以各阶段的特征为基点来制定和实施零售策略。

（1）时尚产品导入期的营销策略

导入期的特征是产品销量少，促销费用高，制造成本高，销售利润很低甚至为负值。根据这一阶段的特点，零售企业应努力做到：投入市场的产品要有针对性；进入市场的时机要合适；设法把销售力量直接投向最有可能的购买者，使市场尽快接受该产品，以缩短导入期，更快地进入成长期。在产品的导入期，一般可以由产品、分销、价格、促销四个基本要素组合成各种不同的市场营销策略。

仅将价格高低与促销费用高低结合起来考虑，有以下四种策略：

① 快速撇脂策略。即以高价格、高促销费用推出新产品。实行高价策略可在每单位销售额中获取最大利润，尽快收回投资；高促销费用能够快速建立知名度，占领市场。实施这一策略须具备以下条件：产品有较大的需求潜力；目标顾客求新心理强，急于购买新产品；企业面临潜在竞争者的威胁，需要及早树立品牌形象。一般而言，在产品引入阶段，只要新产品比替代的产品有明显的优势，市场对其的价格就不会特别计较。

② 缓慢撇脂策略。以高价格、低促销费用推出新产品，目的是以尽可能低的费

用开支求得更多的利润。实施这一策略的条件是:市场规模较小;产品已有一定的知名度;目标顾客愿意支付高价;潜在竞争的威胁不大。

③ 快速渗透策略。以低价格、高促销费用推出新产品。目的在于先发制人,以最快的速度打入市场,取得尽可能大的市场占有率。然后再随着销量和产量的扩大,使单位成本降低,取得规模效益。实施这一策略的条件是:该产品市场容量相当大;潜在消费者对产品不了解,且对价格十分敏感;潜在竞争较为激烈;产品的单位制造成本可随生产规模和销售量的扩大迅速降低。

④ 缓慢渗透策略。以低价格、低促销费用推出新产品。低价可扩大销售,低促销费用可降低营销成本,增加利润。这种策略的适用条件是:市场容量很大;市场上该产品的知名度较高;市场对价格十分敏感;存在某些潜在的竞争者,但威胁不大。

(2) 成长期市场营销策略

新产品经过市场导入期以后,消费者对该产品已经熟悉,消费习惯也已形成,销售量迅速增长,这样新产品就进入了成长期。进入成长期以后,老顾客重复购买,并且带来了新的顾客,销售量激增,企业利润迅速增长,在这一阶段利润达到高峰。随着销售量的增大,企业生产规模也逐步扩大,产品成本逐步降低,新的竞争者会投入竞争。随着竞争的加剧,新的产品特性开始出现,产品市场开始细分,分销渠道增加。企业为维持市场的继续成长,需要保持或稍微增加促销费用,但由于销量增加,平均促销费用有所下降。

针对成长期的特点,企业为维持其市场增长率,延长获取最大利润的时间,可以采取下面四种策略:

① 改善产品品质。如增加新的功能,改变产品款式,发展新的型号,开发新的用途等。对产品进行改进,可以提高产品的竞争能力,满足顾客更广泛的需求,吸引更多的顾客。

② 寻找新的细分市场。通过市场细分,找到新的尚未满足的细分市场,根据其需要组织生产,迅速进入这一新的市场。

③ 改变广告宣传的重点。把广告宣传的重心从导入产品转到建立产品形象上来,树立产品品牌,维系老顾客,吸引新顾客。

④ 适时降价。在适当的时机,可以采取降价策略,以激发那些对价格比较敏感的消费者产生购买动机和采取购买行动。

(3) 成熟期市场营销策略

进入成熟期以后,产品的销售量增长缓慢,并逐步达到最高峰,然后缓慢下降;产品的销售利润也从成长期的最高点开始下降;市场竞争非常激烈,各种品牌、各种款式的同类产品不断出现。

对成熟期的产品,宜采取主动出击的策略,使成熟期延长,或使产品生命周期出现再循环。为此,可以采取以下三种策略:

① 市场调整。这种策略不是要调整产品本身,而是发现产品的新用途、寻求新的用户或改变推销方式等,以使产品销售量得以扩大。

② 产品调整。这种策略是通过产品自身的调整来满足顾客的不同需要,吸引有不同需求的顾客。整体产品概念任何一层次的调整都可视为产品再推出。

③ 市场营销组合调整。即通过对产品、定价、渠道、促销四个市场营销组合因素加以综合调整,刺激销售量的回升。常用的方法包括降价、提高促销水平、扩展分销渠道和提高服务质量等。

(4) 衰退期市场营销策略

衰退期的主要特点是:产品销售量急剧下降;企业从这种产品中获得的利润很低甚至为零;大量的竞争者退出市场;消费者的消费习惯已发生改变等。

面对处于衰退期的产品,企业需要进行认真的研究分析,决定采取什么策略,在什么时间退出市场。通常有以下四种策略可供选择:

① 继续策略。继续延用过去的策略,仍按照原来的细分市场,使用相同的分销渠道、定价及促销方式,直到这种产品完全退出市场为止。

② 集中策略。把企业能力和资源集中在最有利的细分市场和分销渠道上,从中获取利润。这样有利于缩短产品退出市场的时间,同时又能为企业创造更多的利润。

③ 收缩策略。抛弃无希望的顾客群体,大幅度降低促销水平,尽量减少促销费用,以增加目前的利润。这样可能导致产品在市场上的衰退加速,但也能从忠实于这种产品的顾客中得到利润。

④ 放弃策略。对于衰退比较迅速的产品,应该当机立断,放弃经营。可以采取完全放弃的形式,如把产品完全转移出去或立即停止生产;也可采取逐步放弃的方式,使其所占用的资源逐步转向其他的产品。

2.3 服装零售时尚面临的独特挑战

2.3.1 "快时尚"的生活概念

越来越多的服装企业正在缩短季节周期,系列产品的发布会从最初的一年两次发展到现在的一年6次、8次、12次甚至更多,生产制造能力的迅速提高和信息流通速度的加快使得企业不断推出新的系列,生产交货期从2个月缩短至2周。快时尚不仅是消费者行为更是一种服装企业商业模式。

由纺织服装界创建的"快速反应"信息系统,通过条形码管理信息流量,能够完全按照消费者的要求调整生产周期。但是过度迁就消费者的意愿,压制设计师的创造性和时尚的内在活力又成为快速时尚发展中产生的一个问题。需要强调和引起注意的是,时尚的本质和特点决定了它要在一定程度上保有它的非理性和创意。除了产品更替速度的加快,商家和企业开始进行名目繁多的促销打折优惠活动,期望通过价格战的方式在竞争中保有一席之地,然而这样的竞争模式将时尚推向了价格的深渊。

Fast Fashion 的概念源自欧洲,以产品更新速度快、紧跟当季国际最流行设计以及平民价格为最大特点,被消费者称为"平价时装",代表服装零售企业有西班牙的ZARA、瑞典的H&M、荷兰的C&A,以及美国的GAP。而近些年,Fast Fashion 在中国的影响力也日渐不凡,成为中国服装产业和消费者眼中炙手可热的词汇。Fast Fashion 对于企业来说,可以降低库存,加快资金流转;而对于消费者来说,可以做到全球时尚的同步感受。

时尚界以"快、狠、准"为主要特征的快时尚迅速兴起,带动全球的时尚潮流。快时尚服饰始终追随追季潮流,新品到店的速度奇快,橱窗陈列的变换频率更是一周两次。与速食年代"求速"的特点如出一辙。流行的快时尚品牌包括ZARA、H&M、Mango等等。时尚速度快、超高频率更新的快时尚,永远追随潮流的特点,则让追求时髦的人趋之若鹜,扎堆采购。

ZARA 是"快时尚"的始作俑者。所谓"快时尚",主要包含三方面的含义,即上货时间快、平价和紧跟时尚潮流。一般"快时尚"通过国际大牌最新款发布会及其它渠道搜集时尚信息进行整合设计,然后生产销售,最快时间12天,价格不及国际大牌类似款式的1/10。"快时尚"每一款衣服的生产数量都很少,这样不仅减少单款的陈列,同时人为制造稀缺,带动购买欲。同时,"快时尚"每年生产的服装款式是一般企业的3~4倍,产品每周更替,货物售完不会再有重复款上架。

"快"是指快时尚服饰始终追随当季潮流,新品到店的速度奇快,橱窗陈列的变换频率更是一周两次。

"狠"是指品牌间竞争激烈,而消费者购买快时尚服饰的速度能与品牌竞争相媲美,每月都做"月光族"属寻常事。

"准"是指眼光准。设计师能预知近期潮流趋势,在短时间内设计出各式新潮服装;消费者挑选商品时,看准了就买,绝不迟疑。

2.3.2 个性与流行的一体两位

时尚是在特定时段内率先由少数人尝试、预认为后来将为社会大众所崇尚和仿效的生活样式。简单地说，顾名思义，时尚就是"时间"与"崇尚"的相加。在这个极简化的意义上，时尚就是短时间里一些人所崇尚的生活。这种时尚涉及生活的各个方面，如衣着打扮、饮食、行为、居住、消费、甚至情感表达与思考方式等。

很多人会把时尚与流行相提并论，其实并不如此。大多人知道流行和时尚是不同的概念，但不知道差别。只能说流行是大众化的，而时尚相对而言是比较小众化的，是前卫的。流行的意义很简单，一种事物从小众化渐渐变得大众化，便开始了流行。而时尚不仅是形容事物，往往是形容一个人的整体穿着、言行、事态等。时尚是结合流行的元素和小细节，经过拼凑和搭配，穿出自己的个性，自己的品味。

网络时尚的出现，又以一种新的市场形态参与到已经相当激烈的竞争中。互联网彻底改变了消费行为的时间和空间关系，它既是一扇开放的窗口，接受来自世界各处的信息，同时又成为将人与外界隔绝的保护层。各种压力造成心理的不安定因素使得人们对于虚拟世界和产品的依赖增加，时尚产业愈易渗入虚拟世界。

我们进入了一个"个性定制的大众营销"时代。正如20年前制造业开始的那场"大规模定制"运动一样，互联网例如包括中国的人人网、51.com等在内的社交媒体的发展，从根本上改变了营销蓝图。由于身处美国硅谷这样的环境，我更容易看到这一明显变化。广泛市场营销（Mass Marketing）仅仅是人类历史上非常短暂的一小段，在大众媒体出现之前人们用的是面对面的物品交换，而现在，我们将回归到这一本源——在社会交往的背景中，个性定制传播的信息，依靠信誉等无形资产进行营销。

营销正在往两个相反的方向发展：一方面，互联网上一个庞大的市场正在形成，类似于全球大众市场，参与其中的人高达十几亿人，他们表现出混乱、快速变化、追逐流行的特点，为企业创造了大量的商机，但却很短暂。这就像是在逛一个世界上最大的户外市场：激动人心但是让人精疲力竭，到处都是叫卖声，还有招摇过市的"街头骗子"，虽然会吸引我们消费，但不会让我们满意。全球规模经济呈现出繁荣但却充满风险的景象。

另一方面，互联网上组成了上百万个小规模群体，他们拥有相同兴趣的，一般不超过150人。相比较而言，这景象没有那么让人心潮澎湃，但他们稳定，行为可预测，相互之间建立了高度信任和忠诚度，拥有丰富的品牌和产品知识。要介入这些独特的群体，惟一的办法就是获得他们的信任。这并不容易，需要耐心和信仰。这也是一种本质的回归，早在我们利用大众广告接触广大消费者之前，商业就是这样运作的。

这两个市场分别有着自己的特点、游戏规则、运行方式和奖惩机制，这就意味着对每个企业来说，无论规模大小，都无法同时在两个市场同时成功。企业必须在两极化的市场现状中作出取舍，选择关注快速变迁的全球大众市场还是针对无数小型化封闭式利基市场。

以利基市场为例，其特点包括群体身份、文化、内容质量和生存时间。对于这个市场，企业要提供个性定制的产品和服务，虽然成本会上涨，但这个市场的消费者愿意花费更多的钱购买这些符合其需求的独特产品和服务。如果说全球化大众市场营销需要采用简洁、非语言似的营销信息，那么对利基市场而言营销需要使用复杂、高度语言化的信息来和群体成员进行互动。

在中国市场，当今大部分营销人犯的最大错误是将中国 4 亿多网民看成一个无差别的群体，视中国市场为单一市场。聪明的营销人应该意识到，他们面对的是 5 000 万个小市场（很多消费者有可能同时归于多个市场），所有的人都在寻找可以信赖的零售商和供应商。21 世纪最大的挑战就在于如何赢得并保持他们的信任。

案例 2.1

要流行还是要个性——UNIQLO

当流行与个性发生争执的时候，你会选择哪一个？

日本知名的休闲服装品牌优衣库（UNIQLO）在短短数十年的时间内就建立了自己庞大的服装王国，不仅在日本国内，在中国的大陆也一步步开设了直营店，且数量越来越多。目前 UNIQLO 的品牌店已经占领了大部分的中国市场。不仅是像沈阳、大连等二线城市有数家它的品牌店，并且在上海、北京、广州等一线大城市也被 UNIQLO 的品牌化所占领，并且直营店数量越来越多。但即使到现在 UNIQLO 迅速发展的今天，仍有一个问题令 UNIQLO 的创始人柳井正烦恼不已。

虽然在中国大陆的大部分市场都已经被 UNIQLO 所占据，直营店的数量也越来越多，但是仍有一个广阔的市场未被 UNIQLO 所涉足，不是 UNIQLO 不想进入这个市场，而是有更深层次的原因，这个地方就是中国的台湾。

在 2009 年的 5 月，柳井正曾宣布过要开始进军台湾市场，并在 5 年之内占领台湾市场，可是到目前看来，其计划并不成功。不仅在在 2009 年已经谈好的门店现在出现变故，甚至可能还未登录台湾就要被挤出台湾市场，柳井正进军台湾的计划有很大可能性就此流产。

其实，UNIQLO进军台湾如此困难是有很深层次的原因的。

台湾的发展一直都很迅猛，但是也正是因为如此，经济问题也是不断发生，倒闭的厂商也是越来越多，这无疑给了外部商家一个很好的机遇可以进军台湾市场。不过通常来说有机遇的地方就有风险，这句话也适用于此。虽然台湾的厂商不断倒闭，但是因为其本身的经济实力基础，经济发展的活跃性是非常强的。一旦有商家倒闭，立即就会被其它取而代之，并因此就像物竞天择的法则一样，新的商家实力必然更强，更能适应于台湾本土的经济发展。因为这样，台湾以外的商家想进入台湾就成了一件很困难的事情，除了一些实力非常强的国际化知名品牌，否则，想进入台湾市场是必须付出很大的代价的。

台湾的政策也一直是很受商家争议的。在中国大陆，一般如果有外商来华投资，都是会有很多的政策优惠。但是台湾的政策法规却不同，他们对外商一向都是非常的苛刻，严格控制着外商进入的门槛。政策如此制定的说法很多，有人说是为了增加税收，有人说是为了保护台湾本土的企业发展，众说纷纭。可是这一政策的制定，无疑都给外商的进入带来了很大的压力，所以才会出现很多外商放弃台湾市场的现象。

台湾的风土民情也是外商投资需要关注的一个非常重要的因素。台湾市场虽然品牌众多，但是与中国大陆不同，台湾民众在购买选择时一般都会优先考虑台湾本土的品牌，这也是一个非常奇怪的现象。与其说是他们更愿意支持本土品牌发展不如说是因为购买习惯。据统计，就服装行业而言，台湾民众购买本土品牌的服装的比例占到了总购买力的52%，这对于一个本土品牌并不多的地区而言是一件非常不可思议的事情。所以，在外商要进入台湾投资的时候，也就不得不考虑到这方面的压力，这也使得很多外商在进入台湾市场以前考虑再三。

UNIQLO在2009年准备进入台湾市场的时候也不例外，也遇到了这很多的问题。

在2009年金融危机的同时，柳井正看好这一时机，立即准备进军台湾市场，并开始与台湾方商谈在台北开设门店的事宜。可是事情进行的并不顺利，与UNIQLO一样，台湾本土的时尚服装品牌MOWA集团也准备拿下这处门店，扩张自己的市场。

MOWA集团以其雄厚的实力与品牌号召力，在几轮谈判与较量中很快就使UNIQLO在较量中处于了下风。可是UNIQLO也并没有就此放弃，开始先一步在台湾以各种渠道推广自己的品牌。UNIQLO的这一举措很奏效，其以"简约风"著称，"衣服是配角，穿衣服的人才是主角"的个性品牌理念使得很多台湾民众都开始认识UNIQLO这个品牌。但是在一份问卷调查中UNIQLO发现，虽然很多人都已经认识了UNIQLO这个品牌，但是对于他们的品牌和理念并不感冒，甚至称这一服装理念是过时的,该被淘汰了。这令柳井正非常惊讶,他随即进行了更深入的调查才发现,与 UNIQLO 竞争门店的品牌 MOWA 因其服饰种类众多,服务迅速,价格合理可信,并且以着"彰显自己,任何衣服都是流行"的理念在短短几年内,就已经占领了台湾的流行服饰市场。

这使得柳井正清醒的意识到,与自己竞争的可不是什么普通角色,随即便调整了自己的策略,开始另谋他路寻求其他差一点的门店。可是令他万万没有想到的是,他们之前所调查看重的门店已经全部被 MOWA 集团谈拢,似乎是刻意要 UNIQLO 自动退出台湾市场。

这一变故使得柳井正原本平稳步进的战略彻底崩溃,他开始做最后的斗争,与 MOWA 正面较量。

很快 UNIQLO 在一个并不出众的地段开了第一家试营业的门店,并加大力度宣传。一开始确实有不错的效果,可是渐渐地销售越来越淡,似乎台湾民众对 UNIQLO 已经失去了耐心。相反的,虽然并没有像 UNIQLO 一样加大宣传,MOWA 新开设的几家门店销售却越来越火,甚至到了脱销的地步。在当时,很多台湾的年轻人在买衣服时,经常互相询问,"是要流行还是个性"。这不仅可以看出 UNIQLO 和 MOWA 的宣传力度与品牌号召力之广,也提现出这两大品牌竞争的激烈程度。

可是到现在来看,这一场较量似乎是 MOWA 赢了。UNIQLO 在台湾的风声已经越来越小,到现在很多人说它已经退出了台湾市场,UNIQLO 的个性化战略在台湾取得了完败的结果。而 MOWA 得流行化战略似乎越来越受到青睐。不仅是在台湾本土,因为其销售火爆,MOWA 正准备进军大陆市场,在大陆开设门店,并已经首先开设了大陆网店。

相信不久,MOWA 在大陆各大一二线城市的门店就会开始出现,到时候就又会看到 MOWA 与 UNIQLO 的品牌之战,而这次 MOWA 在没有本土市场优势的情况下会不会被 UNIQLO 复仇成功呢,让我们拭目以待吧。

本章小结

在当今时尚产业链中,时装业仍是主流和核心,充当着时尚不断变化的时代风尚标。服装产品的主要特征表现在与人体密切联系、具有展示性、产品生命周期逐渐缩短。服装产品的社会价值则表现在文化传统、价值标准、角色和自我认识、社会阶层地位、生活方式等方面。

时尚产品是异质选购品,款式、颜色、设计细节、原料材质、质感、纹样、平面与立体构成、搭配等各不相同,因此时尚市场需求的变化性是时尚市场的主要特征之一。这是由于这一特点,使得服装零售业具有广泛性和包容性。时尚需求的个性化是时尚产业的基础,是时尚创新的推动力,也为众多的时尚企业提供了生存空间。

服装的流行周期变化可用一系列钟形曲线描述、通常分为五个阶段(类似于一般的产品生命周期)导入期、成长期、成熟期、衰退期、消亡期。尽管每一种流行都遵循同样的流行模式,但没有一种能遵循流行周期的时间表,某些流行很快达到鼎盛期,而有些却要漫长一些。时尚流行周期是一个市场概念,即某种时尚的市场生命,与使用寿命有所区别。

时尚界普遍认同时尚流行受到社会因素、经济因素、心理因素、个人因素的影响。经济短周期和时尚流行长周期有某种联系。经济周期、时尚周期和产业周期之间关系如螺旋泵运动:经济衰退导致时尚市场需求疲软,技术创新伴随着时尚的创新,逼迫产业要素重组,激发新的市场繁荣与经济繁荣。

典型的服装产品在其生命周期的四个阶段呈现出不同的市场特征,企业的营销策略也就以各阶段的特征为基点来制定和实施零售策略。

① 时尚产品导入期:导入期的特征是产品销量少,促销费用高,制造成本高,销售利润很低甚至为负值。零售企业应努力做到:投入市场的产品要有针对性;进入市场的时机要合适;设法把销售力量直接投向最有可能的购买者,使市场尽快接受该产品,以缩短导入期,更快地进入成长期。

② 成长期:进入成长期以后,老顾客重复购买,并且带来了新的顾客,销售量激增,企业利润迅速增长,在这一阶段利润达到高峰。随着销售量的增大,企业生产规模也逐步扩大,产品成本逐步降低,新的竞争者会投入竞争。随着竞争的加剧,新的产品特性开始出现,产品市场开始细分,分销渠道增加。企业为维持市场的继续成长,需要保持或稍微增加促销费用,但由于销量增加,平均促销费用有所下降。

③ 成熟期:进入成熟期以后,产品的销售量增长缓慢,逐步达到最高峰,然后缓慢下降;产品的销售利润也从成长期的最高点开始下降;市场竞争非常激烈,各种品牌、各种款式的同类产品不断出现。

④ 衰退期:衰退期的主要特点是:产品销售量急剧下降;企业从这种产品中获得的利润很低甚至为零;大量的竞争者退出市场;消费者的消费习惯已发生改变等。面对处于衰退期的产品,企业需要进行认真的研究分析,决定采取什么策略,在什么时间退出市场。

随着社会的发展,以及受到时尚市场发展的影响,服装零售时尚面临的两大独特挑战:

① "快时尚"的生活概念：越来越多的服装企业正在缩短季节周期，系列产品的发布会从最初的一年两次发展到现在的一年6次、8次、12次甚至更多，生产知道能力的迅速提高和信息流通速度的加快使得企业不断推出新的系列，生产交货期从2个月缩短至2周。快时尚不仅是消费者行为更是一种服装企业商业模式。

② 个性与流行的一体两位：我们进入了一个"个性定制的大众营销"时代。营销正在往两个相反的方向发展：一方面，全球市场一个庞大的市场正在形成；另一方面，互联网上组成了上百万个小规模群体。这两个市场分别有着自己的特点、游戏规则、运行方式和奖惩机制，这就意味着对每个企业来说，无论规模大小，都无法同时在两个市场同时成功。企业必须在两极化的市场现状中作出取舍，选择关注快速变迁的全球大众市场还是针对无数小型化封闭式利基市场。

本章习题

1. 思考题

（1）服装产品与一般产品相比的特点是什么？服装的物理属性和社会属性分别表现出怎样的特点？

（2）服装零售业与一般零售业种相比的特点是什么？对企业经营有何影响？

（3）服装的时尚周期指什么？对服装零售业有何影响？

（4）时尚周期与社会经济周期之间有无关系？如果有，是怎样的关系？

（5）时尚周期与服装零售的商业模式之间有无关系？如果有，是怎样的关系？

（6）服装零售业的时尚性特点面临了怎样的挑战？这些挑战背后的原因是什么？

2. 练习题

（1）请分析时尚周期与零售策略之间的关系，完成下表。

时尚周期	产品特点	市场特点	企业零售策略
导入期			
成长期			
成熟期			
衰退期			

（2）请分析你所在的城市的服装零售市场状况，记录这个城市的服装品牌，分析这些服装产品的时尚度，进一步探究其与服装零售市场的关系。

（3）请通过查阅资料，整理出5个以上能对时尚零售业产生影响的因素，在此基础上分析服装零售业的时尚走向。

参 考 文 献

[1] 顾庆良. 时尚产业导论[M]. 上海：格致出版社，2010.
[2] 杨大筠. 这样经营时尚品[M]. 北京：北京出版社，2010.
[3] (美)利维·韦茨，(中)张永强. 零售学精要(中国版)[M]. 北京：机械工业出版社，2009.

第二篇 服装零售环境与策略

第 3 章 服装零售的扩张战略和商圈选择

学习目的、要点：

1. 了解服装零售企业战略扩张方式；
2. 了解服装商圈选择和服装店铺选址方法；
3. 服装零售扩张中的横向一体化与纵向一体化。

从零售业近百年的发展史看，零售业发展的一个重要动因是实现规模经济、降低流通成本，因而零售企业进行规模扩张是必然的；从竞争的角度看，规模大小是零售企业竞争能力的重要组成部分，当前零售业的竞争很大程度上受到规模的影响。因而近几十年来，国际上出现了多个零售巨头，全球四大服装零售巨头：Gap、C&A、H&M、Zara 通过快速扩张占据了世界服装零售的舞台。

从中国零售企业的发展状况看，规模扩张是中国零售企业的必然选择。从 20 世纪 90 年代开始，国际零售巨头就开始纷纷进入中国市场，随着 2004 年中国入世过渡期的结束，中国零售市场彻底开放，中国零售企业越来越多地受到国际零售巨头的冲击，而中国企业的最大劣势在于规模化、组织化程度低。因此国内企业纷纷开始规模扩张、行业整合，比如百联集团的成立、大量企业的跨区域扩张等。但是规模扩张中存在多种风险，不同的扩张方式也有不同的适用条件，因此选择适合的扩张方式、控制扩张的风险就值得企业重点关注。

3.1 服装零售扩张战略

3.1.1 服装零售企业战略扩张方式的类型

服装零售企业的战略扩张方式主要指零售企业进入市场的方式，通常包括直营、并购、特许经营、联盟或自由连锁、管理输出等方式。

(1) 直营

服装零售企业利用自有资金及自身资源,通过购建新的分公司或子公司来实现经营规模的扩大,就叫直营式扩张。

直营式扩张还可分为自主新建分店和租用式直营扩张,自主新建分店包括购买土地使用权、建造和装修购物场所、置办必要的经营设备和设施、派遣管理人才和招聘员工等;后者是租用所在地物业业主房产,将其改建为分店,除不拥有房屋产权外,本企业拥有绝对经营权。

这种方式是服装零售企业扩张的主要方式,任何零售企业扩张中都必须要或多或少的采取这种方式,以保证企业对店铺的控制力。

2010年,英国最大的奢侈品零售商Burberry(巴宝莉)集团公司宣布,以7 000万英镑收购其特许经营伙伴Kwok Hang Holdings位于中国大陆地区所有的Burberry特许经营店。 Burberry在内地30个城市拥有50家特许经营店,而巴宝莉在2011财年内再开10家新店,全部为直营。 HugoBoss等近日陆续传出转型直营,Versace(范思哲)、FENDI(芬迪)也表示,至少全国范围内,都只有直营店了。 此外,CUCCI、Montblanc(万宝龙)等品牌也都表示将以直营店逐步取代授权代理店,Zegna(杰尼亚)、Ralph Lauren(劳夫洛伦)也在很早就相继收回了在中国市场的代理权。 相关数据显示,2009年,中国奢侈品市场的销售增长近12%,达到96亿美元,占全球市场份额的27.5%。 中国奢侈品市场的强劲增长与巨大利润,让奢侈品牌不得不调整在华战略,而收回代理权,便是他们改变策略的重要一步,收回代理权,不仅可以掌控利润,还可以拥有更多的话语权。 这一点,从世界大牌进入中国市场选择合作百货店上也可以体现出来。

(2) 并购

服装零售企业通过资本运作方式来实现规模扩张、为了获得其他企业的控制权而进行产权交易活动即为并购扩张。

近年来零售业的并购事件越来越多,并购成为零售企业重要的扩张方式。

● 2007年8月,百丽国际以现金4 800万美元、110.7万美元收购Fila中国商标NIU及Fila Nether land B. V.香港零售公司Fila Marketing(HongKong)Limited。

● 2007年11月,雅戈尔公司与美国Kellwood Company及其全资子公司Kellwood Asia Limited签订三方《股权购买协议》,收购KWDASIA持有的Smart100%股权和KWD持有的XinMa 100%股权,总计出资额1.2亿美元。

● 2009年8月,安踏全资附属公司原动力收购百丽国际(01880.HK)所持有的Full Prospect Limited 85%股权,同时还从百丽国际全资附属公司Lead Chance手中购买Fila Marketing(HongKong)Limited的全部股权。 安踏收购Full Prospect的代价为3.32

亿元。
- 2009年9月,香港YGM贸易公司正式收购了英国老牌奢侈品牌雅格狮丹(Aquascutum)在亚洲的独家及绝对控制权。YGM贸易公司原为雅格狮丹大中华区总代理。
- 2010年1月,广东温商潘长海、孙小飞等四人通过温州诚隆股份有限公司,完成了对皮尔·卡丹中国区皮具、针织服装、皮鞋等部分商标使用权的收购,价格为3700万欧元(约3.7亿元)。
- 2010年5月,山东如意集团通过第三方增发新股的方式成为日本瑞纳株式会社的第一大股东,这是中国企业第一次收购日本的主板上市企业。被购方日本瑞纳株式会社是日本历史最悠久的大型综合类服装品牌运营企业之一,拥有国际一流的服装设计、企划、运营团队,目前运营35个男女服装品牌,在日本拥有2400多家涵盖男女高中端正装、休闲装、运动装的百货店、大卖场、超市店等门店。
- 2012年6月,奢侈品牌集团LVMH收购男装高级定制服装店Arnys。Arnys这家极具历史的老店位于塞乌尔大街14号,与爱马仕旗舰店隔路相望。它以精致的手工套装闻名于世,虽然鲜见于时尚报端,但时尚巨头们却对它青睐有加,诸如伊夫圣罗兰、奢侈品大鳄皮诺父子等名人,都喜欢它家的定制服装。LVMH通过对Arnys的收购案,欲以此扩大资本来应对快速增长的男士服装市场上的博弈与厮杀。Arnys总收入在1000万欧元左右(约合人民币8006万元)。

(3) 特许经营

特许经营是指拥有注册商标、企业标志、专利、专有技术等经营资源的企业(特许人),以合同形式将其拥有的经营资源许可其他经营者(被特许人)使用,被特许人按照合同约定在统一的经营模式下开展经营,并向特许人支付特许经营费用的经营活动。

1995年4月,第一家美特斯邦威专卖店开设于浙江省温州市,2008年,美特斯邦威即拥有上海、温州、北京、杭州、重庆、成都、广州、沈阳、西安、天津、济南、昆明、福州、哈尔滨、宁波、南昌、中山等17家分公司,覆盖全国将近1000个城市,开设超过2000个专卖店。2008年6月上海美特斯邦威服饰股份有限公司IPO(首次公开发行)申请获得通过。美特斯邦威从自主设计和品牌作为突破口,将生产外包出去,自己仅留"美特斯邦威"这个品牌,通过这种模式,美特斯邦威掌握了自己成功的核心,那就是依托自主设计能力,迅速聚合全国的制造资源和零售资源,成功建立起以加盟店为主的的连锁企业。他的连锁店分为两种,一种为直营店,一种为加盟店,在全国拥有的2000多家直营店和加盟店中,加盟店占据百分之八十多,直营店占据百分之十几。加盟店与公司有效地成为了一个利益共同体,加盟者为了盈利而努力销售,美特斯邦威除了赚到钱,还得到巨大的市场份额和品牌扩张。

(4) 联盟与自由连锁

相同或相近的不同零售企业之间为了扩大经营规模,获得市场竞争优势,共同结成某种形式的战略联盟,如采购联盟、价格联盟、服务联盟、促销联盟等,一般以采购联盟较为常见。联盟各方资产所有权不变,联盟内各企业之间内在的约束具有一定弹性,这种联盟又被称为自由联盟。如果加入联盟的企业是为了连锁扩张,则这种联盟就被称为自由连锁。

另外零售企业与其他企业通过资金或资产入股方式来组建新的股份制零售企业,最终实现经营规模扩张,也是联盟的一种表现。在新成立的股份制零售企业中,入股各方所占股份比例可经谈判或协商予以确定。

3.1.2 服装零售企业选择扩张方式的影响因素

(1) 企业实力与管理运作能力

在零售企业扩张过程中,资本实力是最重要的决定因素,例如资本雄厚的可以运用各种方式,或直营或收购,而缺乏资本者则应该考虑联盟或者特许经营方式。管理运作能力较强的企业也可较多采取直营、收购等方式。

(2) 竞争环境

在面临较为激烈的竞争环境时,最为重要的是根据自身实力保持较快的扩张速度。在选择扩张模式时,应选择最有利于抢占市场、成本收益较高的方式,但是这二者往往是矛盾的。这种情况下兼并收购、直营、特许经营等方式均可组合采用。

(3) 目标区域消费者行为特征

目前消费者行为越来越趋于多元化和个性化,各地区消费者行为特征的差异也同样存在较大差别,有的消费者偏好本地品牌百货店,有的则偏好外来知名百货店。因此在选择扩张模式时必须结合各地消费者的特征,谨慎选择扩张模式,在异地拓展过程中需要权衡直营还是收购。

(4) 零供关系

零售商和供应商之间的合作,包括第三方物流提供商的介入而导致供应链的重组对零售企业发展影响越来越大,在当前环境下,零售企业在扩张中适当选择纵向一体化也是必要的,特别当零售企业要发展自有品牌时,更需要采用纵向一体化的方式。要构建良好的零供关系,选择战略联盟的方式也是一种较好的方式。

(5) 政府政策导向

零售企业选择扩张方式时必须注重目标区域的政府的态度及政策，如对外来企业较为欢迎、政策较为宽松的区域可采取直营、并购等方式，而态度较为保守、管制较多的区域则应该考虑合资、联盟、特许经营等方式。

3.2 服装商圈选择和服装店铺选址

零售业90%以上的销售额都是在商店内完成的，因此店址选择就成了一个最重要的战略决策问题。选址决策的过程复杂，成本也可能很高，而且一旦选定将很难调整。同时，店址的属性对公司战略的影响也很大。零售业届最古老的格言之一就是："零售业有三件重要的事情：第一是店址，第二是店址，第三还是店址"。由于位置固定、资金投入量大、合同期长，商店选址是零售战略中灵活性最小的要素。企业无法轻易迁址至其他地点，也无法轻易地改变经营方式。在合同期内，通常禁止将店面转租给其他公司。如果零售企业违反合同，将承担由此带来的一切损失。相比之下，广告、价格、顾客服务、商品种类都能够随着环境（消费者、竞争和经济状况）的变化做出调整。即使是自己购买土地和修建商店的零售商，也会发现更改店址的难处。除了资金的大量投入和回收期较长之外，再转手时也难以迅速找到买家。在经济萧条时期甚至可能导致财务损失。

店址选择需要制定多方面的决策，需要考虑很多因素，包括人口规模和特点、竞争水平、交通便利性、车位数量、附近商店的特点、房产成本、合同期限、法律规定等。

商店选址通常需要大量的投资和长期的投入。即使企业为追求投资最小化而选择租赁（而不是购买土地自己兴建），投入依然很大。除了在合同期内支付租金之外，零售商还须在照明、固定资产、门面等方面有所投入。

商店店址对企业长期和短期规划均会产生较大影响。

① 从长期看，店址选择将影响企业的总体战略。选址必须与企业使命、目标和目标市场长期保持一致。企业需要定期考查和测试周边环境，包括人口变动趋势、顾客往返商店的路程和竞争对手的进入与退出情况等，并相应做出调整。

② 从短期看，店址会对企业战略组合中的具体要素产生影响。店址的客流情况、周边竞争状况均会直接影响到零售业绩。而且，短期而言，难以迅速更改店址，因此零售商只能够选择适应店址的环境、克服店址问题。

3.2.1 服装商圈选择与分析

商店选址的第一步是描述和评估备选商圈,然后在此基础上做出最佳选择。商圈(trading area)是指经营特定产品或服务的某一企业或一组企业的顾客分布的地理区域。

商圈(trading area)又称商势圈,通常是指一个零售店或商业中心的营运能力所覆盖的空间范围,或者说可能来店购物的顾客所分布的地理区域。商圈的特点一般可归纳为三点:①商圈是一个具体的区域空间,是一个大致可以界定的地理区域;②商圈是一个具体的销售空间,买向心力构成一个类似物理学中的"场"的"商业场",商业活动就是在这个商业场中进行。③商圈一般可以分为三个层次:主要商圈、次要商圈和边缘商圈。主要商圈可以容纳整个商圈50%~80%的顾客,它是离商店最近、顾客密度最大、平均销售额最高的区域。它与其他商店(无论隶属自己的公司还是其他公司)的商圈一般不会重叠。次要商圈包含另外15%~25%的顾客,它位于主要商圈之外,顾客分布较分散。边缘商圈包括剩下的所有顾客,分布更加分散。例如一家商店的主要商圈为周围4公里,次要商圈为5公里以内,而边缘商圈则为8公里。边缘商圈主要是那些愿意走远路而忠实于到某家商店采购的顾客。

商圈的范围和形状受许多因素的影响,例如商店类型、商店规模、竞争对手的位置、居民居住模式、行程所需时间和交通状况以及媒体接收状况等。

① 即便位于同一商业区或购物中心内,由于商店类型不同,商圈的范围也会有所不同。如果商店品种齐全,进行广泛促销,并注意树立良好形象,那么其商圈将比一般商店的商圈大得多。例如,即使在同一购物中心内,特色突出的高级服装专卖连锁店能够吸引30公里以外的顾客,而一般的鞋店只能吸引10公里以内的顾客。另一类商店是附着式商店。这类商店自身并不创造客户群,也不真正形成自己的商圈。顾客由于其他原因被吸引到商店所在区域。例如,酒店里的书报亭、购物中心内的美食广场均属于附着式商店。顾客并非被这些商店本身吸引,可一旦他们来到附近,往往会顺便光临这些商店。

② 商店商圈也受到商店规模的影响。随着商店规模不断扩大,其商圈的范围通常也不断扩大。两者之所以存在一定的正相关关系,主要是因为商店规模的扩大通常表现为商品和服务种类的增加。但值得注意的是,商圈并不随商店规模同比例的增加。例如,超市的商圈比便利店的商圈要大得多,主要原因就在于规模不同。超级市场经营的产品种类较多,而便利店则主要满足顾客零星应急性的需求。在区域性购物中心内,百货商店的商圈最大,其次是服装店,相比之下礼品店的商圈辐射范围则

较小。

③ 竞争对手的位置也会对商圈的范围产生影响。只要潜在客户处于两家商店,那么每家商店商圈的范围都会比预期的小。通常,商店彼此距离越远(目标市场重叠越少),其商圈的范围就越大。相反,如果商店彼此距离很近,每家商店商圈的范围却并不一定会由于竞争而缩小,相反可能会扩大每家商店的商圈。这是因为这一区域由于商品和服务种类齐全而能够吸引更多的顾客。然而,值得注意的是,在此情形下,每家商店的市场渗透率(即在商圈内的销售份额)很可能会降低。

④ 居住方式也对商店商圈有所影响。在许多城区,人们都集中居住在商业区附近的住宅楼里。由于人口密度大,在顾客居住区附近开设商店成本较低,因此形成了若干个相距不远的商业小区。于是每家商店的商圈都比较小。而在郊区,人们各自分散居住在单独的房屋里。因此,零售企业为保证其销售额,必须吸引远处的顾客。

⑤ 步行或驱车时间往往也会对商圈产生一定影响。如果仅从人口地理分布的角度进行考察,这一点很容易被忽略。交通障碍(如过桥费、隧道、路况差、河流、铁路和单行道)通常会使商圈缩小或变形。经济障碍(如不同城市物价水平的差异)也会影响到商圈的范围和形状。一些顾客为节省开支,会专门前往物价水平低的城市消费。

⑥ 零售企业开展的促销活动也会影响其商圈大小。当借助报纸等各种形式的媒体进行广告宣传时,对于媒体能辐射到的地区,零售企业能够很容易地收回投资,扩大商圈。如果存在当地媒体辐射不到的地区,零售企业则应将成本与在全城大做广告可能产生的额外广告支出与扩大商圈的可能性进行权衡。

商圈分析指有关人员对影响商圈的人口结构、生活习惯、产业结构、交通状况、商业氛围等因素进行实地调查和分析,为选择店址、制定和调整经营策略提供依据(表3-1)。商圈分析主要是为了达到三个目的:①确定目标零售商店所在区域的市场潜力;②更准确地进行市场细分和定位,制定科学的市场开拓策略;③在研究竞争对手和目标消费群的基础上,确定有挑战的竞争策略和其他市场营销策略。

在商圈的结构构成中,商圈内的网点以零售、餐饮、休闲娱乐、各类服务四大行业为主要构成。其中,零售购物功能占有突出的主体地位。而服装零售是零售购物中的主要部分。

表 3-1 商圈环境分析

一级指标	二级指标	数据来源	分析方法	结论点及思路
城市区位/行政区划	城市地理位置	文案资料	城市行政区位图 城市内各商圈构成图	通过城市区位的分析可以看出该城市所处的位置、交通状况以及与其他地区的联系
	城市行政区划			
	城市区域构成			
城市经济发展状况	城市产业结构、城市化水平	地方统计年鉴、统计公报	各指标构成图及发展趋势图	① 宏观经济走势:GDP 及人均 GDP 等指标反映宏观经济走势,并在一定程度上决定了商业发展程度; ② 三产结构、城市化水平和批发零售业商业销售量可以看出该城市经济发展水平 主要突出结论点
	城市总人口、人均 GDP			
	固定资产投资额			
	批发零售业商品销售量			
	区域经济对比联系			
区域居民消费水平	财政收入	地方统计年鉴、统计公报	各指标构成图及发展变化图	人民生活水平:着重落脚在购买力上
	城镇居民人均可支配收入			
	社会消费品零售总额			
城市未来发展规划	城市未来功能定位	城市总体规划、城市商业网点规划、政府部门深访	城市市级商业中心、区域商业中心规划、各区域功能定位(城市商业体系规划图、新建道路桥梁图)	从城市的发展规划可以看出未来城市的发展方向和发展定位。以结论引导指标展示,尽量将各页面的结论点归纳为一个概念
	城市各区域功能规划			
	规划新建道路桥梁			

通过对商圈的全面分析,需要注意以下信息:

① 确定新开店铺和原有店铺之间是否存在冲突。通过对现有店铺的商圈覆盖范围,与原有的店铺商圈覆盖范围做比较,考察两者之间有无重叠,其覆盖的顾客群体有误差异,然后决定是否要在新选址位置开设新的店铺。

② 详细了解顾客的人口统计特征和社会经济特征。考察新开商店未来的商圈有利于挖掘市场机会,帮助零售商制定成功的经营战略。

③ 周边竞争状况与同类品牌集聚状况。考察新商圈的现有店铺以及未来可能进驻该商圈的零售竞争者或同类品牌集聚状况,分析与这些品牌之间的竞争关系大于集聚效应还是集聚效应大于竞争关系,为之后的零售经营策略做准备。

④ 该商圈在未来城市发展规划中的地位与影响。考虑到该商圈在城市发展规划中的定位是否与零售商的定位一致,该商圈未来的发展潜力如何,以及该零售商未来的发展、稳定性与扩张潜力如何。

⑤ 确定促销活动重点,同时零售商可以为计划中或已经存在的区域确定可采用的媒体覆盖方式。如果95%的顾客都居住在距离商店3公里的小范围,则企业选择在一家覆盖全市的报纸上作广告显然是没有效率的。

⑥ 连锁店可以通过商圈分析判断如果自身不扩张,竞争对手是否会在附近开设分店。这就是很多品牌选择自己在相邻的区域开设多家分店的原因,试图由此降低竞争对手的覆盖影响。

⑦ 计算特定地理区域内的最佳网点数。零售商再特定区域内开设多少家营业点,才能最好的为顾客服务,而不会导致成本过高,也不会重叠过多。解决这个问题需要零售商实现做好选址扩张的规划决策。

⑧ 寻找地理位置上的缺陷。假设两家相邻的零售店铺发展两家店铺的客流量有巨大差异的时候,于是从地理位置本身进行分析,发现其中一家店铺正好在被一个巨大的变电站遮挡了视野。

⑨ 考虑互联网的作用。商店零售商需更仔细的检查其商圈,以获知其顾客的购买行为可能因为网络商店的繁荣而发生变化。

⑩ 考察许多其他的因素。在商圈分析过程中,可全面了解竞争状况、金融机构、交通、人力资源、供应商位置、法律管制等问题。

上海是中国最主要的贸易中心,商圈发展也处于领衔地位。为了更好地把握商圈的商业业态、业种结构现状和发展趋势,这里以中国上海的商圈为例进行分析。

《上海商业发展"十一五"规划》中明确上海有十大"都市商业中心",分别为:南京东路、淮海中路、四川北路、南京西路、徐家汇商城、豫园商城、新客站不夜城、浦东新上海商城、江湾五角场和中山公园。2008年调查显示,十大商圈共有6 915个零售、餐饮、休闲和消费服务业零售网点,合计建筑面积472.5万平方米,占全部商场店铺、旅馆、影剧院总面积的9.88%,规模较大,商业与服务业集中度高,显示出都市商业中心强大的积聚效应。分商圈看,网店面积居前的商圈有:南京东路、徐家汇商城、南京西路,建筑面积分别为88.7万平方米、69.1万平方米、62.5万平方米;网点数量居前的商圈有:江湾五角场、徐家汇商城和中山公园,网点总数分别为1 037个、1 030个和990个(见表3-2)。

表3-2 上海十大商圈网点数量和面积

商圈名称	网点数量（个）	建筑面积（万平方米）
南京东路	648	88.7
南京西路	711	62.5
淮海中路	668	48.2
四川北路	460	31.7
徐家汇商城	1 030	69.1
豫园商城	791	22.4
浦东新上海商城	363	40.5
新客站不夜城	217	27.2
中山公园	990	36.3
江湾五角场	1 037	45.9
合　计	6 915	472.5

* 数据来源：奇晓斋.上海市商圈经营结构调查报告[M].上海：上海科学技术文献出版社.2009(09)

3.2.2 服装店铺选址与分析

店铺选址前首要的准备工作就是对店铺地址进行周密的调查，列出一份详尽的选址调查报告，从而逐一分析店铺选址的利与弊，最后确定该地址是否适合店铺的运营。

1) 交通条件分析

交通条件是影响零售企业商圈的一个重要因素，它决定了企业经营的顺利开展和顾客购买行为的顺利实现。

从企业经营的角度看，对交通条件的评估主要有两个方面：一是在商店或其附近是否有足够的停车场可以利用，二是商品运至商店是否容易。这就要考虑可供商店利用的运输动脉能否适应货运量的要求并便于装卸，否则在运货费用明显上升的情况下，会直接影响到经济效益的发挥。

从方便顾客购头，促进购买行为顺利实现的角度看，对交通条件要做如下具体分析：

① 设在边沿区商业中心的商店，要分析与车站、交通枢纽的距离和方向。一般距离越近，客流较多，购买越方便。开设地点还要视客流来去的方向而定。

② 设在市内公共车站附近的商店，要分析公共车站的性质，是中途站还是终始站，是主要停车站还是一般停车站。一般来说，主要停车站客流量大，商店可以吸引的潜在顾客较多。中途站与终始站的客流量无统一规律，有的中途站多于终始站，有的终始站多于中途站。

③ 要分析市场交通管理状况所引起的有利与不利条件,如单行线街道,禁止车辆通行街道,与人行横道距离较远都会造成客流量在一定程度上的减少。

2）客流规律分析

客流量大小是一个零售商店成功的关键因素,客流包括现有客流和潜在客流,商店选择开设地点总是力图处在潜在客流最多、最集中的地点,以使多数人就近购买商品,但客流规模大,并不总是会带来相应的优势,应做具体分析。

(1) 分析客流类型

一般零售商店的客流分为三种类型:

① 自身客流。 是指那些专门为购买某商品的来店顾客所形成的客流,这是商店客流的基础,是商店销售收入的主要来源,对于新设商店来说,应着眼评估自身客流的大小及发展规律。

② 分享客流。 指一家商店从邻近商店形成的客流中获得的客流。 这种分享客流往往产生于经营互补商品种类的商店之间,或大商店与小商店之间。 如经营某类商品的补充商品的商店,在顾客购买了这类主商品后,就会附带到邻近补充商品商店去购买供日后进一步消费的补充商品;又如邻近大型商店的小商店,会吸引一部分专程到大商店购物的顾客顺便到毗邻的小商店来。 不少小商店依大商店而设就是利用这种分享客流。

③ 派生客流。 是指那些顺路进店的顾客所形成的客流这些顾客并非专门来店购物。 在一些旅游点、交通枢纽、公共场所附近设立的商店主要利用的就是派生顾客流。

(2) 分析客流目的、速度和滞留时间

不同地区客流规模虽可能相同,但其目的、速度、滞留时间各不相同,要做具体分析。 如在一些公共场所附近,车辆通行干道,客流规模很大,虽然也顺便和临时购买一些商品,但客流目的不是为了购物,同时客流速度快,滞留时间较短。

(3) 分析街道两侧的客流规模

同样一条街道,两侧的客流规模在很多情况下,由于交通条件、光照条件、公共场所设施等影响,会有所差异。 另外,人们骑车、步行或驾驶汽车都是靠右行,往往习惯光顾行驶方向右侧的商店。

(4) 分析街道特点

选择商店商圈还要分析街道特点与客流规模的关系。 交叉路口客流集中,能见度高,是最佳开设地点;有些街道由于两端的交通条件不同或通向地区不同,客流主要来自街道一端,表现为一端客流集中,纵深处逐渐减少的特征,这时候店址宜设在客流集中的一端;还有些街道,中间地段客流规模大于两端,相应地,店址选在中间地段就更能更好地招揽潜在顾客。

3）竞争对手分析

商店周围的竞争情况对零售店经营的成败会产生巨大影响,因此在选择零售商店开设地点时必须要分析竞争对手。一般来说,在开设地点附近如果竞争对手众多,商店经营独具特色,将吸引大量的客流,促进销售增长;如果与竞争对手相邻而设,将难以获得发展。当然,作为零售店的地点还是尽量选择在商店相对集中且有发展前景的地方,对于经营选购性商品的商店来说尤其如此。另外,当店址周围的商店类型和谐并存,形成相关商店群,往往会对经营产生积极影响,如经营相互补充类商品的商店相邻而设,在方便顾客的基础上,扩大了各自的销售。

4）商店的和谐性分析

大多零售商都会将店铺设在购买力集中的区域。在评估潜在的零售位置时,必须研究这个区域的商店构成,以确定商店之间的和谐程度。相互邻近的商店之间是否和谐有赖于他们之间的互补关系,小型专业商店通常位于靠近大型百货商店的位置,能够分享大型商店的购买力。而一家服装店与一家五金店之间几乎没有什么亲和关系。具有和谐性的商店相互毗邻而设,有利于促进消费者综合购买,使消费者光顾几家商店,增加各个商店的销售。有些商店是竞争性的,也能有高度的亲和力。竞争性商店群集一处,比单个商店独处有更大的利益,它增加协同作用,增加这个地域的顾客流量。为了获得竞争优势,群集一处的每一个商店,要努力创造不同的商品,不同的价格,不同的服务水平。

3.3 服装零售扩张中的横向一体化与纵向一体化

企业扩张是指企业在成长过程中规模由小到大、竞争能力由弱到强、经营管理制度和企业组织结构由低级到高级的动态发展过程。

企业增长在战略上可分为一体化扩张和多样化扩张。一体化扩张又可分为横向一体化(水平一体化)和纵向一体化(垂直一体化)。

3.3.1 服装零售中的横向一体化策略

横向一体化战略也叫水平一体化战略,是指为了扩大生产规模、降低成本、巩固企业的市场地位、提高企业竞争优势、增强企业实力而与同行业企业进行联合的一种战略。实质是资本在同一产业和部门内的集中,目的是实现扩大规模、降低产品成本、巩固市场地位。

零售企业的战略扩张方式主要指零售企业进入市场的方式,通常包括直营、并购、特许经营、联盟或自由连锁、管理输出等方式。

(1) 直营

零售企业利用自有资金及自身资源,通过购建新的分公司或子公司来实现经营规模的扩大,就叫直营式扩张。

直营式扩张还可分为自主新建分店和租用式直营扩张,自主新建分店包括购买土地使用权、建造和装修购物场所、置办必要的经营设备和设施、派遣管理人才和招聘员工等;后者是租用所在地物业业主房产,将其改建为分店,除不拥有房屋产权外,本企业拥有绝对经营权。

这种方式是零售企业扩张的主要方式,任何零售企业扩张中都必须要或多或少的采取这种方式,以保证企业对店铺的控制力。

(2) 并购

零售企业通过资本运作方式来实现规模扩张、为了获得其他企业的控制权而进行产权交易活动即为并购扩张。

近年来零售业的并购事件越来越多,并购成为零售企业重要的扩张方式。2006年国美和永乐的并购就采用了资产收购+股票收购的方式。

(3) 特许经营

特许经营是指拥有注册商标、企业标志、专利、专有技术等经营资源的企业(特许人),以合同形式将其拥有的经营资源许可其他经营者(被特许人)使用,被特许人按照合同约定在统一的经营模式下开展经营,并向特许人支付特许经营费用的经营活动。

(4) 联盟与自由连锁

相同或相近的不同零售企业之间为了扩大经营规模,获得市场竞争优势,共同结成某种形式的战略联盟,如采购联盟、价格联盟、服务联盟、促销联盟等,一般以采购联盟较为常见。联盟各方资产所有权不变,联盟内各企业之间内在的约束具有一定弹性,这种联盟又被称为自由联盟。如果加入联盟的企业是为了连锁扩张,则这种联盟就被称为自由连锁。

另外零售企业与其他企业通过资金或资产入股方式来组建新的股份制式零售企业,最终实现经营规模扩张,也是联盟的一种表现。在新成立的股份制零售企业中,入股各方所占股份比例可经谈判或协商予以确定。

(5) 管理输出

管理输出是指外部管理咨询团队接管某委托企业的部分或全部经营管理权，企业所有权和产权性质不变，该管理咨询团队按照与委托企业确定的协议条件行使经营管理权，并完成双方协议中确定的委托期间的经营管理目标。该外部管理咨询团队因输出了人力、智力和管理，以及使用了企业的声誉和资质等无形资本而从委托方处获得收益。

采用横向一体化战略，企业可以有效地实现规模经济，快速获得互补性的资源和能力。此外，通过收购或合作的方式，企业可以有效地建立与客户之间的固定关系，遏制竞争对手的扩张意图，维持自身的竞争地位和竞争优势。

不过，横向一体化战略也存在一定的风险，如过度扩张所产生的巨大生产能力对市场需求规模和企业销售能力都提出了较高的要求；同时，在某些横向一体化战略如合作战略中，还存在技术扩散的风险；此外，组织上的障碍也是横向一体化战略所面临的风险之一，如"大企业病"、并购中存在的文化不融合现象等。

3.3.2　服装零售中的纵向一体化战略

纵向一体化又叫垂直一体化，指企业将生产与原料供应、或者生产与产品销售联合在一起的战略形式，是企业在两个可能的方向上扩展现有经营业务的一种发展战略，是将公司的经营活动向后扩展到原材料供应或向前扩展到销售终端的一种战略体系。它包括后向一体化战略和前向一体化战略，也就是将经营领域向深度发展的战略。前向一体化战略是企业自行对本公司产品做进一步深加工，或者资源进行综合利用，或公司建立自己的销售组织来销售本公司的产品或服务。后向一体化则是企业自己供应生产现有产品或服务所需要的全部或部分原材料或半成品，如纺织厂自己纺纱、洗纱等。

纵向一体化的目的是为加强核心企业对原材料供应、产品制造、分销和销售全过程的控制，使企业能在市场竞争中掌握主动，从而达到增加各个业务活动阶段的利润。

纵向一体化是企业经常选择的战略体系，但是任何战略都不可避免存在风险和不足。纵向一体化的初衷是希望建立起强大的规模生产能力来获得更高的回报，并通过面向销售终端的方略获得来自于市场各种信息的直接反馈，从而促进不断改进产品和降低成本，来取得竞争优势的一种方法。但并不是所有的领域都适合纵向一体化，戴维·怀特和斯达奇在1993年出版的《斯隆管理评论》中说道："什么东西不能进行纵向一体化，什么时候不能进行垂直一体化"。这已经表达，纵向一体化必须依据企业的实际和竞争环境来确定其是否适合在此时、在此行业开展这种战略。

纵向一体化是一种典型的价值链体系,在这种体系下产生出了完整的价值传递过程,作为企业的战略制定者可以不断向纵深渗透,比如奥康和美特斯邦威已经向前进入到了专卖店建设。

零售商纵向一体化扩张可以选择向商品供应链(商品供应链是指商品从最初的原材料供应到生产加工,再到批发零售,最后到达消费者手中的整个过程)前一环节扩张,从而进入企业的供货领域。这种选择往往出于以下考虑:

① 企业的供货方不可靠,货源成为制约企业快速发展的瓶颈,企业涉足供货领域可以获得稳定可靠的货源。

② 供货成本太高,企业涉足供货领域可以有效地降低供货成本,从而稳定其商品价格。

③ 现在利用的供货商利润丰厚,这意味着它所经营的领域属于值得进入的产业。

目前,一个值得注意的现象是,许多国内外大型零售企业纷纷投资建立自己的加工厂生产自有品牌商品,这种商业资本向工业资本的渗透正成为一种流行趋势。

零售商多元化扩张的另一种选择是投资到完全新的、与原有事业不相关的产品和服务领域。这种扩张的主要目的是分散投资风险。所谓"西方不亮东方亮",当企业某一事业陷于不利境地时,企业不至于全军覆没,而当一个多元化经营企业与另一个多元化经营企业竞争时,双方多市场的接触会减弱相互竞争的强度,使企业可以在一个竞争相对缓和的环境中生存。

然而,多元化扩张战略也可能是一个陷阱。因为:

① 由于零售商在不同的事业领域经营,企业内部的管理与协调工作大大增加,有时甚至产生管理观念上的冲突,导致管理效率大大降低。

② 投资的不确定性因素增加,当零售商进入一个完全陌生的产业环境中,由于不具备在此产业中经营的经验,缺乏必要的人才、技术等资源的支撑,就很难在此行业中立足并取得竞争优势,从而难以得到满意的投资回报,甚至会削弱企业的整体竞争力。

3.3.3 服装零售中的多元化战略

多元化战略(Strategy of Diversification)又称多角化经营战略,属于开拓发展型战略,是企业发展多品种或多种经营的长期谋划。

多元化经营就是企业尽量增大产品大类和品种,跨行业生产经营多种多样的产品或业务,扩大企业的生产经营范围和市场范围,充分发挥企业特长,充分利用企业的各种资源,提高经营效益,保证企业的长期生存与发展。

(1) 多元化经营的形式

企业多元化经营的形式多种多样,但主要可归纳为以下五种类型:

① 专业型战略。 专业型多元化战略指企业专业化比率很高(在 95% 以上者),是把已有的产品或事业领域扩大化的战略,如超级商场分化而来的自我服务廉价商店、小型零售店、百货店等。

② 垂直型战略。 某种产品的生产往往只取从原材料生产到最终产品销售整个系统中的一个阶段,而每个阶段都有其完整的生产体系。 垂直型战略就是指或向上游发展,或向下游渗透。

③ 本业中心型战略。 指企业专业化比率较低的多元化战略(在 70%~95% 之间),即企业开拓与原有事业密切有联系的新事业但仍以原有事业为中心的多元化战略。

④ 相关型战略。 企业专业化比率低(低于 70%)。 而相关比率较大的多角战略,一般来讲多元化战略的核心是经营资源。 实行相关型多元化战略就是利用共同的经营资源,开拓与原有事业密切相关的新事业。

⑤ 非相关型战略。 企业相关比率很低,也就是企业开拓的新事业与原有的产品、市场、经营资源毫无相关之处,所需要的技术、经营资源、经营方法、销售渠道必须重新取得。

(2) 多元化经营的作用

企业运用多元化经营战略,可以起到以下几方面重要作用:

① 分散风险,提高经营安全性。 商业循环的起伏、市场行情的变化、竞争局势的演变,都直接影响企业的生存和发展。 例如,某企业的生产经营活动仅限于一类产品或集中于某个行业,则风险性大。 所以,一些企业采用了多元化经营。

② 有利于企业向前景好的新兴行业转移。 由于新技术革命的影响,陆续产生了一些高技术新兴产业。 企业实行多元化经营,在原基础上向新兴产业扩展,一可减轻原市场的竞争压力,二可逐步从增长较慢、收益率低的行业向收益率高的行业转移。 例如,美国泰克斯特龙公司,在 50 年代是一家纺织企业,因为纺织业资本收益率低,且易受经济萧条的影响,故转向其它行业投资,逐渐变为混合型大公司。 1960 年,该公司达到了从原资本收益率 5%~6% 提高到 20% 的目标。

③ 有利于促进企业原业务的发展。 不少行业有互相促进的作用。 通过多元化经营,扩展服务项目,往往可以达到促进原业务发展的作用。

(3) 多元化经营的外部环境表现

企业能否成功地运用多元化经营战略,达到分散风险、提高投资收益率的目的,关键是能否准确分析外部环境和正确评价内部条件。企业实行多元化经营的外部环境主要表现为：

① 社会需求的发展变化。社会生产力的发展促进了人们消费范围扩大和消费欲望增长，社会需求呈现多样性的发展趋势。任何产品都有其经济生命周期，企业原有产品将逐渐被市场淘汰，社会需求多样化发展给予企业新的市场机会。这些外部原因迫使或诱使企业不断开发新产品、扩展经营范围，以多元化经营满足社会需求日益增长的需要。

② 新技术革命对经济发展的作用。新技术不断发明并用于生产领域，导致新工艺、新材料、新能源和新产品层出不穷，同时也为企业多元化经营提供了物质技术基础。性能更优越的新产品逐渐替代原产品，新兴工业不断兴起，使许多企业在经营原产品的同时，逐渐向高附加价值、前景较好的新兴产业发展。例如，在日本出现了钢铁公司研究生物技术、食品企业兼搞机器人开发、纺织企业同时制造干扰素、钟表工业生产计算机的多元化经营。

③ 竞争局势的不断演变。社会需求增长和新技术革命的影响，使企业外部环境发生了深刻变化。原生产企业扩大生产规模、新厂家加入竞争行列、企业经营手法不断变革，都使市场竞争日趋激烈。兵无常势、水无常形，守业必衰、创新有望。面对险峻的竞争局势，不少企业以变应变，扩展经营业务，以谋求在竞争中立于不败之地。

案例3.1

综合性商业零售业集团扩张方式对比——百联与大商

（1）百联的扩张方式

百联集团的扩张方式是收购、直营为主，管理输出为补充。同时还注重与供应商结成联盟，建立良好的关系。

2004年百联斥7.2亿元巨资与大商组建了大连大商国际有限公司，成为大商的第二大股东。同年百联集团旗下的联华超市收购广西佳用，首次将其收购的触角伸进了华南地区。

百联在上海地区主要采取直营，例如开设百联又一城、东方商厦五角场店、百联西郊购物中心等均是采取直营的方式，自主拥有物业。

百联同时也开展管理输出。东方商厦无锡店是百联集团的第一个管理输出项目,之后还向昆明、长沙等地进行购物中心的管理输出项目。

2005年,百联百货事业部出台《供应链建设行动纲领》,其中提出首次启动与供应商战略结盟模式,年内将与50家供应商建立战略联盟关系,5年内将扩大到300家。

(2) 大商的扩张方式

大商集团扩张最鲜明的特点就是重点收购大量中等城市的条件较好的传统百货公司,这使大商集团实现了飞速的扩张。在并购的同时也积极建设其他业态的直营新店,开发超市、购物中心、专业店等新型业态。

大商集团是国内为数不多的实施有限度的纵向一体化的零售企业之一。大商集团旗下有大连衬衫厂、农产品生产基地等。

案例3.2

百货店扩张方式对比——百盛与王府井

(1) 百盛的扩张方式

百盛最初进入中国时采用的是合资与管理输出方式,但数年后开始放弃管理输出的方式,转而开始以合资和直营为主的方式。

近年来,百盛在中国业务取得了很大的成功,再加上中国零售市场的放开,因此百盛加大了收购的力度。在2005年百盛商业股份有限公司在香港上市后,百盛的收购速度明显加快,不仅收购了原有门店的股权,而且还收购江西K&M百货店100%的所有权。其扩张速度也明显加快,2007年一年就新开4家新店。

(2) 王府井的扩张方式

王府井的主要扩张方式是开设直营店,同时兼用收购、合资等扩张方式。2006年王府井集团斥资收购双安集团50%的股权、认购北辰实业的股票,并合并了东安市场。2004年王府井集团和伊藤洋华堂合资成立王府井洋华堂,开始发展超市,拓展新的利润来源。

本章小结

从零售业近百年的发展史看,零售业发展的一个重要动因是实现规模经济、降低流通成本,因而零售企业进行规模扩张是必然的。从竞争的角度看,规模大小是零售企业竞争能力的重要组成部分。服装零售企业的战略扩张方式主要指零售企业进入市场的方式,通常包括直营、并购、特许经营、联盟或自由连锁、管理输出等方式。

服装零售企业选择扩张方式的影响因素包括:①企业实力与管理运作能力。②竞争环境。③目标区域消费者行为特征。④零供关系。⑤政府政策导向。

由于位置固定、资金投入量大、合同期长,商店选址是零售战略中灵活性最小的要素。店址选择需要制定多方面的决策,需要考虑很多因素,包括人口规模和特点、竞争水平、交通便利性、车位数量、附近商店的特点、房产成本、合同期限、法律规定等。

商店选址的第一步是描述和评估备选商圈,然后在此基础上做出最佳选择。商圈(trading area)是指经营特定产品或服务的某一企业或一组企业的顾客分布的地理区域。然后对店铺地址进行周密的调查,列出一份详尽的选址调查报告,从而逐一分析店铺的选址的利与弊,最后确定该地址是否适合店铺的运营。

企业扩张是指企业在成长过程中规模由小到大、竞争能力由弱到强、经营管理制度和企业组织结构由低级到高级的动态发展过程。企业增长在战略上可分为一体化扩张和多样化扩张。一体化扩张又可分为横向一体化(水平一体化)和纵向一体化(垂直一体化)。

横向一体化战略也叫水平一体化战略,是指为了扩大生产规模、降低成本、巩固企业的市场地位、提高企业竞争优势、增强企业实力而与同行业企业进行联合的一种战略。实质是资本在同一产业和部门内的集中,目的是实现扩大规模、降低产品成本、巩固市场地位。

纵向一体化又叫垂直一体化,指企业将生产与原料供应,或者生产与产品销售联合在一起的战略形式,是企业在两个可能的方向上扩展现有经营业务的一种发展战略,是将公司的经营活动向后扩展到原材料供应或向前扩展到销售终端的一种战略体系。包括后向一体化战略和前向一体化战略,也就是将经营领域向深度发展的战略。

多元化战略(Strategy of Diversification)又称多角化经营战略,属于开拓发展型战略,是企业发展多品种或多种经营的长期谋划。多元化经营,就是企业尽量增大产品大类和品种,跨行业生产经营多种多样的产品或业务,扩大企业的生产经营范围和市场范围,充分发挥企业特长,充分利用企业的各种资源,提高经营效益,保证企业的长期生存与发展。

本章习题

1. 思考题

(1) 服装零售业为何要进行规模扩张?这一特点与市场环境有何关系?何时需要进行规模收缩?

(2) 服装零售企业的战略扩张方式包括哪些?分别有何特点?

(3) 服装零售业的扩张规模与速度受哪些因素影响?

(4) 如何分析和选择零售商圈?

(5) 在具体的服装店铺选址中,需要考察哪些方面的要素?

2. 实践题

(1) 请调查知名服装零售企业的扩展路径,并进行分析。

(2) 选择一个服装零售企业,分析其品牌特点、内外部环境,预测其未来的扩展路径。

参考文献

[1] 伯曼.零售管理(第11版)[M].北京:中国人民大学出版社,2011.

[2] 齐晓斋,王丽雯.上海市商圈经营结构调查报告[M].上海:上海科学技术文献出版社,2009.

[3] 祝文欣,刘超.卖场选址与布局[M].北京:中国发展出版社,2008.

[4] 周伟林.企业选址智慧:地理·文化·经济维度[M].南京:东南大学出版社,2008.

[5] 马瑞光,李鸿飞.连锁选址密码[M].广州:南方日报出版社,2010.

第三篇 | 服装零售组织管理

第 4 章 服装零售企业组织结构

学习目的、要点：

1. 服装零售组织设计原则；
2. 影响服装零售企业组织结构的因素；
3. 管理跨度与管理层次的设置；
4. 分权的意义及影响因素；
5. 建立服装零售组织的步骤；
6. 服装零售组织结构的基本模式；
7. 分析在服装零售业中运用的不同组织结构。

任何一个服装零售企业的经营活动都会涉及到多种资源的分配和全体员工的分工协作。服装零售企业组织就是在分工协作的基础上所形成的一个有机整体。合理的组织结构能使组织的运行井然有序，使企业资源发挥最大的效用；反之，如果组织结构设计不合理，则会造成资源浪费、人浮于事等弊端。因此，组织设计是服装零售企业在经营时首先需要解决的问题。

当组织规模较小时，组织结构不太正式，也可以根据情况进行灵活调整。但是当企业发展到一定规模以后，就必须在一定的原则指导下，根据企业的任务设置相应的部门，进行严谨的组织设计，以规范组织内的权力层级以及部门之间的协作关系，从而使组织高效运行。

4.1 服装零售企业的组织结构设计

企业的组织结构是指为实现企业目标，企业全体员工进行分工协作，在职务范围、责任、权力方面所形成的结构体系。合理的组织结构能够保证服装零售企业经营管理活动的有序运转，实现企业的经营目标。服装零售企业必须根据一定的因素和原则设计零售组织。

4.1.1 服装零售企业组织结构的影响因素

(1) 环境

主要包括经济、政治、文化、社会以及心理等方面的环境因素。环境因素对企业组织结构的影响是通过企业战略的调整与改变来实现的。环境的变化迫使企业经营战略发生相应的变化,而企业经营战略的改变要求企业组织结构也跟着改变。如随着市场竞争的发展,企业往往要实行多元化经营战略,那么在设计企业组织结构时就应增设相应机构与部门,并规定其应有的职权范围。

(2) 企业的规模

规模是影响组织结构的一个不容忽视的因素。适用于在某个区域市场上销售产品的企业组织结构,不一定也适用于在国际市场上从事经营活动的跨国公司。组织的规模往往与组织的发展阶段相联系。伴随着组织的发展,组织活动的内容会日趋复杂,人数会逐渐增多,活动的规模会越来越大,组织的结构也需随之而调整。

企业规模对组织结构的影响直接表现在部门设置的过程中。对人数较少的服装零售企业来说,部门设置比较简单甚至不需要设置部门。随着企业规模的扩大,部门设置的需要就变得迫切起来了。企业的规模扩大,部门增多,管理的层次必然增加。

当企业规模较小时,通常采用灵活的组织结构,根据产品和用户的不同来调整企业的组织结构。当企业规模较大时,一般采用较为正规的组织结构,组织成员的分工协调关系都是明确的、具体的,而且通过各种正规文件予以记载。

(3) 工作任务

工作任务与组织结构也有密切的关系。对于重复、呆板和简单的工作,采用正式的集权的组织结构容易指挥与管理。而对于复杂的创造性的工作,最好通过分权化的组织结构加以指挥与管理。

4.1.2 组织结构设计的有效性

要提高组织结构设计的有效性,在进行组织设计时应本着精简效率的原则,确定适当的管理跨度,并在此基础上依据一定的原则合理授权。

1) 管理跨度与管理层次

管理跨度又叫管理幅度,是指一名管理人员能够有效管辖下属的人数。管理层次的存在是因为每位管理人员能有效管理的人数是有限的。管理层次受到组织规模和管理跨度的影响。在组织规模已定的条件下,它与管理跨度成反比:主管直接控制的下属越多,管理层次越少;相反,管理跨度减小,则管理层次增加。

管理层次与管理幅度的反比关系决定了两种基本的管理组织结构形态:

(1) 管理组织结构类型

① 扁平结构。是指在组织规模已定、管理跨度较大、管理层次较少的一种组织结构形态。这种形态的优点是:信息传递速度快;信息传递失真的可能性较小;有利于下属主动性和首创精神的发挥。但是由于管理跨度过大,也会带来一些局限性:主管对下属不能进行充分、有效的指导和监督;主管从下属那里获得的众多的信息可能影响信息的及时利用。

② 锥型结构。是管理跨度较小、从而管理层次较多的金字塔形态。其优点与局限性正好与扁平结构相反:每位主管可以仔细地研究从下属那里得到的有限信息,并对每个下属进行详尽的指导;信息传递层次太多,影响信息传递的速度,并且由于各层主管在信息传递过程中加进了自己的理解和认识,从而可能导致信息失真;过多的管理层次会影响各层主管积极性的发挥;过多的管理层次也往往使计划的控制工作复杂化。

(2) 影响管理跨度的因素

影响管理跨度的因素如下:

① 管理者和被管理者的工作能力。主管的综合能力、理解能力、表达能力强,则可以迅速地把握问题的关键,就下属的请示提出恰当的指导建议,并使下属明确地理解,缩短主管与下属在接触中占用的时间。同样,如果下属具备符合要求的能力,受过良好的系统培训,则可以在很多问题上根据自己主见去解决,从而减少向上级请示的频率。这样,管理的跨度便可以适当宽些。

② 工作内容和性质。a. 主管所处的管理层次。处在管理系统中的不同层次,决策与用人的比重也会不同。决策的工作量越大,主管用于指导、协调下属的时间就越少,而且越接近组织的高层,主管人员的决策职能越重要,所以其管理跨度要较中层和基层管理人员小。b. 下属工作的相似性。如果下属从事的工作内容和性质相近,则对每人工作的指导和建议也大体相同。这种情况下,同一主管可以对较多下属的进行指挥和监督。c. 计划的完善程度。计划的目的和要求越明确,主管对下属的指导所需的时间越少;如果计划本身不完善,那么对下属指导、解释的工作量就会相应增加,从而减少有效管理跨度。

③ 工作条件。a. 助手的配备情况。如果给主管配备了必要的助手,由助手和下

属进行一般的联络,并直接处理一些明显的次要问题,则可以大大减少主管的工作量,增加其管理跨度。 b. 信息手段的配备情况。 利用先进的技术去收集、处理、传输信息,不仅可以帮助主管更早、更全面地了解下属的工作情况,及时地提出忠告和建议,而且可使下属了解更多的与自己工作有关的信息,从而更能自如、自主地处理份内的事务。 这显然有利于扩大主管的管理跨度。 c. 工作地点的相近性。 不同下属的工作岗位在地理上的分散,会增加下属与主管及下属之间的沟通困难,从而会影响主管直属部下的数量。

④ 工作环境。 组织环境稳定与否会影响组织活动内容和政策的调整频度与幅度。 环境变化越快,变化程度越大,组织中遇到的新问题越多,下属向上级的请示就越有必要、越经常;相反,上级用于指导下属工作的时间和精力却越少,因为他必需花更多的时间去关注环境的变化,考虑应变的措施。 因此,环境越不稳定,各层主管人员的管理跨度越受到限制。

2)分权与集权

分权是必要的,组织中也存在许多因素有利于分权,但同时也存在不少的妨碍分权的因素。 授权就是上级将自己所拥有的决策权力授予下属。 要使一个组织存在下去,就有必要授权,这看来十分简单,但是研究表明,许多管理人员由于不善于授权而失败了。

企业组织越大,要作的决策就越多,必须作决策的职位也越多,各项决策的协调也就越困难,由此导致企业决策速度慢。 为尽量减少这些代价,凡在可行的情况下就应分散权力。 把规模大的企业分成若干个单位,如产品部门或地区部门,使管理人员决策时不必在与其他许多人协调上花时间,减少公文往来的数量,就可能提高效率。 并且由于把决策减少到了可以管理的规模,决策质量也有所提高。

当组织规模扩大以后,企业活动必然分散。 如果组织的某个工作单位远离总部,则往往需要分权。 随着企业市场范围的扩大,这种趋势也越来越明显。

分权也是培训管理人员的需要。 低层次的管理人员如果很少有实践权力的机会,则难以培养具有全面能力的管理人才。 而独挡一面的分权化单位主管可以迅速适应总经理的工作。

分权的主要问题是失去控制。 如果要避免组织涣散,必须在事关重大政策的某些领域中实行有选择的权力集中,以便缓和分权。 公司在下述事务中由最高主管部门实行集中决策:财务、总的利润目标及预算、重大设备及其他资本支出、重要新产品方案、主要的销售战略、基本的人事政策以及管理人员的培养和提拔等方面。

4.2 服装零售企业的组织建立

对服装零售企业而言，如果它的组织结构不能满足目标市场的需要，它还是不能生存下来。虽然许多服装零售企业都执行相似的任务或职能（如采购、定价、商品陈列、商品包装等），但由于各自的内外部环境不同，可以有多种组织方法来执行这些职能。

4.2.1 服装零售企业组织建立时应考虑的因素

对服装零售组织而言，公司组织并分配任务（职能）、政策、资源、权利、义务、奖励，从而有效地满足目标市场、员工和管理层的需要。在计划和评估组织结构时，除了要遵循组织设计的一般原则，如权责对等原则、统一指挥原则等等，还应考虑以下因素：

(1) 目标市场的需要

是否有足够的员工为顾客服务？

店内设施是否得到很好的维护？

分店顾客的特殊需要能否得到满足？

能否迅速适应变化的需求？

(2) 员工的需要

是否具有有序的晋升计划？

员工能否参与决策制定？

沟通渠道是否透明通畅？

(3) 管理层的需要

每位管理者是否都能有效监督那些向他汇报的员工？

运营部门是否得到足够的人员支持？

组织层次是否恰当？

组织计划是否统一？

员工是否受到适当的激励？

是否有一个合适的岗位人员替换制度？

组织能否灵活适应顾客和环境的变化？

4.2.2 确定服装零售企业执行的任务

服装零售企业的主要任务有：市场调查和信息分析；销售预测和预算；采购和运输

服装;验收服装;定价;贴标签;服装存储和控制;服装商品组合和橱窗陈列;设施维护(如保持店面整洁);创造便利的购物条件(如快速结帐);顾客联系;顾客回访和投诉处理;服装保管和修改;开发票和财务凭证;信用业务;礼品包装;送货;将未售出或损坏的服装退给供应商;人事管理;协调等。

服装零售商应该执行那些目标市场迫切需要的任务,把一部分任务交给具备能力的一方来完成。例如广告和市场调研,虽然一些有实力的服装公司可以自己执行这些任务,但是从成本和效率的角度出发,由专业的广告公司和市场调研公司去完成这些任务对服装零售商更有利。当服装零售商将任务授权给其他专业公司时,应加强对过程的控制。

服装零售商的组织结构可以影响到任务的分配,反过来,服装零售商承担的任务决定了服装零售商的组织结构。

4.2.3 将任务归集成职位

服装零售商确定了要执行的任务之后,就要将任务归集成职位。这些职位必须有明确的定义和构成。如表4-1所示:

表4-1 服装零售商的任务与职位

任 务	职 位
陈列服装、联系顾客、包装礼品、后续追踪顾客	销售人员
输入交易数据、收取现金、信用卡购买的处理、服装包装	收银员
接收服装、验收、贴标签、存货管理和控制、退货处理	仓库人员
橱窗装饰、内部服装陈列、移动服装陈列	陈列人员
服装修改、顾客投诉处理、顾客调查	客服人员
店内保洁、店内设施维护	服务部
人事管理、销售预测、预算、定价、任务的协调	管理人员

在把任务归集成岗位职责时,应考虑实施专业化分工。专业分工意味着把具体的任务和责任分派给个人,每名员工只对有限的职能负责,这样可以使每个员工的任务范围明确。但过度的专业化也可能产生问题:工作枯燥乏味,需要更多员工等。

4.2.4 形成企业的组织结构图

在筹划建立一个服装零售组织时,公司应把各个职位看成是一个整体的组成部分。职位必须是明确、清晰的,同时,职位间的相互关系也必须明确。

企业组织结构图是用于表示公司或企业内不同部门、不同职员的职责、权力的关系图。在组织结构图中可以清晰地显示出组织的权力层级，以及组织中的直线关系与参谋关系。

组织中的职权是处于某一职位上的权利。组织中存在着等级原则，一个上级对下级行使直接的管理监督的关系，即直线职权。直线职权存在于所有的组织中，从企业最高管理职权中分给每一个下级职位的直线职权越明确，则决策的职责越明确，组织的沟通越有效。

直线关系是一种命令关系，是上级指挥下级的关系。这种关系从组织的最高层一直延伸到最基层，形成一种等级链。链中的每一个环节的管理人员都有指挥下级工作的权力，同时又必须接受上级管理人员的指挥，这种指挥和命令的关系越明确，即各管理层次直线主管的权限越清楚，就越能保证整个组织的统一指挥。直线关系是组织中管理人员的主要关系，组织设计的重要内容便是规定和规范这种关系。

随着先进的技术和现代化的方法和手段在企业中的运用，企业活动的过程越来越复杂。组织和协调这个活动过程的管理人员，特别是高层次的主管人员越来越感到专门知识的缺乏。人们常借助设置一些助手，利用不同助手的专门知识来补偿直线主管的知识不足，来协助他们的工作。这些具有不同专门知识的助手通常称为参谋人员。参谋的设置首先是为了方便直线主管的工作，减轻他们的负担。其主要任务是提供某些专门服务，进行某些专项研究，以提供某些对策建议。

4.3　服装零售组织结构部门设置的基本模式

组织结构的建立取决于多种因素，包括组织的职能、地理位置、产品、顾客以及这些因素的组合。对于大型企业来说，首先需要涉及公司的职能结构，然后，按地域分布建立公司的职能部门，按照产品类型进行组织划分，最后形成一种以顾客为核心的结构。尽管一个公司的组织结构可以采取某种特定的方式，但更多的情况则是把这些结构设计方法结合在一起。

4.3.1　职能型组织

职能组织是根据工作的相似性来划分部门，它是最常见的组织设计方法，其组织结构图如图4-1所示。

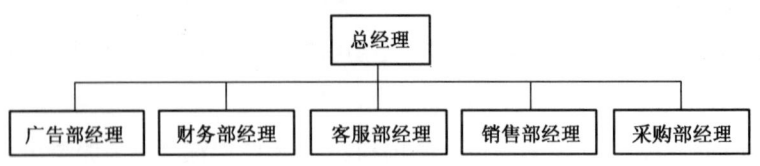

图 4-1 职能型组织

公司需要专业性的人员，因此会建立相关的部门（或单位），然后再把相关活动组合在一起，把专业化概念引入到组织结构设计中。如，服装零售企业的采购部门、销售部门、财务部门，营销部门等等，每个部门的工作性质相似。因此，部门的划分实际上就是各个职务共同特性的组合。当然，企业在按各个职务的主要职能划分部门以后，每个部门还可以按衍生的次要职能再细分部门。例如，营销部门可以进一步划分为市场调研、广告、公关等。是否需要设置次要职能部门，取决于企业的类型、规模、管理水平及其他有关条件。

按职能设置部门是一种传统的、普遍的组织形式。据此进行的分工和设计的组织结构可以带来专业化分工的种种好处，可以使各部门的管理人员专心致志于本部门的职能；同时，由于各部门在最高主管的领导下从事相互依存的整体活动的一部分，因此有利于维护最高行政指挥的权威，有利于维护组织的统一性；此外，由于各部门只负责一种类型的业务活动，因此有利于工作人员的培训、相互交流，从而提高业务水平。

按职能设置部门的局限性主要表现在以下几个方面：由于产品的采购和销售都集中在相同的部门进行，各种产品给企业带来的贡献不易区别，因此不利于指导企业产品结构的调整；由于各部门的负责人长期只从事某种专门业务的管理，缺乏总体的眼光，因此不利于高级管理人才的培养；由于活动和业务性质的不同，各职能部门可能只注重依据自己的准则来行动，因此可能使相互依存的部门之间的活动不协调，影响组织整体目标的实现。为了克服这些局限性，有些组织利用产品或地区的标准来划分部门。

4.3.2 产品型组织

按职能设置部门往往是企业发展初期、品种单纯、规模较小时的一种组织形式。随着企业的成长和品种多样化，把特性不同、顾客特点不同的产品集中在同一部门，会给部门主管带来日益增多的困难。与企业规模的扩大相对应的，如果主要产品品种的数量足够大、这些不同产品的顾客或潜在顾客足够多，那么企业就应该考虑根据产品来设立管理部门，为每一类产品配备独立的采购、销售、广告和市场营销机构，也可以在为每一种产品配备单独支持人员的同时，由公司总部对某些特定的职能部门实行统一管理（例如广告部）。

企业组织依据产品设置内部的部门，就是把与某种产品有关的各项业务工作组成一个部门。拥有不同产品系列的企业往往根据产品建立管理单位。按产品设置部门的做法，正在广泛地被应用，并日益受到重视。按产品设置部门较适合于大型、复杂、多品种经营的企业采用。大型服装零售企业根据产品系列设置服装部、鞋帽部、饰品部等，如图4-2所示。

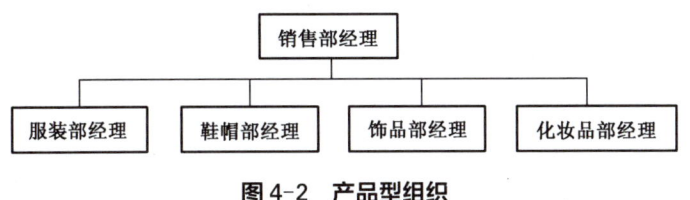

图4-2 产品型组织

按产品设置部门具有下述优势：

① 能使企业将多元化经营和专业化经营结合起来。整个企业提供多种产品，而每一个部门只专心于一种产品的经营。企业既可因多元化经营而减少市场风险，又可使企业的各部门因专业化经营而提高效率，降低成本。

② 有利于调整产品结构。按产品设置部门，更易区分和摊派各种产品的收益与成本，从而更易考察和比较不同产品对企业的贡献，有利于企业及时调整产品结构，使产品组合给企业带来更多的收益。

③ 有利于企业的内部竞争。对各部门的内部竞争加以正确引导，可以促进不同的产品部门努力改善本部门的工作，有利于促进企业的成长。

④ 有利于高层管理人才的培养。每个部门的经理都需独当一面，完成某一产品销售的各项职能活动，这类似于对一个完整企业的管理。因此，企业可以利用产品部门来作为培养有前途的高层管理人才的基地。

按产品设置部门的局限性是需要较多的有能力的人去管理各个产品部；同时各部门的主管也可能过分强调本部门的利益，从而影响企业的统一指挥；此外，产品部的某些职能机构与企业总部的重复设置会导致管理费用的增加，从而提高了企业的成本，影响企业的竞争能力。

4.3.3 地区型组织

按地区设置部门是根据地理因素来设立管理部门，把不同地区的经营业务和职责划分给不同部门的经理，如图4-3所示。这种类型特别适用于大规模的企业，或者业务工作在地理位置上分散的某些企业。跨国公司常采用这种方法来设置部门，它们不仅使分散在世界各地的附属公司成为独立的实体，而且对公司总部协调国际经营的各级管理人员的业务划分，也是根据区域标准来进行的。主要销售市场在国内的大型服装零售企业也可以根据业务工作的地理位置按地区设置部门。

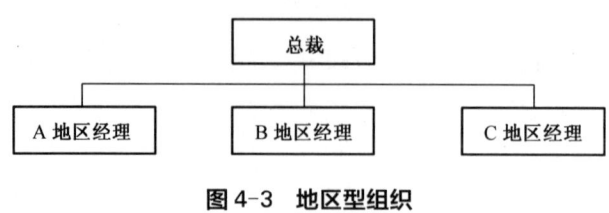

图 4-3　地区型组织

组织活动在地理上的分散带来的交通和信息沟通困难曾经是按地区设置部门的主要理由。但是随着通讯条件和交通条件的改善，这个理由被社会文化环境方面的事由取而代之。随着管理理论研究的深入，人们越来越清楚地认识到社会文化环境对组织的活动有着非常重要的影响：不同的文化环境，决定了人们不同的价值观，从而使人们的消费偏好不一样，因此，要求企业采用不同的人事管理或营销策略。而文化环境双总是同一定的地理区域相联系。因此，根据地理位置的不同设立管理部门，可以更好地针对各地区的环境因素的特点来组织经营活动。

按地区或区域设置部门的优点和缺点类似于按产品设置部门。

地理型组织结构通常与其他组织方法综合使用，例如与产品型组织结构结合使用。通过地域分工，每一区域的单位都可以成为一个独立的公司和利润中心。每一个区域的经理对本区域销售目标实现情况负有完全的责任。

4.3.4　顾客型组织

企业组织按顾客设置内部的部门，就是根据顾客的不同类型来划分部门，实质上是把需求相同类型顾客的业务工作交由一个部门来经营，以便更好地满足不同类型顾客的需求，使顾客感到方便与满意。如，销售服装的百货公司按顾客的不同设置女装部、男装部、童装部，其组织结构图如图 4-4 所示。

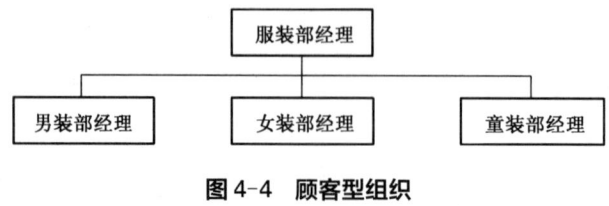

图 4-4　顾客型组织

不同类型的顾客对产品和服务的需求是不一样的,在消费行为上也有很大区别。按顾客划分部门可以使各部门愿意去充分了解顾客,并针对顾客的需求制定商品采购计划,制定营销策略,在产品和服务方面满足顾客特殊的而又多样化的需求。

4.3.5 综合组织图

以上各种设置部门的模式分别适合于不同规模、不同环境和不同类型的企业,当组织规模大到跨地区经营,且有不同的产品类别时,更多的时候企业采取几种方式相结合,从而形成按职能、产品、顾客、和地区综合设置的组织,如图4-5所示。

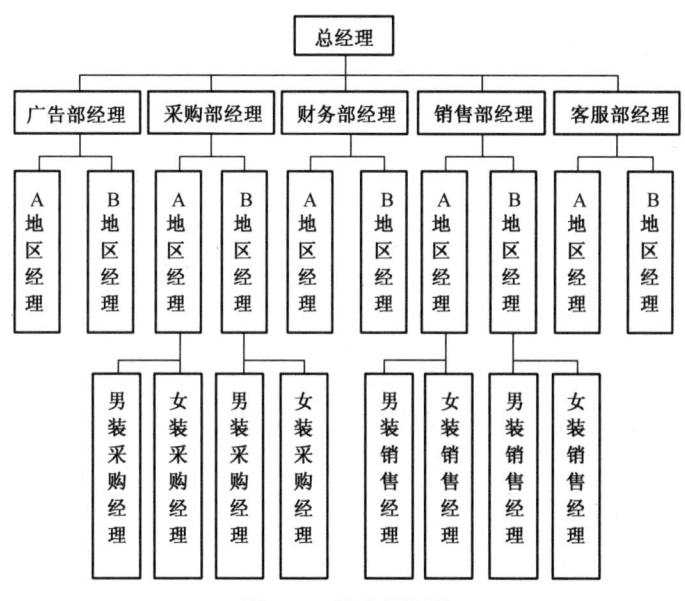

图 4-5 综合组织图

4.4 不同服装零售企业组织结构

服装零售企业的经营者应做好零售店的组织与管理工作,以确保工作效率与利润的最大化。通过职责的界定、权力链的划分与授权,让组织中的每个成员都知道他们在组织中的角色和地位。不管大的服装零售企业还是小的服装零售店,都应该以适当的方式将资源组织起来,以保证为顾客提供最佳的服务。

服装零售企业的规模和经营模式不一样,其组织形式也有所区别。小型服装店的组织结构相对简单,店主通常可以监督所有的员工,员工在遇到与工作有关的问题时也随时可以与店主联系,店主和店员往往身兼数职,专业分工程度相对较低。相比之下,服装连锁店和百货商场必须弄清如何分派任务,如何协调多个分店或部门间的业务,如何分配资源,以及如何为所有员工建立统一的政策。专业分工程度相对较高。下面将分别讨论不同服装零售企业的组织结构。

4.4.1　小型服装店的组织结构

虽然小的零售店因规模和费用等原因不会设置参谋职位,但也应确定一个明确的直线结构。小型服装店所需要的员工很少,其专业化程度低,每名员工可能会执行多种工作任务。如店员的主要工作是向顾客推销产品,但同时会从事其他工作,如拆箱、贴商品标签、促销等。小型服装店通常采用较简单的组织结构,因为它们只有两三个人事层次,而且店主或店长亲自管理业务、监督员工。在这种规模的零售店中,采购、销售、员工管理与提升等主要的决策权由店主或者店长负责,并且店主和店长可能是同一个人。

图4-6是一家小型服装店的组织结构。这个服装店是按职能组织起来的:店主负责采购(进货)、推广店铺形象、销售收银监控等;销售人员A负责销售服务、服装陈列及广告;销售人员B负责服装店的维护和一些运营业务(如存货管理和财务报告)。

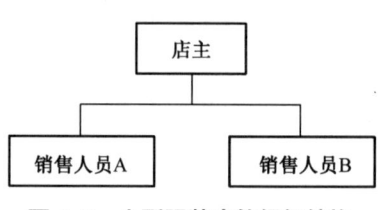

图4-6　小型服装店的组织结构

随着零售店规模的扩大,不但雇员的人数会增加,而且很多专项工作都会交给所雇佣的不同类型的人员或部门来完成。图4-7是一家小型服装专卖店的组织结构,各部门的职责如下:

店主职责:采购(进货),推广店铺形象、销售收银监控。

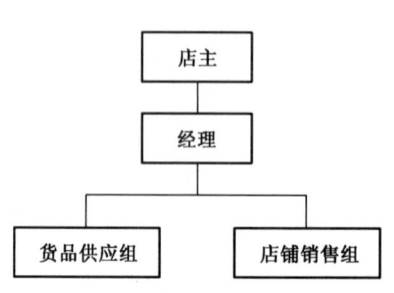

图4-7　小型服装专卖店的组织结构

经理职责:店铺运作管理、人员招聘培训、货品陈列和橱窗陈列管理、促销管理、库存管理。

货品供应组职责:货品的收发工作、日常补货工作、次品退仓工作、季末退仓工作、店铺盘点管理工作、店铺库存管理控制、促销活动货品准备。

店铺销售人员职责:顾客接待工作、货品推荐销售、促销活动、货品陈列工作、店铺卫生工作、收银工作、解决顾客投诉。

4.4.2 百货商店的组织结构

百货商店的产品线较宽、较深,因此其组织结构中存在部门划分与职责分工。为了便于管理与提高经营效率,百货商店必然会进行工作分工与管理分工,这样就形成了相应的职能管理部门与专业零售部门,其中每个部门都具有至少一项重要的组织功能,由部门经理负责领导并实现其职能。在职能管理部门里对职责进行进一步分工。

职责分工的详细程度取决于百货商店的规模及商品组合。在百货商店里,不是由一个经理负责全部的管理工作,而是由许多部门经理分担各项职责。部门通常按产品和顾客进行设置,部门经理负责各类产品的采购和零售,如男装经理、女装经理、童装经理、化妆品经理、日用品经理等。每个职员都有一定的分工,因为百货商店货品分类较细,那些货品知识丰富的员工,能更好地胜任他们的工作。

随着百货商店规模的扩大,它将增加很多分店和大的零售部门,其组织结构将随着改变。

百货商店基本的结构如图 4-8 所示。百货公司的整个零售活动可以分为四个职能领域:商品销售、公共宣传、商店管理、财会与控制。

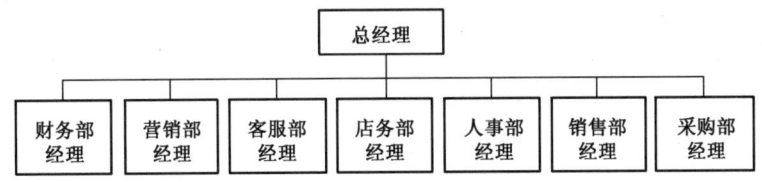

图 4-8 百货商店的基本结构

商品销售:采购、销售、库存计划与控制、设计促销活动。

公共宣传:橱窗设计和店内陈列、广告、计划并实施促销活动(与商品经理合作)、广告调研、公共关系。

商店管理:商品保管、顾客服务、购买商店自用品和设备、商店保洁、运营活动(接收和运输商品)、商店和商品保护(如保险和保卫)、员工培训和报酬、工作场所管理等。

财会与控制:信用和信用审查、开支的预算和控制、库存计划和控制、记录保存。

商品销售经理领导的商品部负责采购和销售活动。商品销售经理通常被看做商店中最重要的部门经理,其责任包括:监督采购人员、为各部门设计财务控制系统、协调商品计划和政策(树立商店的整体形象)、对经济数据及其对商店的影响进行解释。

一些商店还设置了商品分部经理,以减少向同一个经理报告的采购员数量。

采购员对本部门的开支控制和利润目标负有完全责任。采购员的任务包括:进行初步预算、研究流行趋势、与供应商讨价还价、计划所需销售人员的数量、让销售人员了解所购商品的信息。把采购和销售归集于同一职位(采购员)中,可能会导致一个重大的问题:由于采购人员并非一直待在商店中,这可能会导致培训、日程安排以及监督的困难。为了解决这个问题,在百货商店发展到一定规模以后,销售职能和采购职能将分配到不同部门进行专业化管理。

随着分店的增多,百货商店的结构产生了三种衍生形式:总部控制组织,由总部人员对分店进行监控和经营;独立型商店组织,由各分店负责采购;平等型商店组织,采购集中化,各分店是地位平等的销售单位,这也是最流行的一种组织方式。

在总部控制组织中,总部保留了大部分权力。商品计划和采购、广告、财务控制、营业时间及一些其他任务都集中管理。这种组织在很大程度上使下级单位的行为标准化。分店经理负责聘用和监督本店员工,并且保证分店的日常运营与总公司的政策一致。如果分店数量很少,且顾客的购买偏好与总店类似,那么这种组织形式十分奏效。然而,随着分店的增多,采购员、广告主管、会计和其他人员可能由于工作量过大而无暇顾及分店。此外,由于总店的人员都远离分店,因此,顾客偏好的差异很容易被忽视。

独立型组织直接把商品销售经理置于分店之中。分店在商品购销和经营决策上拥有自主权。这种组织可以使顾客需求很快得到重视,但它导致了总店与分店管理人员重复设置,而且协调也成问题。分店之间的存货调运十分复杂,且耗资巨大,只有当分店规模很大、地理位置分散或顾客品位相差很大时,这种组织才是非常有效的。

在平等型组织中,百货公司既要提高总体利润,又要顾及分店利润。这种形式是包含多家分店的百货公司通常采用的形式。采购职能(如预测、计划、采购、定价、把商品运送到分店、促销)均采用集中管理。销售职能(如商品陈列、推销、顾客服务、商店运营)由各分店管理。各销售点(包括总店)的待遇是平等的。由于采购人员与商店的接触更少,数据收集显得至关重要。

4.4.3 服装连锁店的组织结构

对于分店多的大型服装连锁店,由总部负责制订一整套关于价格、形象、款式说明等在内的计划书,各分店按照这个计划执行即可。总公司给了分店很大的自主权,但对这种模式需加强管理,否则,各店存在的差异会损害企业的整体形象。

与传统的百货商店相比,连锁经营由总部负责商品采购、核算、存货管理、市场研究、固定资产投入、进销存控制等,各分店只作为一个销售中心对营业额负责,并通过优质的服务满足本地目标顾客的需要。连锁店最大的特点是可以拷贝成功的店铺。它有能力去满足巨大的顾客群的需要,同时又仅需要较小的管理团队。

虽然连锁店是集中管理,集中管理财会核算、仓储存货、采购订货、广告和促销以及销售记录保存等,但是有时候这种方法并不是很合适,特别是在采购与销售方面。虽然总部集中采购有很多优势,但是随着连锁店的扩大,要考虑各种因素的制约,由于存在着气候、环境、地区发达程度及文化背景上的差异,不同地区的分店在同一时期所需要的商品会有所不同。为了解决以上问题,很多连锁店用到一个概念——价格协议计划,有了这个计划,每个连锁店都会有更多的自主权。在这种情况下,总部的采购员将会考察市场,列出选择的工厂及商品目录单,每个分公司的经理可以从中进行选择。用这样的方法,采购员可以控制所有的款式、价格、类别等。而分公司经理只需要从中选出最适合自己分公司的服装。

当连锁店规模较小时,组织结构越简单越好。店铺规模扩大到一定程度,需要设置专门的职能部门完成企业经营所需的各项工作任务。随着连锁店规模的扩大,集中管理难以直接应付庞大的业务需求,权限分散的趋势也加大,如将部分采购权限分散到各分公司,在协议计划框架下,由分公司完成部分商品的采购,使其具有更大的应变能力以及对总部指示的执行力度。

各种类型的连锁店通常都采用前文所述的平等型组织结构,如图4-9所示。虽然各连锁店的结构各不相同,但它们有以下共同特征:

① 划分多个职能部门,如促销、商品管理、商店运营、人事和信息系统。
② 权责高度集中,各分店经理负责销售。
③ 运营标准化(固定设备、商店布置、装修设计、商品系列、信用政策和商店服务)。
④ 完善的控制系统使管理层获得全面及时的信息。
⑤ 一定程度的分权使分店能更好地适应当地情况,并增加商店经理的责任。
虽然大型连锁服装店对分店的大多数经营活动可以执行标准化管理,分店经理仍可以根据当地市场情况对战略组合进行一定的调整,这就是分店经理具有的权力。

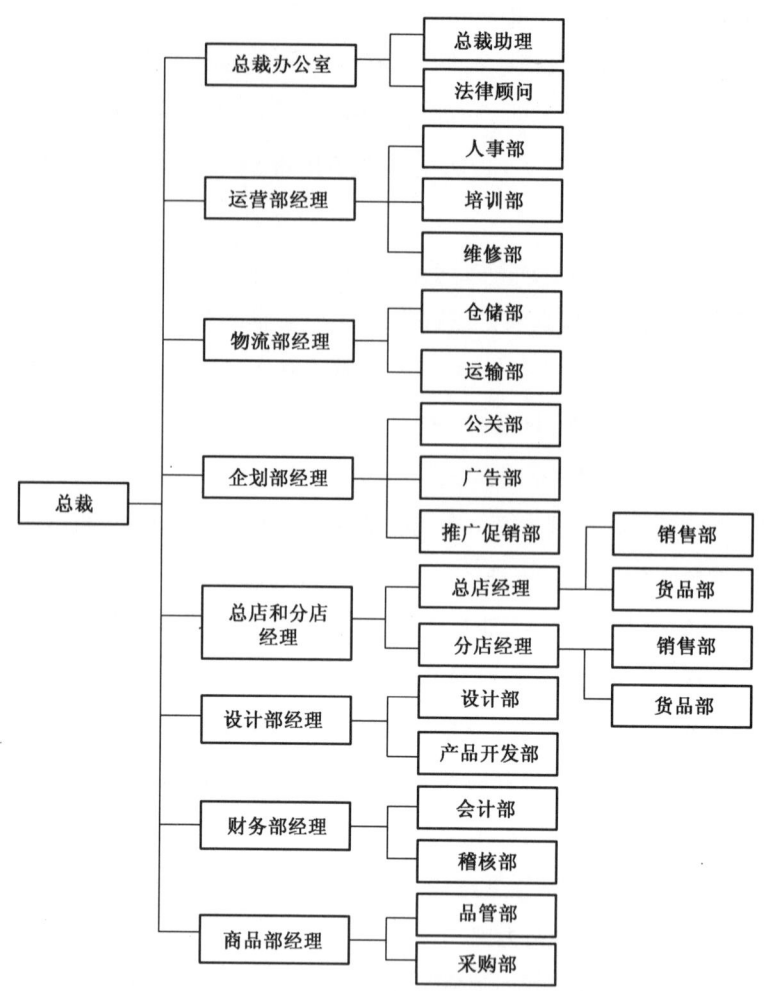

图4-9 许多连锁店采用的平等型组织结构

案例 4.1

伊嘉汇：百货商店组织结构与管理效率

伊嘉汇是一个以服装零售为主的百货商店，公司成立之初只有一个总店。公司依据百货店的职能设立了采购部，由采购人员负责商品采购及对销售人员的日常管理，根据每个采购员负责采购的商品类别，对相应商品的销售人员进行管理。这种组织结构模式使采购人员与销售人员可以进行直接而快速的沟通，通过与销售人员的交流，及时了解商品的销售信息，并获得顾客对商品的反馈意见，从而对采购商品组合进行及时的调整。由于公司规模有限，采购员的采购任务和管理的销售人员也有限，采购员在保证完成采购任务的情况下有充分的时间和精力去进行销售人员的日常管理。在这种模式下,采购员的采购效率和管理效率得到了充分体现。

随着公司规模的扩大,伊嘉汇陆续开设了三个分店,原有的总店作为公司的旗舰店。各分店与总店的距离都在50公里以内。如果公司的发展势头良好,公司还计划在未来几年内再开设一到两家分店。公司一直都是按照原来的组织结构来运作的,即由总店采购部负责总店及各分店商品的采购,并且依然负责各总店和各分店销售人员的日常管理。

随着时间的推移,这种组织结构的弊端日益凸显。顾客对商品越来越挑剔,他们追求商品的多样化和个性化,这使得采购员不得不把更多的时间和精力放在寻找合适的商品和供应商上面,从而以更好的商品组合满足顾客的需求,赢得竞争优势。同时由于公司规模扩大,采购员采购的范围和采购量也比以前大大增加。采购人员在总店和各分店之间来回奔波,以了解商品的供应情况和销售情况,除了完成采购任务以外,采购员还要负责销售人员的管理和培训。现在公司的采购员开始抱怨,他们几乎没有时间去管理总店的的销售人员,更别提与分店的销售人员接触了。他们提出,采购已经发生了变化,公司的组织结构也应当做出相应的调整,以适应当前形势的需要。

公司的创立者以及行政管理总裁认为,从公司建立以来,采购员都是对销售区域负责的,这种模式保证了公司销售的商品保持质量和价格的一致性和稳定性,所以应该坚持下去。管理运作方面的经理则同意采购员的观点,他们认为有必要对组织结构进行改革,设立总店和分店经理负责对销售人员进行日常管理,可以使采购员专心采购,这样做对提高公司的采购效率和管理效率是非常有用的。

目前,公司管理层依然在为是否有必要对组织结构进行调整进行讨论。如果公司确信变动是有必要的,就将会组织中各部门的职能进行相应的调查,并对组织结构进行变革。

问题1:为什么采购员现在不能很好地管理销售人员?
问题2:要提高管理效率,公司应该如何调整组织结构?

案例启示:

组织结构应随着组织的发展变化进行调整,才能适应组织的需要。当组织规模扩大,组织任务发生变化,组织结构也应作必要的调整,才能提高管理效率。

组织结构设计的方法往往需要结合起来使用,才能更好地满足组织的需要。

公司在成立之初按职能设置部门,由采购部负责采购和对销售人员的管理,这样做的好处是:将采购职能和销售职能合而为一,可以减少部门设置,降低管理成本;采购人员与销售人员直接接触,易于收集销售信息。但随着公司规模的扩大,分店数量增多,分店地理位置分散,采购员的工作量过大而无暇顾及分店销售人员的管理,从而使管理效率降低。

要解决这个问题,公司可以按职能和地区相结合的方式设置部门,采用平等型组织结构,采购职能由总部集中管理,销售职能由各分店管理,各分店设专门的部门负责销售人员的管理。

本章小结

合理的组织结构能够保证服装零售企业经营管理活动的有序运转,实现企业的经营目标。影响组织设计的因素主要有环境、企业规模和工作任务。组织规模发展可以分为创业阶段、职能发展阶段、分权阶段、参谋激增阶段、再集权阶段,发展的阶段不同,要求有与之适应的组织结构形态。

管理跨度又叫管理幅度,是指一名管理人员能够有效管辖下属的人数。管理层次与管理幅度的反比关系决定了两种基本的管理组织结构形态:扁平结构形态和锥形结构形态。要使组织设计富有成效,必须根据确定适当的跨度,并确定适当的分权程度。

本章还分析了建立服装零售组织的步骤和应考虑的因素。进行组织设计时应根据组织的任务确定职位以及职位之间的关系。组织结构通常用组织结构图来表示,在组织结构中有直线职权和参谋职权两种职权关系。直线职权是上下级之间的命令和指挥的关系,而参谋职权是服务的协助的关系。

服装零售组织中的部门可以按职能、产品、地区以及顾客进行划分,它们各有各的优点和适用的条件,不存在唯一最佳的组织方式,选择特定的部门设置模式是为了能够高效率地达到组织目标和个人目标。在实践中这几种部门设置的方式通常是结合起来使用的。

本章最后讨论了不同类型的服装零售企业的组织结构。

本章习题

1. 选择题

(1) 影响服装零售企业组织结构的主要因素有( )。

  A. 环境   B. 企业规模

C. 领导意图　　　　　　D. 工作任务

(2) 组织规模一定的情况下，管理跨度越大，管理层次越（　　）。

A. 多　　　　　　　　　B. 少

(3) 以下哪些因素可以扩大管理跨度（　　）。

A. 下属的管理能力较强　　B. 组织环境不稳定

C. 先进的信息手段　　　　D. 工作岗位的地理位置分散

E. 主管处于较高的管理层次　F. 管理者具有较强的工作能力

(4) 组织中促进分权的因素有（　　）。

A. 政策的统一性　　　　　B. 经过良好训练的管理人员

C. 活动的分散性　　　　　D. 组织规模扩大

2. 判断题

(1) 组织规模越大，组织结构越灵活。

(2) 对于复杂性的创造性工作，应采取分权化的组织结构进行管理。

(3) 直线关系是一种指挥和命令的关系，而参谋关系则是一种服务和协助的关系。

(4) 管理人员的权力大于责任，才能保证任务的完成。

3. 简答题

(1) 小型零售商和大型服装零售商建立零售组织的步骤是否相同？为什么？

(2) 如果你做经理，你愿意采用什么标准来确定你的管理跨度？

(3) 为什么长期以来一直有那么多公司存在直线与参谋的矛盾？这种矛盾能否消除？

(4) 为什么不适当的授权往往是造成管理失败的最重要的原因？

4. 分析题

(1) 举例说明公司为什么可以根据职能、地区、产品分工进行组织设计？

(2) 描述小型服装零售商、百货店、连锁经营店的组织结构的异同。

参 考 文 献

[1] 巴里·伯曼,乔尔·R·埃文斯.零售管理[M].吕一林,韩笑,译.北京:中国人民大学出版社,2007.

[2] 哈罗德·孔茨,海因茨·韦里克.管理学[M].张晓君,陶新权,马继华,金晶鑫,译.北京:经

济科学出版社，1998．

［3］查尔斯·M·福特雷尔．销售管理［M］．刘寅龙，译．北京：机械工业出版社，2004．

［4］王晓云，李宽，王健．服装零售学［M］．北京：中国纺织出版社，2009．

［5］周三多，陈传明，鲁明泓．管理学——原理与方法［M］．上海：复旦大学出版社，1999．

第 5 章　服装零售企业人力资源管理

学习目的、要点：

1. 了解服装零售业的工作特点；
2. 了解服装零售业的人才需求；
3. 了解服装零售业的岗位发展方向；
4. 掌握服装零售业中的人员招聘、选聘与培训方式；
5. 学习服装零售业的员工考核与激励；
6. 了解服装零售业中的企业文化。

服装零售业是以人为重要资源的行业。人力资源管理是服装零售企业管理的重要职能。服装零售企业需要从战略规划和发展目标出发，根据其内外部环境的变化，预测企业未来发展对人力资源的需求，以及为满足这种需要所提供人力资源的活动过程。

服装零售业是一个快速发展的行业，零售业的健康发展对于促进经济增长和提供大量的就业机会都具有重要的意义。通过提高服装零售业的人力资源管理水平，促进我国零售业健康可持续发展，在与世界零售巨头的近身搏斗中成长崛起，成就中国的服装零售巨头。

5.1　服装零售企业的人力资源规划

在这些现代管理理论与模式中，现代人力资源管理是其中重要的内容之一。现代零售业的人力资源管理绝不仅是传统的人事管理变换了叫法，而是一种能够通过不断强化企业经营活动而对零售企业的赢利、店内表现的改善及实现其他经营目标做出贡献的有效手段。零售业的人力资源管理涉及人员的招聘、甄选、培训，以及在与零售商的组织结构和战略组合相吻合的基础上进行的人力资源的开发与管理。

5.1.1 服装零售行业的特殊性

服装零售商面对的是独特的人力资源环境,其特殊之处在于非熟练员工多、工作时间长、员工显现率高、兼职员工多、顾客需求多种多样。这些因素往往使员工的雇用、安置和监管过程复杂化。

(1) 大量非熟练员工的存在

一般服装零售商的大部分员工,诸如店员、收银员、打包员、理货员等,经常在雇用之初是工作经验很少,或没有工作经验的员工。随着经营规模的扩大,这些非熟练员工的数量也将增加。尤其是对那些年龄在20岁左右的雇员来说,服装零售业的"职位"是他们第一份"真正的工作"。零售业之所以吸引人,是因为人们可以在离家较近的地方找到工作,而且服装零售职位对教育、培训和技能的要求都较低。此外,一些职位的低工资也导致雇用非熟练员工。这样的结果是员工流动性高和需要全面的岗前培训。

(2) 服装零售业的工作时间通常都比较长

在我国一般是从上午9:00至晚上22:00,周六、周日照常营业,而且营业时间有进一步延长的趋势。因此,服装零售商一般都必须雇用至少两班全职员工。由于顾客对零售业营业时间的连续性要求,对员工的工作时间也有特殊的要求。在当值时间,员工要始终保持高效的工作效率,做到让顾客处处满意。

(3) 员工在顾客面前的显现率很高

无论是收银员、店员还是店铺指导,只要是在当值就几乎无时不在与顾客见面,因此服装零售商在选择员工时要格外注意他们的举止和外表,并统一进行岗前培训。

(4) 营业时间很长,服装零售商常常不得不雇用兼职员工

在许多服装零售卖场,兼职员工超过半数,这就产生了相应的问题。兼职员工比全职员工(他们更具有敬业精神)更容易消极怠工、迟到、旷工或辞职。零售商不得不加大对他们的监管和控制。最后,每一天、每一个时期或每个季节顾客需求的变化都会产生人员规划上的问题。例如,大部分顾客都选择周末到商场采购,那么购物高峰的人员安排是人力资源部需要详细规划的方面。一天内(上午、下午、晚上)的需求差异和季节(春节、国庆节等法定节假日期间)的需求差异也会对员工规划产生影响。

5.1.2 服装零售人员的素质要求

中国是个服装大国,但不是服装强国。作为传统的劳动型密集产业,从事服装行业的人员虽然众多,但是整体素质和水平并不高,从业人员学历水平偏低,服装零售店铺导购多为学历在初中或高中,很多传统服装店铺店长只有高中水平,服装企业中的中层管理层拥有大专或大学学历的仅占1/3多。因此,服装企业在发展到一定阶段后,常常会觉得人员素质跟不上企业的发展,品牌整体素质的提高受到诸多限制。企业的老员工,从思维方式、学历水平、做事方法都不太适应现代服装企业的高速发展和激烈的市场竞争。

同时,随着国际著名服装零售巨头纷纷进入中国,带来了一系列经营理念的冲击,他们以雄厚的实力聘请高水平的人才,提升了行业从业人员的整体素质,也为高学历人才就业提供了新的发展机遇。LVMH集团旗下的诸多零售企业、H&M、UNIQLO、C&A、AX等著名服装零售巨头的从业人员学历均提高至本科及以上水平,这些服装店铺的店长通常拥有硕士学历或海外留学背景。这些著名企业的人力资源标准,对服装零售行业带来了新的冲击。

对于人员的学历、工作经验、所学专业、年龄、沟通能力以及工作经历等,可依不同职位来择定。但所有从业人员都需要具备从事零售业的愿望和为客户服务的热心。在这个行业,需要具备的基本素质包括以下几方面:

(1) 服务顾客的爱心

首先要爱自己的事业,对终端销售工作倾注满腔的热情,只有这样才能够提供最大的顾客满意。

(2) 对工作的热情

零售行业需要有热情的心态。用热情感召顾客和身边的同事,创造快乐积极的工作氛围和顾客环境。

(3) 具有吃苦的勇气

零售业是一项十分辛苦的行业,特别是对于终端导购来说,有很多人都是一天要站上10个小时左右,并且,每天光临的顾客素质参差不齐,而导购员却都要耐心地去解释。即使是店长或管理层,每天快节奏的工作状态和长时间的上班周期都需要用巨大的勇气坚持。如果零售业的人员没有足够的恒心和平衡的心态的话,是很难坚持下来的。

(4) 善于思考和灵活的创意

零售人员要经常动脑筋,产品的优点是什么?如何找到一个独特的卖点?如何介绍商品?有没有更好的销售方法?如何展示商品的优点?如何制作POP?如何进行产品示范?如何制作推销工具?顾客需要的是什么?我们怎么能满足她们?

5.1.3 人员发展规划

按照所从事的销售工作的内容,目前国内的销售人员可分为高级营销管理(如销售经理)、中级销售管理(多为店铺管理者级别)、一般销售人员(包括商场售货员等)和兼职销售人员。总体来看,销售人员有四种职业出路:一是纵向发展成长为高级销售经理,不过能达到这一目标的销售人员为数很少;二是横向发展转换到管理等其他岗位;三是独立发展自己创业;四是专业发展做销售领域的管理咨询或培训。可以看出,从销售队伍中走出来远不如走进去那样容易,所以销售人员之间的竞争也是十分激烈的。下面我们具体展开来谈谈销售类人员的发展方向:

(1) 方向一:成为高级销售经理

销售人员的职业成长,如果定位于一直从事销售工作,可以肯定的目标便是成为高级的销售人才。实现这一目标的方向有两个:首先是从术的角度出发,不断改进和提升工作的方法和能力,从低级的非专业化的销售人员变成职业选手。这一变化趋势主要体现在工作的理念、思路、工具和方法都做得更加专业,从靠感觉、靠冲劲做事转变为讲求定量数据、专业调查分析、把握市场规律性;其次就是从术提升到道,从战略层面和组织全局高度的角度进行系统思维,进一步提升和转换职位角色。要成为高级的销售人才或经理人,销售人员必须要增加系统分析、全面思考,从企业战略高度做销售,思考销售,多挖掘一线的信息,进行智慧加工,最终起到为高层决策扮演战略顾问角色的作用。

从具体的发展途经,又有如下几个方向:

① 上行流动:如果有在大公司或集团的分支机构、片区或分公司做销售的经历,当积累一定的经验后,优秀的销售人才可以选择合适的机会,上行流动发展,到更上一级的或公司总部做销售部门工作,或者可以带领更大的销售团队、管理大区市场。在处于成长期的服装零售行业,许多销售人员都是通过上行流动而闯出自己职业发展的新大地。

② 下行流动:如果在公司总部销售部门工作,当积累一定的经验后,可以根据市场发展的规模和速度,选择合适的机会,下行流动发展,到下一级或多级的分支机构去工作,通常是带销售团队、管理省/大区市场,或是要到某个细分市场开辟新的业务。这样的销售人员,可以将在总公司的先进的销售管理理念、操作手段和实际的市场结合,在继续锻炼一定时间后往往成为许多企业的未来领军人物或高级经理人。

③ 横向跳槽:优秀的销售人员往往是公司的骨干,可直接为公司带来营业收入和现金流,但如果公司的薪酬福利或绩效考核政策不能有效地激励他们,那么他们转行

或跳槽就在所难免。从组织的角度看来，许多公司都不惜重金从竞争对手将一些优秀的销售人才挖走。从个人的角度来看，水往低处流，人往高处走。只要没有违反职业道德、劳动合同的相关条款规定和相关法律规定，销售人员在发展到一定程度后换一个环境和空间都是一条不错的路子。

(2) 方向二：转向管理岗位

当销售人员做到一定的时候，可以结合个人兴趣和组织需求通过横向流动即轮岗的方式，转向相关的专业化职能管理岗位，具体可以从三个角度考虑选择：

如果还是对销售业务或相关的工作感兴趣，不愿意完全离开市场营销工作，公司的人力资源安排也允许，可以选择横向的相关岗位，如市场分析、公关推广、品牌建设与管理、渠道管理、供应商管理等。

如果有管理专业背景或者对管理感兴趣，可以发展的方向包括：市场信息或情报管理、行业研究、战略规划、人力资源管理、项目管理等。

如果在销售工作中对产品或行业的生产制造、运营、研究开发、设计等技术方面积累了优势，则可以往技术含量较高的岗位流动，如运作管理、人力资源、内部培训等。

(3) 方向三：个人创业

有过销售背景的人出来创业，可以说是最适合不过的。企业要生存，首先要有市场，做好业务工作是很多创业者必须自己先行解决的难题。许多令人羡慕的成功人士都是从销售人员开始做起，在积累一定的资金、经验和资源后进行独立创业而获得成功的。

销售人员进行创业最大的优势是经验和资源优势。一个有着丰富销售经验的人士比起其他创业者，对行业的理解、对企业的运作、对市场变化的感知都会有很大的优势。同时，他们很可能积累了资金和良好的产业链上下游的人际资源，了解行业的运作模式和成功关键，甚至于合理合法地把握了稳定的客户关系资源。

(4) 方向四：转做管理咨询和培训

如果离开本行业，重新开始新的事业空间，也是一种新的职业方向选择。比如有经验的销售人员改做管理咨询和培训也是不错的选择，许多管理咨询公司的咨询顾问、培训师都是从营销实践中转过来的，有些还是营销老总、总监、大区经理等，因为他们有丰富的销售经验和行业背景，更理解企业实践的营销环境，在做相关行业的营销管理咨询、战略咨询和专业培训时，尤其显得有优势。

员工职业生涯设计可以使员工成长与企业成长紧密联系，既可以结合企业发展作出人才需求预测，进行人才储备，以保证企业未来发展所需；又可以使员工获得进步和成长。这种对员工的关注充满人情味,容易使员工对企业产生归属感和凝聚力。

5.2 服装零售企业的人员招聘、选聘与培训

5.2.1 人才招聘

人员招聘是组织及时寻找、吸引并鼓励符合要求的人,到本组织中任职和工作的过程,是组织运作中一个重要环节。通常有内部提升和外部招聘两种途径,两种方式各有优劣势。人员招聘要按照一定的程序并遵循必要的原则进行。

服装零售业不同于其它行业,它存在着多种多样的业态形式,而每一种业态形式都有自己的特点。比如,百货商店经营的商品品种多、种类全、能够为顾客提供多样化服务,而专营商店则专门经营某一类或者某一品牌的商品,能够方便、及时、灵活地满足顾客的需要。零售企业应根据自身的业态、发展阶段和规模制定适合企业的人力资源规划。即通过对企业未来的人力资源需求和供给状况进行分析及估计,对职务编制、人员配置、人力资源管理政策等内容进行整体性计划。通过这种人力资源规划降低因零售企业人员频繁流动、岗位多样化而造成的不确定性。同时,通过规划的及时更新促进企业的进一步发展。

同时,服装零售企业还是劳动密集型行业。一方面,零售企业必须面对诸如商品销售、商品陈列、新品导购、标识更新、货架整理、顾客退换货等工作。另一方面,零售企业的管理人员还需要密切关注顾客与市场需求的变化,零售企业从业人员必须与众多的供应商、配送商、地产开发商、政府管理机构、媒体、广告代理商、技术服务商等打交道并建立良好的关系。由此可见,零售企业的人员招聘和培训工作量大而繁杂,需要人力资源管理部门保持高度的敏感性。企业要根据人员变化适时做出人员招聘的调整和相应的人员离职手续的办理。同时,需要不断对员工的责任心和忠诚度进行培训,以避免员工因日常工作非常繁杂而引起的倦怠情绪。零售企业的人力资源部门应该在人力资源规划的指导下,根据市场情况来决定企业的招聘计划。对于零售企业而言,招聘工作如何有序配套地进行是招聘成功与否的关键。在招聘过程中,要注重考察员工的实用技能,确保人岗适配。在培训方面,应该鼓励基层管理人员和人力资源部门相互配合,做好不同时期员工招聘、新员工入岗培训、新业务培训等。这就需要建立务实高效的员工培训制度,拟定各个时期和阶段的具体培训计划,明确培训对象,以及培训内容和要求。

人才招聘一般包括五部分：

(1) 职位分析

要求收集与每一职位的职能和要求有关的信息：任务、责任、能力、兴趣、教育、经验和身体状况等，根据这些信息选择人员、确定行为标准和薪酬水平。例如，部门经理通常要监督其他销售人员，担任本部门的主要销售工作，承担一些行政管理和分析责任，并直接向经理汇报。他有可能获得奖金，月薪在3 000～4 000元左右甚至更多。大部分部门经理在公司的任期都在两年以上。在必要时，职位分析应当形成书面的职务说明书，一般包括每个职位的名称、领导关系（上级和下级）、委派任务以及长期的具体职能和任务。

(2) 选择招聘方式

当组织中出现需要填补的工作职位时，有必要根据职位的类型、数量、时间等要求确定招聘计划，同时成立相应的选聘工作委员会或小组。选聘工作机构可以是组织中现有的人事部门，也可以是代表所有者利益的董事会，或由各方利益代表组成的临时性机构。选聘工作机构要以相应的方式，通过适当的媒介，公布待聘职务的数量、类型以及对候选人的具体要求等信息，向组织内外公开"招聘"，鼓励那些符合条件的候选人积极应聘。

企业招聘的方式有很多种，而使用何种招聘方式应根据当地人才市场、工作职位类型以及级别等因素进行确定。企业常用的招聘方式包括以下六种（见表5-1）。

表5-1 人才招聘的方式及特点

招聘方式	优　点	缺　点
内部招聘	费用少，有利于提升员工士气，招聘者熟悉公司内部情况和企业文化	人才有限，选择范围有限，而且会产生新的空缺岗位
各类广告	辐射范围广，可以针对特定目标人才	有许多不合格的应聘者
员工推荐	可以为候选人提供公司的相关情况，基于推荐人的认真推荐可能吸引到符合岗位需求的高素质人才	有可能会增加产生任人唯亲的情况，增加管理难度
人才市场	正常费用（场地租金）或免费	会有很多非熟练或受过训练很少的人应聘
猎头公司	人选较多，专业人才比较多	费用高
校园招聘	费用低，大量、专业集中，可选余地大	应聘人经验少，一般适合低职位人员招聘

招聘的范围和投入的力量因组织规模不同而有所不同。一般而言，组织越大越容易招到合适的人员。大规模招聘会形成更大的候选人储备库，可以从中挑选更合适的人补充空缺职位。而且大规模招聘容易引起外界注意，可以给人们留下在这些

企业工作会有更多晋升机会和拥有更大责权的印象。

一般来说,服装零售企业在招收员工时,会根据不同的需求采用不同的招聘方式。对于一般岗位,企业采用在店铺或其他地方招贴广告的形式招收一般性员工或兼职岗位;对于企业有目的性培养的储备力量,企业会采用校园招聘会、人才市场等方式吸引年轻的大学毕业生,他们年轻、有活力,是企业的新鲜血液;对于中层管理人员,企业会采用员工推荐、招聘广告等方式,从同类企业中吸引人才;对于高层管理人员,企业会通过猎头公司或熟人介绍的方式进行招聘。

(3) 面试与遴选

首先由应聘者填写申请表。这通常是选择应聘者使用的第一种工具,它要求提供关于应聘者的教育程度、工作经验、健康状况、业余爱好等多方面的资料。零售商使用这种申请表,可以事先对现有或前任的员工业绩进行评分,并确定最有利于工作成功(通过是否能延长任期、增加销售量、减少缺勤率等指标来衡量)的各项标准(教育水平、工作经验等)。申请表应与职位说明书结合起来使用。

当应聘者数量很多时,选聘小组需要对每一位应聘者进行初步筛选。内部候选人的初选可以根据以往的人事考评记录来进行;对外部应聘者则需要通过简短的初步面谈,尽可能多地了解每个申请人的工作及其他情况,观察他们的兴趣、观点、见解、独创性等,及时排除那些明显不符合基本要求的人。

面试的目的,是为获取那些只有通过面对面提问和观察才能收集到的信息。它可以使未来的雇主确定应聘者的表达能力,观察他(她)的外貌,问一些申请表中存在的重要问题,并探察其职业目标。面试者必须事先作出下面几个与面试过程有关的决策:面试的正式程度、面试的次数与每次面试持续的时间、地点、面试的参加者、面试氛围以及面试由哪一层次的人来组织。这些决策都取决于面试者的能力和职务要求。

测验是录用员工可靠而有效的方法。一般需要完成一些心理测验(衡量个性、智力、兴趣及领导技巧)和能力测验(衡量知识水平)。测试的形式可以根据情况分为口试、笔试和实际操作等。

(4) 选定录用员工

在上述各项工作完成的基础上,需要利用加权的方法,算出每个候选人知识、智力和能力的综合得分,并根据待聘职务的类型和具体要求决定取舍。对于决定录用的人员,应考虑由主管再一次进行亲自面试,并根据工作的实际与聘用者再作一次双向选择,最后决定选用与否。

(5) 评价和反馈效果

最后要对整个选聘工作的程序进行全面的检查和评价,并且对录用的员工进行追踪分析,通过对他们的评价检查原有招聘工作的成效,总结招聘过程中的成功经验,及时反馈到招聘部门,以便改进和修正。

5.2.2 人才培训

员工培训是指一定组织为开展业务及培育人才的需要,采用各种方式对员工进行有目的、有计划的培养和训练的管理活动。其目标是使员工不断地更新知识,开拓技能,改进员工的动机、态度和行为,适应企业新的要求,更好地胜任现职工作或担负更高级别的职务,从而促进组织效率的提高和组织目标的实现。

有效的企业培训,其实是提升企业综合竞争力的过程。事实上,培训的效果并不取决于受训者个人,而恰恰相反,企业组织本身作为一个有机体的状态,起着非常关键的作用。良好的培训对企业有以下四点作用:

① 培训能增强员工对企业的归属感和主人翁责任感。就企业而言,对员工培训得越充分,对员工越具有吸引力,越能发挥人力资源的高增值性,从而为企业创造更多的效益。培训不仅提高了职工的技能,而且提高了职工对自身价值的认识,对工作目标有了更好的理解。

② 培训能促进企业与员工、管理层与员工层的双向沟通,增强企业向心力和凝聚力,塑造优秀的企业文化。不少企业采取自己培训和委托培训的办法。这样做容易将培训融入企业文化,因为企业文化是企业的灵魂,它是一种以价值观为核心对全体职工进行企业意识教育的微观文化体系。企业管理人员和员工认同企业文化,不仅会自觉学习掌握科技知识和技能,而且会增强主人翁意识、质量意识、创新意识。从而培养大家的敬业精神、革新精神和社会责任感,形成上上下下自学科技知识,自觉发明创造的良好氛围,企业的科技人才将茁壮成长,企业科技开发能力会明显增强。

③ 培训能提高员工综合素质,提高生产效率和服务水平,树立企业良好形象,增强企业盈利能力。美国权威机构监测,培训的投资回报率一般在33%左右。在对美国大型制造业公司的分析中,公司从培训中得到的回报率大约可达20%～30%。

④ 适应市场变化、增强竞争优势,培养企业的后备力量,保持企业永继经营的生命力。企业竞争说穿了是人才的竞争。明智的企业家愈来愈清醒地认识到培训是企业发展不可忽视的"人本投资",是提高企业"造血功能"的根本途径。事实证明,人才是企业的第一资源,有了一流的人才,就可以开发一流的产品,创造一流的业绩,企业就可以在市场竞争中立于不败之地。

培训在零售业中显得尤为重要,因为60%的零售业员工必须直接与顾客打交道。他们负责满足顾客的需要,并解答他们的问题。培训是教育新员工(和现有员工)如何干好工作、提高自己的工作能力、实现员工不断成长的重要措施。培训既有为期几天的关于填写售货单、操作收银机、个人销售技巧的训练，又有中长期的关于零售商及其运营各方面知识的管理培训。

服装零售业作为一个劳动密集型的行业，其企业的发展在很大程度上依赖于人才素质的提升。随着行业竞争性的提高，以及对人才的培养，服装零售业开始重视人员培训，每个服装零售企业都会有不同的人员培训方案，总的原则和要点是相似的，一般包括以下内容：

① 企业文化和经营理念：主要在于使销售人员理解本企业的核心经营思想，内容主要包括企业核心内涵和价值、品牌的定位、目标消费者的特点、本品牌的经营思路战略。

② 营销目标和具体策略：旨在清晰销售队伍的目标意识，包括解释具体的营销传播策略，使接触消费者的终端人员能够更好地执行或提出建设性的意见。

③ 目标季服装商品知识：这是销售人员必须掌握的基本功，使消费者对其产生"有专业素养"的信任感，并促进销售，主要内容包括目标季商品主体、流行色、面料成分、搭配艺术、设计特点等。

④ 目标季商品陈列技巧：展示对于服装商品从来都是一个无声的宣传工具，核心内容在于使销售人员掌握陈列和出样的各种技巧，显示出本品牌服装的特殊魅力，营造品牌差异点。

⑤ 本企业销售行为准则：各企业都有不同的行为规范，包含导购工作姿势、站立及行为规范、待客语言规范、仪态妆容规范、事件处理规范等。

服装零售企业针对不同的培训对象，所制定的培训内容也有所差异，如表 5-2 所示。

表 5-2 服装零售企业针对不同培训对象的培训内容

培训对象	培训目的	培训内容
新进人员	1. 认识环境：让新进人员熟悉工作场所，工具设备所在位置，以降低初到陌生环境的焦虑 2. 规章介绍：了解公司规章经营理念，工作守则及应有的权利义务，以培养符合公司规范的工作习惯及态度 3. 认识同事：增加工作场所人际关系支持网络，从而降低疏离感 4. 学习新技能：发挥生产力、避免职业伤害，以降低工作挫折感	1. 环境内容 2. 公司规章制度 3. 人际关系技能 • 认识伙伴 • 学习组织中人际关系的建立、维系与增进 4. 作业技能 • 收银机、标价机等设备的操作、维护、简易故障排除及清洁 • 清洁工作 • 商品陈列与补货技巧 • 基本报表填写 • 顾客服务技巧 • 安全防范与紧急事件处理

(续　表)

培训对象	培训目的	培训内容
卖场基层管理人员/助理店长或副店长	1. 成为店内副主管、部组负责人 2. 能够教导新进人员 3. 做好人员管理、订货、库存管理、机器设备维护保养及简易故障排除、报表制作、顾客服务等工作	1. 基本工作职责 2. 管理才能 • 协助新进人员，工作教导 • 倾听与沟通技巧 • 基本管理概念 3. 专业职能 • 维护商店形象 • 商品管理 • 机器设备维护保养及简易故障排除 • 营业管理报表制作
中层管理者/店长或店经理	1. 成为一店的经营管理者或某部门的管理者。 2. 能通过有效地人员管理、行销管理、预算控管，经营分析与顾客服务等，来创造利润极大化。 3. 具有计划、管理、组织、应变及问题解决的能力	1. 基本工作职责 2. 管理才能 • 领导、激励、沟通 • 会议及简报技巧 • 危机处理 3. 专业职能 • 生意圈情报收集与分析 • 经营分析 • 行销管理 • 预算编制与控管 • 人力资源管理
职能部门管理人员、企划人员及专业人员	1. 了解产业特性及公司经营型态有关的专业知识。 2. 具系统性思考能力、企划能力、分析能力、组织能力、沟通协调能力	1. 专业知识 　与所负责的功能职责有关的专业知识，此类训练宜由该部门自行规划，执行，但可由培训单位协助发展各功能的专业训练。 2. 共同性训练 • 企划实务 • 创意性思考 • 系统性思考 • 沟通训练 • 情报收集与分析 • 专案管理
高层主管	需具备宏观的观察，分析，理性决策能力，及微观的、人性的，感性的直觉能力	1. 国内外产业环境分析 2. 国际局势与商情分析 3. 策略规划 4. 领导谈判与决策 5. 个人品质 6. 人性修养

5.3　服装零售企业的员工绩效考核与激励体系

5.3.1　绩效考核

考核是零售企业人力资源管理的重要环节，是发现、选拔优秀人才和开发人才的重要手段。以考核为基础的晋升与奖励制度，可以激励员工努力上进，充分发挥自己的专长和才智，形成良好的组织气氛，最终有利于提高工作效率和企业整体经济效益。

绩效考核也称成绩或成果测评。绩效考核是企业为了实现生产经营目的，运用特定的标准和指标，采取科学的方法，对承担生产经营过程及结果的各级管理人员完成指定任务的工作实绩和由此带来的诸多效果作出价值判断的过程。

服装零售企业包含着多层次的人员，有直接面对顾客的员工，也有各个层次的管理者。同时，由于基层员工占整体员工的比重很大，因此，较其他行业而言，在人力资源管理方面更为复杂些。这种复杂性表现在绩效评价系统中，就是需要不断地对绩效考核和管理系统进行持续的更新，以保证员工尤其是基层员工的公平和效率。同时，当企业规模不断扩大时，如果绩效评价系统不能及时更新，就无法对多层次员工的行为采取有效的监督。针对零售企业的不同发展时期、不同层次员工的特点等，所制定的考评方案也应该有所不同。对中高层管理人员的考核，应着力于工作目标的完成情况。对相关的基层管理者的考核，应侧重于经营任务的完成情况和店面管理。而对一般性员工的考核，则主要针对作业规范的执行清况。除此之外，考核应定时定期进行，并且根据考核结果对相关人员的工作进行评价，制定相关的绩效改进计划，帮助员工在工作中成长。作为人力资源管理者，要随时掌握企业人员情况，及时更新绩效评价系统，将员工的绩效改进结果与其报酬相结合，保证绩效评价系统的有效性。

(1) 绩效考核的内容

绩效考核包括两大部分：业绩考核、行为考核。

现在很多企业都出现一种情况，即过分强调了业绩而忽略了对行为的培养。这就出现一个问题：业绩做得越好的员工越不遵守纪律、不尊重游戏规则，这种员工在企业大力发展的过程中，将成为企业的阻碍。一旦被提拔成管理人员，影响就更大了。

(2) 绩效考核的作用

① 达成目标。绩效考核本质上是一种过程管理，而不是仅仅对结果的考核。它是将中长期的目标分解成年度、季度、月度指标，不断督促员工实现、完成的过程，有效的绩效考核能帮助企业达成目标。

② 挖掘问题。绩效考核是一个不断制订计划、执行、改正的 PDCA 循环过程，体现在整个绩效管理环节，包括绩效目标设定、绩效要求达成、绩效实施修正、绩效面谈、绩效改进、再制定目标的循环，这也是一个不断地发现问题、改进问题的过程。

③ 分配利益。与利益不挂钩的考核是没有意义的，员工的工资一般都会为两个部分：固定工资和绩效工资。绩效工资的分配与员工的绩效考核得分息息相关，所以一说起考核，员工的第一反应往往是绩效工资的发放。

④ 促进成长。绩效考核的最终目的并不是单纯地进行利益分配，而是促进企业

与员工的共同成长。通过考核发现问题、改进问题，找到差距进行提升，最后达到双赢。绩效考核的应用重点在薪酬和绩效的结合上。薪酬与绩效在人力资源管理中，是两个密不可分的环节。在设定薪酬时，一般将薪酬分解为固定工资和绩效工资，绩效工资正是通过绩效予以体现，而对员工进行绩效考核也必须要表现在薪酬上，否则绩效和薪酬都失去了激励的作用。

（3）绩效考核的原则

① 公平原则。公平是确立和推行人员绩效考核制度的前提。不公平，就不可能发挥绩效考核应有的作用。

② 严格原则。绩效考核不严格，就会流于形式，形同虚设。绩效考核不严，不仅不能全面地反映工作人员的真实情况，而且还会产生消极的后果。绩效考核的严格性包括：要有明确的考核标准；要有严肃认真的考核态度；要有严格的考核制度与科学而严格的程序及方法等。

③ 单头考评的原则。对各级职工的考评，都必须由被考评者的"直接上级"进行。直接上级相对来说最了解被考评者的实际工作表现（成绩、能力、适应性），也最有可能反映真实情况。间接上级（即上级的上级）对直接上级作出的考评评语，不应当擅自修改。这并不排除间接上级对考评结果的调整修正作用。单头考评明确了考评责任所在，并且使考评系统与组织指挥系统取得一致，更有利于加强经营组织的指挥机能。

④ 结果公开原则。绩效考核的结论应对本人公开，这是保证绩效考核民主的重要手段。这样做，一方面，可以使被考核者了解自己的优点和缺点、长处和短处，从而使考核成绩好的人再接再厉，继续保持先进；也可以使考核成绩不好的人心悦诚服，奋起上进。另一方面，还有助于防止绩效考核中可能出现的偏见以及种种误差，以保证考核的公平与合理。

⑤ 结合奖惩原则。依据绩效考核的结果，应根据工作成绩的大小、好坏，有赏有罚，有升有降，而且这种赏罚、升降不仅与精神激励相联系。而且还必须通过工资、奖金等方式同物质利益相联系，这样，才能达到考绩的真正目的。

⑥ 客观考评的原则。人事考评应当根据明确规定的考评标准，针对客观考评资料进行评价，尽量避免渗入主观性和感情色彩。

⑦ 反馈的原则。考评的结果（评语）一定要反馈给被考评者本人，否则就起不到考评的教育作用。在反馈考评结果的同时，应当向被考评者就评语进行说明解释，肯定成绩和进步，说明不足之处，提供今后努力的参考意见等等。

⑧ 差别的原则。考核的等级之间应当有鲜明的差别界限，针对不同的考评评语

在工资、晋升、使用等方面应体现明显差别，使考评带有刺激性，鼓励职工的上进心。

(4) 考核指标体系

企业的考核体系主要从德、能、勤、绩、体多方面进行（见图5-1）

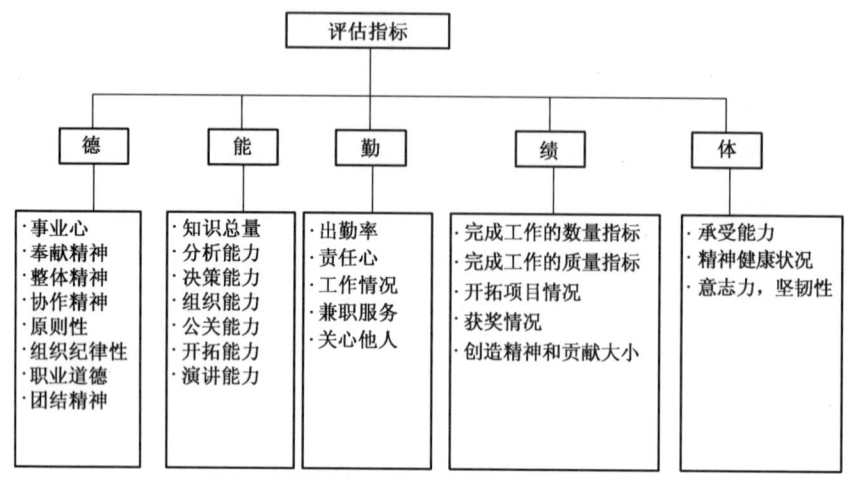

图5-1 绩效考核评估指标体系

首先，服装零售商在分配制度上要以企业效益为核心，坚持以岗定薪原则，把员工的责任、业绩与贡献作为工资分配的依据，突出效益与员工贡献的结合，打破"一刀切"的平均主义分配制度，调动员工的积极性与创造性。零售商在向员工支付薪金、佣金或奖金的同时，要注意报酬中的福利比例问题，特别是关于退休金和员工保险的问题。

其次，在激励模式设计上，要在分配方面强调个人业绩与分配的挂钩，还要在任职和职务晋升制度上实行优胜劣汰的竞争机制，使真正有能力的员工得到适合的岗位。

再次，对员工绩效的评估不能仅限于员工技能方面，还要对员工的综合素质和素质的提高进行关注，因为这才是企业形成持续竞争优势的保障。绩效评估可以通过个人接触、会议加书面报告进行，注重对员工平时的跟踪和系统的过程管理，综合采用各类指标，既定性又定量地进行评估，以使绩效评估工作系统化、科学化，实现对员工的工作计划、日常沟通协调、工作效率、目标的实现及员工学习、综合能力与素质的全过程管理。在国外许多零售商利用目标管理（MBO）过程对员工进行评价。目标管理过程建立在以下四个基础上：①确定明确的优先次序；②注重结果；③对取得成功所需要的重要技能进行评定；④员工同经理人员共同讨论。为了减少不确定性，目标尽可能量化。用这种方法进行业绩评估，可以使员工更好地理解管理层的期望，获得判断自己业绩水平的能力。而且，由于员工积极参与了各自目标的制定过程，他们将更易于接受目标,并承认目标的公平性。

5.3.2 激励体系

激励体系,是指通过对特定的目标对象以刺激、鼓励等手段的综合运用,使其能够认同激励者的培养目标,并通过自己不断地努力达到该目标的一种过程。

零售企业的营销运作模式是多种多样的。比如,最初的零售企业采用传统意义上的门店销售,通过员工与客户面对面地沟通达成客户对产品的认可。如今,相当多的企业采用会员制的营销模式,通过吸纳会员来保持顾客的忠诚度,以创造企业利润。随着科技的不断发展,新型的营销模式还在陆续出现,如在线销售,即通过网络、移动通讯来完成销售信息的发布、订购、销售等一系列环节。营销方式的增多,使合理确定处在不同营销模式中的零售企业员工的薪酬成了新的课题。薪酬管理是企业进行人力资源管理的一个非常重要的手段。运用得当,在企业人工成本一定的情况下,可以促使员工工作热情升高、企业忠诚度增强。反之,常常会造成员工满意度下降、人才流失、企业效益下滑等严重后果。

1)激励体系建设的内容

激励体系建设,一般包括物质激励和精神激励以及合理的晋升制度。

(1)物质激励

物质激励对激发员工的积极性具有非常重要的作用。物质激励方式多种多样,主要指直接的金钱给付或间接的福利制度,如加薪、改进工作条件或个人生活环境等。

必须根据每个岗位的不同特点采取相应的方式,才能达到最好的激励效果。物质激励没有绝对高低之分,更多的是一个相对概念,在设计物质激励的过程中最重要的是要体现"公平"原则,以公司发展战略和经营计划为导向,以每位员工创造的绩效大小为依据,制定基于绩效的物质激励体系,充分体现"多创造价值多得回报"的理念。

(2)精神激励

精神激励是激发员工积极性的另一种方式。精神激励的方式同样有很多,包括成就、受人重视、升迁和个人发展的可能性等。企业要善于创新精神激励的方式,充分激励每位员工的积极性。

企业为了达到最大化的激励效果,要善于把物质激励和精神激励有效结合。如果只采用其中一种激励方式,永远无法达到有效激励员工的目的。片面强调物质激励,容易使员工产生拜金主义,增加企业的激励成本。 过度的依靠精神激励也不管用,精神激励只能在短期内调动员工的积极性和创造性,如果没有相应的物质激励作为保障,难以产生长期效果,改革开放前众多国有企业的实践就证明了这一点。

(3) 晋升

晋升是指员工向一个挑战性更高、所需承担责任更大,以及享有更多职权的工作岗位流动的过程。 为了提升员工个人素质和能力,充分调动全体员工的主动性和积极性,并在公司内部营造公平、公正、公开的竞争机制,服装零售企业需要规范公司员工的晋升、晋级工作流程。

晋升依据一般以资历和能力为依据,公平的衡量晋升员工的能力,使得晋升成为员工激励机制的一部分。 按照按晋升的速度分为常规晋升和破格晋升两种。 在服装零售企业,根据职位要求不同会采用不同的晋升方式。 常规职位会按照年资考核自然晋升,而较高职位则除了年资之外,还需要考核功绩和能力等综合因素。 当员工职务、职称和技术等级升迁之后,工资也应相应的提高,使"职、级、资"相符。

2) 激励体系的原则

好的价值体系的实现离不开好的员工激励体系。 如何提高员工的工作效率一直是管理者们所关注的问题。 根据国外一项管理研究报告显示:员工实际的工作效率只有他们能达到水平的40%～50%。

提高员工工作效率,除了要有明确的工作岗位和良好的激励政策之外,管理方法也很重要,比如:选择合适的人进行工作决策;充分发挥办公设备的作用;工作成果共享;让员工了解工作的全部;鼓励工作成果而不是工作过程;给员工思考的时间等等,提高员工的参与度,鼓励员工用大脑工作而不仅仅是四肢工作。

对于员工的激励问题,每个公司由于实际情况不同,都会有自己的激励政策和措施。 激励政策与其他人力资源政策的不同之处在于:激励政策有更大的风险性,如果它不给公司带来正面的影响,就很可能带来负面的影响。 所以,在制定和实施激励政策时,一定要谨慎。 如果在制定和实施激励政策时能够注意一些必要原则,则有助于提高激励的效果。

(1) 原则之一:激励要因人而异

由于不同员工的需求不同,所以,相同的激励政策起到的激励效果也会不尽相同。 即便是同一位员工,在不同的时间或环境下,也会有不同的需求。 由于激励取决于内因,是员工的主观感受,所以,激励要因人而异。 在制定和实施激励政策时,首先要调查清楚每个员工真正需求的是什么,并将这些需求整理归类,然后制定相应的激励政策,帮助员工满足这些需求。

(2) 原则之二:奖惩适度

奖励和惩罚不适度都会影响激励效果,同时增加激励成本。奖励过重会使员工产生骄傲和满足的情绪,失去进一步提高自己的欲望;奖励过轻起不到激励效果,或者让员工产生不被重视的感觉。惩罚过重会让员工感到不公,或者失去对公司的认同,甚至产生怠工或破坏的情绪;惩罚过轻会让员工轻视错误的严重性,可能还会犯同样的错误。

(3) 原则之三:激励的公平性

公平性是员工管理中一个很重要的原则,员工感到的任何不公的待遇都会影响他的工作效率和工作情绪,并且影响激励效果。取得同等成绩的员工,一定要获得同等层次的奖励;同理,犯同等错误的员工,也应受到同等层次的处罚。如果做不到这一点,管理者宁可不奖励或者不处罚。管理者在处理员工问题时,一定要有一种公平的心态,不应有任何的偏见和喜好。虽然某些员工可能让你喜欢,有些你不太喜欢,但在工作中,一定要一视同仁,不能有任何不公的言语和行为。

(4) 原则之四:奖励正确的事情

如果我们奖励错误的事情,错误的事情就会经常发生。这个问题虽然看起来很简单,但在具体实施激励时却被管理者所忽略。管理学家经过多年的研究,发现一些管理者常常在奖励不合理的工作行为,并根据这些常犯的错误,归结出应奖励和避免奖励的十个方面的工作行为:

① 奖励彻底解决问题,而不是只图眼前利益的行动;
② 奖励承担风险而不是回避风险的行为;
③ 奖励善用创造力而不是愚蠢的盲从行为;
④ 奖励果断的行动而不是光说不练的行为;
⑤ 奖励多动脑筋而不是奖励一味苦干;
⑥ 奖励使事情简化而不是使事情不必要的复杂化;
⑦ 奖励沉默而有效率的人,而不是喋喋不休者;
⑧ 奖励有质量的工作,而不是匆忙草率的工作;
⑨ 奖励忠诚者而不是跳槽者;
⑩ 奖励团结合作者而不是互相对抗者。

5.4　加强企业文化建设

21世纪,随着知识经济和经济全球化的发展,企业之间的竞争越来越表现为文化的竞争,企业文化对企业的生存和发展的作用越来越重要。对于企业而言,企业文化具体反映在企业的价值观、经营理念、经营方式、士气和沟通的方式中,也具体反映在全体员工的行为习惯中。人力资源是企业中最宝贵的战略性资源,是企业中最有活力的要素。将以人为本作为企业价值观的企业文化是符合现代企业发展要求的企业文化。以人为本的企业文化强调人在企业中的核心作用,将人的全面发展作为企业发展的目标之一,努力提高员工的知识、技能、素质,充分发挥人的潜能,实现人和企业的共同发展。

企业文化或称组织文化(Corporate Culture 或 Organizational Culture),是一个组织由其价值观、信念、仪式、符号、处事方式等组成的其特有的文化形象。狭义的定义认为企业文化包括企业的思想、意识、习惯及感情领域,同时包括四个要素:价值观、英雄人物、仪式及典礼、文化网络。广义的定义,认为企业文化是指企业在建设和发展中形成的物质文明和精神文明的总和,包括企业管理中硬件与软件、外显文化与隐形文化(或表层文化与深层文化)两部分,即企业文化不仅包括非物质文化,还包括物质文化。

越来越多的专家学者将企业文化认定为是由企业的理念文化、企业的制度文化、企业的行为文化、企业的物质文化等四个层次构成。

(1) 企业的理念文化

企业的理念文化是用以指导企业开展生产经营活动的群体意识和价值观念。

正确的经营理念,可以激发全体员工崇高的使命感和奋力工作的干劲。因此无论从哪个方面来说,经营理念都非常重要。对于企业来说,技术力量、销售力量、资金力量以及人才等等,虽然都是重要因素,但最根本的还是正确的经营理念。只有在正确的经营理念的基础上,才能真正有效地使人员、技术和资金发挥作用。

(2) 企业制度文化

企业的制度文化是由企业的法律形态、组织形态和管理形态构成的外显文化,它是企业文化的中坚和桥梁,能够把企业文化中的物质文化和理念文化有机的结合成一个整体。企业制度文化一般包括企业法规、企业的经营制度和企业的管理制度。

(3) 企业的行为文化

企业行为文化是指企业员工在生产经营、学习娱乐中产生的活动文化。它包括企业生产经营、教育宣传、人际关系活动、文娱体育活动中产生的文化现象。它是企业经营作风、精神面貌、人际关系的动态体现,也是企业价值观的折射。

(4) 企业的物质文化

企业文化作为社会文化的一个子系统,其显著特点就是以物质为载体,物质文化是它的外部表现形式。优秀的企业文化是通过产品的开发、服务的质量、产品的信誉和企业的生产环境、生活环境、文化设施等物质现象来体现的。

具有良性氛围的企业文化,对内可以降低企业内耗,提高企业成员的合作和沟通意识,形成强大的凝聚力,促进企业经营管理绩效的提升,对外则作为一种营销手段,通过对企业的美化和宣传,增强目标客户对企业品牌的认同,促进企业产品销售业绩的提升;恶性氛围的企业文化则导致企业内部人心涣散,人际关系紧张,沟通壁垒重重,降低企业运营效能,制约着企业的发展,对外也会造成客户对企业的曲解与误会,对企业产品的否定和拒绝。因此,必须对企业文化进行合理、科学的提炼、引导和管理,促使其对企业经营管理产生积极的作用。结合企业实践效果,我们看到,良好的企业文化总是直接或间接地促进企业经营水平的提高和经营效益的增长,而企业的不断发展壮大则又对企业文化的建设工作提出了更高、更新、更具挑战性的要求。

服装零售业的发展现状是:众多企业都处在快速扩张开店、抢占市场渠道的阶段。进行这种扩张战略,产生的比较明显的问题是:企业原有的一些良好的习惯传统和行为模式被迅速稀释,而代之以无序、混乱和多变的企业文化;由于人员需求缺口加大、雇佣人员素质参差不齐和管理能力有限,企业经常受到一些潜在管理风险的困扰,如:企业内部的派系斗争往往是引发优秀员工流失的导火索等。通过企业文化建设工作,最大限度解决企业运营的行为规则和人际关系问题,使企业步入健康快速的发展轨道成为可能,这也是企业文化工作者所奋斗的方向和价值之所在。

在零售企业中开展企业文化建设工作,应注重对企业文化形式的各个层面上表现出来的问题的分析和解决。

① 在理念层面,企业出现的问题常常是对一些文化理念的简单和生硬的表达,而不关注其是否能被企业的绝大多数成员所认可并予以贯彻。很显然,不能被大多数人认同的理念只能是曲高和寡,空中楼阁,没有在现实中生存的土壤。所以,企业文化建设工作应特别注意对企业文化核心理念的提炼、解释和引导工作。零售企业作为服务型企业,培养服务意识,提高服务水平是一个共性的话题,企业文化建设工作也应该在这方面寻找突破口,在现有的客观条件下寻找企业与员工利益的平衡点,并对

提炼出来的理念作通俗、实际和人性化的描述,使员工能够直观的理解和接受。 一些所谓"做强做大"、"成为××领域领导者"的口号,飘渺无边,脱离实际,是不适合作为企业文化理念的。

② 在制度层面,企业文化工作者应明白:企业的经营政策和管理策略,是靠系统全面、行之有效的制度系统来贯彻和实现的,制度规定了企业成员行为模式的运行轨道,最直接地体现出企业对员工的要求。 在一些企业里,制度成为摆设,潜规则盛行,这是一种恶性企业文化表现的形式,这样的企业里人际关系复杂,官僚主义滋生,经营状况堪忧。 加强对企业制度和管理规则的建设工作,包括对制度系统的构建、维护、检查与监督,注意管理制度和规则表述的准确、清晰和精练要求,多从员工执行角度出发来指定合理的规则,以及在制度中体现企业文化理念的要求,这样的企业制度体系才是最为适用的。

③ 在员工行为层面,应注意对员工思想和行为的教育工作,形成稳定的培训机制,通过定期的监督和检查,来验证并确保培训效果。 一些零售企业不注重对卖场规范化的管理工作,对服务于商品销售一线的导购人员疏于管理,放任自流,导致对待顾客服务的恶性事件频频发生,使企业形象受到了损害。 服装零售企业作为服务型企业,企业文化的外显作用,在于能够向顾客提供一流的服务和商品,不注重对员工服务意识的培训和检查,如何谈得上对服务水平的提升? 应扎扎实实做好一线员工的培训工作和监督检查工作,积极采取包括开展服务竞赛等活动措施,提高导购人员的服务技能和服务意识,把企业文化的积极一面充分展现在顾客面前。

④ 在物质层面,服装零售企业应做好在经营卖场中对企业形象的宣传、服务设施的改善和导示系统的维护等工作。 企业形象的宣传,可以以多种形式进行,如:表演、展览等各种文化活动,企业形象宣传材料的派发,悬挂横幅和制作广告海报等。 而服务设施的改善,则因与顾客需求的紧密相连而显得尤其重要,一些商场里的服务设施,如休息椅,破烂不堪,甚至有坍塌的危险,却无人过问,试问这样又如何能够吸引顾客的光临和对企业的认可? 对于卖场导示系统的维护同样因与顾客利益紧密相连而显得重要,一些卖场的导示系统或是残缺不全,或是表示不清,给顾客带来很多麻烦,在一片怨声载道中,如何让顾客接受并认可企业?

将企业文化建设工作与企业经营管理工作结合起来,脚踏实地地开展工作,才有可能产生实效,而企业也才能从中获得发展动力,实现经营目标。

案例 5.1

E·LAND "公司是人生的学校"

这是一个跳槽和挖角的时代,人力资源建设和管理成为企业的一个重要的问题,如何培养适应并能发扬企业文化的员工,使其真正成为企业的一分子?

衣恋集团自 1980 年在韩国创立以来,经过三十年的快速发展,已成为韩国第一位的时装流通公司。通过不断积累时装业的专门知识,并将其创造性地融入流通业,衣恋逐步成为市场的变革者、创新者和领导者。

作为时装业和流通业的专业集团,衣恋集团下设三大产业部:经营成人休闲装、婴儿装/童装、内衣、淑女装、珠宝服饰等的时装产业部;由在韩国最早成立的百货商店式品牌折扣店——2001 Outlet、NewCore Outlet、NC Department、Kim's Club Mart 等构成的流通产业部;经营建设业、餐饮业、酒店和度假胜地业、电子商务业的成长支持及未来产业部。

中国衣恋集团目前拥有衣恋时装(上海)有限公司、宇旭时装(上海)有限公司、衣念(上海)时装贸易有限公司等 15 个独立法人,事业涉及服装、家居、IT、贸易 4 个领域。中国衣恋集团作为衣恋全球化的重要组成部分,总部设在上海,在上海、北京、成都、深圳、西安等城市设有子公司,在青岛、大连、宁波、东莞等城市设有分公司。自 1994 年成立以来,稳步迅速发展,截至 2009 年 9 月,已在北京、上海、广州、南京、成都、武汉、厦门、沈阳、西安等全国百余座大中城市拥有超过 3 000 家卖场。

衣恋为员工提供良好的培训机会,包括新员工培训、部门 OJT、晋升培训、职能培训、高级管理人员培训、韩语学习班等。工作满一定年限且表现出色的员工,将不断获得晋升机会。此外,公司每年有两次赴韩国海外研修的机会,工作满两年的优秀员工,都有机会去韩国的集团总部进行为期 6 个月的研修,学习韩语和业务知识,研修归来的员工将成为衣恋未来的管理者。

CNC 管理培训生隶属于中国衣恋集团战略企划本部,筹划组建于 2009 年,现已招聘四期学员。通过"黄埔军校"式的压缩成长的培养方式,用最短时间培养出公司的核心人才。目标是所有 CNC 管理培训生每三年就会有一次大的突破,争取在 15 年内成为公司的经营者、CEO。

CNC 管理培训生最开始以项目的方式进行工作,项目主要分为四大类,分别为服装咨询、现场咨询、职能部门咨询、未来事业部咨询(餐饮、旅游事业部等)。通过项目可以使 CNC 学员接触公司不同领域的业务,从而可以尽快了解并熟悉公司的业务。CNC 管理培训生项目结束后,根据学员的个人意向及培训生期间相关评价进行定岗,开始更专业地业务学习,以最快的速度成为公司的核心人才。

(1) 校园招聘宣传

衣恋集团校园招聘口号:Create your future at E. LAND!

衣恋集团校园招聘宣传语:"你想成为时装流通行业领袖公司的领导者吗? 衣恋集团是韩国最大的时装流通公司,在世界时装流通行业享有盛誉,加入我们与我们一起成长,优秀的你将成为业界精英与杰出领袖! 你想为自己的职业生涯提供一个充满挑战和成就的舞台吗? 衣恋多样化的业务领域和重视员工成长的人才政策将为你的发展提供广阔的空间。 你想体验一个知识经营公司的独特企业文化吗? 加入衣恋大家庭,你不仅仅是选择了一份工作,更多的,是选择了一种与众不同的生活——我们乐观热情,我们关爱奉献,我们孜孜学习,我们追求卓越……这一切都将是你在衣恋体会并受用一生的财富!"

(2) 校园招聘过程(以 2009 年校园招聘为例)

在线网申:请在 2008 年 10 月 28 日—2008 年 11 月 15 日登陆官方网站或中华英才网在线填写申请表,网申的截止时间是 2008 年 11 月 15 日晚 20:00。 在网申阶段,每位申请者只能选择一个职位。 进入面试阶段后,可以向面试官说明其它感兴趣的职位。 如果简历通过了筛选,衣恋公司将在提交简历至网申截止后一周的这段时间内,通过 E-MAIL 或手机短信进行通知。

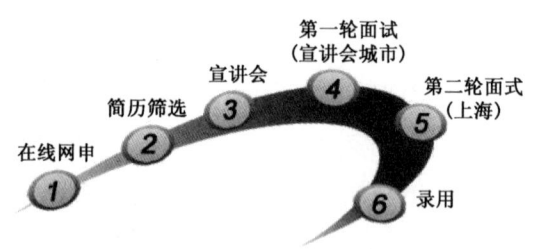

图 5-2　2009 年衣恋(中国)公司校园招聘流程图

宣讲会:宣讲会的具体时间和地点,衣恋公司将以 E-MAIL 或手机短信的方式通知通过简历筛选的申请者。

面试:第一轮面试将于宣讲会结束后的当日或次日,在举行宣讲会的城市进行,面试的具体时间地点将在宣讲会上通知。 第二轮面试将在第一轮面试全部结束后的一周内进行,由于各城市第一轮面试的时间不同,因此较早完成第一轮面试的申请者需等待多一些时间。第二轮面试的地点都是在衣恋中国的上海总部。

录用入职:衣恋公司将在第二轮面试结束之后的两周内以电话或 E-MAIL 的方式通知结果。根据部门的需要,衣恋公司会安排部分同学来公司实习,以更好地熟悉业务。所有新员工都将于 2009 年 7 月统一正式入职,首先在上海总部进行为期 3 周左右的新员工培训,培训之后回到各自的岗位开始工作。

(3) 员工薪资与福利:

行业内竞争力薪资:根据服装行业的获利水平,衣恋公司提供具有竞争力的薪资。

三险一金:公司无条件为签约员工办理国家规定的医疗、失业、养老保险,并交纳住房公积金。

年终奖金:依据公司年利润、销售目标达成率及个人业绩,公司发放个人年终奖金,奖金最高额度为本人月薪的 5 倍。

Membership Training:公司每年将组织全体员工外出进行 1~2 次 Membership Training,在游玩中放松心情,提升士气,增进友谊。

特别年休假:对工作满一定年限的老员工,公司特许他享受带薪的 15~30 天的"特别年休假"。

正式员工带薪休假:公司无条件为签约员工办理国家规定的医疗、失业、养老保险,并交纳住房公积金。

(4) 员工培训:衣恋一直致力于成为知识经营的公司。公司有一套完整的培训体系,包括新员工培训、必读经营书等培训内容。公司为每位员工制定了 88 小时的年培训目标,完成培训目标也是员工晋升的必要条件。

访问麻风病院:公司丰富的培训计划为员工的职业生涯规划和发展提供了强大的支持,也为公司创造了独特的衣恋文化。

新员工 feedback 培训:衣恋将员工视为公司最大的财富,每位新员工不分部门,在正式工作前都会在"新员工培训"中对公司文化、组织结构、品牌销售等有全方位的学习。在经过几个月的实际工作后,公司将组织新员工对过去几个月的经历感触进行回顾和总结。

Service School:衣恋认为服务是服装行业成功的关键,公司定期对销售管理人员进行服务知识和礼仪的培训。

晋升培训:针对即将走上更重要管理岗位的晋升员工,公司将对其进行管理知识和业务知识的培训。

经营学习班:公司每年都会为对经营管理有兴趣的员工开办经营学习班,经营学习班的学员每星期必须读完一本经营书籍，并研究如何把先进的经营理念应用到公司经营当中。

读书 MT：公司每个月都会指定一本经营管理方面的必读书，每个季度都会组织员工进行读书 MT 以提高员工知识经营的能力。

韩语学习班：公司为有兴趣学习韩语的员工开设了韩语学习班，现在，韩语班分为高、中、初级班，并聘请了专业的韩语老师任课，员工学习韩语的热情非常高涨。

韩国研修：公司每年都会为对经营管理有兴趣的员工开办经营学习班，经营学习班的学员每星期必须读完一本经营书籍，并研究如何把先进的经营理念应用到公司经营当中。 工作满 2 年以上的优秀员工都有机会去韩国参加为期半年的研修，学习韩语和相关的业务知识。 研修归来的员工将成为衣恋未来的管理者。

专业培训：为了提高员工的业务能力，公司还组织了部门内部的在职培训和部门外部培训。 为了鼓励员工的创新精神，公司还提倡员工参加跨部门的项目培训，以解决业务上的难题。

本章小结

服装零售业是以人为重要资源的行业。 人力资源管理是服装零售企业管理的重要职能。 服装零售企业需要从战略规划和发展目标出发，根据其内外部环境的变化，预测企业未来发展对人力资源的需求，以及为满足这种需要所提供人力资源的活动过程。

服装零售商面对的是独特的人力资源环境，其特殊之处在于非熟练员工多、工作时间长、员工显现率高、兼职员工多、顾客需求多种多样。 这些因素往往使员工的雇用、安置和监管过程复杂化。

服装企业在发展到一定阶段后，受到人员素质的限制。 对于人员的学历、工作经验、所学专业、年龄、沟通能力以及工作经历等，可依不同职位来择定。 但所有从业人员都需要具备的是从事零售业的愿望和为客户服务的热心。

目前国内的销售人员可分为高级营销管理（如销售经理）、中级销售管理（多为店铺管理者级别）、一般销售人员（包括商场售货员等）和兼职销售人员。 总体来看，销售人员有四种职业出路：一是纵向发展成长为高级销售经理，不过能达到这一目标的销售人员为数很少；二是横向发展转换到管理等其他岗位；三是独立发展自己创业；四是专业发展做销售领域的管理咨询或培训。

服装零售业不同于其它行业，它存在着多种多样的业态形式，而每一种业态形式都有自己的特点。零售企业应根据自身的业态、发展阶段和规模制定适合企业的人力资源规划。即通过对企业未来的人力资源需求和供给状况进行分析及估计，对职务编制、人员配置、人力资源管理政策等内容进行整体性计划。通过这种人力资源规划降低因零售企业人员频繁流动、岗位多样化而造成的不确定性。

人才招聘一般包括五部分：①职位分析；②选择招聘方式；③面试与遴选；④选定录用员工；⑤评价和反馈效果。

企业员工培训，作为直接提高经营管理者能力水平和员工技能，为企业提供新的工作思路、知识、信息、技能，增长员工才干和敬业、创新精神的根本途径和极好方式，是最为重要的人力资源开发，是比物质资本投资更重要的人力资本投资。

考核是零售企业人力资源管理的重要环节，是发现、选拔优秀人才和开发人才的重要手段。以考核为基础的晋升与奖励制度，可以激励员工努力上进，充分发挥自己的专长和才智，形成良好的组织气氛，最终有利于提高工作效率和企业整体经济效益。

绩效考核包括业绩考核、行为考核两大部分。绩效考核的作用是达成目标、挖掘问题、分配利益、促进成长。绩效考核的原则包括公平原则、严格原则、单头考评的原则、结果公开原则、结合奖惩原则、客观考评的原则、反馈的原则、差别的原则。

激励体系是指，通过对特定的目标对象以刺激、鼓励等手段的综合运用，使其能够认同激励者的培养目标，并通过自己不断地努力达到该目标的一种过程。激励体系建设一般包括物质激励和精神激励，以及合理的晋升制度。激励体系的原则包括：激励要因人而异、奖惩适度、激励的公平性、奖励正确的事情。

企业文化，或称组织文化（Corporate Culture 或 Organizational Culture），是一个组织由其价值观、信念、仪式、符号、处事方式等组成的其特有的文化形象。在服装零售企业中开展企业文化建设工作，应注重对企业文化形式的各个层面上表现出来的问题的分析和解决。

本章习题

1. 思考题

（1）服装零售业中的常见岗位包括哪些？都有何特点？

（2）如果你进入服装零售业，希望从事怎样的工作？你对自己的未来前景如何规划？

（3）服装零售业中的人员招聘可以通过哪些方式？分别有何优缺点？

(4) 服装零售业中有哪些主要的职位？他们的招聘分别适合选择怎样的方式？

(5) 员工培训对企业管理有何帮助？员工培训的内容应该如何设计？

(6) 服装零售中的绩效体现在哪些方面？如何把这些内容形成可考核的指标？

(7) 员工激励应该如何进行？如何看待国内目前零售业普遍的人才流失问题？

2. 调研题

(1) 请以一个服装零售企业为调研对象，调研其企业内部的组织结构和岗位要求，分析其岗位之间的差异。

(2) 自我分析，根据自己的素质特点，未来适合在哪些职位中工作？

参考文献

[1] 王晓云,李宽,王健.服装零售学[M].2版.北京:中国纺织出版社,2010(3).

[2] 秦志华.人力资源管理[M].3版.北京:中国人民大学出版社,2010.

[3] 朱飞.绩效管理与薪酬激励全程实务操作[M].北京:企业管理出版社,2007.

第四篇 服装商品流通管理

第6章 服装商品采购

学习目的、要点：

1. 服装商品采购的特点；
2. 服装商品采购中供应商的选择、评价及考核的方法；
3. 了解不同类型的服装采购方式；
4. 服装买手运作模式及特点。

服装商品采购是指零售企业为实现企业销售目标，在充分了解市场需求的情况下，根据企业的经营能力，运用适当的采购策略和方法，通过等价交换，取得适销对路的商品的经济活动过程。它包括两方面的内容，一方面采购人员必须主动地对顾客需求作出反应，另一方面还要保持与供应商之间的互利关系。

采购是将零售商的战略定位转化为保证该定位得以实现的各种商品组合和具体产品的过程，所以零售企业的采购员在整个零售战略中扮演着关键的角色，特别是在一些小型企业中，采购员是企业战略实施的支柱。

6.1 商品采购过程

商品采购是一个非常复杂的问题，涉及到许多方面细节，处理不慎就会出现误差、延误进货，最终影响商品销售。不管企业规模大小，服装采购比其他任何种类的商品采购都更具有挑战性。为了保证采购的商品适销对路，采购工作顺利进行，零售店必须制定科学的采购流程，并加强对服装采购过程的监督管理，提高采购预测工作的效率、精度和质量，以便更有效地为决策工作服务。服装采购流程可以分解为下列步骤，见图6-1。

(1) 确定采购组织与形式

零售店的采购组织有两种形式，一种是零售商自己的采购部门，另一种是专门的采购代理商。零售商自己的采购部门可决定本部门或者整个零售店的采购需求,并最终实现采购。采购代理商一般通过提供信息和建议的方式为零售商的采购部服务,在有些情况下,零售商的采购工作由采购代理机构全权负责。这两种采购组织的职责与权限取决于他们为之工作的企业的营销方式和各自公司的规模。

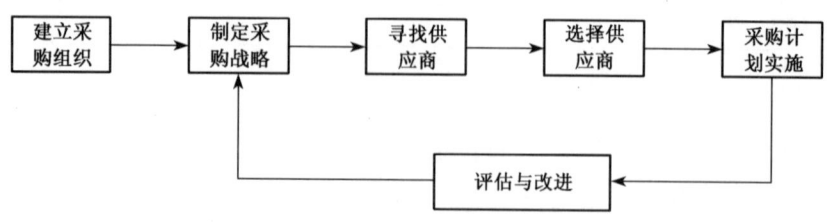

图6-1 服装采购流程图

在采购形式上,可采取统一采购,也可采用分散采购。统一采购有利于企业统一调配资金及货品,降低进货成本,但缺乏灵活性。分散采购则由各个商品部门或柜台自行组织采购,有利于采购适销对路的服装产品,减少库存,但不利于资源的统一利用,而且分散采购的进货成本也比较高。

(2) 制定采购战略,明确采购预测目标

在进行市场预测之前,首先要确立预测的目的以及需要达到的目标。预测的目的性应同调研的目的性相一致,这是因为市场预测是建立在市场营销调研基础之上的信息系统,它是市场营销调研的延续和发展。例如:预测消费者对某类服饰品的需求时,就是通过市场调研的方式,了解消费者对哪一类服饰品存在需要、何时需要、需要的数量是多少等信息,以确定预测目标。

(3) 寻找潜在供应商并确认资格

经过对市场的仔细分析,可以通过各种公开信息和公开渠道得到相应供应商的联系方式。这些渠道包括供应商的主动问询和介绍,专业媒体广告,互联网搜索,服装展销会等多种方式。

在这个步骤中,最重要的是对供应商做出初步的筛选。建议使用统一标准的供应商情况登记表,来管理供应商提供的信息。这些信息应包括:供应商的注册地、注册资金、主要股东结构、生产场地、设备、人员、主要产品、主要客户、生产能力等,见表6-1。通过分析这些信息,可以评估其工艺能力、供应的稳定性、资源的可靠性,以及其综合竞争能力。在这些供应商中,剔除明显不适合进一步合作的供应商后,就能得出一个供应商考察名录。

表 6-1　供应商情况登记表

供应商名称（营业执照上的全称）		成立时间	
法定代表人		公司注册地址	
公司负责人姓名		公司负责人电话	
企业性质		注册资金	
业务联系电话		传真	
开户银行		银行账号	
公司主营产品			
公司兼营产品			

(4) 评估建议书并选择供应商

购买过程的下一步是采购人员必须对供应商继续比较，然后选择一家或多家最适合自己需求的供应商。价格并不是选择供应商的唯一标准，信誉程度、交货质量、交货期限及订单的准确性对采购人员来说也很重要。其他要考虑的问题还包括交流、信任、服务等因素。

(5) 采购计划实施

采购计划实施就是把制定的采购订货计划分配落实到人，根据既定的进度进行实施，具体包括联系指定的供应商、进行贸易谈判、签订订货合同、跟进样品、跟进交期、跟进运输进货、到货验收入库、支付货款以及善后处理等，通过这样的具体活动完成一次完整的采购过程。

(6) 采购评价

采购评价就是在一次采购完成以后对这次采购的评估，或月末、季末、年末对一定时期内的总结评估。它的目的主要在于评估采购活动的效果、总结经验教训、找出问题、提出改进方法等。通过总结评估，可以肯定成绩、发现问题、制定措施、改进工作，是企业不断提高采购管理水平的有效途径。

6.2　商品采购原则与方式

6.2.1　商品采购原则

要吸引顾客，商品采购是最关键的一环，业界有个公认的法则："采购好的商品等于卖出一半。"从表面上看,商品采购也许不如商品销售引人注目,但它在繁荣店铺和增加切实利益方面,是不可或缺的重要环节。服装企业如果想采购到适销对路、品质优良的商品,采购过程中就应遵循一定原则,这些原则主要包括以下方面(如图6-2)。

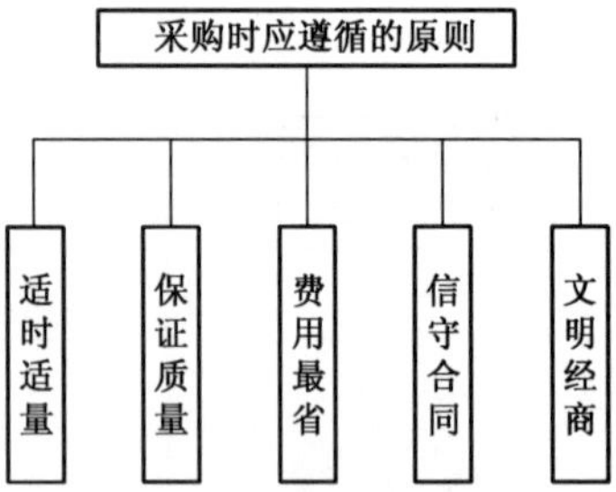

图6-2 商品采购的原则

1）适时适量

这是服装采购非常重要的目标之一。服装采购不是把货物进得越多越好,也不是进得越早越好。服装进少了,销售的时候,没有商品供应,产生缺货,影响服装零售商的效益;但是服装进得过多,不但占用了较多的资金,而且还要增加仓储、保管费用,这就造成了浪费,使成本升高,也是不行的。

（1）服装商品进货时机的把握

换季:换季是服装零售经营上的重头戏,一般而言,一年之内有4次换季时间:春季,换季时间是从每年的春节开始;夏季,从4月底开始;秋季,从7月底开始;冬季,从9月底开始。

进柜或装修后进货:新柜台的进货;例行性装修后的进货或因经营策略的改变而做的进货。

补货:销售活动中,新进样式、花色商品的补充;因顾客大量购买,多家店铺缺货而做的进货;促销活动中,因预估促销活动将带来的业绩,而预先规划进货。

（2）服装商品进货数量的把握

服装作为季节性商品要先进行预测,再决定采购数额,以防止过期造成积压滞销。另外,对于服装这样的商品,每款数量以少为好。

因此,要求服装采购适时适量,就是要求服装采购既保证销售,又使成本最小。

2）保证质量

保证质量,就是要保证采购的服装能够达到服装零售商所需要的质量标准,保证服装零售商所采购的服装件件都是质量合格的产品。保证质量也要做到适度,质量太低,当然不行;但是质量太高,必然价格高,增加购买费用,也是不合算的。所以要求服装采购要在保证质量的前提下尽量采购价格低廉的服装。

3）费用最省

在服装采购中,每个环节、每个方面都要发生各种各样的费用。如购买时有购买费用,进货时有进货费用,检验入库有检验费用、入库费用,搬运时有搬运费用、装卸费用,在仓库中储存保管时有保管费用等。因此,在服装采购的全过程中,零售商要运用各种各样的采购策略使总的采购费用最小化。

4）信守合同

采购商品时,要以经济合同的形式与供货商之间确定买卖关系,维护各自的经济权利,保证买卖双方的利益不受损害,并使零售企业的经营能够正常进行。因此,在制定采购合同时,必须保证其有效性和合法性,使采购合同真正成为零售企业正常运转的保护伞。

5）文明经商

零售企业面对的是顾客,以向顾客销售商品来获取利润,因此必须坚持文明经商、诚信待客的原则。这一原则与商品采购相联系,便是进货时要保证质量,杜绝假冒伪劣商品。同时,服装零售商还需要为顾客提供舒适的购买环境、方便的购买条件、丰富的商品品种和优质的服务。

6.2.2 商品采购方式

服装零售企业要根据各类商品进货渠道和来源的不同特点,结合零售终端的实际情况,采用相应的商品采购方式。

1）商场经营模式

（1）"联销"品牌

目前,国内商场经营模式多采用"引厂进店"的"联销"模式。这种情况下,采购是由各经营者分散独立完成的,大部分需要经历多环节的层层代理（常见的流程为:服装厂家—总代理—区域代理—经销商—商场）,部分可直接到服装厂家采购。

（2）商场自有品牌

近年来,我国商业企业也积极尝试营造自有品牌。据了解,国内一些大型商场也认识到开发自有品牌的意义,创立了一些自有品牌,如北京王府井百货之前推出的"王府丽人"服装品牌,北京天元利生体育用品商店自有品牌"利生"牌运动服。

商场由于所售商品范围很广,往往会依据商品的不同类别而设定专门的采购部门,分别采购男装、女装、童装和运动装等。而各类商品会被进一步细分为正装、休闲装、睡衣、泳衣、内衣、鞋袜和小饰品等。相对于整个商场来讲各部门是分散进货,但是对单个品牌讲又是集中进货。

国外很多商场都拥有自己的商品品牌,美国西尔斯百货70%的商品为自有品牌,这已成为其成功的核心。拥有自有品牌不但能够保持各地门店品牌的一致性,同时也缩短了供应渠道，而且能够降低采购成本。随着服装成本的上涨，商场模式大力发展自有品牌是未来的趋势，同时尽量降低渠道成本，让利给消费者，以此为方向的新商业模式将有更大的发展前景。

2）连锁经营模式和代理经营模式

服装连锁经营和代理经营多采用集中统一进货模式，连锁中心代理方在每年的固定时间内将众多连锁店的服装采购计划进行集中，整合形成一个统一的采购计划。由中心代理方与服装供应商进行洽谈，统一完成连锁店的服装采购计划。集中采购可以通过采购数量上的增加，形成规模采购，从而提高与供应商洽谈的筹码，获得较优的价格，降低采购成本。

集中统一的服装采购是连锁服装店实现规模化经营的前提和关键，只有实行统一采购，才能真正做到统一陈列、统一配送、统一促销策划、统一核算，真正发挥服装连锁经营的优势，有利于提高服装连锁店与供应商谈判中的议价能力。服装连锁店实行集中采购制，大批量进货，享有更低的价格折扣，保证了服装连锁店在价格竞争中的优势地位，同时也能满足消费者求廉的心理需求。

3）散户经营模式

销售量较大的时装店或网络散户，一般是在国内主要服装生产地的厂家或主要集散地的批发商处采购，比如广州、杭州、北京、武汉、温州等地。此时多为一手货源，批发量较大。

而小型散户，因进货量不大，且进货频繁，多在就近的服装批发市场采购。也可以通过网络进货，价格高不了多少，比出一次远门更划算。部分网站还可以调货、换货甚至退货，享有很多优惠条件。

4）网络经营模式

网络经营模式中，零售商直接向工厂下订单，中间不存在代理商、经销商，而且同时和数家工厂合作，不断寻求能够提供更优质产品和服务的供应商。

目前，零售商的进货渠道主要有两种方式：一是批发商、代理商；二是生产厂家。现在似乎有这样一种趋势：受工业直销的影响和市场竞争的压力，越来越多的零售商，尤其是较大的商场或商店更愿意直接到厂家进货，但这并不是说所有的零售商都可以直接向服装生产厂家采购。事实上，代理商、批发商、经销商是商品流通中的必要环节，在现代商品经营中，相当多的中小型零售商，还是要依靠中间渠道采购商品。长远看，实现网上集中采购是服装零售企业的大势所趋。

6.3 供应商的选择

供应商的选择、评价和谈判是零售采购部门的核心工作,也是花时间最多的工作。大多数采购人员至少一半的工作时间都花费在供应商身上。

6.3.1 供应商的选择准则

(1) 短期标准

选择供应商的短期标准一般是从货源可靠性、商品质量、价格、交货、交易条件等方面进行比较,依据比较结论做出正确决策(见图 6-3)。

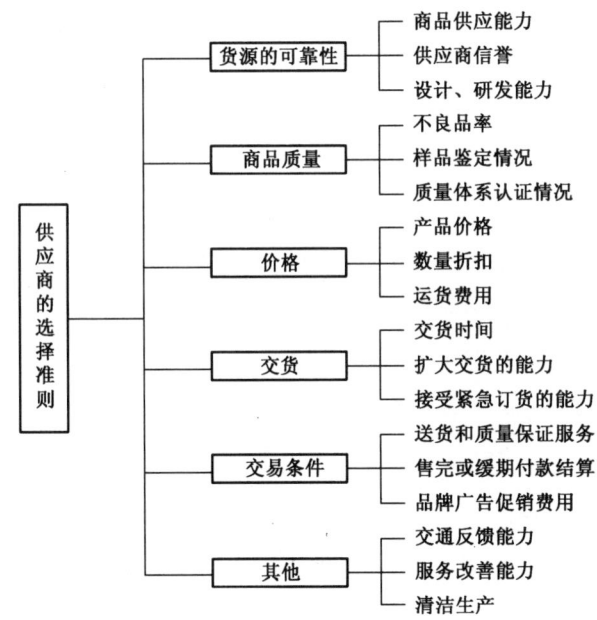

图 6-3 供应商的选择准则

① 货源的可靠程度。主要分析商品供应能力和供应商信誉。包括商品的花色、品种、规格、数量能否按要求保证供应,信誉好坏,合同履约等。此外,还需考察供应商的设计、研发能力,以保证可以推出更多的产品,以供选择。

② 商品质量。质量评价指标几乎适用于所有的供应商评价指标体系。商品质量包括供货商品质量是否符合相关标准,能否满足消费者的需求特点,质量档次等级是否和商场形象相符合。

③ 价格。为了有效的控制采购成本,采购人员应关注进货价格是否合理,毛利率

高低，预计销售价格消费者能否接受，销售量能达到什么水平，该商品初次购进有无优惠条件、优惠价格等。降低采购成本，是采购人员提供企业附加值最直接的方式。

④ 交货。包括供应商的交货时间是否符合销售要求，能否保证按时交货，扩大交货的能力，接受紧急订货的能力。

⑤ 交易条件。供应商能否提供送货服务和质量保证服务，供应商是否同意零售商售完或缓期付款结算，是否提供现场广告促销资料和费用，供应商是否利用本地传播媒介进行商品品牌广告宣传等。

⑥ 其他。交流反馈能力、服务改善能力、售后服务水平是供应商评价不可或缺的一个重要指标。供应商的环保水平——服装生产过程中伴随着能耗、水耗，并排放一定的废水，要求供应商实施清洁生产，合理使用自然资源和能源并保护环境。

(2) 长期标准

选择供应商的长期标准主要在于评估供应商是否能保证长期而稳定的商品供应，其生产能力是否能配合本企业的成长而相对扩展，是否具有健全的企业体制、先进的经营理念，其产品未来的发展方向能否符合市场的需求，以及是否具有长期合作的意愿等。

① 供应商内部组织是否完善。供应商内部组织与管理关系到日后供应商供货效率和服务质量。如果供应商组织机构设置混乱，采购效率与质量就会因此下降，甚至会由于供应商部门之间的互相扯皮而导致供应活动不能及时地、高质量地完成。

② 供应商质量管理体系是否健全。采购商在评价供应商是否符合要求时，其中重要的一个环节是看供应商是否采用相应的质量体系。比如说是否通过 ISO9000 质量体系认证，内部工作人员是否按照该质量体系不折不扣地完成各项工作，其质量水平是否达到国际公认的 ISO9000 所规定的要求。

③ 供应商内部机器设备是否先进以及保养情况如何。从供应商机器设备的新旧程度和保养情况就可以看出管理者对生产机器、产品质量的重视程度，以及内部管理的好坏。如果车间机器设备陈旧，机器上面灰尘油污很多，很难想象该企业能生产出合格的产品。

④ 供应商财务状况是否稳定。供应商的财务状况直接影响到其交货和履约的绩效，如果供应商财务出现问题，周转不灵，就会影响企业生产进而影响供货。

采购部门必须建立供应商资料档案，并随时增补有关信息，以便通过信息资料的对比，确定供应商。

6.3.2 供应商的信息来源

要开发供应商,首先,就必须扩大供应商来源,换句话说,供应商愈多,选择供应商的机会就愈大。现将寻求服装供应商的主要信息来源列示如下:

(1) 专业刊物、广播媒体或网站

采购人员可从各种专业性的杂志、刊物、广播电台、电视或网站,也可以从采购指南、工商名录、电话分类广告等,获得供应商的基本资料。

(2) 国内外产品发布会

每年国内外会有很多场服装发布会,部分品牌服装发布会同时伴随有产品招商信息、加盟政策等,可作为获取供应商资料的重要方式。

(3) 国内外服装展销会、服装节

服装展销会、服装节除了具有市场推广功能外,还有着一定的销售功能。越来越多的服装企业把服装展销会、服装节看作是业务拓展的重要渠道之一,采购人员应参加有关的产品展销会、服装节,这时会云集国内外众多供应商,企业收集适合的供应商资料,并可当面洽谈相关合作事项。

(4) 其他

如各种出版的厂商名录,国内外行业协会,国内外各种厂商联谊会也是获取供应商资料的重要来源。

6.3.3 供应商的选择方法

选择合乎要求的供应商,需要采用一些科学和严格的方法。常用的方法主要有直观判断、考核选择、招标选择和协商选择。

(1) 直观判断

直观判断法是指通过调查、征询意见、综合分析和判断来选择供应商的一种方法,是一种主观性较强的判断方法,主要是倾听和采纳有经验的采购人员的意见,或者直接由采购人员凭经验做出判断。这种方法的质量取决于对供应商资料掌握得是否正确、齐全和决策者的分析判断能力与经验。这种方法运作简单、快速、方便,但是缺乏科学性,受掌握信息的详尽程度限制,常用于选择企业非主要货品的供应商。

(2) 考核选择

所谓考核选择,就是在对供应商充分调查了解的基础上,再进行认真考核、分析比较而选择供应商的方法。

① 调查了解供应商。供应商调查选择的基本依据就是其产品的品种规格、质量

价格水平、生产能力、地理位置、运输条件等。在这些条件合适的供应商中选择出几个，作为初步供应商调查的对象。

② 考察考核供应商。初步确定的供应商还要进入试运行阶段进行考察，试运行阶段的考察更实际、更全面、更严格。在运作过程中，就要进行所有各个评价指标的考核评估，包括产品质量合格率、准时交货率、准时交货量、交货差错率、交货破损率、价格水平、进货费用水平、信用度、配合度等的考核和评估。在单项考核评估的基础上，还要进行综合评估，综合评估就是把以上各个指标进行加权平均计算得到的一个综合成绩。

③ 考核选择供应商。通过试运行阶段，得出各个供应商的综合评估成绩后，基本上就可以确定哪些供应商可以入选，哪些供应商被淘汰。一般试运行阶段达到优秀级的应该入选；达到一般或较差级的供应商，应予以淘汰；对于良好级的供应商，可以根据情况将其列入候补名单，候补名单中的成员可以根据情况处理，可以入选，也可以落选。当供应商选定之后，应当终止试运行期，签订正式的供应商关系合同，进入正式运行期后，就开始比较稳定正常的物资供需关系运作。

(3) 招标选择

当采购物资数量大、供应市场竞争激烈时，可以采用招标方法来选择供应商。

(4) 协商选择

在可选择的供应商较多、采购单位难以抉择时，也可以采用协商选择方法，即由采购单位选出供应条件较为有利的几个供应商，同他们分别进行协商，再确定合适的供应商。和招标选择方法比较，协商选择方法因双方能充分协商，因而在商品质量、交货日期和售后服务等方面较有保证，但由于选择范围有限，不一定能得到最便宜、供应条件最有利的供应商。当采购时间紧迫，投标单位少，供应商竞争不激烈，订购商品规格和技术条件比较复杂时，协商选择方法比招标选择方法更为合适。

6.3.4 服装零售企业选择供应商的对策

(1) 实施企业采购战略

成功的实施企业采购战略，首先要建立与之相适应的采购组织。高层管理者要认识到，采购是企业的一项重要职能。管理采购成本和供应来源对企业成长和获取竞争优势是非常重要的。因此，需要建立和构架有效的采购组织，对企业的基本要求给予持续满足，并在建立竞争优势方面发挥重要的作用。

(2) 完善公司各部门的联系渠道

供应商的选择涉及到多部门的合作，不能靠采购部单独来完成，公司管理者要从采购工作总体来考虑,加强采购部和公司其它部门的合作,让他们从各自的角度提出供应商选择的标准。只有这样才能更积极地推动服装企业供应商的选择,才能选择出促进公司发展的供应商。

(3) 建立有效的供应商管理体系

供应商管理体系包括供应商的选择,供应商的业绩评估体系。部分服装企业缺少科学的供应商管理体系,往往通过主观印象来选择供应商,来决定供应商的业绩好坏。这样一方面不能选到合适的供应商,另一方面也会挫伤供应商合作的积极性和稳定性。科学的供应商管理体系既要客观具体又要保持一定的灵活性。

(4) 与供应商建立战略合作伙伴关系

服装供应商是从外部影响零售商运作系统运行的最直接因素。随着供应链管理模式的引入,公司的传统采购方式将向"以供应商管理为导向"的采购方式转变,供应商应为公司提供合适的的产品、合理的价格和良好的售后服务。公司与供应商建立战略合作伙伴关系,优势互补,共同提高经济效益,实现"双赢"。

案例 6.1

全球三大服装零售公司的采购网络

美国最大服装零售商盖璞公司(GAP)在中国的首批 4 家门店全部亮相,至此,全球前三大服装连锁商西班牙的 Inditex 集团(ZARA)、美国 GAP、瑞典 Hennes & Mauritz(简称"H&M")齐聚中国。从已经进入中国三四年的 ZARA 和 H&M 来看,正在成为"世界市场"的中国对其助力良多,刚来的 GAP 能否复制前两者的成功?齐聚三大巨头的中国服装零售业竞争大战或许才刚刚揭幕。

(1) ZARA:唯快不破

ZARA 的商业模式是在最短的时间内将最新国际流行时尚传递给消费者,但价格却比阿玛尼等国际大牌低很多,ZARA 可以做到设计、生产、交付在 15 天内完成。ZARA 的生产基地在西班牙,只有最基本款式服装在亚洲等低成本地区生产。ZARA 设立了 20 个高度自动化的染色、剪裁中心,而把人力密集型的工作外包给周边 500 家小工厂甚至家庭作坊。这个故事曾被《哈佛商业评论》称为"ZARA 的 15 天神话"。之后,这批新衣服无论运到世界任何地方,最慢 72 小时内一定抵达店面。ZARA 在全世界的每个终端,都必须做到两周内更换一次新货,真正做到货如轮转,而这种"快时尚"正是最吸引中国服装企业之处。

快速同样体现在店面扩张上。2006年2月进入中国的ZARA，目前已经拥有65家门店，而早其4年进入中国的日本服装连锁零售公司优衣库，截至今年5月才开设了64家门店。据悉，ZARA在中国的门店设计等都是从欧洲照搬而来，连服装道具都是从欧洲运送而来，由于运费等成本因素，ZARA的同类服装在中国售价较欧洲贵了30%左右。

不过销售火爆的ZARA并非没有软肋。质量，是它最常被攻击的地方。上海市工商局、浙江省工商局、北京市消协分别检测出ZARA部分产品的耐湿摩擦色牢度、使用说明、大衣含绒量等不符合要求。

ZARA的特点是永远走在潮流的前列，目标顾客是那些很会穿衣服的时尚女性，这部分人群最喜欢跟风，对质量的要求就相对退后。

(2) 年轻平价的H&M

和竞争对手ZARA相比，H&M同样特别注重流行。H&M所有服饰都由公司内的近百名设计师设计。H&M更是利用明星效应创造流行，让名人设计服装，吸引追星一族。只不过，它吸引的客户群明显比ZARA年轻许多。在风格方面，H&M偏重纯色，如黑白色，设计简约时尚。同时，H&M在上海和北京等城市覆盖了大量的广告。

此外，和竞争对手不同的是，H&M公司不设自己的工厂，完全依靠订单采购。基于采购成本的考虑，H&M将60%的生产放在亚洲，其余则在欧洲进行。分析师估计其中约三分之一的产品在中国生产。一般而言，常规款式的时装和童装是在亚洲生产，量小且流行性强的服装，通常给欧洲的供应商。于是，H&M设计了两条供应链：管控亚洲生产的高效供应链、管控欧洲生产的快速反应供应链。

和ZARA相比，H&M的产品从设计到最终生产的时间晚了5天左右。不过，这5天的代价却让H&M赢得了成本优势，它的服装售价比ZARA便宜了30%~50%。一些基本款的衣服售价比日本服装连锁商优衣库更低，因此，更能体现平价概念。在价格方面，H&M更有竞争力和吸引力。

(3) GAP的中国战法

抓住顶级品牌的时尚趋势，融入自己的设计元素，最后成衣，这个周期在ZARA是15天，H&M是20天，而GAP是90天。在进军新市场的策略上，GAP也是花了几年时间来决定是否进入中国市场。此外，和前两者的时尚相比，GAP尤其擅长做牛仔裤、卡其裤、T恤这样休闲随意风格的服装。

GAP的优势在于商品质量以及购物体验。首先GAP对店面的设计要求完全遵照方便顾客轻松找到自己想要的服饰的原理，摆设上也是照此原则。现有服装连锁门店的一些缺点,比如灯光不佳、试衣环境不好、排队过长、某些尺码易断货的情况,GAP 将全部避免。

作为一个市场晚来者,GAP 对付竞争对手的另一个杀手锏是电子商务,它已经与上海奕尚网络信息有限公司达成合作,在线购物网站目前已经开始运转,向全国范围内提供免费送货服务,产品价格与门店价格相同。这一步让其领先于竞争对手。GAP 公司虽然没有向社会透露目前的网络销售额,但是表示经营状况符合预期。

业内人士认为,和 ZARA 在中国的售价高于欧洲相比,GAP 在中国的售价比美国稍为便宜,定价偏低,这样做肯定有其晚进市场的考量,从目前的定价来看,在市场上较有竞争力。但是,这种门店没有几十家的规模是很难盈利的,因此 GAP 的扩张速度或许能佐证其在中国能否成功。

学习思考:(1)依据案例中三大服装零售公司的对货品质量、生产周期、价格等方面的要求,确定其采购渠道及遴选供应商的依据。(2)分析 GAP 在店铺销售的同时引入电子商务的目的。

案例来源:世界服装鞋帽网(http://www.sjfzxm.com/)2012 年 3 月 6 日.

本章小结

服装商品的采购对商品销售和实现企业的零售目标具有重大的影响作用,然而商品采购方式受多种因素影响,主要包括商品因素、市场因素、供货方因素和企业自身因素等,零售企业要结合零售终端的实际情况采取不同的进化渠道策略。

供应商的选择是企业提高竞争力的有效手段之一,其重要性已经引起了越来越多管理者的关注。服装零售企业的采购特点决定了其供应商选择的特殊性,应该在充分分析供应商选择考虑因素的基础上,合理的确定供应商准则和方法。

采购人员必须不断改进采购流程的效率和效果,而采购流程正是用来识别用户需求、快速有效地评估需求、识别供应商、保证及时支付、确保按规定满足需求,并不断加以完善。服装买手制管理正是为了确保采购流程的效果和效率,企业将会持续有效地实施一些有助于提高其竞争力的重要战略措施,直至其可以简化日常采购流程。

本章习题

1. 思考题

(1) 服装采购包括哪些过程?分析各环节的关系。

(2) 供应商绩效考核的指标体系包括哪些内容?

(3) 结合服装零售终端的实际情况,分析各类服装商品的采购方式。

2. 实践题

请调研一家服装零售店,对比并评价其三家供应商,且填写其供应商情况登记表。

供应商名称(营业执照上的全称)		成立时间	
法定代表人		公司注册地址	
公司负责人姓名		公司负责人电话	
企业性质		注册资金	
业务联系电话		传真	
开户银行		银行账号	
公司主营产品			
公司兼营产品			

参考文献

[1] (美)迈克尔·利维(Michael Levy),(美)巴顿 A. 韦茨(Barton A. Weitz),张永强(译). 零售学精要:中国版[M],机械工业出版社,2009.

[2] 赵洪珊. 时尚买手机制与我国服装产业链的融合[M]. 纺织导报,2010(3).

第 7 章　服装零售供应链

学习目的、要点：

1. 了解供应链管理的概念、服装零售供应链管理的意义；
2. 掌握服装供应链管理的基本流程、特点；
3. 了解服装供应链管理中物流管理的概念和目标；
4. 了解服装零售企业中的快速反应的物流系统，并理解服装零售企业的物流体系的四个核心包括采购、仓储、配送、运输；
5. 了解服装零售供应链的采购与生产管理。

　　服装供应链是围绕核心服装企业，通过对信息流、物流、资金流的控制，从采购原材料开始，制成中间产品以及最终产品，最后由不同的销售网络把服装产品送到消费者手中的，将服装供应商、服装制造商、服装分销商、服装零售商，直到最终服装消费者连成一个整体的功能网链结构。它不仅是一条连接供应商到消费者的物流链、信息链、资金链，而且是一条增值链，物料在供应链上因加工、包装、运输等过程而增加其价值，给相关企业带来收益。

7.1　服装零售供应链的概述

　　供应链管理（Supply chain management，SCM）是一种集成的管理思想和方法，它执行供应链中从供应商到最终用户的物流计划和控制等职能。从单一的服装零售企业角度来看，是指该服装零售企业通过改善上、下游供应链关系，整合和优化供应链中的信息流、物流、资金流，以获得企业的竞争优势。

　　供应链管理是服装零售企业的有效性管理，表现了企业在战略和战术上对企业整个作业流程的优化。它整合并优化了这条服装供应链上的供应商、制造商、零售商的业务效率，使商品以正确的数量、正确的品质，在正确的地点以正确的时间、最佳的成本进行生产和销售。

7.1.1 服装零售供应链管理的意义

服装零售供应链优化的最终目的是为了更好的满足客户需求，降低成本，实现利润，具体表现为：

① 提高客户满意度。这是服装零售供应链管理与优化的最终目标，供应链管理和优化的一切方式方法，都是朝向这个目标而努力的，这个目标同时也是服装零售企业赖以生存的根本。

② 提高企业管理水平。供应链管理与优化的重要内容就是流程上的再造与设计，这对提高企业管理水平和管理流程，具有不可或缺的作用，同时，随着企业供应链流程的推进和实施、应用，企业管理的系统化和标准化将会有极大的改进，这些都有助于企业管理水平的提高。

③ 节约交易成本。结合电子商务整合供应链将大大降低供应链内各环节的交易成本，缩短交易时间。

④ 降低存货水平。通过扩展组织的边界，供应商能够随时掌握存货信息，组织生产，及时补充，因此企业已无必要维持较高的存货水平。

⑤ 降低采购成本。由于供应商能够方便地取得存货和采购信息，应用于采购管理的人员等都可以从这种低价值的劳动中解脱出来，从事具有更高价值的工作。

⑥ 减少循环周期。通过供应链的自动化，预测的精确度将大幅度的提高，这将导致企业不仅能生产出需要的产品，而且能减少生产的时间，提高顾客满意度。

⑦ 增加收入和利润。通过组织边界的延伸，企业能履行它们的合同，增加收入并维持和增加市场份额。

⑧ 扩张业务网络。供应链本身就代表着网络，一个企业建立了自己的供应链系统，本身就已经建立起了业务网络。

通过供应链管理和优化，企业可以达到以下多方面的效益：

① 总供应链管理成本（占收入的百分比）降低超过 10%；
② 中型企业的准时交货率提高 15%；
③ 订单满足提前期缩短 25%～35%；
④ 中型企业的增值生产率提高超过 10%；
⑤ 绩优企业资产运营业绩提高 15%～20%；
⑥ 中型企业的库存降低 3%，绩优企业的库存降低 15%；
⑦ 绩优企业在现金流周转周期上比一般企业保持 40～65 天的优势。

7.1.2　服装零售供应链的基本流程

服装零售供应链一般包括物资流通、商业流通、信息流通、资金流通四个流程。四个流程有各自不同的功能以及不同的流通方向。

(1) 物资流通

这个流程主要是物资(商品)的流通过程，是一个发送货物的程序。该流程的方向是由供货商经由厂家、批发与物流、零售商等指向消费者。由于长期以来企业理论都是围绕产品实物展开的，因此目前物资流程被人们广泛重视。许多物流理论都涉及如何在物资流通过程中在短时间内以低成本将货物送出去。

(2) 商业流通

这个流程主要是买卖的流通过程，是接受订货、签订合同等的商业流程。该流程的方向是在供货商与消费者之间双向流动的。目前商业流通形式趋于多元化：既有传统的店铺销售、上门销售、邮购的方式，又有通过互联网等新兴媒体进行购物的电子商务形式。

(3) 信息流通

这个流程是商品及交易信息的流程。该流程的方向也是在供货商与消费者之间双向流动的。过去人们往往把重点放在看得到的实物上，因而信息流通一直被忽视。甚至有人认为，国家的物流落后同它们把资金过分投入物质流程而延误对信息的把握不无关系。

(4) 资金流通

这个流程就是货币的流通，为了保障企业的正常运作，必须确保资金的及时回收，否则企业就无法建立完善的经营体系。该流程的方向是由消费者经由零售商、批发与物流、厂家等指向供货商。

7.1.3　服装零售供应链的特点

服装零售商往往可能参与到多个营销渠道中，因为它们需要从一些供应商那里获得商品。如果服装零售商要在这些渠道中改进业绩，就必须理解这条供应链上的管理原理。在这里包括服装零售商管理其与批发商和制造商之间的关系。

服装零售商需要了解的有关供应链管理的基本特点有以下几点：

(1) 依赖性

服装零售供应链上的各机构成员没有一个单一的机构能将自己独立起来，它们都是要相互依赖来有效地完成一项工作。

比如服装零售商 A 依赖其上游供应商 X、Y、Z 以确保其货品及时运送，并且能保证数量的准确。反过来，上游供应商 X、Y、Z 依靠服装零售商 A 实行强有力的销售活动来展示商品，并帮助消费者以各种付款方式购买商品。如果服装零售商 A 没有做好自己的店铺销售工作，每个上游供应商都会受到影响；当然，只要一个上游供应商没有做好自己的工作，服装零售商 A 也会受到影响。在这条服装零售供应链上的每一个机构都必须相互依赖才能做好工作。

相互依赖性是服装零售供应链中各成员间合作和冲突的根源。为更好地理解零售商和供应商之间的合作与冲突，对其影响力的理解是非常必要的。

(2) 影响力

影响力是指服装零售供应链上的一个成员影响其他机构成员进行决策的能力。供应商对零售商的依赖越多，零售商对供应商的影响力就越大。其影响力的来源有如下几种：

① 回报影响力。这是基于供应链上的 B 机构成员认为 A 机构成员有能力为 B 提供回报。例如，某服装零售商为某制造商提供一个显著优越的展示区域，以此交换制造商所提供的附加广告费用或销售费用支持。

② 专家影响力。这是基于 B 机构成员认为 A 机构成员有一定特定的专业知识。例如，服装总公司为各零售分店代理商或管理者设计了一个出色的培训项目，这样代理商或分店管理者将把服装总公司看做是专家。

③ 参考影响力。这是基于使用 A 机构成员来识别 B 机构成员。B 要与 A 有联系，或者 B 与 A 可以比照。比如，某服装代理商销售 esprit 品牌服装，esprit 公司要求让其产品在某高端购物中心进行销售。

④ 强制影响力。这是基于 B 机构成员认为，如果 B 不能做到 A 所要的，A 有能力惩罚 B。例如，服装经销商不能保证有关卖场面积、销售价格和导购素质等标准，B 机构成员（授权特许单位）将有权取消其经销商的协议。

⑤ 法律影响力。这是基于 A 的权利影响 B，或者 B 认为自己应该接受 A 的影响。法律影响力大多数出现在契约型的供应链成员关系汇总，例如，如果零售商不能够正确展示制造商的产品，制造商可能威胁切断零售商的供应。

⑥ 信息影响力。这是基于 A 有能力为 B 提供实际的数据。它不应与专家影响力混淆，信息影响力是独立于 A 与 B 之间的关系所提供的实际数据。这种影响力的例子是，一个小型服装零售商店与卖方分享条形码扫描器的数据。

服装零售商和供应商使用报酬、专家、参考和信息影响力等能加强他们之间的合作。另一方面，强制和法律影响力的使用可能易于引发冲突，并破坏合作。

(3) 冲突

服装零售商和供应链上的其他成员之间的冲突是不可避免的,因为他们是相互依赖的,每个成员都要依靠供应链上的其他成员。同样,相互依赖已经被看作是供应链中导致所有冲突的根源。通常情况下,表现为在感知、目标和领域方面的不一致。

当服装零售商和供应商对现实市场状况的感知不同时就产生了感知不一致。比如某零售商可能觉得当前经济状况正在衰退,因此缩减库存投资;而供应商却可能认为,经济仍然上升发展,认为应该保持库存投资或者可能还要追加投资。有时,零售商和供应商会在产品的式样风格、质量水平、潜在需求、广告影响力和零售店址的选择等方面也会产生感知上的不同。

当供应商或者零售商目标的实现将会阻碍对方的业绩时就产生了目标的不一致。比如,当向独立服装零售商销售产品的服装制造商决定通过自己的商铺或者互联网向最终消费者直接销售时,发生了双重销售。例如,一些制造商像 Esprit 或其他服装制造商开设有自己的处理品商店,这些店以常规零售价的 50%～70% 的折扣价向公众直接销售产品,传统上来讲,这些商铺只能开在制造商工厂附近或者 outlet 商场,但是现在,有将这些商店开在购物商场中的趋势。这种举措往往会激怒那些从这些制造商那里进货的传统零售商,这对制造商和零售商之间的关系有负面影响。

所谓领域的冲突主要是指每个机构成员认为它应该能够控制供应链的决策变量。当各成员对应该做决策的人是谁这一问题意见不一致时,存在领域不一致。

(4) 管理协作关系

虽然在服装供应链上都会存在一定程度上成员间的冲突,但是大多数成员的主要活动是协作。由于供应链各成员间之间相互依赖,因此协作是必要而有益的,而且必须发展这种关系。通常情况下,协作关系管理通过相互信任、双向沟通和团结来协助完成。将供应链成员当成合作伙伴,而不是敌人来对待的零售商,从长远来看,将比那些不执行协作关系零售商有更好的利润表现。

7.2 服装零售供应链的物流管理

7.2.1 服装零售中物流管理的概述

物流是计划、实施和协调以最及时、最有效和最节约的方式,完成商品从制造商

(批发商)到零售商再到顾客的物理移动的全部过程。物流把订单处理和完成、运输、仓储、顾客服务和存货管理看做价值传递链中相互依赖的职能。如果物流系统效率高,服装零售企业就能同时减少缺货现象,减少库存,并改善顾客服务。

在服装零售供应链管理的角度来看,零售商主要的物流目标有：

① 将发生的成本与特定的物流活动联系起来,从而在完成公司其他绩效目标的情况下,尽可能经济地完成所有的活动；

② 能够轻松、准确和令人满意地下订单和接受订货；

③ 尽量缩短订货和接受商品之间的时间；

④ 协调不同供应商的送货；

⑤ 拥有足够的商品来满足顾客需求,而无须太多存货,否则大减价将不可避免；

⑥ 将商品快速陈列到销售场地；

⑦ 以令顾客满意的方式快速处理顾客订单；

⑧ 有效处理换货,减少产品破损；

⑨ 有效处理退货,减少产品破损；

⑩ 监督物流业绩。

7.2.2 快速反应的物流系统

从 70 年代后期开始,美国纺织服装的进口急剧增加,到 80 年代初期,进口商品大约占到纺织服装行业总销售量的 40%。针对这种情况,美国纺织服装企业一方面要求政府和国会采取措施防止纺织品的大量进口,另一方面进行设备投资来提高企业的生产率。但是,即使这样,价廉进口纺织品的市场占有率仍在不断上升,而本地生产的纺织品市场占有率却在连续下降。为此,一些主要的经销商成立了"用国货为荣委员会",一方面通过媒体宣传国产纺织品的优点,采取共同的销售促进活动,另一方面,委托零售业咨询公司 Kurt salmon 从事提高竞争力的调查。Kurt salmon 在经过了大量充分的调查后指出纺织品产业供应链全体的效率并不高。为此,Kurt salmon 公司建议零售业者和纺织服装生产厂家合作,共享信息资源,建立一个快速反应系统(quick response；简称 QR)来实现销售额增长。

快速反应系统(QR)是指通过零售商和生产厂家建立良好的伙伴关系,利用 EDI(电子数据交换)等信息技术,进行销售时点以及订货补充等经营信息的交换,用多频度、小数量配送方式连续补充商品,用来实现销售额增长、客户服务的最佳化以及库存量、商品缺货、商品风险和减价最小化的目标的一个物流管理系统模式。它关系到一个厂商是否能及时满足顾客的服务需求的能力,因而对于提高企业经济效益具有重要的意义。

快速反应系统(QR)实施三个阶段：对所有的商品单元条码化,利用 EDI 传输订购单文档和发票文档；增加内部业务处理功能,采用 EDI 传输更多的文档,如发货通知、收货通知等；与贸易伙伴密切合作,采用更高级的策略,如联合补库系统等,以对客户的需求作出迅速的反映。

快速反应系统(QR)的作用：信息技术提高了在最短的可能时间内完成物流作业和尽快地交付所需存货的能力。这样就可减少传统上按预期的顾客需求过度地储备存货的情况。快速反应的能力把作业的重点从根据预测和对存货储备的预期,转移到以从装运到装运的方式对顾客需求作出反应的方面上来。不过,由于在还不确定货主需求和尚未承担任务之前,存货实际上并没有发生移动,因此,必须仔细安排作业,不能存在任何缺陷。

现在,QR 方法成为零售商实现竞争优势的工具。同时随着零售商和供应商结成战略联盟,竞争方式也从企业与企业间的竞争转变为战略联盟与战略联盟之间的竞争。

大型的服装零售商在增强快速反应中发挥了主导作用,快速反应是为了改善零售与生产之间的协作关系以便提高市场变化的反应速度和灵敏度的一系列政策和实践,80 年代后期开始在世界服装和纺织品市场上盛行。快速反应要求变革超越职能、地理和组织的界限,但是要通过接近销售期情况的品种策划、市场调研、更小规模的初次订货和更频繁的再定货等手段帮助零售商建设预测失误和库存风险。通过信息技术的提高、更短的流行周期和更高的折扣等快速反应有效地压缩了流转周期,特别是女装的周期。

7.2.3 运输与仓储

1）服装零售企业物流体系

服装零售企业物流体系的四个核心包括采购、仓储、配送、运输。

① 采购。任何企业离不开采购,服装零售企业亦是如此,商品采购是服装零售企业经营活动的起点。零售企业的采购必须是整个零售分店的提货计划,配送中心汇集各零售分店提出的要货计划后,结合总部的要求和市场供应的情况,制定采购计划统一向市场采购商品和物料。对服装零售连锁企业而言,采购环节是一个创造性部门,其所经营的商品均需通过采购环节的引进来创造效益。然而目前很多服装零售连锁企业的现状是,很难准确掌握本部及下属连锁分店的商品和采购信息,常因库存

不足而影响销售。有时甚至因采购交易时间过长而致使商品长期脱销。

②仓储。服装零售商店需要有常年销售的商品,需要销售产销不同时间的商品,如果对常年销售的商品,在各零售分店每次发出要货请求后,配送中心就到市场上采购,势必增加成本和采购费用,也不可能最大限度的享受到批量优惠。这就要求配送中心在保证商品储存品质的限度内大批量购进,在零售分店提出要货请求后,直接调运分送。

③配送。配送作为服装零售企业物流的基本功能之一,在其中占有相当重要的地位。实践证明服装零售业的发展离不开物流配送,合理的物流配送使服装零售在经营中的统一采购、统一配货、统一价格得以实现,能否建立高度专业化、社会化的物流配送中心关系到服装零售企业经营的规模效益能否充分发挥。大型服装零售连锁企业要重视配送中心建设,根据企业的经营状况合理确定配送中心规模,提供安全可靠、高效率的配送体系。积极发展社会化的第三方物流配送中心,充分利用和整合现有物流资源,通过资产联合、重组和专业化改造等途径,打破行业界限和地区封锁,满足各连锁企业的经营需要。

2) 物流配送中心的建设

发展服装零售企业要加快配送中心建设。若是加快物流配送的投资,无疑会使我国的服装零售企业更趋于良性发展。但是,现阶段我国的社会化物质基础很不发达,服装零售企业中配送数量少,规模也小,而国外是大物流,配送中心面积大,辐射范围也很大。比如:沃尔玛的一个配货中心负责100个店铺,辐射半径是200公里,一个配送中心的面积达10万平方米以上。由此可见,加强配送中心的基础设施建设对连锁经营的重要性。

(1) 自建配送中心

此方法适用于已达到一定规模的服装零售企业。配送中心与店铺面积有一个相适应的比例关系。要考虑到配送收入与配送成本因素,配送中心业应具有相应的配送经济规模。一般来讲,判断标准应是:零售店经营规模扩大使配送中心正常运转所取得的数量折扣和加速资金周转的效益,足以抵偿配送中心建设和配送设施所花费的成本。

一些大型零售连锁公司都拥有自己的配送中心。如 Wal-mart(沃尔玛)公司是全美商业排位第一的大型连锁公司,公司拥有25个大型配送中心,2.3万辆集装箱卡车,其芝加哥配送中心建筑面积就有10万平方米,可同时接纳168辆集装箱卡车进行装卸作业。在日本,规模较大的零售商,如大荣、西友、伊藤洋华堂等都有自己的配送中心。

欧洲(特别是德国)的物流配送设置是世界第一流的,但其高额的物流成本导致了大零售商纷纷把物流业务送给了第三方的专业性配送公司。目前,在欧洲向主要连锁零售商发货的业务中,除30%由零售商自有的配送中心发货外,61%是控制在第三方的专业性配送公司手里,即将连锁配送活动交给社会化的物流配送中心。

(2) 社会化的物流配送中心

一些大型零售公司投资建造的配送中心,能够比较顺利地完成本系统的商品配送任务。而一些中小型的零售公司在资金、设施和人才等方面遇到不少难题,开展配送业务问题较多,如缺乏规范作业,各种编码(包括商品编码、运输包装编码等)缺乏标准,出货选拣、到货分拣、组配、商品盘点等作业均无电子扫描装置,出货外包装不加贴用于运输、送货的条码等,这些问题直接影响到企业的服务水平。

随着科技的进步,生产的分工越来越细,在国外已经出现了许多专门承担配送任务的公司,一些零售企业不再自建配送中心,转而依托社会化的配送中心。社会化的配送中心对我国尤为适用。因为我国目前的连锁店规模普遍较小,自建配送中心由于不能取得规模效应而导致所得收益不足以补偿建设费用;由于专门承担配送任务的公司和零售店之间是服务和被服务的关系,服务质量的好坏直接关系到配送中心的切身利益。因此,在当前我国企业内部管理能力较差的情况下,由专职配送中心完成配送任务有利于提高配送效率,反过来又促进了配送业的发展。很多以前承担单一运输和仓储的企业可以借助其资源开展物流配送服务,使社会资源得到整合;我国大量的服装零售商店需要的商品具有品种繁多、批次不一的特点,且多品种、小批量的趋势越来越明显。如果还是按照传统的渠道,按批发业的业种来各自进行配送的话,既会增大物流的成本,且零售店铺也难于应付增多的送货卡车。把向各店铺配送的商品混装在一辆卡车上配送,对于大幅度提高连锁物流配送效率具有重要现实意义。利用第三方物流企业或是社会化的物流配送中心,将同一区域有相同需求的各连锁分店大量分散的共同货物或商品集中运送,最大限度的提高人员、物资、金钱、时间等物流资源的效率,达到集约化,节省物流成本。

(3) 综合性物流配送中心

由于业务有限,许多大型零售企业的配送中心在自建物流配送系统的基础上,同时或多或少承担社会上其他公司的配送任务。

案例 7.1

ZARA 的制胜之道：快速反应的供应链

我们先看看有关 Zara 的几组基本数据：从设计理念到上架 Zara 平均只需 10~15 天，而大多数服装企业需要 6~9 个月甚至更长时间；库存周转 Zara 每年达到 12 次左右，其它运作一流的服装企业也只能达到 3~4 次，而国内大多数服装企业是 0.8~1.2 次；Zara 每年推出 12 000 多种产品给顾客，运作一流的服装企业平均只能推出 3 000 到 4 000 款，而国内多数服装企业能推出上千款的寥寥无几……。Inditex 的首席执行官 Castellano 认为："在时装界，库存就像是食品，会很快变质，我们所做的一切便是来减少反应时间。"从中我们窥豹一斑，但 ZARA 为什么能运作如此快速地向消费者推出符合需求的产品？

做法与经过：

Zara 通过以品牌为核心的协同供应链，实现这一目标。这个全程供应链可划分为四大阶段，即产品组织与设计、采购与生产、产品配送、销售和反馈，所有环节都围绕着目标客户运转，整个过程在不断滚动循环和优化。

(1) 产品组织与设计

我们不说产品设计或产品开发而是说产品组织与设计，是因为 Zara 的开发模式基本是模仿（或抄袭），而不是一般服装企业所强调的原创性设计或开发。Zara 认为经营服装不一定要自己来创新设计，就如麦肯锡所说不要试图"重新发明一个轮子"，可以通过直接整合市场上已有的众多资源，实现更准确地搜集时尚信息、更快速地开发出相应产品、节省产品导入时间、形成更多产品组合、大大降低产品开发风险的效果。所以 Zara 设计师的主要任务不是创造产品而是在艺术指导决策层的指导下重新组合现成产品，诠释而不是原创流行。

Zara 是从顾客需求最近的地方出发并迅速对顾客的需求做出反应，始终迅速与时尚保持同步，而不是去预测 6~9 个月以后甚至更长时间的需求；该团队不单只是设计人员而是由设计人员、市场人员、采购和计划调度人员跨职能部门的成员构成，保证了信息快速传递、计划可执行、易执行；该团队不仅负责设计下季度的新产品款式，同时还不断改进当季产品；而且 Zara 没有设首席设计师一职，整个设计的过程是开放的、非正式的，但正式和非正式沟通是非常的频繁。

(2) 采购与生产

Zara 的大部分生产是安排在欧洲进行,且很多都是在西班牙总部周围一个很小的辐射范围内,而其它中高档服装公司如 Benetton、Gap、H&M、Nike 等基本上是采用"第一世界的时装在第三世界的工厂里生产"模式,后者最大的优点就是成本低,但缺点也同样明显——速度慢;Inditex 在西班牙拥有资本密集型的制造工厂,而且它是一个垂直整合的团体,它拥有染色、设计、裁剪和服装加工的一条龙的最新设备,采用延迟制造的策略,提前买来白坯布,标准化的半成品大大缩短了产品生产周期,而通过保持对染色和加工领域的控制,使得 Inditex 具有按需生产的能力,能为新的款式提供所需的布料;而中国绝大多数服装企业都没有积压面料的习惯,结果造成大量成品服装库存积压,而成品基本不再具有可变性;Zara 并不拥有劳动密集型的衣服缝制过程,而是通过与西班牙和葡萄牙的一些小加工厂来签订合同来降低成本,正是这种垂直整合的模式,使得 Zara 能够以比竞争对手快得多的速度、小得多的批量进行生产(10~15 天即可),而中国的大服装企业多采用吊挂流水线,每批批量都非常大,这样产品出来的周期也就比较长,从采购面料到门店上架至少 3 个月以上,见图 5,而且产能、面料都耗尽的情况下断送了根据市场需求变化进行调整的弹性,而面料往往是制约整个服装响应周期的瓶颈。

(3) 产品与配送

在产品配送阶段 Zara 与大多数服装企业不同的是:Zara 更强调的是速度,甚至有些不惜代价地抢时间,因为失去时间的概念也就没有了时尚的概念,而其它服装企业更注重的是成本;其配送中心在快速、高效地运作,实际上只是一个服装周转中心,其主要功能是周转而不是存储,而国内众多服装企业的配送中心是越建越大且里面成品堆积如山的仓库;Zara 的各专卖店基本上是采用从配送中心直配的模式,而国内大多数服装企业都是当地设分公司建仓库,从而也在各级中间环节积压了大量成品库存;Zara 高频、快速、少量、多款的补货策略也保证了专卖店的出样丰富但库存少

(4) 销售与反馈

通过产品组织与设计、采购与生产、产品配送环节的快速、有效运转,Zara 确保了当时尚杂志还在报道当季最新服饰潮流时、当追逐时尚的顾客们对时尚概念把握还比较模糊时,Zara 就已经把迎合时尚潮流的新款服装陈列在自己的专卖店里进行销售。 Zara 不是时尚的第一倡导者,却是最快把"潜能"变成现实的行动者!有人称"Zara 是一个怪物,是设计师的噩梦",因为 Zara 的模仿无疑会使他们的创造性大大贬值。 大多数服装零售商的设计、生产、配送周期却达到了 6~9 个月甚至更长,所以他们都不得不努力去预测几个月之后会流行什么、销量会有多大,而一般提前期越

长预测误差越大,如图 7-1 所示,最后结果往往是滞销的商品剩下一大堆,畅销的又补不上,只能眼看着大好的销售机会流逝。

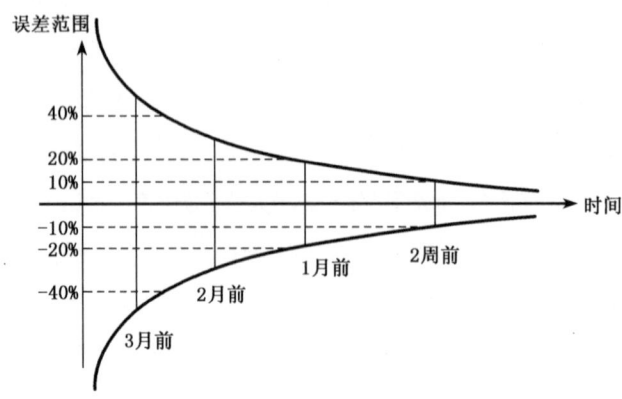

图 7-1　服装生产预测误差表

成效和反响:

ZARA 在销售额已经达到 46 亿欧元的情况下,仍旧保持了非常快的响应速度;

ZARA 实现了 10～14 天的反应型生产配送,而中国普通企业从接单到产品上市需要 90 天;

ZARA 绝大多数的产品都在当季生产,季前生产比例只有 10%～15% 左右,而中国服装企业的季前生产比例几乎是 100%;

ZARA 每年推出 12 000 个新款,而中国服装企业只有 4 000 款左右,每个季度大约 1 000 款;

ZARA 的库存周转率大约为每年 11 次,而中国服装企业只有大约 3 次;

ZARA 的财务表现非常好,在 GAP 等美国服装巨头几乎零增长利润的时候,ZARA 的销售额保持了每年 20% 的增长速度

探讨与评论:

Zara 完全打破了传统服装零售品牌惯例的运作模式,走的一条完全不同的破坏式创新之路,最根本的在于其高效的以品牌运作为核心的协同供应链运作体系。 Zara 通过快速的产品组织与设计体系来复制时尚;通过少量生产试销后根据销售情况把购买的白坯布再染色、生产、配送的延迟制造策略、并行工程策略、减少生产批量、部分外包等策略加速采购与生产过程;通过高效默契配合的物流加速配送过程;通过及时、准确的销售信息迅速反馈调整来驱动整个供应链的各个环节协同"快速"运作,从而大大减少了整个供应链上的牛鞭效应和服装业面临最大的二个问题:预测不准和高库存。 所有这些供应链上的环节协同起来都围绕着品牌目标客户在运转,整个物

流体系在全程协同供应链计划体系下运转,细分为产品上市前的销售预测、销售计划、产品推广计划、面辅料采购计划、外协生产计划、自产计划、配送计划、库存计划、要货和主动补货计划、促销计划等。

本章小结

服装供应链是围绕核心服装企业,通过对信息流、物流、资金流的控制,从采购原材料开始,制成中间产品以及最终产品,最后由不同的销售网络把服装产品送到消费者手中的,将服装供应商、服装制造商、服装分销商、服装零售商,直到最终服装消费者连成一个整体的功能网链结构。

供应链管理(Supply chain management,SCM)是一种集成的管理思想和方法,它执行供应链中从供应商到最终用户的物流计划和控制等职能。从单一的服装零售企业角度来看,是指该服装零售企业通过改善上、下游供应链关系,整合和优化供应链中的信息流、物流、资金流,以获得企业的竞争优势。供应链管理是服装零售企业的有效性管理,表现了企业在战略和战术上对企业整个作业流程的优化。整合并优化了这条服装供应链上的供应商、制造商、零售商的业务效率,使商品以正确的数量、正确的品质、在正确的地点、以正确的时间、最佳的成本进行生产和销售。

服装零售供应链优化的最终目的是为了更好的满足客户需求,降低成本,实现利润,主要表现为:提高客户满意度、提高企业管理水平、节约交易成本、降低存货水平、降低采购成本、减少循环周期、增加收入和利润、业务网络扩张等。

服装零售供应链一般包括物资流通、商业流通、信息流通、资金流通四个流程。四个流程有各自不同的功能以及不同的流通方向。

服装零售供应链中,服装零售商往往可能参与到多个营销渠道中,因为它们需要从一些供应商那里获得商品,所以需要了解的有关供应链管理的基本特点有:依赖性、影响力、冲突和管理协作关系等。

服装零售供应链中,物流是计划、实施和协调以最及时、最有效和最节约的方式,完成商品从制造商(批发商)到零售商再到顾客的物理移动的全部过程。物流把订单处理和完成、运输、仓储、顾客服务和存货管理看做价值传递链中相互依赖的职能。如果物流系统效率高,服装零售企业就能同时减少缺货现象,减少库存,并改善顾客服务。其中快速反应系统成为服装零售商实现竞争优势的重要工具。服装零售企业物流体系的四个核心包括采购、仓储、配送、运输。服装零售企业对物流配送中心的发展建设成为我国的服装零售企业良性发展重要途径之一。

本章习题

1. 思考题

（1）什么是供应链管理？服装零售供应链管理的意义是什么？

（2）服装零售供应链的基本流程有哪些？

（3）服装零售供应链的特点有哪些？

（4）什么是物流？在服装零售供应链管理中，零售商主要的物流目标是什么？

（5）什么是快速反应系统（QR）？快速反应系统对于服装零售企业提高经济效益有哪些重要的意义？

（6）服装零售企业物流系统的四个核心是什么？

（7）服装零售商可以通过哪些途径完善订单的执行和处理工作？

2. 练习题

（1）在服装零售供应链管理中，制造商和零售商可以从中获得什么好处？请通过查阅资料、案例分析阐述观点。

（2）快速反应存货计划的优点是什么？你认为的存在什么样的风险？举例阐述你的观点。

参考文献

[1] 巴里·伯曼，乔尔·R·埃文斯. 零售管理[M]. 第9版. 吕一林，韩笑译. 北京：中国人民出版社，2007.2.

[2] 王晓云，等. 服饰零售学[M]. 第二版. 北京：中国纺织出版社，2010.03.

[3] 帕特里克·M·邓恩，等. 零售学[M]. 第4版. 北京：中信出版社，2006.10.

[4] 郑毅，陈宁宁. 零售管理[M]. 北京：科学出版社，2010.12.

[5] 王红卫. 零售营销教程[M]. 北京：中国商务出版社，2006.06.

[6] 菲利普·科特勒，凯文·莱恩·凯勒. 营销管理[M]. 亚洲版第5版. 北京：中国人民大学出版社，2010.01.

[7] 韩睿. H&M的创新供应链管理[J]. 商业研究，2009，08：72-73.

[8] 肖利华，韩永生，佟仁城. 以品牌为核心的协同供应链——Zara案例研究[J]. 百度文库，2009.

第五篇 服装零售销售管理

第 8 章　服装商品零售定价

学习目的、要点：

1. 学习如何制定价格目标；
2. 分析影响零售企业定价影响因素；
3. 合理使用各种定价方法；
4. 灵活运用各种定价策略；
5. 及时采取价格调整措施；
6. 正确处理顾客价格异议。

本章主要讲述服装定价的目标，服装价格构成，服装定价的影响因素分析，详述了成本因素、使用价值、各种费用、服装商品特性因素、服装品牌知名度、服装产品销售周转率、竞争因素、促销活动等对服装零售价格的影响。同时介绍了服装零售定价的方法、服装零售定价策略以及服装零售价格如何适时地的调整和服装标价与价格运用技巧。通过以上内容，帮助学生学习如何制定定价目标，合理地使用各种定价策略以及在销售经营过程当中如何根据具体情况及时调整价格，使服装零售商尽可能的获取最大利润。

服装商品定价贯穿零售店铺定位、商品采购、商品陈列、营业促销、库存管理过程的重要经营决策。而服装商品零售定价是与消费者直接相关的经营策略，因此直接影响到销售量与营业额，属于服装零售商经营战略中的重要布局。

8.1　影响服装定价的因素分析

8.1.1　服装定价的目标

价格是服装零售中十分重要的因素之一。它不仅关系到企业的赢利和亏损，还关系到企业产品的市场竞争力。服装产品的价格往往受到企业内部因素和企业外部因素的影响。企业的内部因素包括：成本因素、产品因素、渠道因素和促销因素；企业的外部因素包括：供需状况、替代品价格、国家政策等。企业制定价格，主要有以下四种目标：

（1）以获取最大利润为目标

服装经营者以追求尽可能大的利润为目标。一般来讲，服装销售是处于竞争激烈的零售活动中，商品的毛利率趋于市场化，任何一个店铺要在长时间内维持一个过高的价格几乎是不可能，必须会遭到各个方面的对抗，诸如需求减少、代替品加入、竞争者增多等，这时候要想提高服装销售利润的最大化，可以通过两种途径来实现，一种是，服装的价格与市场同类款式价格相同，零售商通过有效的管理，最大限度地降低各项成本和费用，来追求利润的最大化；另一种途径是在一定的成本和费用前提下，在款式造型的新颖性和使用功能方面，提高设计水平，从而提高服装的销售价格。通常是双管齐下，全方位的降低成本和提高价格，进而增加经营利润。

（2）扩大销售或市场占有率为目标

为了争夺竞争对手的顾客，获得最大的市场占有率，可以用降低毛利率为代价制定富有竞争力的价格。因为市场占有率是经营状况和商品在市场上的竞争能力的直接反映，尤其是新的品牌和新开的服装零售店铺，扩大市场占有率对于店铺的生存和发展具有重要意义。

（3）有利于市场竞争为目标

"服装既是无价的，又是有价的"。服装无价指的是新款式新面料的价格，常常会使消费者琢磨不定；服装有价是因为同行业之间具有竞争，消费者在消费过程中会货比三家，这就抑制了无缘无故的高价位。因此，服装经销商为确保自己在市场竞争中的有利地位，在定价之前一定会深入了解竞争对手的经营状况和价格状况，尤其是与自己产品特点相类似，质量相仿，与自己地理位置较为邻近的服装零售商。对于竞争对手经营服装的质量、品种、款式、价格与服务方式等方面，详细比较，认真分析，而后确定自己的价格目标，或低于竞争对手的价格，或高于竞争对手的价格，有意识地利用价格策略去占领市场的制高点。

（4）回收资金为目标

在换季前，零售商为了降低存货压力，往往以大幅度降价方式进行清仓处理。为避免破产倒闭，以维持生存为定价目标的店铺，往往面临资金周转不灵、商品大量积压、竞争势态异常险峻的处境。在这种情况下，店铺纷纷以保本价格甚至亏本价格迅速出清存货，以维持生计。这种维持企业生存的定价目标只能作为特定时期内的过渡性目标，一旦店铺出现转机，它将很快被其他定价目标取代。

8.1.2 服装零售价格构成

(1) 价格的含义

商品价格是商品价值的货币表现，其大小是由商品的价值决定的。但是，商品的价格也是受商品供求关系的影响，当商品供不应求时，价格将高于价值，当商品供过于求时，价格将低于价值，价格围绕价值波动是商品经济的基本规律。在现代市场营销中，从另外一个角度解释了价格的含义。"价格是指消费者为了获得某种想要商品时，所放弃的或是用来交换的价值。"事实上，前者体现的是价格的本质问题，而后者则是更多地从消费者的角度出发，体现了现代市场营销的基本思想。

营销人员只有正确认识商品价格的含义，才能制定正确的产品价格水平，配合企业整体市场营销策略。营销人员还必须懂得经济学的基本原理，这样才能提高科学定价的能力。对于服装企业而言，由于服装商品需求具有多样性、多变性，才能把握服装市场的供求规律，确定服装价格的适应水平具有更重要的意义。

在市场经济中，企业都是市场价格的适应者而非操纵者，因此企业的所有营销工作都必须围绕市场价格这一主题展开。企业要实现赢利目标，不仅要为消费者提供满足其需求的产品，也要制定出消费者接受的价格水平。因此，营销人员必须认识到，决定服装价格的不是成本，而是市场。消费者对服装价格的理解和看法往往比其价格本身的高低更重要。

(2) 服装商品的比价

服装商品的比价是指消费者在服装消费经历中建立起来的、对不同产地、不同品牌、不同质地、不同款式的一种价格对比，这种价格比直接影响消费者对服装企业产品价格定位的接受程度。服装商品的比价主要包括：

① 同类服装的比价。同类商品服装是指所使用的原材料和加工工艺基本相同的服装，如衬衫、T恤等服装产品。一般由于产地不同、厂家不同、品牌不同而产生相应的比价效应。往往消费者认可的名牌服装的比价较高，正牌大厂的服装产品比价较高，外地大城市产品比价较高。

② 系列服装产品的比价。广义的服装产品包括外套、裤子、衬衣、内衣、领带、帽子、袜子、腰带、鞋子等产品，这些产品的价格在一定程度上都存在一种比价关系。利用这种比价关系，企业可以根据自己原有的拳头产品的价格，为新开发的系列产品定价。

③ 新旧款式服装的比价。新款服装的价格一般高于旧款的服装，然而从不同类型的服装产品上看，时装类的新旧款式服装的比价差异较高，而基本类的新旧款式服

装的比价差异较低。

(3) 服装商品的差价

服装商品差价是指服装企业针对不同的购销环节、不同的销售地区、不同的销售季节、不同的服装质量而采取的差异化定价,充分利用服装的地点效用、时间效用、质量效用,疏通服装商品流通渠道,促进服装销售。服装商品的差价主要包括：国家间差价、地区间差价、季节差价、渠道差价。

(4) 服装零售价格构成

① 采购价格。即购进服装的价格,或简称进价,因服装的采购渠道不同而不同。如果直接从工厂进货,采购价格就是工厂的出厂价格；如果从批发商那里采购,采购价格就是批发商的批发价格；有的零售商甚至到一些工厂或者批发商那里采购一些尾货或者过季产品,采购价格会很低廉。

② 采购费用。采购费用是服装采购过程当中支付的一切费用。服装采购价格加上采购费用构成了服装的采购成本。

③ 销售费用。销售费用是因销售服装而发生的费用,包括场地费、人员工资、管理费用等。采购成本加上销售费用构成了服装零售的销售成本。

④ 销售税金。销售税金指服装销售过程中服装零售商效果及或者地方税务机关缴纳的税金。

⑤ 销售利润。销售利润指服装零售商获得的利润。服装销售价格减去销售税金和销售成本即为服装店销售利润。

8.1.3 服装定价的影响因素分析

(1) 成本因素

成本是定价的基本因素,是商品赢利的分界线。商品成本包括采购成本、销售成本、储运成本。在正常的市场环境下,成本应是价格的最低界线,是决定价格的关键因素。

在市场竞争中,成本较低时,商品价格制定往往具有较大的主观能动性,易于保持竞争优势,并能得到预期的利润回报。

(2) 服装的使用价值

从理论上讲,服装价格的形成以服装的使用价值为基础,服装的价格只是服装使用价值的货币表现,使用价值决定价格。服装的使用价值是指服装设计师、生产者进行良好的构思设计,通过准确的市场定位,生产出针对不同年龄、性别、爱好的消费者穿着服用的具有一定款式的成衣,其使用价值对价格的影响体现在服装的面料档次、质量水平、设计舒适得体、清洗护理的方便性等等方面。

但是,服装产品的价格并不一定与价值等同,价格还受市场需求的变化,政府的价格政策、同行竞争因素、商品的品牌知名度、流行周期等等因素的影响,但总的来说,服装的价格总是以服装的使用价值为中心上下变动,这就是服装行业的价值规律。

(3) 各种费用

服装的零售价格除了从厂家的进货成本之外,还会发生一些其他各种费用。服装从生产领域到消费领域的过程中,通常要经过产品采购、货物运输、仓库储存、店面销售、公共关系、售后服务等环节,在这些环节中,需要支出差旅费、运输费、仓储费、店面租金、人员工资、各项税金、广告宣传等等费用,这些费用最终都要体现在服装的零售价格当中。认真正确地核算流通费用,是制定服装价格差价的基础,各种费用计算如果偏低,就会造成亏损,计算偏高,就会失去价格竞争的优势。

(4) 服装商品特性因素

商品本身的质量水平,决定了其定价的高低,特别是在服装行业中,这一点更为突出。在很大程度上,服装的预期寿命是有限的,不仅季节改变会影响商品的销售量,而且那些时髦和令人喜欢的时装流行周期更短,在达到一定销售量以后可能会面临款式过时等境况,因此会很快出现销售下降的情况。在这些情况下,就需要使开始的定价应足够高以弥补由突然变化所造成损失。

一些白色或浅色衣服很易染上污渍以及轻薄或易破损服装在顾客多次试穿后很可能破损,出现这些情况时,就需要降价。这些易损特性使这类服装应比其他服装定价相对高,以抵消其损坏给商店所带来的损失。

(5) 服装品牌知名度

各种品牌的服装都享其各自的品牌知名度和威望,品牌知名度和威望高的服装可以使他们的服装定价高于其他品牌的服装。适当的增加定价百分比是安全的,因为它不会影响消费者的购买欲。价格不会对每个消费者都产生影响,许多顾客在光顾这些品牌的服装时得到了足够的快乐,并且愿意为这种"快乐"额外多付费。

(6) 顾客类型

在大多数情况下,消费服装的顾客花钱都非常理智,物有所值或价格低廉才会去购买。但是,对于一些高层次的顾客则更加关心服装产品的品牌、服务和质量,而对价格关注不多。由于收入水平、生活方式的不同,价格对不同顾客购物心理的影响是不同的,这些因素在制定价格之前都应考虑进去。顾客对价格的敏感性是影响服装定价的重要因素,如果目标顾客对价格的需要弹性低,则可以采用高价策略;反之应该采取低价策略。

(7) 服装产品销售周转率

零售商都非常关心一年中存货平均销售的次数。货品周转越快，定价应该相对越低，符合"薄利多销"的常规。相反，存货周转次数越少，则越需要高价格来获得利润。廉价商店和打折商店可以用较低的价格获得利润，因为他们期盼更高的周转率。传统的时装零售商的商品定价应比廉价店、打折店高，因其存货周转率较低。一般男装比女装购买频率低，通常定价高些。

(8) 竞争因素

目前服装在零售市场上要比过去面临更大的价格挑战，竞争对于服装的价格有直接的影响。如果零售店的产品定位与其他竞争对手有较大区别，则零售店的定价受市场影响较小，可以主动调控价格水平。面对竞争激烈，缺乏经营特色的零售店往往只能随市定价。除了来自常规零售企业的竞争外，还有越来越多的廉价商店加入竞争者行列，他们销售的时装价格比正常的零售价格低得多。

尤其是当下比较流行的网上服装店铺销售服装，他们不需要高租金店铺和销售人员，因此他们所售商品的定价比商店里的商品价格要低得多；大量批发中心建立起来，其面对消费者零星购买的销售价格比通常零售店里商品价格要低得多。正确面对由低价格方式竞争所带来的挑战，对于服装零售商了解市场竞争程度，并据此作为服装商品零售定价的参考是非常必要的。

(9) 促销活动

服装生产商和零售商经常使用各种促销活动来吸引顾客。这些促销活动取决于公司的规模、经营方式、预算和目标市场的情况。用在广告、特殊活动（如时装秀）、形象商品推销上的支出会增加商店运营成本，当计划用这些方式来促销时，可将商品价格定高些。

(10) 服务水准

许多知名时装商业中心对顾客提供许多项服务，如服装修改、时尚咨询、替顾客照顾小孩等。当顾客不需为这些服务支付额外费用时，则提供这些服务的费用在商品定价时需要考虑进去，这样商品定价就相对高一些。廉价商店采用基本服务理论，一般只提供基本的服务，因而其定价会相对低一些。

(11) 货品的损耗与保护

商品定价常常需要考虑到商品遭窃的损失，一些失窃现象严重的商品要比其他商店的商品损耗大得多，因而在定价时应认真考虑丢失货品所造成的损失。如果加大防范措施，还要考虑由保护服装所带来的费用。例如昂贵皮衣需要尖端的防盗装置来保护，并且保护这些服装需要额外的销售人员，这些都会增加公司的费用。

(12) 地理位置

有时一些服装零售商在一个特定的地理范围内对特别的产品系列拥有独占权,比如品牌独家代理、独家经销等等,那么其商品定价可以高些,因为通过在一个地区内限制配额,集中精力促销产品系列,厂家和商家会以更大的销售价格获利。

(13) 差价

代销差价:服装企业生产的服装由零售企业代销,其销售收入扣除零售企业应得部分外,将余款换给生产企业,未卖掉的服装退还给生产企业,其中商业企业应得部分叫做代销差价。 进销差价:服装生产企业生产的服装由零售业企业买去销售,价格买断,其中出厂价与零售价之间叫做进销差价。 代销差价与进销差价有差别,进销差价大于代销差价。 因为代销是有生产企业承担风险,商业企业理应少得益;而进销属于买断价,生产企业不用支付广告、促销、商业经营成本等费用,并能迅速收回资金用于再生产,其经营风险由零售商承担,所以进销差价商业利润更丰厚一些。

(14) 比价

比价指本商品(如服装)与其他商品在价值上存在一定的比例关系。 比价恰当与否直接影响到服装定价。

关联产品指具有相同或相似功能的产品。 服装的关系产品很多,可以互相替代,例如防寒服就有裘皮、革皮、羽绒服、毛绒衣、棉衣、人造毛皮、金属棉、驼绒、丝绵、太空棉、陶瓷棉等关联产品。 某种服装的价格与相似功能服装的价格相比,偏高则会失去消费者,偏低则会影响企业的利润水平。

(15) 市场需求

在某一时期市场上对某一商品的需求量增加,则可以采用适当的提价措施;反之,要采取适当降价措施。 影响需求弹性的因素有以下三方面。 商品的需求程度:需求弹性与商品需求程度成正比。 商品的替代性:需求弹性与商品的替代形成反比。 商品供求状况:一般来说,供不应求的商品,价格在一定程度内上升时,对其需求量影响不大;但当价格上升到一定限度后,会对需求产生较强的抑制作用。

8.2 服装零售价格的确定与策略

8.2.1 服装零售定价方法

在确定定价目标,了解了影响商品定价的因素之后,进一步的工作就是依据一定的方法确定货品的价格。鉴于成本、需求、竞争等多方面的影响，零售商在具体定价时，事实上往往只侧重于某个方面，这样就形成了不同的定价方法，现叙述如下。

1）成本为中心的定价法

（1）成本加成法

成本加成法又叫加额法、标高定价法或成本基数法，是最古老的也是应用最普遍的一种定价方法。这种方法是按商品的成本加上若干百分比的预期利润得出货品的零售价。计算公式为：

$$零售价 = 成本 \times (1 + 加成率)$$

例如，一条牛仔裤的成本是 100 元，根据服装行业的一般利润率，平均每条牛仔裤能获利 30%，那么，这条牛仔裤的价格可以定为 130 元。

成本加成定价方法最主要的优点是计算方便。而且在市场环境诸因素基本稳定的情况下，采用这种方法可以保证正常的的利润率，从而可以保障经营的正常进行。在市场情况正常，环境、各种因素稳定的情况下，许多行业都采用这种方法定价。

（2）售价加成法

售价加成法即以商品最后销售价为基数，再按销售价的一定百分率来计算加成率，最后得到商品的价格。计算公式为：

$$零售价 = 成本 \div (1 - 加成率)$$

多数零售商采用以售价为基础的加成定价法，因为这种方法有两个优点。一是对经营者来说，更容易计算销售毛利率；二是在售价相同的情况下，用这种计算法得到的加成率较低，更容易被认为定价合理，因而更容易被顾客接受。

（3）目标收益定价法

目标收益定价法又叫投资收益率定价法。计算方法是先按照店铺投资总格确定一个目标收益率即资金利润率，然后按目标收益率来算目标利润额，再根据总成本和计划销售量及目标利润额算出商品价格。标收益定价法只适合在市场占有率很高的零售企业或具有垄断性的商家。

以上三种定价方法都是以商品的成本为基础，在成本的基础上加上一定的利润来进行定价。三种方法对利润的确定方法略有不同，都属于"成本为中心的定价法"。以成本为中心的定价法的共同缺点是：在进定价时以生产者及零售商的利益为导向，没有考虑到市场需求和竞争情况。

2）需求为中心的定价法

（1）理解价值法

理解价值法指人为决定商品的关键因素是消费者对商品价值的理解水平，而不是零售商的成本，因此，给商品定价时首先要预估商品在顾客心目中的价值水平，定出商品的价格。理解价值定价法的步骤如下。

① 决定商品的初始价格。根据商品性能、用途、质量、外观及市场营销组合策略，确定顾客对商品的理解价值，决定商品的初始价格。

② 预测目标成本。估计在初始价格条件下可能实现的销售量，并预测目标成本。

$$目标成本总额 = 销售收入总额 - 目标利润总额 - 税金总额$$

③ 确定实际价格。将预测目标成本与实际成本对比，可能出现两种情况：当实际成本小于或等于目标成本时，利润目标可以达到，这种情况下，即可确定初始价格为货品的实际定价；当实际成本大于目标成本时，说明在初始价格的条件下，不能保证实现预期利润目标，需要进一步作出调整，或降低目标利润水平，或设法降低实际成本，或是通过各种途径提高顾客对商品的理解价值，从而调整初始价格。

（2）差别定价法

差别定价法又叫做区分需求定价法，指某商品在特定的条件下，可以按照不同的价格出售，对于具有不同购买力、不同强度、不同购买时间、不同购买地点等得顾客，可以根据顾客需求强度和消费的感觉不同，采用不同的价格。商家采取区分需求定价法时，需先搞好市场分析，这种方法适合各细分市场的需求差别比较明显的市场；其次是要能够避免倒手转卖；最后要预防引起顾客的反感和不满。差别定价法的主要形式有：以顾客为基础的差别定价，以商品（外观、花色等）为基础的差别定价，以场地（不同消费地区）为基础的差别定价，以时间为基础的差别定价等。

理解价值法和差别定价法是以"需求为中心的定价法"，是以市场需求和消费者理念为导向，认为商品是为了满足消费者需求，商品价格就不应该单纯以成本为依据，而应以消费者对商品价值的理解和认知程度为依据。

（3）以竞争为中心的定价法

① 随行就市定价法

随行就市定价法又称作追随领导者企业定价法，这种定价法是根据经营用行业店铺及竞争者等得价格水平来定价,该方法适合在竞争激烈而商品需求弹性较小或供需平衡的市场中使用。随行就市法事一种比较稳定的定价方法,可以减少企业的经营风险,容易与同行和平共处,可以避免店铺之间相互竞争。

② 收支平衡定价法

该方法是运用损益平衡原理实行的保本定价法。出发点是,在订货不足或市场不景气的情况下,保本销售总比停工损失要好。根据收支平衡定价原则,如果将商品价格定在保本价格以上,企业就可以获得利润。反之,如果将商品价格定在保本价格以下,企业就会出现亏本。有时商家在季末清货时,会用保本价格来清仓处理,以确保资金回收,不影响下季订货。

随行就市定价法和收支平衡定价法都属于"以竞争为中心的定价法",在竞争激烈的市场上求生存,商家为争取得到目标顾客的光顾,在定价时往往会更多的考虑竞争因素,为了适应竞争而采取以上两种特殊的定价方法。

8.2.2 服装零售定价策略

零售商出于对管理、迎合顾客、促销、竞争等的需要,常会对其定价的方法及水平进行策略性的调整,以适合整体零售战略。

1)新品新价策略

新产品的定价十分重要,其对于新商品及时打开销路、占有市场和取得满意的效益有很大的影响。常见的新品新价策略,有以下三种形式。

(1)高价策略

高价策略又称为撇脂定价策略,是指把新产品的上市价格定的较高,尽可能在短期内赚取更多的利润,尽快收回投资成本。

对一些流行新款服装、新研制,面料服装上市或一些资金比较短缺的中小商家喜欢采用这种策略。他们认为在新商品投入市场的初期,商品的价格需求弹性小,又常有专利权保护,竞争者不多,市场有高价格的前提条件。新产品刚投入市场时,可以在竞争者研制出相似的产品之前,以高价获得高的投资回报率,尽快把投资全部收回,并取得相当的利润。当高价销售遇到困难时,可以迅速降低价销售,尽快出货既不造成存货压力,也可以保持利润水平。

高价销售策略显然是一种追求短期最大利润目标的策略,这种策略有两个弊端,一是因为利润率过高,必然会很快招来竞争对手的模仿,加剧竞争;二时因为价格过高,不利于迅速开拓市场,也容易遭到顾客的反对,因而从长远发展的目标看,这种策略不太适宜。

(2) 低价策略

低价策略又叫渗透定价策略。这种策略与高价策略正好相反,而是将新商品的价格定得尽量低一些,目的在于使新商品迅速地被消费者接受,打开和广大市场的占有率。对于把一些生命周期较长的新产品上市或一些资金比较雄厚的商家往往采用渗透定价策略,以谋求长期利益和发展。

低价策略的优点在与能优先取得市场上的领先地位,抢占制高点,并能有效地排斥竞争对手的加入,是自己能长期占领市场;缺点是需要大量销售才能赢利,利润率低,必须要有适销对路的产品,且生产量大,一旦产品有问题,就会造成大量库存。

(3) 折中定价策略

折中定价策略又称满意定价策略,上面两种策略表明新产品定价的两种极端情况,对于新品定价,更多的情况是把新产品的价格定在撇指定价和渗透定价之间,取适中价格,即新品折中定价策略。

选择适中的定价时应该注意考虑以下因素:价格弹性的大小;市场需求的程度;市场潜力的大小;与竞争产品的差异;扩大规模的可能性;竞争者仿制的难易程度;新产品的生命周期;投资回收的目标等。

2) 毛利率策略

(1) 统一毛利率策略

统一毛利率策略是指零销售商经营的所有商品都采用统一的毛利率。经营单一品种的专卖店、商品周转率高的低价店或折扣店采用这种策略较多。

统一毛利率定价策略优点是能够很快根据销售额来推算出成本和销售毛利,容易进行成本管理和控制;缺点是没有仔细考虑不同商品种类,其周转速度不同,盈利能力也不同,因此大部分零售商很少采用统一毛利率策略。

(2) 细节毛利率政策

细节毛利率政策是指根据不同类型的商品或百货商店的不同部门,因其产品项目、周转率、存货风险、盈利能力不同,零售商在制定毛利率政策时采用不同的指标。零售商通常对存货风险小、周转率高的产品采用较低的毛利率;反之,采用较高的毛利率。有的大型商店还具体划分不同的部门,采用不同的毛利率政策。如某商店根据产品的项目不同而制定的不同毛利率见表8-1。

表 8-1　某商店房主毛利率分类表

商品类型	毛利率(%)	商品类型	毛利率(%)
男　装	50	运动衫	55
鞋	65	礼　服	60
童　装	40	牛　仔	40
配　件	65	衬　衫	55
珠宝首饰	70	裙　裤	60

3）心理定价策略

消费者对于价格的认可过程是一个非常复杂的心理过程，是心理与感性综合判断的结果。因此，商店在确定价格时，必须充分考虑到顾客的需要及消费心理因素，利用消费者对价格数字的心理反应上的差别，来有意识地对价格数字进行调整，会收到意想不到的效果。

(1) 声望定价

高价名牌产品的定价策略是迎和顾客的求名心理、炫耀心理及对名牌的追求，此时的产品定位都应走高价路线，成为声望定价。如李维斯的牛仔裤一般定价都在千元以上，梦特娇的 T 恤定价一般在五百元以上。店铺可以根据顾客的求名心理，对知名度较高商品、特色商品的定价走高价路线。因为，价格档次被顾客当作质量最直观的反映。有些顾客在选商品时，对商品的声望、象征意义、商标名牌、产地等十分讲究。高价与名牌互相协调，可以增加商品的吸引力。

炫耀商品也应该采取声望定价，价格太低，反而会影响销路。当然，价格高也必须是在顾客可以接受的范围之内。

(2) 尾数定价策略

一般来讲，尾数代表真实，可建立消费者的信赖感、便宜感、安全感，消除消费者购物对价格的疑感，增强购买的信心与决心。尾数定价就是针对顾客的求廉心理，采用"低一台阶"的价格，来取得顾客心理上的认同感。具体做法有奇数价格、零头价格及低价价格。事实证明，采用低一台阶的价格最有效，如一件 2 000 元的皮衣，若价格减去 1 元标价改为 1999 元，这种标价反而在顾客感觉中立刻出现 2 000 元这一台阶，只能给顾客一种欺骗的感觉；若改为 1 980 元，标价的心理效果就好些，顾客会感觉皮衣的价格是 1 000 多元。

(3) 整数定价

整数定价可以给顾客一种干脆、实际的感觉，同时会有一种高级品的效果。整数定价适合高档品牌或是价值价值较高的货品定价。对于追求高级商品的顾客，价格为4 999元的商品,就不如标价为5 000元的商品更具诱惑力。

(4) 陪衬定价

顾客购买商品是普遍存在一种选择的心理动机。顾客总是希望有较大的选择机会,通过对商品反复比较、挑选,相比之下以适合的价格买到满意的货品。为了适应顾客这种选择心里,商家应该以主经营商品价格带为核心,制定主营商品销售价格,同时补充适当廉价铺助品,以衬托主营商品的质量优良;或补充高价陈列品,以衬托主营品的物超所值。服装店中,商家可以通过一些小饰品来达到陪衬的效果,如帽子、围巾、手套、皮带及其他饰品等。也可以把这些商品作为特价品,以吸引顾客。或者把这些小饰品的价格定得高些,让顾客通过比较,觉得服装价格不算高,从而起到陪衬的作用。商家可以根据自己的情况,选择合理的定价方法。

(5) 习惯定价

习惯定价是依据顾客对于经常购买的商品已经形成的价格习惯作为依据来定价。顾客在长期的购物活动中,对经常购买的商品的价格,会有一个比较固定的认识,形成对某种商品的习惯价格范围。在顾客心目中,这种习惯性价格形成了商品价格高低的标准,符合其标准价格,就能被顾客接受,偏离其标准的价格会引起疑虑。商家采用习惯定价法时,应从长远发展和总收益率着眼,在店铺经营范围内,具体品种利润可高可低,甚至有赚有赔。当某种商品进价提高时,如果商家可以接受,一般售价不轻易变动,以防顾客不满,从而妨碍商品销售。

(6) 吉祥数字定价

利用人们对数字发音的谐音意义的理解,定价时取一些目标顾客公认的吉祥数字。这种方式被很多店铺广泛应用,例如,皮鞋价格为188元,衬衫价格定为88元等,顺应了顾客图吉利的心理,对特定的顾客会产生一定的效果。但是应该注意同样的数字在不同的地区、不同的民族代表的含义不同,在具体定价操作时应该特别注意。

4)价格空间策略

从高级时装到廉价服装,服装产品的价格空间很大,但没有任何一家零售商能适合经营所有价位的商品,每家服装店都有自己特定的消费群体与市场空间。零售商不可随意选择各种价位的服装,应根据自己的经营理念、资金实力、服务水平、经营的商品种类和范围等选择适合自己的价格组合,给自己的零售店选择适合的价格空间。越来越多的商店开始收缩经营产品的价格空间,缩小价格范围,从而可以塑造商店鲜明的形象,这对顾客也有益,可以在购物时很容易找到符合自己价位的商店。

价格空间一般是由顾客对服务水平的需求差异来决定的。价格水平与服务水平相辅相成，而一个店铺的服务设施、服务水准是统一的，所以不大可能经营服务水准要求不同的各种档次的服装。经营商品组合的价位空间越大，商品的组合就越大，需要的销售空间和采购资金就更大。所以说销售空间限制了零售商经营的商品组合与价格空间。

5）折扣定价策略

折扣定价是找一种让消费者可以接受的降价理由，使其感觉到享受了真正的价格优惠，而不是进入了价格促销的陷阱。折扣定价形式繁多，主要有以下几种：

(1) 数量折扣策略

为了鼓励顾客多买货，根据其购买货品的数量不同，给出不同的折扣。一般买的商品越多，折扣越大。数量折扣有两种方式，即累计折扣和非累计折扣。

累计折扣：一般用于长期性的购买活动，可以规定在一定的时期内顾客购买的商品达到一定数量时，就给一定的折扣。

非累计折扣：按照一次购买总量而给与不同的折扣。如每件T恤单买时价格是30元一件，而同时买两件，价格为50元两件。

(2) 会员或VIP顾客折扣策略

VIP顾客或店铺会员（可能需要支付一定的费用，也可能是消费到一定数量后自动成为会员）购物时，可以凭借VIP卡或会员卡给予一定程度的价格折扣。

(3) 季节性折扣策略

服装与季节和时令的关系非常密切，尤其是时令和天气。天气变化或者时令一变，要想出售，就必须折价。2010年秋冬，中国中部地区绝大多数服装零售商棉衣棉裤羽绒服货源充足，琳琅满目。可是气温却一直居高不下，到了冬天气温已就在十几度甚至二十度左右，消费者身上依旧穿的是秋天的衣服，直到快过春节的时候，天气才象征性的冷了几天，眼看冬天就要过去了，各个服装零售商无奈只好降价销售。尽管折价销售不赚钱或者是赔本了，但是如果不及时折价处理就会积压，等到下一年再销售又会有很多不定的因素，不如及时售出收回资金再进合适的春夏装销售。

(4) 流行折扣策略

即根据款式的流行程度和流行周期，来进行折扣定价。如果一个服装的款式已经销售了相当长的一段时间，但是销售状况仍然不好，就要打折处理，以免造成积压。成熟的服装零售商会根据服装的紧俏情况甚至根据不同的色彩、图案、款式来定价，好卖和不好卖的服装有不同的定价方法，对于预测不好卖的款式，应该赔本销售，以尽快回收资金，加快资金周转，否则一旦积压会赔得更惨。

(5) 优惠券折扣策略

在节假日期间,大型商场里使用代金券打折活动已经非常普遍。顾客可以通过购买商品等得到优惠券,对持有优惠券的顾客再去购买时,给予一定的价格折扣。优惠券又分为两种:顾客购物满多少元赠送一定数额的代金券,如满一千送二百,满三百送一百等等,实际也是一种折扣,顾客使用折扣券购物,虽然折价率比以前降低了,但是顾客对折扣券情有独钟,回头客急剧增加,使用折扣券后,销量猛增,利润比之前高出了许多;也有的进店即送在该商场消费可作货币用的代金券,深受顾客欢迎,而实际上持这种赠送的代金券购物需要购买一定数额的原价产品才可以使用,实际上也是一种折扣方法。收到这种代金券的顾客,总不忍浪费,想尽办法选购一些适合自己的商品,因此,此类代金券还有开拓新客源挖掘潜在消费者的功能。折价实质上是商家利用消费者购物时的一种实惠心理所进行的促销,以此来把顾客吸引过来并刺激顾客的购买欲望,从而提升短期的销售业绩。

6)特价品策略

特价品定价策略又称为招徕定价策略,是把少数商品制定为特价或广告价,通过广告宣传来吸引顾客光临。当顾客吸进店后,可以利用连带推销、优质服务,使得顾客购买其他商品,增加营业额。

特价品策略是针对于顾客的求廉心理来制定的,求廉心理以追求商品价格低廉为主要目的,希望付出较低价格而得到较多商品。具有这种心理的顾客,对商品价格特别关注,而对商品的花色、款式、包装等不大挑剔。

实施特价品策略时,首先应保证用廉价品吸引来的顾客还会购买其他商品;其次是削价幅度必须有足够的吸引力,特价品要配以良好的、合理的推广宣传手段,才能够为店铺带来更多的顾客和销售额。

8.2.3 服装零售价格的调整

服装在零售过程中,经常会遇到竞争环境的变化、产品生命周期的影响、竞争对手的竞争等,所以价格随时需要进行调整。

1)价格的提升调整

(1)提价时顾客的心理反应

若只有个别店铺的商品提价,顾客会认为是商家为了多赚钱而涨价,因而会产生对店铺强烈的不满情绪,会拒绝购买提价商品,从而引起店铺商品销售额大幅降低。而当所有店铺对某种商品的价格全面上调时,顾客对缺少替代商品的必需品的提价会形成无可奈何的心理。顾客的这种心理,会使他们维持原有商品的购买数量。

有时,商品提价也会刺激顾客的购买热情。顾客有时会认为商品提价是因为销路好,货源少,现在提价仅是刚开始,以后还会继续上提,不可错失良机,应该尽早购买。出于上述心理,顾客会增加购买商品的数量,这也是形成抢购的原因之一。

(2) 提价的具体原因

应付成本上涨,这是店铺商品提价的主要原因;大批商品供不应求,如流感肆虐时期的口罩大涨价;改进商品性能后,成本增加;通货膨胀时,各种货品价格都上扬;商家为了保持盈利水平;竞争策略与竞争环境的影响;因为独占或垄断市场等。

(3) 提价的方法和技巧

一般来说,顾客对提价都抱有反感心理。

① 打消顾客对提价的反感心理。公开真实的成本,争取消费者的理解;进一步提高商品质量,让顾客认为确实物有所值;提高服务水准,让顾客能够享受到购物的乐趣;选择好的供应商,确保货品保值保量的供应。

② 提价的有利时机。当顾客都知道采购成本要上涨时,如国家规定原棉收购价格上调;换季是新品定高价,可对新上市的服装的定价比去年同期的高;年度交替时调高价位也不太明显,容易被接受;传统节日时,如春节前华服价钱提高,情人节那天的玫瑰花定高价。

③ 选择提价时应考虑的因素。商品在市场竞争是否处于优势地位;竞争对手的商品是否提价;注意提价幅度的大小,掌握好顾客能够接受的限度;部分商品在不同时期分别提价;在提价的同时附送一些具有吸引力的小赠品;实际上取消以前的折扣也相当于是部分提价。

2) 价格的下降调整

(1) 降价的心理反应

积极的作用。当店铺商品降价时,顾客会认为买了物美价廉的商品,形成满足感。另一种满足感是降价部分的金额可以用于家庭支出,可以买其他商品。顾客的这种心理,会增加对商品的购买热情,从而使降价商品销售量增加。不利的影响。有时顾客会对降价商品产生不同的理解,可能会认为这种服装的款式过时了,或是认为可能商品的质量有问题,或是认为商品降价说明这种服装不好卖,还会再降价,不如再等一等。顾客的这些心理,对降价商品的销售带来不利的影响,特别是新季货品刚上市不久就多次频繁降价,会对已经购买过货品的顾客造成非常不良的心理影响,有时甚至影响店铺或品牌的形象。

(2) 降价的原因

无论怎样仔细决定成本来制定价格，零售商还都要面对降价事实。与提价收到一些因素影响一样，降价也是由于多种因素造成的，有市场方面的、店铺内部的、经济方面的、其他社会因素方面的。但是最主要的有以下一些因素。

① 采购决策失误，过多采购特殊式样或选择错误的颜色搭配，服装都需要降价来吸引消费者；② 商品到货的时机不对，应季货品到货期推迟，耽误销售，店铺又没有及时加强促销扩大销售，造成了商品积压，这时，就必须考虑降价；③ 在强大的竞争者压力之下，店铺的市场占有率下降，迫使其降低价格一维持和扩大市场份额；④ 店铺的成本费用比竞争者低，可以通过降价来控制市场，或者通过削价提高市场占有率，从而扩大销售，获得更大利润；⑤ 最初销售价格可能太高不能产生购买动力，最终结果可能要降低销售价格；⑥ 重点的推广品的宣传、促销手段不得力，商品推销失败后，结果需要调整价格；⑦ 考虑竞争对手的价格策略、需求曲线的弹性、经济形势的突变等都会引起降价；⑧ 经济衰落对时装生意也有很大影响，如果食物和其他必需品无法完全满足时，顾客对时装就不那么在意了；⑨ 外界因素，不利的气候条件既不可预测，也不可避免。例如，如果十月份出奇地暖和可能不会使消费者去购买冬装，多雨凉爽的夏季将不会刺激消费者购买泳衣。服装商品被不可预见的季节性因素影响，每过一天，销售的机会便会减少一些。通常降价是增加商店营业额的必要手段。

(3) 降价的方法和技巧

降价的方法多种多样，应注意方法的选择和运用。

① 直接降价。直接降价是指在店铺直接降低产品的价格。常见方式有两种：一次性出清存货；自动降价销售。

② 间接降价。在很多情况下，可以选择适当的间接降价，通常有以下几种方法：增加额外费用支出，如馈赠物品；增大各种折扣的比例；在价格不变的情况下，提高商品质量，即用相同的价格，可以买到质量更好的商品。

(4) 选择适当的降价时机

选择适当时机，关键要看减价结果，如果商品还能顺利销售，店铺可以选择延迟降价；如果为刺激顾客，加速商品销售，可以采用早降价的政策。

当零售商发现下面问题时应及时降价：某服装系列款式产品在市场中销售时间很久，市场中消费者需求正出现严重的萎缩，意味着一个系列产品的流行周期即将结束；产品的销售周期太长。存货水平下降太慢，产品的市场吸引力不大；过处理需求不旺的存货来带动新产品销售；新产品急需上市，受到销售空间限制，需对货架上的过季产品及时处理。

(5) 降价的幅度

为了让商品销售得更快,降价幅度必须明显。降价必须对潜在顾客有明显的吸引力,不到20%的折扣很难吸引顾客。如:一件原价120元的裙子,现在是110元,则很少有顾客会很快决定购买。降价幅度的百分比通常依据其在销售季节已经卖了多久而定。比如说,早期降价可用一个较小的幅度,通常降幅为20%;在季末是再进行更大幅度的清货降价,季末降幅在30%~50%。降价比率计算可用下列公式:

$$降价比率 = 降价金额 \div 降后价格 \times 100\%$$

例如,一条裙子原价100元,降价30元,现价70元。其降价比率 = 30÷70×100% = 37.5%

(6) 不宜频繁降价

频繁降价会使顾客产生不良的心理反应。如果店铺频繁进行商品降价销售,顾客会以为降价销售的商品价格就是商品本身的价格。如果顾客对店铺形成频繁降价的印象,顾客就会觉得无所适从,不知何时购买合适,所以这样降价就失去了对顾客的吸引力。

8.2.4 服装标价与价格运用技巧

1) 服装标价的要求

(1) 对吊牌标价的要求

有的服装零售店,在降价时期,货品的标价标牌比较杂乱,贴在服装吊牌上的新价目签,经常由于店铺员工的工作疏忽二忘记贴或是贴后又掉了。经常在店铺的特卖车中见到同一款式的一模一样的两件衣服上的标价不同,这样会给顾客造成非常不好的影响。

(2) 注意价格所占位置

通常,廉价货品的价格标注应占标价卡的3/4位置,大众商店占1/3位置,高档商品占1/4左右。

(3) 价格标牌规格要讲究

一般来说,不同类型的商品可以采取不同的标价卡。有时店中店要受到商场的限制,因为大部分商场用统一的价格标牌。对廉价品可以加大标价卡的尺寸或使用醒目的色彩,例如为了强调价格便宜时,可以用红色标出,这样可以吸引顾客对价格的注意力。

(4) 注意副标题

对价格高的成套商品,可以增加商品名称副标题的内容。可以强化顾客对商品名称的心理感受,抵消价格数字的心理感受。

(5) 原价的处理方法

当商品的价格变动时,在商品标价卡上,凡现价低于原价,可以保留原价,并作取消原价符号,以示降价来吸引顾客(见图 8-1);凡现价高于原价,应将原价除去,以免刺激顾客。不能再标价卡上粘贴后再更改价格,这样会降低顾客对价格的信任感。

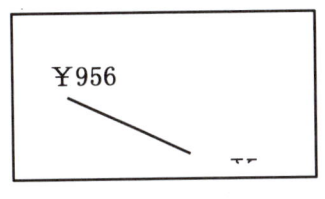

图 8-1 标价变动图

2) 服装零售价格运用的技巧

店铺在实际进行标价和摆放货品时,可采用不同的方式来提高商品调价后的销售效果,常用的方式有以下几种。

(1) 高低标价对比摆放技巧

① 不同商品标价对比。这样的标价技巧更适用于中高档商品,店铺可以将价格较高的同类商品与本店铺较低标价的商品对比摆放一同标出,使顾客容易发现明显的对比,容易激发顾客的购买欲。这样做既方便了顾客,又可以树立店铺的形象。

② 进销价格对比。店铺可以将商品进销价格对比标出,尤其是在商品价格普遍上涨时,随笔标出进销价格,可以减少各科的抱怨和不满,求得顾客的理解。

③ 原价现价对比。店铺还可以对降价商品采用现价和原价的对比,以吸引求廉心理的顾客。但要注意一定要标注清楚,如将原价用打叉符号表示已经作废,否则对于同一件货品上出现两个标价会引起顾客疑惑,造成不良后果。

(2) 单一价与组合标价

① 单一价格。店铺将许多不同种类、款式、型号的商品以单一的价格标出,可以免除顾客在挑选商品时常出现的价格心理负担。如在特价车里的货品都统一售价 50 元一件。

② 组合标价。是将相关配套的一系列商品采用配合成套方式统一标价,成套商品价格一般略低于单件购买的总标价。这样可以省去顾客成套购物时一物一价,可以给顾客一个总体的价格印象,也有利于附加推销的成功。

(3) 利用数字技巧定价

根据国外市场调查发现,在生意兴隆的服装店、超级市场当中,商品定价时所有的数字按其使用的频率排序,先后依次是5、8、0、3、6、9、2、4、7、1。这种现象不是偶然的,究其根源,从顾客的消费心理来讲,带有弧形线条的数字,如5、8、0、3、6、9等不带有刺激感,易为消费者所接受;而不带弧线线条的数字,如1、7、4等比较而言就不受欢迎。

(4) 明码标价

服装销售时的明码标价,是买卖公平的标志之一,也是工商管理部门的要求。明码标价可以不讨价还价,"不二价"、"谢绝还价",有利于消费者放心选购。尤其是在生活节奏更加快捷的城市和面对年轻一代的消费者,人们越来越不喜欢讨价还价。服装店打出"不二价"或者"谢绝还价的牌子",容易使消费者坚定购买的信心,尤其是对于信誉高、经营规模较大的商店,更适合采用这种方法。确定"不二价"的价格水平,既要考虑竞争环境,又要在消费者可以接受的范围之内。同时,"不二价"还有利于大型服装店的内部管理。

(5) 统一价格定价

全部商品只有一个统一的定价,能给顾客一个充分的挑选余地和心理的满足。对于一些低档次的服装,它的目标顾客对价格的高低十分敏感,于是,服装零售商可以根据销售成本和预期利润将店内的所有服装按照一个统一价格出售,在我国许多城市里,陆续出现了99元店、38元店甚至18元店,场面异常火爆,也说明了统一价格具有广泛的市场。

案例8.1

服装价格 "虚火" 烧到谁?

零售商看起来利润最大,其实一张价签背后是多重因素构成的价格虚火。消费者在商场里看到的价签上的价格往往是出厂价格的数倍。但这些数倍的利润并没有落尽零售商的腰包,这是因为服装从工厂到柜台,中间可能经历多重代理销售的环节,目前这每一个环节的毛利增幅在15%左右。代理商由于要承担库存压力,以及进入商场的扣点和各种杂费,所以代理商会将进价提高数倍之后进入零售终端。而零售商还要承担场租费、工人工资、库存积压损失风险等,所以零售商从貌似巨额利润中争取的只是一少部分利润。

在北京平民"时尚地标"之一的西单,专柜林立的大悦城里,放眼望去一件普通的

T恤动辄两三百元,一件品牌连衣裙打完折之后还要五六百元,甚至在主打平价"快时尚"的优衣库、H&M里,2010年99元能买到一条裤子,而2011年最便宜的一款也要149元,涨幅接近50%。而在"淘货一族"喜欢的西单明珠、华威,往年40~50元就能拿下的衣服,今年砍到70元老板就摇头了。

然而,在1000多公里外的中国纺织重镇无锡、杭州,不少服装生产企业却并没有因此而获得更多的利润。一位在服装业摸爬滚打了多年的业内人士透露,现在大概有30%的中小企业只能维持微利,能实现盈利的最多也就20%,主要是品牌企业。

王老板经营的服装公司生产的自有品牌衬衫主要通过超市销售。一件成本大约20元的衬衫,在超市里的标价是120~130元左右。和2010年相比,今年每件衬衫价格上调了15元左右,涨幅在15%左右。但是尽管价格有所上涨,销量有所增加,但是和去年相比利润却没有什么变化,现在勉强维持在6%左右。而且今年以来,仅工人工资的涨幅就达20%。

在王老板看来,劳动力价格上涨成了推高生产成本的重要因素。

继去年全国多省市宣布调高最低工资标准之后,普通企业今年的用工成本正在迅速提升。以杭州市为例,4月1日新调整之后,月最低工资标准从去年的1 100元/月涨到1 310元/月,提升了210元,涨幅接近20%。这个涨幅几乎成了今年人工成本上涨的标杆。

杭州某服装公司总经理方先生最近已经开始为秋冬羽绒服备货。2011年人工价格在65~120元/件,而2010年的平均水平则是45~80元/件。一件标价1 000元的羽绒服成本大致在300元左右,按这个计算,人工成本在总成本中的占比甚至能到1/3。目前在杭州一个技术熟练的工人月薪能开到3 000元以上,而就这样,招工仍然十分困难。实际上,造成招工难的主要原因是,一些工人干脆就在老家开一个厂,不来打工了,还有一些熟练的技工他们不愿意和工厂签订长期的合同,只做临时的工作,哪里出价高就去哪里。所以有些规模小的企业为了不停工,硬着头皮也要用他们」。

而原材料价格则是另一个推动价格上涨的因素。

在业内人士看来,今年夏装价格普涨与2010年下半年棉价暴涨有直接的关系。

2010年5月底,棉价约为12 500~13 000元/吨,到第四季度,棉价最高时达到了32 000元/吨,涨幅超过2倍。尽管棉价自今年开始有所回落,但目前也在22 000元/吨左右。不少企业2011年的春夏装原料则是在棉价高位的时候购买的,而夏装以棉布为原料居多,因而构成了这一季服装涨价的基本动因。

尽管原材料在上涨、劳动力成本在上涨,但是这两项生产企业最叫苦的涨价幅度却并不能完全覆盖成品服装标价牌上的数字涨幅。

一家女装专柜的销售主管赵某则表示,消费者在商场里看到的价签上的价格往往是出厂价格的数倍。这是因为服装从工厂到柜台,中间可能经历多重代理销售的环节,目前这每一个环节的毛利增幅在15%左右。代理商由于要承担库存压力,以及进入商场的扣点和各种杂费,所以代理商会将进价提高数倍之后进入零售终端。

就这样,一件从工厂出门不过30元的衬衫,辗转到了省级代理商手中可能变成了40元,等流入市一级的代理商时,价格已经能涨到60元。然而它们会以什么样的价格被消费者买走,还要看这些服装最终到达的零售终端。业内人士表示,加价多少最终由品牌知名度决定。"一般品牌可能加价率在5倍左右(即进价×6),知名品牌甚至能达到10倍,国际顶级品牌更是高达几十倍。除此之外,不同的零售终端也会影响加价率。例如一般社区商场的零售价格就低于闹市商圈。最后这件衬衫的价格可能会到300元~700元区间。

零售商看起来利润最大,其实商场才是最终的赢家,为了保持人气,商场经常要举办促销、减价活动,这些折扣都要零售商买单,不把价格标高一些,利润率会直接受到影响。据她透露,目前标价的惯性上涨幅度在30%左右。

形势迫涨、惯性追涨,一张价签背后是多重因素构成的价格虚火,给服装零售企业带来的是生死关的险境。

以服装消费重地上海为例。据上海服装行业协会统计数据显示,2011年5月上海十大商场服装大类商品共销售96.5万件(套),同比下降28.6%。其中占据销售份额约1/3的女装2011年5月末累计销售量为195.2万件(套),同比减少8.8万件(套),同比下降4.3%,但是销售额9.93亿元,同比增长21.1%;平均销售价格为508.5元/件(套),同比增长26.5%。

显然,部分品牌服饰公司从这轮价格上涨中尝到了实际的甜头。品牌服装对生产企业有很大的议价能力。年零售价格普遍上涨10%~30%,但是品牌服装公司付给生产商的加工费用并没有相应的增加,在生产环节的费用上涨基本上要靠生产企业自己来消化。品牌服装公司有品牌,在服装业品牌决定价值。所以他们在销售环节能够几倍甚至十几倍加价销售,这样的企业才是真正从这轮价格上涨的行情中获利的。

面对商场里的"高物价",不少精明的消费者选择转投网络消费。

这个趋势从网络服装销售的火爆数据中可以得到印证。淘宝网发布的数据显示,目前女装排在交易份额的第一位,占比达到了10%以上。男装、女鞋也在10名以内。而2010年,在淘宝网上成交的女装份额已经达到了383亿元。而包括麦考林、梦芭莎在内专门做服装网站的更是受到热捧。前者在美国上市,后者也拿到了8位数的风投。

如果不讲究牌子的话,几十元一条的连衣裙并不少见,如果不讲究当季的话,一些品牌服装也能以3~4折的价格买到。这些交易数字背后,已经形成了一个几近完善的供应链。

从面料到销售,方先生过去两年间把这整个供应链"走"了一遍。除了规模比较大的几家有实力的网络服装运营商有自己的合作工厂之外,大部分普通销售服装的网店还是在传统的批发市场渠道进货。

据了解,出厂成本价为90元的同款连衣裙,网店可以以120元的价格拿到,之后网店以190元的价格卖给在东莞的经销商。而这条最终出现在东莞某商店柜台的裙子标价已经是400元以上了,即使打7折,也要280元。遇到"爆款"(最畅销单品),有时一个大网店的出货量能相当于一个省级代理商的出货量。

和网店合作成了不少中小型生产企业维系生存的途径之一。生产环节的成本上涨压力较大,面对大的品牌合作商又没有议价能力,出路之一就是加快自己的资金周转速度。

即使是这样,现在也是低于200元的服装是销售状况最好,价格再高销量也不行了。市场上一般品牌的加价率是6倍到10倍,但是网店的平均加价率仅为1.0~2.5倍。所以即使走量很快,没有规模优势、品牌优势的中小型生产企业利润仍然很薄,现金流都绷得很紧,一不小心就会垮掉。

难以预期的原料价格和劳动力上涨前景,未来肯定还有一批中小生产企业会倒掉。

问题:
(1)本案例中反映出来服装零售价格骤涨都受到哪些因素的影响?
(2)服装零售商如何在服装零售产业链中争取最大利润?

解答:
(1)本案例中反映出来服装零售价格骤涨,首先是劳动力价格上涨成了推高生产成本的重要因素,其次与棉价暴涨也有直接的关系,第三中间经历多重代理销售的环节也从中分取了大量利润,造成零售商进货成本居高不下,最后零售终端房租上涨、各项费用增加,造成服装零售价格骤涨,而零售商匆匆获取的利润并没有想象的那么大。

(2)在服装业中品牌决定价值。所以有品牌的的服装在销售环节能够几倍甚至十几倍加价销售,这样的企业才是真正从价格上涨的行情中获利。

理论依据：

价格是服装零售过程当中消费者购买服装时所要考虑的重要因素。价格制定的合理与否，不仅关系到服装零售商的市场竞争力、盈利与亏损，也关系到消费者的切身利益。几个是影响消费者购买心理和行为的重要因素。

服装产品的价格往往受到企业内部因素和企业外部因素的影响。企业的内部因素包括：成本因素、产品因素、渠道因素和促销因素；企业的外部因素包括：供需状况、替代品价格、国家政策等。

企业制定价格，主要有以下几种目标：以获取最大利润为目标、取得预期的投资报酬率为目标、扩大销售或市场占有率为目标、有利于市场竞争为目标、回收资金为目标、促进整体销售为目标。

核心难点：

（1）在市场经济中，企业都是市场价格的适应者而非操纵者，因此企业的所有营销工作都必须围绕市场价格这一主题展开。企业要实现赢利目标，不仅要为消费者提供满足其需求的产品，也要制定出消费者接受的价格水平。因此，营销人员必须认识到，决定服装价格的不是成本，而是市场。消费者对服装价格的理解和看法往往比其价格本身的高低更重要。

（2）在确定了定价目标，了解了影响商品定价的因素之后，进一步的工作就是依据一定的方法确定货品的价格。鉴于成本、需求、竞争等多方面的影响，零售商在具体定价时，事实上往往只侧重于某个方面，这样就形成了不同的定价方法，主要有成本加成法、售价加成法、目标收益定价法、理解价值法、随行就市定价法、收支平衡定价法等。

零售商出于对管理、迎合顾客、促销、竞争等的需要，常会对其价的方法及水平进行策略性的调整，以适合整体零售战略。其中包括新品新价策略、毛利率策略、心里定价策略、价格空间策略、折扣定价策略、特价品策略等。

服装在零售过程中，经常会遇到竞争环境的变化、产品生命周期的影响、竞争对手的竞争等，所以价格随时需要进行调整。

学习思考：

（1）网络服装销售火爆，价格便宜，传统服装零售商如何应对这一趋势的竞争？

（2）品牌服装销售价格高，获利能力强客户稳定，是不是今后服装行业发展趋势都是做品牌，物美价廉的非品牌销售前景如何？

（3）服装零售商如何在涨价大潮中更多获取自己的利益？

本章小结

价格是服装零售过程当中消费者购买服装时所要考虑的重要因素。价格制定的合理与否，不仅关系到服装零售商的市场竞争力、盈利与亏损，也关系到消费者的切身利益。价格是影响消费者购买心理和行为的重要因素。

服装产品的价格往往受到企业内部因素和企业外部因素的影响。企业的内部因素包括：成本因素、产品因素、渠道因素和促销因素；企业的外部因素包括：供需状况、替代品价格、国家政策等。

企业制定价格，主要有以下几种目标：以获取最大利润为目标、取得预期的投资报酬率为目标、扩大销售或市场占有率为目标、有利于市场竞争为目标、回收资金为目标、促进整体销售为目标。

在市场经济中，企业都是市场价格的适应者而非操纵者，因此企业的所有营销工作都必须围绕市场价格这一主题展开。企业要实现赢利目标，不仅要为消费者提供满足其需求的产品，也要制定出消费者接受的价格水平。因此，营销人员必须认识到，决定服装价格的不是成本，而是市场。消费者对服装价格的理解和看法往往比其价格本身的高低更重要。

在确定定价目标，了解了影响商品定价的因素之后，进一步的工作就是依据一定的方法确定货品的价格。鉴于成本、需求、竞争等多方面的影响，零售商在具体定价时，事实上往往只侧重于某个方面，这样就形成了不同的定价方法，主要有成本加成法、售价加成法、目标收益定价法、理解价值法、随行就市定价法、收支平衡定价法等。

零售商出于对管理、迎合顾客、促销、竞争等的需要，常会对其价的方法及水平进行策略性的调整，以适合整体零售战略。其中包括新品新价策略、毛利率策略、心里定价策略、价格空间策略、折扣定价策略、特价品策略等。

服装在零售过程中，经常会遇到竞争环境的变化、产品生命周期的影响、竞争对手的竞争等，所以价格随时需要进行调整。这其中有价格的提升调整、价格的下降调整，不管是提价还是降价，都需要注意方式方法，既要吸引新的顾客，又不能让老顾客感觉吃亏上当。

服装标价与价格运用是非常具有技巧性的，因此要注意高低标价对比摆放技巧、单一价与组合标价、利用数字技巧定价、明码标价"不二价"、统一价格定价等技巧的运用。

进入服装店的每一位顾客都希望以最便宜的价格买到最有价值的服装，因此讨价还价在服装零售中是非常正常的事。顾客讨价还价一般是基于下面三种情况：一是品牌与另外的品牌相比较的比价，认为该服装定价太高，不能接受；二是习惯性地认为服装销售者定价本身留有余地，就应该讨价还价；三是货比三家认为某服装价格偏高，要求还价。因此还要学会如何应对顾客关于要求降价的诉求的技巧。

本章习题

1. 思考题

(1) 影响服装定价的因素都有哪些？

(2) 服装定价的目标是什么？

(3) 服装零售定价方法都有哪些？

(4) 服装零售定价策略都有哪些？

(5) 服装零售价格的调整都有哪些？

2. 名词解释：

(1) 服装商品的比价。

(2) 服装商品的差价。

(3) 成本加成法。

(4) 目标收益定价法。

(5) 理解价值法。

(6) 差别定价法。

3. 简答题：

(1) 简述什么是新品新价策略？

(2) 简述什么是毛利率策略？

(3) 简述什么是心理定价策略？

(4) 简述什么是价格空间策略？

(5) 简述什么是折扣定价策略？

(6) 简述什么是特价品策略？

参考文献

[1] 孙菊剑. 服装零售终端运营与管理[M]. 东华大学出版社，2009.

［2］王建四.服装应该这样卖(升级版)[M].北京大学出版社,2010.

［3］齐世春.服饰促销实战攻略[M].企业管理出版社,2011.

［4］贾小艺.别卖衣服,卖美感——种全新的服装销售模式[M].北京大学出版社,2011.

［5］王士如.服饰店铺"三手"协作销售模式[M].机械工业出版社,2009.

［6］戴春华.服饰如此卖遍天下[M].广东省出版集团图书发行有限公司,2010.

［7］刘小红,等编.服装市场营销(第三版)[M].中国纺织出版社,2008.

［8］王鸿霖.服装市场营销[M].北京理工大学出版社,2010.

［9］樊丽丽.服装零售与服装店经营全攻略[M].中国经济出版社,2010.

［10］王晓云,李宽,王健,等.服装零售学(第2版)[M].中国纺织出版社,2010.

第 9 章 服装零售促销组合

学习目的、要点：

1. 了解服装零售促销的概念、促销组合要素；
2. 掌握服装零售促销的特点、分类与应用；
3. 了解服装零售 POP 广告的制作方法与应用；
4. 掌握服装零售营业推广的方法与应用。

现代服装零售企业的经营活动的成果，不仅有赖于正确的商品策略、价格策略和服务策略，更需要利用有效的促销方法，开展有目的、有组织的促销活动。因为要促进服装产品的销售，不仅仅是要开发适销对路的优质产品，制定有吸引力的产品组合用适当的渠道提供给顾客，还需要将产品的信息及时传递给潜在顾客，激发消费者的购物欲望，从而扩大该企业的消费群体，这样才能达到促进服装产品销售的目的。所以服装零售促销组合是服装零售管理的重要组成部分。

9.1 服装零售促销策略

9.1.1 服装零售促销的概述

促销，是指卖方为了向消费者传递产品和服务的有关信息、激发消费者的购买欲、增强顾客消费行为、扩大商品销售而进行的一系列沟通、引导和激励等工作。

服装零售促销，是指服装零售企业为了将商店、商品、价格和服务等有关企业任何方面的信息传递给消费者，使其接受并采取购买行动而进行的一切沟通联系活动。在当前激烈竞争的服装零售市场环境中，即使服装零售企业的商品质量上乘，价格合理，服务周到，商店设施齐备，装潢高级，然而如果不能让消费者充分地认识服装商店或理解其服装的风格和品牌形象等商品信息及服务，同样达不到最好的吸引效果。服装零售商要吸引消费者，创建竞争优势，更重要的是与现有顾客及潜在顾客不断地沟通，向顾客提供商店地点、商品、服务和价格方面的信息，通过影响顾客的态度与偏好说服顾客光顾商店，购买商品，使顾客对商店形成良好的印象。通过一系列有效沟通的促销活动，服装零售商吸引顾客进入商店，完成企业的目标。服装零售企业在销售活动中，如何通过充分的信息沟通来达到扩大销售的目的，这是服装零售促销管理的中心问题。

9.1.2 服装零售促销的组合要素

服装零售促销组合的基本要素有：广告促销、营业推广、公共关系和人员推销。促销组合决策指的是服装零售企业如何有计划、有目的地把四种促销方式统一调配起来，合理综合运用形成一个完整的促销策略。

服装零售企业进行广泛的促销计划通常包括以下内容：增加销售；激发消费者购物的冲动性和提示性购买；增加客流量；支持销售人员的工作；展示和加强服装零售商的形象；把商品和服务告知顾客；宣传新的店址和网址；利用服装制造商的支持而获利；增进顾客关系；保持顾客忠诚；使顾客向亲朋好友传递零售商企业的正面信息等。服装零售企业在选择促销组合方式的时候，必须决定这些目标中那些是最为重要的，有必要清楚地阐明自己的目标以选择促销类型、媒体以及传递的信息。比如，建立舒适的服装卖场休息区的目的之一是吸引带配偶或朋友的顾客，这些顾客可以不受干扰地轻松购物，又能及时获取配偶或朋友的选购意见，更多的增加销售机会。

9.2 服装零售广告

9.2.1 服装零售广告的概述

零售广告，是零售商与顾客沟通的方式之一。作为商品促销的手段，广告的效果是很大的。因此近年来，零售企业越来越多地利用各种广告形式进行与顾客沟通，并且获得明显的效果。广告已成为零售企业最主要的促销手段。在美国服装零售商的广告占其销售额的百分比达 6.6%，其广告占利润的百分比为 16.7%。[1]

服装零售广告，是确定的服装零售商以付费的非人员的方式，向最终消费者提供

---

[1] 数据来源：Schonfeld & Associates. Copyright Crain Communications Inc.

关于商店、商品、服务、观念等信息，以影响消费者对商店的态度和偏好，直接或间接引起销售增长。

与其他促销广告相比，零售广告的优点体现在传播范围广，可以吸引大量的公众（POP广告除外）；可供选择的媒体较多，可以与其他促销方式有效配合；零售商可以控制信息内容、图像、时间和大小（或长度）；广告内容的生动活泼及表现方式的灵活，容易引起公众注意；广告使顾客在购物前就对零售商及其产品和服务有所了解，这使得自助服务或减少服务成为可能。

服装零售广告的特点如下：

(1) 强调及时性

服装本身具有比较强的季节性和流行性，所以服装零售广告特别强调时间性。服装零售商都是在各种新款上市的短期内就登出广告，力求顾客即时购买，以促进销售。而服装制造商的广告更多的关注培养消费者对公司品牌的好感，偏向提高其品牌知名度和美誉度，对具体商品的关系反而不太明显，并不强调顾客即时购买。

(2) 强调地区性

由于每家服装零售店的主要顾客基本上集中在商店周围，范围都是有限的，所以其广告都是集中在目标顾客所在商圈做。如北京的服装零售商店的服装再好，广州的消费者也不可能去买，没必要做全国性的广告。即使有些连锁服装零售商在国内各地区有分店，他们也很少做全国性的广告宣传。而服装制造商就没有商圈范围的限制，多采用全国性广告。

(3) 强调价格

服装零售商有时并不关心顾客购买哪种品牌（有些服装零售店会同时提供多个制造商的产品），只是希望顾客能够从他的商店购买，所以除了服装本身的可用性外，服装零售商的广告重点是突出所销售的服装的价格动态，目的是以优惠价格吸引消费者前来购买。而服装制造商往往并不关心顾客以多少价格在哪里进行购买，只要他们购买他们的产品即可。制造商的广告很少提到价格，而更多的是强调所生产的服装的风格、款式、颜色等性能，目的是使消费者了解该公司的服装会给消费者带来的可用性。

(4) 强调低成本

由于服装零售商店销售的服装不是零售商生产的，而且服装商品种类繁多，所以零售商很少进行大手笔的广告宣传，制作的广告多为低成本，而且面向短期结果的零售广告，因为覆盖的产品范围比较多，往往会显得很杂乱。由于制造商和批发商需要借助零售商实现商品销售的目的，因此，零售商常与供应商合作做广告，两家分摊广告费用，降低成本。而制造商都是自己生产、产品单一，为了打响名牌，可以不惜重金做广告，并只集中于一个单独的主题，如某服装制造商在中央电视台体育频道某黄金时段播放的广告费为 3.2 亿元的天价。

9.2.2 服装零售广告的分类

1. 按照其推广目标来分

1）长期声誉的广告

建立长期声誉的广告是一个服装零售商通过推销商店自身（而不是商店的产品）而试图获得长期收益的一种广告。通过这种广告，服装零售商将为自己在消费者的脑海中建立起一种积极的形象。使用建立长期声誉的广告的服装零售商往往试图建立起两个长期的推广目标：建立一种积极的商店形象和促进公共服务。

第一个长期目标是在消费者的脑海中建立，或者加强零售商希望传达的相对其竞争对手的积极的商店形象。服装零售商通过提供一种区别于其他零售商的明确的积极的形象来获得差别优势，以此希望于顾客建立长期的关系。比如，当消费者想到万象城 SHOPPING MALL 的时候，就会想到设计优美的服装商店布局和所提供的周到服务以及很有帮助的、知识丰富的销售人员。而这种类型的广告也会在短期内对零售商带来帮助，例如，某个消费者打算为一个特殊的场合购买一套有品位和特殊意义的服装，而零售商广告恰好建议了一个"完美装束"的构想。当前，当消费者在购买服装时，商店的推广努力是消费者选择该店的一个重要决定因素。

第二个长期目标是在公众面前突出的是零售商的名称而不是强调其服装和服务的销售。零售商通过资助公益广告、捐助等行为让消费者认为该零售商是社会的好榜样。

2）促销性广告

促销性广告是指通过将服装产品的独特性、实用性或价格作为卖点来支持短期业绩。最常见的促销性广告的目标是增加现有顾客的光顾和吸引新的顾客。

服装零售广告按照其付款方式来分，可分为纵向联合广告和横向联合广告。

① 纵向联合广告。在纵向联合广告协议中，服装制造商和零售商或者批发商和零售商合作做广告。它对于服装零售商的有点是降低广告成本，得到制作广告的支持，更大的市场覆盖面以及最短的计划时间。其缺点是对广告的控制力降低，灵活性和特色不足。

② 横向联合广告。在横向联合广告协议中,两个或两个以上的服装零售商一起做广告。通常情况下,同一个购物中心内的服装零售商或者某一服装品牌公司的各个代理商最常用这种方式。其中比较突出的优点是加强了零售商们与媒体的讨价还价能力和多个零售商一起努力的协同效应。

2. 按照其投放媒体的方式不同来分

1) 印刷媒体广告

印刷媒体类广告包括报纸、杂志、招贴、传单、商品说明书、商品价目表、商品目录、内部通讯、包装纸(盒)、广告牌、邮寄广告、电话号码簿等。企业常选择的有如下印刷媒体类广告:

(1) 报纸广告

是服装零售中最常用的广告媒体。

① 报纸媒体广告的优点:a. 受众区域明确,大多数服装零售商都是为了吸引当地的经营区域;b. 制作成本和技术较低,这对小型服装零售商来说是比较有帮助的;c. 信息传播及时;d. 权威性;e. 广泛性。

② 报纸媒体广告的缺点:a. 不能保证消费者仔细阅读广告,甚至无法保证他们看到零售商的广告,而且报纸上刊登的广告多二散乱,使消费者注意力被分散;b. 报纸的保留时间比较短;c. 报纸具有较差的印刷质量,从而导致广告的吸引力较小。

(2) 杂志广告

相对来讲,较少当地的服装零售商在杂志上投放广告,除非杂志只是当地发行的。只有那些覆盖全国范围的服装零售商会将部分广告预算分配在杂志上。通常,这些服装零售商品牌在杂志上发布的广告是以建立长期声誉为目的的。

① 杂志广告的优点:a. 拥有较高的印刷质量,更能吸引消费者的注意;b. 针对性强,具有明显的读者选择性;c. 保存期长,传阅率高,杂志是所有广告媒体中生命周期最长的媒体。

② 杂志广告的主要缺点:具有较长的提前期要求,时效性比较差,读者范围不如报纸广泛。

服装零售商在选择杂志媒体时需要注意其广告的时效性和针对性。不同风格的服装要选择在不同的目标顾客所关注的杂志上刊登。如女性服装可以选择《VOGUE》《ELLE》等在女性中比较有影响力的杂志,时尚男性服装可以选择《男人装》等时尚男性喜爱的杂志,商务男装可以选择《航空杂志》《哈佛商业评论》等商务男士经常阅读的杂志。

(3) 直接邮寄广告

直接邮寄广告对服装零售商的促销战略的一个非常强有力的补充。通过直邮，服装零售商可以非常精确地将其广告语针对特定的消费群，只要存在目标人群的邮件或邮寄地址即可。比如，某服装零售品牌使用客户数据库，为近 300 个目录和推广性邮件选择目标顾客。虽然顾客都会受到该品牌的一个圣诞节目录，但是只有那些最近购买了男士套装的顾客，才会受到一个宣传衬衫和领带的卡片。这些消息可以到达消费者，而且不会被竞争对手注意到。

① 直接邮寄广告的优点是：a. 针对性强，因为这些信息都是零售商公司为特定人群专门设计制作的；b. 独立性，因为每一个直邮广告都是单独出现的，容易引起消费者的注意。

② 直接邮寄广告的缺点是：a. 直邮广告相对比较昂贵，有的时候因为客户数据库不是最新的，那么直邮的广告费用会被浪费掉，有时到达不了我们的目标顾客；b. 不适当的直邮或垃圾邮件给消费者带来不愉快，从而失去了广告的效益。

2）电波媒体类

电波媒体类的广告主要有电视、广播电台、网络媒体等。

(1) 电视广告

如今越来越多的服装零售商正在转向电视广告，并将它作为在市场中建立形象或地位的一种途径。研究表明，随着时间的推移，相对于电台等媒介的口头广告语来说，图像能够更好地保持在消费者的头脑中。

① 电视广告的优点是：a. 广泛的覆盖面，消费者在电视机前休闲所花费的越来越多，当前有线电视的广泛发展也使得电视更加受到小型的当地服装零售商的青睐；b. 展示效果好，电视广告表现手法多样，呈现出来的图像效果生动、形象、具有感染力，给消费者带来感性和感知的影响。

② 电视广告的缺点是：a. 价格昂贵，往往五六个设计优秀的电视广告可能会用掉所有的广告预算；b. 争取电视观众的注意力的竞争非常激烈，"更换频道"已经变成一个非常重要的问题。

(2) 广播广告

许多服装零售商喜欢使用电台，因为它可以将广告语面向有选择性的消费群。零售商可以通过各种音量和类型的声音，来制作独特的、富有吸引力的广告语，向当前和潜在的消费者介绍其服装零售店及其形象。

① 广播广告的优点是：a. 广泛性和及时性。广播传播速度快，能在很短的时间内

就把信息传递给消费者；同时广播传播普及面广，每个电台往往吸引不同年龄段的人群。比如现在的有车一族是收听广播的主要人群之一，他们在工作时间或者上下班的路上都会经常收听电台。b.灵活性。当前广播的便携性加强，使得听众随地都可以收听。c.权威性。许多广播电脑听众已经形成了较强的倾向性，非常信赖他们所喜爱的电台播音员，他们认可的服装零售商往往给听众留下深刻印象。

② 广播广告的缺点是：a.信息不容易保持或者再次参考。电台广告（特别是那些缺乏创造性的广告）并不像打印出来的媒体广告那样印象深刻，往往容易被遗忘。b.缺乏创意性。因为电台是非可视性的，因此有效地演示或者展示广告的商品是不可能的，让消费者印象不深刻。

所以，在设计广播广告时要简明扼要，关键信息需要反复广播，适宜用易于理解、情感丰富的通俗化语言，为服装零售商的活动信息做广告；因为电台的非可视性，不适合为推广某些服装产品设计风格或款式等信息。

(3) 互联网广告

互联网对服装零售商的推广起到了非常重要的作用。目前互联网的用户在快速增长，互联网对消费者的生活影响越来越大。互联网广告的关键方面在于它向消费者提供信息的能力。比如，服装零售公司可能希望在其网站中给在线的消费者提供广告的样品，如盖普（www.gap.com）；也有服装零售公司可能希望使用促销，如淘宝商场（tmall.com）中的服装零售商有时使用的在线优惠券；服装零售公司也可以使用一些论坛或者社区共享有关优秀商品或零售活动的特定信息（通过新闻稿或署名文章等形式）等。

① 互联网广告的优点是：互联网给服装零售商提供了一个平台，可以利用相对低成本的综合营销沟通组合。因此，通过增强其形象，给消费者提供各种专业化的信息。

② 互联网广告的的缺点是：a.互联网广告的普及性还在进一步发展中，特别是一些中老年消费者群体；b.互联网信息发展时代，因为互联网的垃圾网站和某些不良行为的影响，使得消费者对互联网的信任度有待进一步提高。

3）其他媒体类

其他媒体类广告有交通工具及站台、气球、电子广告牌、购物指南等。这些方案最好用来作为对其他媒体的补充，但是不要专门依赖于这些媒体，除非服装零售商的广告预算实在太小。

9.2.3 服装零售广告的制定

服装零售广告是公司总体战略中的一部分,制定服装零售广告活动是一个包含六大步骤的过程:选择广告目标、制定预算、设计广告语、选择采用的媒体、广告期安排、评价结果等。

1)选定广告目标

服装广告目标应当遵循服装零售商的推广目标,选择的推广目标取决于服装零售商的目标市场。通常情况下,服装零售商使用的目标包括:提高短期商品销售;增加服装零售商店的客流量;建立或加强服装零售形象;告知顾客关于其产品、服务或公司的特性;方便服装零售公司的销售人员的工作;开发对公司自有服装品牌的需求。

2)广告活动预算

一个好的服装零售广告活动将要求一些本来可以用在其他领域(如更多商品或者更高的雇员工资)的资金花费在广告上来,并能带来销售额的增加,进而增加利润,商家的利润又可以用来为零售商的其他活动提供资金。在制定预算时,零售商首先需要确定广告的付款方是谁——即:零售商是唯一的发起人,还是它将得到其他零售商或制造商的联合支持。

(1) 只有零售商的广告活动

如果只有服装零售商决定独自开展广告活动,零售通常使用下列方法来确定广告活动上所花费的资金量:支付能力方法、销售额百分比方法、任务与目标方法。

① 支付能力法。这种方法一般适用于一些小型的服装零售商,在任何给定的预算期间内,将它们可以负担得起的资金用于广告。这可能会导致广告经费不足,或者预算与实际需求不匹配,然而一些小型服装零售商面临财务约束的情况下,除了使用这种方法外别无选择。

② 销售百分比法。零售商将预计销售额的某个百分比用于广告预算中,所使用的销售额百分比常常由行业数据或者该服装零售企业的历史广告预算确定的。销售百分比方法为零售商提供了一种可控的、一般来说负担得起的金额,如果得到明智地使用,他可以在实践中取得很好的效果。比如服装零售企业的资金在过去的几年中花费适当,而且在每一个月里都与期望销售额相关,那么销售额百分比方法将能够取得很好的效果。

③ 任务与目标法。是广告引导销售额或者其他财务业绩。通常情况下,零售商制定广告目标,然后确定实现这些目标需要执行的广告任务。对每一个任务,需要估

计出执行任务的相关成本,将所有的成本汇总起来,那么该服装零售商就得到了广告预算。

(2) 合作式广告活动

有时零售广告费用会有其他零售商支付该零售广告活动的部分或者全部费用。

① 纵向合作式广告。 使得零售商和其他渠道成员能够共同分担广告费用。 对于零售商来讲其最大的优点是,广告费用的大幅降低,但是往往其他渠道成员(比如供应商)通常会对广告内容进行控制,其目标可能不同于零售商的目标,这样反而是零售商承担了供应商的广告成本。 因此在纵向合作是广告活动中,零售商必须确定它们是否能够从投入中获得更好的回报,或者通过独立负担广告成本,或许可以使它们更好地实现这些目标。

② 横向合作广告。 是两个或者多个零售商合作,共同分担广告成本时进行的广告。 这种做法往往使得一些小型的零售商在购买广告时具有更大的谈判能力(相对它们自己购买而言)。 如果管理得当,可以给所有参与的零售商带来很大的商店客流量。 某些大型的购物中心的服装零售商们经常联合,针对某一特殊主题事件通过各种媒体进行宣传。 比如,杭州下沙百联奥特莱斯购物中心举办"周年庆特别晚会",提供折上再八折、幸运抽奖、亲子游艺活动、丰富的艺术节目的等活动,这样购物中心给各个服装商店吸引来了更多的客流量(相对于零售商以同样的成本单独宣传来说)。

3) 设计广告语

开展广告活动的第三个步骤是设计一个具有创新性的广告标语,并选择一种能够使得服装零售商达到其目标的媒体。 具有创新性的广告语往往能获得消费者的快速响应,并且具有较短的生命周期,所以广告语的创新性对零售商来讲非常重要。 通常具有创新性的广告语应当努力达到三个目的:一是吸引并保持注意力;二是实现广告战略的目标;三是避免任何错误,特别是法律错误。

4) 媒体选择

要选择最适合的媒体,服装零售商们必须要记住各种媒体的优点和缺点,并且还要确定被考虑的各个媒体的覆盖面、延伸范围、频率和广告效果。

① 覆盖面。 是指理论上媒体可以到达的零售商目标市场中消费者的最大数目——并不是实际延伸到的数目。 比如,某报纸发行给某服装零售商经营区域中的2万家庭的70%,那么理论覆盖面将是1.4个家庭。

② 延伸范围。 是指接触广告语的目标消费者的实际总数。

③ 广告频率。是在一段给定的时间区间中,被延伸到的各个人所接触到广告的平均次数。

④ 广告效果。是指广告给人留下的印象的程度,以及它最终在多大程度上导致消费者购买。

5）广告期安排

它是指零售商应当安排在什么时候向消费者发布广告。广告应当在一天的什么时间、每周的第几天、每月的第几周以及每年的第几月出现。对于服装零售企业来讲,往往根据不同的广告目标进行有效安排。

通常情况在安排的过程中需要考虑以下一些情况:a.广告出现的日期应当略微提前于消费者最可能购买的日期;b.广告应当集中在人们拿到工资的时间;c.如果零售商只有有限的广告资金,那么它应当将广告集中在需求最高的时候;d.零售商应当将广告时间安排在能够延伸目标最集中的时间或日期。如,现在一些小型的零售商开始发现某些深夜电视广告的优势;人们购买某类服装的习惯性程度越高,广告提前于购买时间的时间久应当越长。比如,人们总是在天气转冷的冬天开始去选购羽绒服,这个习惯比较稳定,所以羽绒服的广告完全可以在秋天的时候就可以开始了。

6）广告评价

一般来讲,广告的效果取决于广告设计和广告决策的质量,只有零售商有效的制定了广告计划,才能够做出优秀的零售广告决策。对广告促销的评估分为两个方面,一是广告的经济效果评估,二是广告心理效果评估。

① 广告的经济效果评估。主要通过比值法和比率法来衡量。比值法是以广告活动前后销售量变化和广告支出数据来测量,用来评价媒体广告费用对销售的增益程度。比率法是用来评价广告计划期内,广告费增加对商品销售额增加的影响。广告费增加率越低,销售额增加率越大,广告效果比率就越大,广告效果就越好。

② 广告的心理效果评估。目的是了解广告在知晓度和偏好方面产生的具体效果。通常通过广告知晓度和广告了解度两个方面来评估。广告知晓度是指消费者通过多种媒体知晓某广告的比例。广告了解度是指消费者通过多种媒体深入了解某则广告的程度。

9.3　服装零售中的 POP 广告

当今繁荣发展的社会,使商品的流通已经从传统的制造——零售——消费者之间单向买卖模式，演变成卖场与顾客的双向互动消费行为，而在这交易平台担当媒介角色的就是所谓店头的 POP 广告。

9.3.1 服装零售 POP 广告的概述

(1) POP 广告的定义

POP 是 Point of Purchase Advertising 的首字母缩写，所代表的意义为"购买据点的广告"。广义的来讲，就是在卖场所有能够促进销售的广告物体，都可以称之为 POP 广告。如店铺中的宣传海报、吊旗、宣传画册、各种标牌等。

(2) POP 广告的作用

卖场的 POP 是最直接、最能促进销售的最终广告，其主要目的是将完整的商品信息传达给消费者，帮助消费者在购物时进行比较选择。除此之外，它的作用还有：a. POP 广告就好像无声的销售员，可以弥补卖场人员的不足；b. POP 广告可以搭配零售商的整体性推广活动及卖场本身的促销活动，提高商品形象和增加营业额；c. POP 广告随时为消费者做商品信息的传递，获取顾客的信赖；d. POP 广告可搭配中长期的商品计划和广告计划，以达成卖场的营运目标；e. POP 广告可以使消费者了解卖场特有风格和经营理念；f. POP 广告可以促使消费者对商品的注目与理解性，提高购买欲；g. POP 广告传达商品的品牌、价格、材质、特点与内容，并详述商品的使用方法；h. POP 广告营造出卖场的气氛、表现出季节感，同时也增强商品的展示效果和物美价廉的诉求。

(3) POP 广告的分类

POP 广告的种类非常多，在服装零售店常见的有柜台式 POP、垂吊式 POP、橱窗 POP、动态 POP、旗帜 POP、灯箱 POP、印刷 POP、手绘式 POP 等。

9.3.2 服装零售店铺 POP 广告的设计与运用

服装零售店在使用 POP 广告的时候，既要考虑广告本身的目的与效果，又要考虑卖场的特点与产品组合特点，灵活选择 POP 广告，不影响顾客的购买过程。

(1) 招牌广告

招牌广告包括店面招牌、布幕、旗子、霓虹灯、电动字母等，其功能是向顾客传达服装零售店的名称、字号、经营性质及范围，是顾客购物选择店铺的基本线索。一个好的招牌设计，会给顾客带来视觉上美的的享受。

(2) 柜台式广告

这类广告通常与货柜上的商品陈列在一起，主要是为了展示商品的使用场合、基本功能、外观、风格、款式及展示效果，同时也起到了品牌宣传和吸引顾客视线的作用。

(3) 橱窗广告

橱窗广告是服装零售店最常用的广告，在橱窗里摆放立体的人模或服饰品，配合橱窗里的装饰文字或图案来诉求卖场形象或商品宣传，以引起过往行人的注意，进而入店参观选购。

(4) 灯箱广告

零售店内或商场中的灯箱POP大多固定陈列架的端侧或壁式陈列架的上面，配以文字、照片、图案等，不仅起到指定商品的陈列位置和指明零售品牌商专卖柜的作用，而且可以装饰零售店的环境。

(5) 旗帜广告

此种POP有立式旗帜和悬挂式旗帜两种。立式旗帜大多布置在零售店外场，以塑造零售店头的销售气氛或宣传卖场的主题活动。在零售店内使用的悬挂式旗帜往往设计成小型精致型，以装饰点缀为主要功能；在零售店外场使用的悬挂式旗帜则以大而醒目的标题为广告诉求，如服装零售店周年庆旗帜等。

(6) 模特广告

模特是服装零售店一种常用的广告工具，它可以对服装进行立体展示，对服装产品的推广促销起到非常重要的作用。

(7) 印刷广告

通常用于零售店需要量较多且使用时间较长时，经由制版印刷而成的一系列印刷品广告，可以节省成本和确保广告内容的制作质量。尤其是当上游供应商或总公司在推展某商品项目活动时，都会统一制作印刷POP，提供给零售店或分店使用。

(8) 包装广告

包装广告已经成为越来越受零售店重视的一种POP广告形式，一般包装袋上都会印刷上零售店品牌名称、公司信息及广告语等。在某些特殊的推广活动期间，零售商还会制作包含特定主题信息的包装袋。

9.4 服装零售中的营业推广

9.4.1 服装零售营业推广的概述

营业推广是促销的主要工具之一，它往往是一种短期的促销行为，它追求的是一种立竿见影的效果。如果说广告是引发消费者购买行为的原因,那么营业推广就是对消费者购买行为的刺激。营业推广一般是用于暂时和额外的促销工作,是为了促进消费者而立即购买,提高某一时期的营业额或某种商品销售额的特殊促销。是不经常的、无规则的促销活动。因此它的策划和设计通常是针对有限的实践和空间而设计的,其行动是立即的销售,是刺激消费者需求、鼓励消费者购买、推动和扩大销售的活动,这些活动被称之为营业推广。营业推广与其他促销活动相比,有如下特征:

(1) 引人注目,吸引力强

营业推广时,由于零售商提供的超额价值,对消费者产生了强烈的吸引力。如商场的服装营业推广活动,全场满 500 送 200……

(2) 形式多样,刺激消费者的购买兴趣

营业推广的活动集各种兴趣与销售活动中,譬如有奖服装搭配竞赛形式,就调动了消费者的竞赛心理参与服装购买和着装搭配,使之兴趣得到满足。

(3) 吸引大批顾客,增加商店的客流量,促进其他商店销售

营业推广的活动通常会吸引来大批顾客,他们在购买促销服装商品的同时,也会顺带购买其他商品,从而带旺整个商店的销售。

(4) 顾客得到赠券可以免费获得商品或其他的利益

营业推广的时候,通常会通过报纸发给顾客一些优惠或免费的赠券,这些赠券让顾客免费得到商品或其他利益。又或者是购买商品可得到赠券。如买 500 元服饰品送 100 元赠券,这 100 元可以在商店里购买其他商品。

(5) 短暂性

营业推广的效果是短暂性的,可以吸引品牌转换者,但是不能产生新的忠诚顾客。时间也是短暂的,一般就几天或几周。因为只有短期的促销行为才可能让消费者感觉到优惠,才能获得消费者的重视和参与。

(6) 无规律性

相比较其他促销方式来讲,广告是定时、定期持续播出;人员销售是常规的固定在某个地点;而营业推广的活动则是不经常的、无规律的活动。

9.4.2 服装零售营业推广的方式

服装零售商常用的营业推广方式如下:

1) 优惠券

服装零售商常常将优惠券印在报纸、杂志、宣传单或产品报纸上,并通过邮寄、

直接递送、销售点分发等渠道分放。拿到优惠券的顾客凭此券在购买某类商品时可以少付一定金额的费用。优惠券这种办法既鼓励了顾客购买,又扩大了商店的影响。往往在大型节日中经常被使用。

商店优惠券只能在某一特定商店或连锁店使用。它绝大部分是以吸引顾客光临某一特定的商店为主要目的,而不是为了吸引顾客购买某一特定品牌的商品。另外,它也被广泛地涌来协助刺激对店内各种其他商品的购买欲望上。优惠券常常是由零售商与厂商一起合作,提供给消费者一个诱人的动因,以吸引消费者到特定的商店购买特定的商品。优惠券的种类主要有三种:直接折价式优惠券;免费送赠品优惠券;送积分点卷式优惠券。

2）赠品

服装消费者购买某种特定商品或购买达到一定数量的,可免费或以优惠价格奖励给他们某些特定的商品。免费赠品一般是单位成本低、体积小的物品,如杯垫、日历卡、面巾、挂历、钥匙坠等;优惠价格的商品往往是商店以成本价向顾客提供的一些经典实用的商品。赠送商品符合人们的求利心理,对消费者产生吸引力,使他们快速做出购买决策。

赠送商品形式有:a.免费赠送,即消费者得到赠品无需具备什么条件,对于有特定性的使用顾客的商品,免费赠送时要选择好赠送对象。b.付费赠送,指消费者购买某种特定商品时,购买金额达到一定数量时,就可免费获得赠品,或者消费者在购买某商品时提供赠品的部分费用即可获得赠品。

3）折价优惠

折价优惠是服装零售商中使用最广泛的一种促销方式。折价优惠是指零售店在一定时期内,调低一定数量的商品售价,也就是说适当减少自己的利润以回馈消费者的促销活动。折价优惠常在以价格作为主要竞争手段的商店使用,如货仓式商店、超级市场、折扣商店等,但它也广泛应用于其他零售业态商店,尤其是国内服装专卖店在近几年天天打出折价优惠的招牌吸引顾客,甚至有些服装零售店在新品上市的时候就针对VIP顾客给予九五折的优惠,以此吸引老顾客。

商店之所以采用折价销售,主要是为了与其他商店在价格上进行抗衡,也为了吸引对价格比较敏感的品牌转换者。俗话说:"没有不被减价两分钱而击倒的品牌忠诚",可见价格促销在消费者心中的威力。折价优惠虽然在单件商品上获得的利润减少,但低价促进了销售,增加了销售量,从总体角度看,也增加了商店的利润。

大部分商店经常采用折价优惠来掌握已有的消费群,或是利用这一促销方式来抵制竞争对手的活动。通常，折价销售在销售现场能强烈地吸引消费者的注意，并促进购买欲望，明显地提高商店的销售额，甚至可以刺激消费者购买单价较高的商品。服装零售商常采用的折价优惠形式如下：

(1) 商品特价

商品特价是将商品的原价调至较低的现价以吸引消费者。如服装季末特价、店长推荐优惠款、特价服装款式等在服装零售店被广泛采用，在促进销售方面的作用非常突出。

(2) 限时抢购

在特定的营业时段提供优惠商品，以制造促销紧张气氛，刺激消费者购买。

(3) 折扣优惠

折扣优惠也就是我们通常所说的打折，即通过折扣让消费者在购物中直接得到价格优惠。服装零售店常用的折扣优惠的形式有：

① 购买折扣：当消费者购买商品时，按商品的标价直接给消费者一定数量的折扣。通常运用于季末折扣比较多。

② 数量折扣：按消费者购买数量的多少，分别给予大小不同的折扣。购买数量越大，折扣越多。比如，有的服装零售店会推出"两件八折，三件再八折"的折扣优惠促销，其目的是鼓励顾客一次性大量购买。

③ 免服务折扣：有些商品的价格中含有一定的服务费，商店对没有条件享受服务或自动放弃服务享受的顾客，给予一定的价格折扣。比如，有些男装西服零售店推出购买服装可享受几次的免费干洗的服务，假如放弃服务享受，将给予一定的价格折扣。

④ 限量折扣：即对提供价格优惠的商品限定数量。

⑤ 限时折扣：即对提供价格优惠的商品限定时间期限，过了这个时间点就恢复原价。很多服装零售店常常为了配合商场节日促销活动而推出限时折扣的促销方式，以提高节日的销量。

(4) 竞赛

零售商通过举行有奖的竞赛活动吸引消费者参加。这些竞赛活动，刺激消费者的兴趣，吸引不少人来观看和参与，可连带达到增加客流量，扩大销售的目的，创造销售机会。比如有些服装零售店会联手媒体或商场打造着装搭配竞赛，以此刺激消费者对该服装零售店的认识和关注。

(5) 抽奖

抽奖是指顾客在商店购买满一定金额即可凭抽奖券在当时或指定时间参加商店组织的公开抽奖活动。抽奖全凭顾客的运气，这是利用人的侥幸赌博心理，有以小搏大的乐趣,主办零售商店通常备有各大、小奖品吸引顾客。

(6) 商品演示

在商店销售现场示范和演示商品,使顾客了解商品,亲眼看到商品的性能和使用效果,促动顾客购买,活跃购物气氛。服装零售店常用的商品演示的主要形式有定点服装静态展览、现场模特演示、电视服装动态展示等。

9.4.3 服装零售营业推广计划的制定

营业推广是一个非常有效的需求激发器,往往可以使用在相对简短的信息通告中,并且可以帮助服装零售商实现其总体促销目标。但是长久以来,零售商也已经知道,消费者会改变他们的购买习惯和品牌偏好以充分利用促销机会,特别是那些提供了特殊的、不同的或者令人激动的优惠的促销。营业推广的制定往往需要提前做好详细的零售店营业推广计划,以做好充分的准备。该营业推广计划书主要包括其活动时间、目标、内容、实施、评估方法等。

(1) 确定营业推广活动目标

对于服装零售商来讲,通常情况下其推广活动目标有:a.当季新品上市,需要向消费者着重推出和重点销售;b.库存积压或过季服装的销售推广;c.增加零售店进店客流量;d.提高零售店的销售业绩;e.季末换季清仓推广。营业推广的目标必须要明确,并且与企业总体的促销策略相符,必须要兼顾对零售店铺及品牌形象的正反面影响作用,将眼前利益与企业长远利益结合起来。

(2) 营业推广计划书的内容

① 活动名称。要为营业推广活动确定一个具有吸引力、有感染力的活动名称,以更好的引起消费者的兴趣。

② 活动目的。明确的营业推广的活动目的,如提高销售额、增加进店客流量、季末清仓打折等。

③ 对象明确。明确营业推广活动的对象目标,包括具体描述活动目标顾客的特征;明确参加营业推广的指定商品;明确参加营业推广活动的店铺活分店。

④ 活动日期。明确活动的起止日期。

⑤ 收益目标。制定活动的业绩目标、客流量目标等。

⑥ 活动内容。详细阐述营业活动的执行方式、详细活动内容和执行分工等内容。

⑦ 预算费用。具体营业推广活动所所需的费用,包括推广过程中涉及到的人力、物力、商品的费用等。

⑧ 效益预估。预估营业推广活动执行后的效果,包括营业额的提升、库存的减少、客流量的增多、品牌知名度的提高、忠诚顾客的增加等。

(3) 营业推广活动后的总结

在营业推广活动结束后,相关推广人员要进行全面的分析和总结,将最终的成效与预期的活动目标进行比较分析,最后形成总结报告,以备下次营业推广活动策划时参考所用。

案例 9.1

庄吉:吉祥日——月月开大奖·买衣全退款

庄吉集团成立至今,一直以经营庄吉品牌服饰作为集团的主导产业,主导产品"JUDGER庄吉"品牌西服及高级商务装定位于公务商务白领阶层,以国内大中城市为主打销售市场。目前在全国大中城市建成由200多家成员加盟的特许经营、连锁专卖网络,庄吉品牌也带着"庄重一身、吉祥一生"的祝福在国内服装行业打出了一番天地。

作为国内服装行业男装品牌的佼佼者之一,庄吉历经十几年的发展,"庄重、吉祥"逐渐积淀成为庄吉品牌独有的品牌文化,并随"庄重一身,吉祥一生"的品牌口号深入人心,特别是其中"庄重"的品牌形象得到服装业界和广大消费者的认可。然而,如何从同质的品牌竞争中脱颖而出,打造自己品牌的特色,使品牌定位更加精准,抓住市场和目标销售人群,是品牌营销在市场竞争中不可回避的问题。

做法与经过:

通过对市场的不断了解和结合品牌自身的发展走向,庄吉对今后的品牌运营作了相应的规划和调整,即:在未来庄吉品牌的建设发展中,庄吉将在秉持"庄重文化"、巩固"庄重"的品牌形象基础上,通过吉祥元素在品牌形象上的运用和相应的吉祥文化建设,提高庄吉"吉祥"的品牌形象在市场当中的认知度,并提升"吉祥"在庄吉品牌文化中的地位。

促销活动介绍:作为庄吉"吉祥文化"的活动内容,庄吉吉祥日以回馈消费者为出发点,提出"庄吉吉祥日,买衣不花钱"的理念。作为吉祥文化的载体,"庄吉吉祥日"不仅仅是广告宣传,更重要的是把吉祥文化和顾客的购物体验紧密结合,对消费者来讲,购买庄吉服饰得到的不仅仅是一件衣服,更是一种深切的吉祥祝福,是一种实实在在的买衣不花钱的惊喜。

活动内容：庄吉吉祥日活动体现较高的文化性和娱乐性，通过和央视 CCTV-2《欢乐家庭》的强强联合，共同推广吉祥文化。庄吉吉祥日活动和央视栏目嵌入式合作，开创企业宣传和电视媒体的全新合作方式。在每个月的 6 号，庄吉将借助央视 CCTV-2《欢乐家庭》栏目，通过嘉宾现场摇奖的方式，选出上一个月的一天作为吉祥日，凡在本天购物的顾客，可以持购物小票到相应的庄吉专卖店，享受全额退款的美好体验。

为了配合庄吉吉祥日的活动，庄吉围绕吉祥日大力开展广告宣传，庄吉每年投入 5 000 万广告费用，包括凤凰卫视等电视媒体、《中国民航》等平面媒体、遍布全国的路牌广告等，都将围绕"庄吉吉祥日"进行宣传；庄吉全国 200 多家专卖店覆盖国内主要大中城市，店铺内的海报和相应的灯箱广告以及大型促销活动，都会围绕"庄吉吉祥日"展开；庄吉现有全国 10 000 多 VIP 贵宾，他们都是当地的行政和商务人士，庄吉和 VIP 贵宾的互动也将围绕"庄吉吉祥日"展开。

成效和反响：

2007 年，庄吉集团度过了其卓有成绩的第十一个生日，庄吉品牌也在十余年的激情铸造下有了深厚的积淀，成为国内服装行业中的佼佼者。庄吉作为第一家倡导吉祥文化，并设立"庄吉吉祥日，买衣全退款"的企业，将吉祥文化通过活动的方式开展和顾客的互动，相信不久的将来，庄吉吉祥日将成为消费者的节日，成为消费者翘首以盼的节日。

庄吉吉祥日的推出，对国内服装零售市场产生巨大的影响作用，通过和《欢乐家庭》的良好互动，无论对"庄吉吉祥日"，还是对欢乐家庭栏目，都会起到积极的宣传和推广作用。

一份市场调查显示，启动"庄吉吉祥日"的 3 个月以来，庄吉 75% 的店面销售额出现大幅增长；91% 的消费者对丁庄吉"买衣不花钱"的终端回馈给予肯定；95% 的消费者明确表示希望庄吉集团将"庄吉吉祥日"一直持续下去。

庄吉吉祥日的推广和庄吉大力的广告宣传活动也会对欢乐家庭栏目起到良好的宣传和推广作用。

探讨与评论：

一个好品牌的塑造需要长时间的努力和积累，在过去的十年，庄吉的"吉祥"文化在消费者心中建立了一个较好的基础，但是要使吉祥文化更加深入人心，庄吉还需投入更大的精力，"庄吉吉祥日"由此应运而生。

"庄吉吉祥日"以回馈消费者为出发点，采用"月月开大奖，买衣全退款"的创新做法，在国内服装行业中尚属首例，对于这么大的一个市场动作，必定在业界引起巨大反响,而在男装品牌如火如荼的市场竞争形势下,这一重大举措无疑也会成为庄吉的一个强有力的市场竞争手段,业内人士分析,庄吉新策划推出的"吉祥日"活动既结合了庄吉品牌诉求点,又有力地抓住了市场和消费者,一旦实施成功,可谓一箭双雕、一举两得。

庄吉"吉祥日"的重磅推出对于消费者来说,意味着更大的回馈。"月月开大奖、买衣全退款",消费者不仅可以在"庄吉吉祥日"中享受更为彻底的实惠,而且可以感受到幸运和节日在生活中的紧密相随。

庄吉品牌战略顾问、北京前沿顾问公司徐斌指出,"作为吉祥文化的载体,'庄吉吉祥日'不仅仅是广告宣传,更重要的是把吉祥文化和顾客的购物体验紧密结合,对消费者来讲,购买庄吉服饰得到的不仅仅是一件衣服,更是一种实实在在的买衣不花钱的惊喜。消费者在情感上的这种感受正是庄吉要通过'吉祥日'传递给他们的品牌文化信息。"

市场是双向的,庄吉品牌的真心回馈也成就了庄吉在市场营销上的一大策略——用吉祥文化带动情感营销。对此,庄吉董事长陈敏给出了一个答案,"庄吉推出'庄吉吉祥日'活动并不是一个短期的市场行为,我们希望能够将它长期举办下去,并且成为庄吉品牌吉祥文化的'显性符号'在消费者群体中形成好的口碑,在日益严峻的服装市场竞争环境下从情感上挽留消费者、赢得消费者,以长远的眼光来发展品牌。

(根据庄吉公司提供材料整理)

本章小结

服装零售促销组合是服装零售管理的重要组成部分。服装零售促销,是指服装零售企业为了将商店、商品、价格和服务等有关企业任何方面的信息传递给消费者,使其接受并采取购买行动而进行的一切沟通联系活动。

服装零售促销组合的基本要素有:广告促销、营业推广、公共关系和人员推销。促销组合决策指的是服装零售企业如何有计划、有目的地把四种促销方式统一调配起来,合理综合运用形成一个完整的促销策略。

零售广告,是零售商与顾客沟通的方式之一。作为商品促销的手段,广告的效果是很大的。服装零售广告,是确定的服装零售商以付费的非人员的方式,向最终消费者提供关于商店、商品、服务、观念等信息,以影响消费者对商店的态度和偏好,直接或间接引起销售增长。相对其他广告来讲,服装零售广告的特点有:强调及时性、强调地区性、强调价格和强调低成本等。

服装零售广告按照其推广目标来分，可分为长期声誉的广告和促销性广告。服装零售广告按照其付款方式来分，可分为纵向联合广告和横向联合广告。服装零售广告按照其投放媒体的方式不同可分为印刷媒体广告、电波媒体广告及其他媒体广告。

服装零售广告是公司总体战略中的一部分，制定服装零售广告活动是一个包含六大步骤的过程：选择广告目标；制定预算；设计广告语；选择采用的媒体；广告期安排；评价结果等。

当今繁荣发展的社会，使商品的流通已经从传统的制造——零售——消费者之单向买卖模式，演变成卖场与顾客的双向互动消费行为，而店头广告的 POP 在这交易平台担当媒介角色。POP 广告也被称为是"购买据点的广告"，广义的来讲，就是在卖场所有能够促进销售的广告物体，如店铺中的宣传海报、吊旗、宣传画册、各种标牌等。卖场的 POP 是服装零售店最直接、最能促进销售的最终广告，其主要目的是将完整的商品信息传达给消费者，帮助消费者在购物时进行比较选择，在服装零售促销中发挥中重要的作用。

营业推广是促销的主要工具之一，它往往是一种短期的促销行为，它追求的是一种立竿见影的效果。营业推广一般是用于暂时和额外的促销工作，是为了促进消费者而立即购买，提高某一时期的营业额或某种商品销售额的特殊促销，是不经常的、无规则的促销活动。服装零售企业常用的营业推广方式有：优惠券、赠品、折价优惠、竞赛、抽奖和商品演示等。

营业推广是一个非常有效的需求激发器，往往可以使用在相对简短的信息通告中，并且可以帮助服装零售商实现其总体促销目标。营业推广的制定往往需要提前做好详细的零售店营业推广计划，以做好充分的准备。该营业推广计划书主要包括其活动时间、目标、内容、实施、评估方法等。

本章习题

1. **思考题**

（1）什么是服装零售促销？

（2）什么是服装零售促销的基本要素？

（3）什么是服装零售促销广告？其具有什么样的特点和分类？

（4）如何制定一份完整而科学的服装零售广告计划？

（5）什么是 POP 广告？都有哪些形式？对于服装零售促销中起到了怎样的

作用?

（6）营业推广在服装零售促销中的方式有哪些?

2. 练习题

（1）参观一家品牌服装店，观察其店内营业推广的内容与方法，制作一份文字报告，进行讨论，分析其优缺点及提出合理的改善意见。

（2）讨论营业推广在服装零售促销中的作用及对品牌形象积极和消极的影响，试阐述自己的观点和解决方法。

参 考 文 献

[1] 巴里·伯曼,乔尔·R·埃文斯.零售管理[M].第9版.吕一林,韩笑译.北京:中国人民出版社,2007.

[2] 王晓云,等.服饰零售学[M].第二版.北京:中国纺织出版社,2010.

[3] 帕特里,克·M·邓恩等.零售学[M].第4版.北京:中信出版社,2006.

[4] 郑毅,陈宁宁副主编.零售管理[M].北京:科学出版社,2010.

[5] 王红卫.零售营销教程[M].北京:中国商务出版社,2006.

[6] 菲利普·科特勒,凯文·莱恩·凯勒.营销管理[M].亚洲版第5版.北京:中国人民大学出版社,2010.

第 10 章　顾客服务管理

学习目的、要点：

1. 服装零售顾客服务的定义及特征；
2. 顾客服务对服装零售业的重要性；
3. 服装零售顾客服务的流程；
4. 服装零售商提供的顾客服务的主要内容；
5. 顾客关系管理的的策略与方法；
6. 服务补救的重要性及具体的补救措施。

本章提要

在竞争激烈的服装市场，要想吸引顾客、留住顾客，首先要了解顾客对产品的需求，设计出符合顾客要求的产品，但仅仅如此是远远不够的。如今顾客们已经把购物当成一种休闲娱乐的方式，零售商不仅要为顾客提供能满足他们需求的产品，还要提供优雅的环境、创新而富有想象力的广告和促销手段，除此之外，为顾客提供优质的、个性化的服务，才能使顾客成为店铺的忠实顾客，从而为零售商带来更多的利益。

10.1　顾客服务的内涵和特征

10.1.1　顾客服务的内涵

我们可以找到许多关于服务的定义，它们都包含一个共同的方面，就是强调服务的无形性以及生产和消费的同时进行。

服装零售企业的服务,是在合适的时间和合适的场所,以合适的价格和合适的方式,向合适的顾客提供合适的产品和服务,使顾客的合适需求得到满足,使产品和服务的价值得到提高的活动过程。从服务对象来分,可以分为针对店铺员工的内部服务和针对顾客的外部服务两大类。通过提供优质的服务,提高员工和顾客的满意度,从而使获利能力增强。服务增值链如图10-1所示。

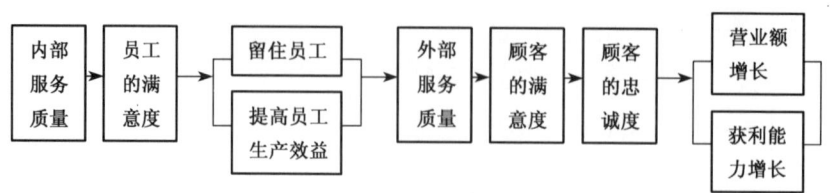

图 10-1　服务增值链

顾客服务由多种要素或多维度组成。比如,顾客进入一家服装店购物时,他们体验到的顾客服务是多层次的。首先,他们体验的是物质性的支持设施,即购物环境中的一切设施,包括场所、店内装修、灯光、音乐等;其次,顾客体会到辅助产品,这是购物的主要组成部分,如服装、服饰品等。与此同时,顾客还体验到显性服务本身:谁为顾客服务,提供何种服务。最后,顾客体验到的是隐性服务,即服装店员的亲切度与反应度,以及等候服务等。

这四种要素:支持设施、辅助产品、显性服务和隐性服务,被称为服务包。这些要素中的每一个都会影响到顾客对服务的印象,从而影响他们对该服务的最终满意度。

10.1.2　顾客服务的特征

顾客购买的服装由"商品部分"和"服务部分"共同构成。服务有一系列共同特征,以区别于商品。服务的这些特征是关联的,包括生产与消费同时进行、无形性、不可贮存性。

(1) 生产与消费同时进行

商品的生产过程中,并不需要顾客在场,而服务的生产和消费是同时或者几乎同时进行的。在服务的交付过程中需要顾客在场或参与其中。在有些场合,如服装干洗、服装修改等,顾客不参与服务,但在实施服务时顾客的财物必须在场。技术的发展改变着与顾客互动的方式。如通过互联网进行在线交易,并使顾客在指导下对问题进行自我诊断和服务。

(2) 无形性

服务是一种无形的过程和行为,不表现为一个实物形态,或者说它是一种运动形态的使用价值。在更广的意义上,服务还是由过程和行为造成的结果。有形商品可以被看到或触碰到,而服务则不同,服务是实现顾客利益的活动,如销售人员为顾客提供信息、提供服务搭配建议、对顾客提出的问题予以解决等。

(3) 不可贮存性

服务是易逝的,无法在闲置的时候贮存起来以备将来使用。如,当顾客稀少时,顾客可以享受到更周到的服务,这种服务不可能贮存起来等繁忙时用。

服务是无形的,因此对服务的提供者与顾客来说,客观地衡量与评估服务就困难得多。服务也具有不可贮存性,从而不能先于需求进行生产,也不能予以贮存。服务的生产和消费同时进行,这就意味着顾客或顾客的某一财物参与服务的交付过程。同时,服务很难取得专利,且相对而言很容易被复制。

10.1.3 顾客服务的重要性

完善的顾客服务可以使服装零售商获得竞争优势,与顾客保持长期的关系,并最终为零售商带来长期的利润。服装零售市场竞争激烈,商品同质化越来越严重,仅仅依靠商品很难独树一帜。顾客在做购买决定的时候,除了关注商品本身以外,关注服务的比重越来越大。同时,由于各行各业都在竭尽全力做好服务,全社会整体服务水平不断提高,顾客对服务的期望值也不断提高,要想获得与众不同的竞争优势,零售商应当根据销售中的售前服务、售中服务以及售后服务来制定完善的顾客服务计划。零售商提供的一些常见服务包括服装修改、试衣间、送货、礼品登记、延长营业时间、停车设施、预约订购以及退货权利等。这些服务中没有一种是利己的行为,零售商提供这些服务是为了吸引顾客,提高顾客的感受价值和顾客的满意度,与顾客建立长期的关系,从而为企业带来长期利润。

完善的顾客服务在提高零售商的销售方面发挥着重要的作用。顾客购物的过程不仅仅指交易过程,它还包括在交易之前和交易之后的行为。如果交易前的顾客服务不够完善,交易就有可能不会发生。如果交易时的顾客服务存在问题,顾客可能会撤销交易。如果交易后的服务不能让顾客满意,顾客就有可能不会再次光顾。因此,积极在交易之前、交易中和交易之后为顾客提供优秀的顾客服务,不仅可以帮助零售商吸引新的顾客,还能够加强现有顾客的忠诚度。

零售商为了吸引新顾客花费的成本,比使老顾客再次光顾所需成本高得多。因此,零售商更看重的是与顾客建立起一种长期的互惠互利的关系,而这一切都有赖于为顾客提供周到细致的服务。

10.2 服装零售的顾客服务

10.2.1 服装零售售前服务

售前服务是指服装零售商在顾客购买商品之前，向潜在顾客提供的服务。售前服务是一种超前、积极的顾客服务活动，其关键是树立良好的第一印象，其目的是尽可能地将商品信息迅速、准确、有效地传递给顾客，沟通双方感情，同时了解顾客潜在、尚未满足的需求，并在能力范围内通过改变产品特色来满足这种需求。举办服装知识培训，如着装礼仪、服装搭配要领、服装色彩与个人色彩搭配等，属于典型的售前服务。通过类似活动，可以扩大品牌的市场影响力，也有效拉近了品牌与潜在顾客之间的距离。

售前服务的主要方式有：产品知识讲座、请顾客参加设计、导购咨询、赠送宣传资料、商品展示、商品质量鉴定展示、调查顾客需求等。这些服务能够使潜在的顾客更方便到商店中购物，或者使他们了解零售商提供的商品。

10.2.2 服装零售售中服务

售中服务是指向进入销售现场或已经进入选购过程的客户提供的服务，为顾客提供需要的便利，帮助他们带着刚刚购买的商品尽快地走出商店。售中服务包括信用购买、预约订购、礼品包装或包裹、个人购物、商品可得性、个人推销以及销售交易本身。这些服务可以促进交易的达成。

(1) 信用购买

零售商提供的最常见的销售服务之一就是顾客信用。提供信用购买使顾客可以省去购物时随身携带一大笔现金的麻烦。信用购买对零售商也非常有利：它可以增加顾客的冲动性购物，促进昂贵商品的销售，从而提高零售商的销售额。

(2) 预约订购

预约订购是指顾客提前支付一部分定金（通常是价格的20%），零售商为这位顾客保留某产品。当顾客完全支付货款后，该产品就完全属于他/她了。预约订购的一个不利方面就是当顾客最终不能完全支付货款将产品取走时，也许该产品已经过了销售的时机，零售商就不得不将这些"过时"的产品归入存货，在以后降价销售，而降价的幅度往往会超过顾客初始时支付的定金，从而给零售商造成损失。为了尽量避免这种情况出现，一方面销售人员可以加紧督促顾客提货，另外也可以为预约订购规定一个合适的期限。

(3) 商品包装

商品包装也是顾客在购买服装时希望享受到的服务。服装零售商通常都会提供免费的包装，这种包装不仅仅是一种良好的服务姿态，还是一种广告宣传形式。包装服务应当与服装的类型和形象相配合。折扣店只需要将商品放入纸袋中就可以，但服装专卖店则通常备有一些方便顾客携带的包装袋或包装盒。有些高级服装店会将服装放在经过装饰的购物袋或预先包装好的礼品盒中。

(4) 个人购物

个人购物是指为一位顾客集中提供一些商品组合的服务，包括挑选服装并为其提供搭配建议。个人购物服务是与顾客建立良好关系的最好方式之一。

(5) 商品可得性

所谓商品可得性服务就是指顾客是否能够轻松找到他们需要的商品。顾客可能会因为以下三种原因找不到自己需要的商品：这种商品已经断货；顾客没有找到商品所在的位置；顾客也不知道自己真正需要什么。

尽管有些断货现象是不可避免的，但零售商可以凭借有效的商品管理将断货情况减到最少。零售商还可以依靠店内标志和展示，熟练的售货员，以及设计巧妙的店内布局，帮助顾客在商店中找到自己需要的商品。对于顾客不知道自己真正需要的情况，销售人员可以通过询问了解到的信息为其提供建议。

(6) 销售交易

对进入服装店的顾客友好致意，可以与他们建立一种积极的个人联系。但是大部分零售商都会忽略的两种销售服务就是整洁的休息室和减少顾客的停留时间。停留时间是指顾客为了完成一项购买必须花费的等待时间。这个时间会极大地影响顾客对服务的预期和对零售商的评价。虽然顾客们知道等待的时间是必需的，但是他们希望等待的时间能够尽量缩短。销售人员为顾客完成付款流程，并为等待的顾客准备饮料或杂志，可以有效地减轻顾客等待的焦虑情绪。

服装零售商努力在售中为顾客购物提供各种便利，可以提高顾客满意度。

10.2.3　服装零售售后服务

所谓售后服务是指零售商将产品售出之后为顾客提供的各种服务，它是商品质量的延伸，也是对顾客感情的延伸。这种服务管理的目的是为了增加商品的附加价值，解决顾客由于使用本店铺商品而带来的一切问题和麻烦,使其愉悦使用,从而增加顾客购买后的满足感或减少顾客购买后的不满情绪,以维系和发展本品牌的目标市场,使新顾客成为"回头客",或者乐意向他人推荐本店铺的商品。最常见的售后服务包括处理顾客的不满、退货换货、商品质量保证、送货、以及售后跟进等。

(1) 处理顾客的不满

当顾客的购物经历或者他购买的产品不能满足自己的预期时,就会感觉失望。对顾客的不满处理不当会对零售商的形象产生不利的影响。如果零售商正确地解决了顾客的问题,那么这位顾客不仅会继续光顾零售商的商店,而且,他/她对零售商的赞扬还会为零售商带来更多的顾客。

零售商解决顾客不满的方式有很多种。对于一个大型零售商来说,最有效的做法是设立一个集中的投诉部门,并且对部门中的员工进行针对处理顾客不满的严格训练。这样可以使销售人员专心做好他们的本职工作,顾客也能够与有权处置各种顾客投诉的权威人员交流。

处理顾客不满时,需要遵循以下五项原则:

① 诚恳的道歉而不是争论问题出在谁身上。道歉表明了服务人员已经意识到并承认自己的失误可能给顾客造成的损失,在一定程度上能够缓解顾客的不满情绪。

② 理解顾客并承认顾客的重要性。在顾客开始解释问题之前,就需要承认顾客的重要性,并需要努力平息顾客的不满,从情感上对服务失误补救。

③ 快速反应。为弥补服务失误而立即采取行动,如果服务人员这时候反应迟钝或拖延解决问题,便会加深顾客的不满。

④ 商定解决方式。确定一个令双方都能接受的解决方式,然后与顾客达成协议。

⑤ 保证顾客满意地离开。记住,现在损失一点要比永远失去一位顾客更合算。

有些零售商让售货员处理顾客的不满。他们认为售货员表现出来的友好、同情的态度会对未来的销售产生积极的影响,尤其当顾客的不满针对的是某种产品,而不是零售商的时候则更是如此。某些情况下这种方法是有效的,但是这种方法也存在着一些不足。首先,通常情况下售货员不具有处理问题的经验和权威性,所以他们可能会找其他人来处理情况,这样顾客就不得不把问题再说一遍。第二个不足是当售货员正在听取一位顾客的不满时,另一位顾客也来寻求帮助,这就会使第二位顾客无意中听到第一位顾客的不满,使不良影响扩散。

无论采用什么样的投诉处理系统,零售商都需要记住:礼貌地对待顾客,公平地解决问题。正确地处理投诉能够为零售商带来巨大的回报。

(2) 退换商品

退货处理也是一项非常重要的顾客服务,有时会关系到零售商是赢利还是亏损。退货政策可以是"不退不换",也可以是"顾客永远都是对的"。 零售商需要决定采取什么样的退货政策,是这两种极端情况,还是更中庸一点的。 公平的退货政策可以迅速地使顾客建立起对零售商的好感。 但是另一方面,退货服务最容易被顾客滥用。

有时,顾客退回的某种商品可能已过了销售季,减价销售通常也是唯一的解决办法,这会为零售商带来一定的损失。 除此之外还有机会成本的存在——投资资金损失了利息或者回报。 为了减少退货损失,零售商可以对自己的退货政策设置一些限制。比如,只接受购买之后一定时间期限内的退货。 另外,在确定退货政策时,零售商应当估计被退回的商品的价值,退换商品的交易成本以及消费者对产品的评价,从而制定出合理的退货政策。

(3) 服装修改

如果服装尺码不符合顾客的身体尺寸,则需要为顾客提供服装的局部修改服务,这将会促进销售。 如果提供的服务能够让顾客满意,还能够赢得回头客。

(4) 送货

通常情况下,服装零售商不需要为顾客提供送货服务,但在有些特殊情况下,如果能够保证通过送货提高销售额,那么送货也是值得的。 如,顾客在购买服装时没有需要的规格,但又不愿为了取一件衣服专门再到服装店,在这种情况下,权衡送货成本和销售利润,可以考虑在顾客全额付款后为顾客送货上门。

(5) 售后跟进

收银工作的完成并不代表零售商的工作结束。 前面指出,零售商吸引一位新顾客走进商店的成本比让一位老顾客再次光顾商店所需成本高得多。 因此,零售商必须给予现有顾客足够的关心。 只需要打一个跟进电话给顾客,查看一下产品的使用状况或提醒顾客最近将有新产品上架,或者询问顾客是否需要再订购一些商品,会让顾客感受到自己被关注,从而建立与零售商的联系。

10.3 服装零售流程中的顾客服务

零售销售过程包括一些基本的步骤。 零售销售人员在每一个步骤中花费的时间取决于产品的类型、顾客以及具体的销售情况。 图 10-2 是整个销售过程的步骤。

```
寻找 → 接近 → 销售展示 → 结束销售
```

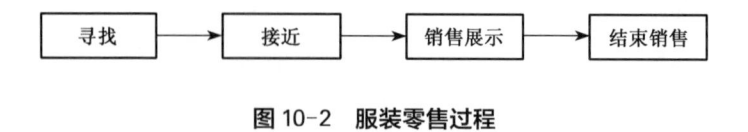

图 10-2　服装零售过程

10.3.1　寻找并接近顾客

任何一个走进商店的人都是潜在的顾客,终端销售人员都面临着销售的挑战,因为,每个走进商店的人都想满足某种需求。有的顾客需求很明确,比如就想买一件聚会用的黑色礼服裙子,或选择一件更时尚的外套来更新穿旧的衣服;有的顾客需求是心理上的,如需要一件漂亮的衣服让自己精神振奋……不论顾客需要什么,销售人员的工作就是找到其需要的东西并尽力帮助他们满足需求,与此同时也实现了销售额增长的目标。

(1) 问候顾客

准备销售时,一定要先问候顾客、观察,然后再接近。因为每个顾客都有不同的个性,终端销售人员准备销售的模式和接近的方法也需要因人而异。

充满热情,保持微笑,主动问候顾客"早安"等礼貌用语,这样可以让顾客感觉到销售人员很在意她,这是销售创造氛围的第一步,即要让顾客感觉到她很重要。即使销售人员很忙,也需要抬起头看一下(或最好停下手头的事)说声:"您好!"与顾客讲话时,如果能说出她的名字或尊称,会更有魔力;保持友好的目光接触(但不是凝视)。友好的目光接触可以反映出真诚、自信和对别人的真实兴趣,因此非常重要。而游离的眼光则预示着紧张、不关心或厌倦。正确的目光接触需要在对话时保持95%的时间;如果少于这个时间,会给对方一个清晰的信号:你对她没有兴趣或不在乎她;如果一开始就问:"我能为您做些什么?"会使顾客说"不",这样便会结束销售人员和顾客的交流。

(2) 观察顾客

通过观察顾客的服饰、动作和表情可以获得很多信息,比如她喜欢什么颜色?喜欢什么风格?喜欢什么款式?甚至可以观察出她的生活方式和心情。例如,如果她不断地看黑色的衣服,或许可以得出结论:她喜欢黑色;如果她看长裙,你可以得出结论:她要么需要长裙,要么喜欢长裙。

观察顾客时需要注意以下问题:①避免马上交谈。在打过招呼之后,顾客需要一些时间在商店感受一下,需要浏览店里的商品。这时销售人员需要进行观察,获取一些信息。销售人员不能轻易判断顾客的购买能力,不要一下子得出她能付得起什么价位的服装或她会买什么价位的服装的结论。她或许只是走进商店为女儿看看服装,或许虽有一笔很大的购衣预算,但不一定在今天消费。②避免在顾客旁边徘徊,挨近或跟随得太紧都会产生负面的效果。认真的顾客需要时间、空间和自由度来观察商品。

(3) 接近顾客

通过观察了解了有关顾客的初步信息,销售人员可以走过去,用热情和感染力来创造一个积极的谈话平台,同时还要对顾客的身体语言保持高度敏感。她是否需要帮助? 她还需要更多时间自己观察商品吗?

销售人员可以选择以下方式与顾客接近:

① 可以从赞赏或评论她的服装开始,或者谈论天气,它永远是一个话题。比如,可以赞赏顾客的着装,赞赏她穿着的那件针织衫的款式或颜色,这会使她感觉好起来,而销售人员便可以跟进了。接下来可以推荐一件非常适合她的外套,或者推荐一条能与她的针织衫完美搭配的短裙。谈论天气只是个开头的话题,借此可以进一步了解顾客到商店来想买什么或者需要什么服装。或许天气变冷或变暖会让她觉得有添置一件新衣的必要。再有,提到什么商品在促销永远会引起顾客的注意。

② 其他可以谈论的话题。可以采用当前的流行信息,谈论商店某款服装的特色。例如:"那些刚刚到货的短外套是这个季节正在流行的款式"、"那种几何印花图案是今年非常重要的设计"、"宽摆裙今年比去年更流行";可以列举店内哪些款式能够突出她的风格特征。例如:"根据您的肤色,这些新款绿毛衣与您的个人色调非常相配"、"这些新到的短外衣带有腰部细节设计,更适合您的曲线型身材。"

③ 如果顾客看上去好像在徘徊或寻找帮助,表明需要引导,或者需要给她展示一些新的商品。如果顾客缺少方向感,销售人员的目标就是给她提供引导,这会对销售有所推动。商品必须通过热情的展示和介绍来推荐给顾客。如果销售人员表现出喜欢这件衣服的样子,顾客也会受感染。

10.3.2 销售展示

一旦建立了最初的接触,销售人员也已经听到了顾客的问题和要求,那么接下来他们就要正确地展示商品,表达销售信息。销售人员展示产品或服务的方式取决于具体的顾客和销售情况,但最重要的就是让消费者愿意购买你的产品或服务。启发销售是通过向顾客推荐商品来取得销售的成功。它是一种积极的销售,也是成功销售的核心所在。它是通过为顾客提供信息和传授知识来实现销售的一种方式。

启发销售的任务包括:给顾客提供建议;使顾客看上去更美;使顾客感觉某种商品

很好并愿意购买。

销售人员的作用既是销售者又是教育者，所以在启发式销售中最重要的是销售人员要有能力向顾客说明如何以最现代、最流行、最新颖的方式穿着服装。销售技巧在于教授顾客，为他们提供消费指导信息。

① 告诉顾客有关新款服装、流行趋势、穿着效果和设计师的信息。当顾客观看商品时，应该与顾客谈论新款服装、流行趋势，以及设计师发布时是如何展示的。

② 根据顾客的身体线条、色调和尺寸，推荐一件以上可以搭配的服装和画龙点睛的配饰，并指导顾客如何正确穿着服装。当一位顾客走进销售区域并对某件服装表现出兴趣时，对销售人员来说不仅要力图销售这件单品，更重要的是还要根据顾客的特点推荐几件能与之相搭配的、顾客感兴趣的其他单品。指导顾客如何穿着这件衣服，展示或讲授这种新款通过不同的搭配会产生什么样的效果。重要的是顾客从试衣间出来时，整体服装搭配看上去要协调而时尚，符合顾客的特点和喜欢的风格。

③ 观察顾客的态度和表情，倾听顾客的评论，询问顾客需要什么、喜欢什么、不喜欢什么。销售人员在顾客试衣时，可以询问一些可自由回答的问题并注意倾听，注意顾客的需求，并观察他们对服装的反映。通过顾客脸上的表情，可能看出很多个人感受。如果顾客在试穿后露出满意的表情，便可迅速促进销售。如果顾客面部不满意，表明或许有哪些地方感觉不对头。这时销售人员一定要帮助其找出不合适的地方并有针对性地解决，如通过更换不同颜色、腰带或尺码来获得销售机会。如果他们说不喜欢某件衣服，最好拿走，并不再展示类似的款式。

④ 将选择的服装分成两类。将所选择的服装按序分开摆放，很满意的要放在选中的一堆，不满意的应与之分开，这样会减少混乱。将那些部分满意的款式也应该归入选中的一堆，到最后结束销售时再决定是否去除。

⑤ 为顾客制定衣橱计划。完善启发销售，提升推荐服装整体效果的重要途径就是为顾客创建一个衣橱计划，其任务就是将顾客选中的服装单品和她已有的服装单品搭配成套，并加上配饰来衬托效果。

10.3.3 结束销售

结束销售是指销售过程的自然结束。但是对于大部分销售人员来说，结束销售是一个最困难的步骤。结束销售的关键是确定顾客心里在想些什么。如果销售人员在完成这一步时耗费了太长时间或者表现出不耐烦，那么顾客很可能在销售人员还没反应过来的时候就离开了。

结束销售的任务是：给顾客提供选择；帮助顾客做出决定；支持顾客的决定；使顾

客对其决定感到激动和兴奋。

销售人员可以采取以下结束销售的有效方式：

① 销售人员在工作中要一直保持亲和而鼓励的态度，不要催促顾客。催促会使顾客放弃或离开，销售人员的语气和态度很关键。

② 当顾客在试衣间试衣的时候，销售人员要将挑选出的服装和配饰摆放好并组合成衣橱计划的形式。将单品搭配成不同的成套服装，关键是要体现出衣橱的多样性。当顾客从试衣间出来时，一眼看到摆放的特意为她精选的个人系列"小衣橱"时，会感到很有吸引力，会让顾客感到激动，并会考虑尽可能购买齐全。

③ 如果顾客还想了解搭配，销售人员应该将所有组合再演示一遍。将每件可搭配的单品都拿出来，展示分别与该件服装组合的不同效果。一定要保持与顾客交谈、提供资讯并介绍商品，使每件单品看上去都不可缺少，直到顾客走出商店。

④ 一定要使顾客不断感觉良好并对选择表现出激动。销售人员保持充满自信和热情的态度，有利于增强顾客的信任度。不要强行销售，越强行销售，顾客会越紧张，或许就不情愿考虑额外再买什么。将注意力放在向顾客传授知识和展示商品上，顾客即使这次不买，也许会下次来购买。

⑤ 不要太快撤掉暂未选中的商品。这时顾客或许会进行评价，或者她的身体语言会告诉销售人员喜欢哪件、不要哪件。或许还存有购买意向，或许需要等到最后才考虑。

⑥ 如果顾客感觉价格不能接受，可以建议她购买较低价格的替换产品。最好是替换而不是放弃。可以向顾客推荐其他面料或其他类似的价格较低的服装。

⑦ 顾客需要被肯定。顾客期望她所购买的服装确实是一项很好的投资，购买能相互搭配的服装从长久来看是节省费用的选择。

⑧ 在继续与顾客交谈的过程中增加销售。即使是销售完成以后，一名有能力的销售人员也能够继续向顾客推荐产品，并且这种推荐的销售通常都可以实现，这种销售称之为建议销售。销售人员应当确定顾客是否还有其他的需求。例如，向顾客销售了一件上装以后，建议他/她再买一件下装与之配套。但是，建议销售也有可能会降低顾客对零售商的满意度，因为有些顾客会觉得建议销售是一件很烦人的事情。所以，应当根据顾客的情绪或表现来确定是否建议销售。

⑨ 请顾客留下相关信息。在做商品销售记录时，应请顾客留下一些信息，包括其地址、电话、工作、生日、电子邮箱等，这些信息有助于提供跟踪服务。应向顾客保证这些信息都是保密的，只是用来向她提供有关商店的促销信息，尤其是发现新款中有与其购买的服装相配的款式时，可以及时通知她。

尽管多数顾客不愿意提供这些信息，但是如果销售人员为顾客提供了专业资讯和有效的服务及建议，顾客一定会感谢销售人员的帮助，并觉得与该销售人员合作是一种享受。销售过程的每一个步骤都是在建立与顾客的关系。如果这些都做到了，顾客也会愿意让销售人员继续为她提供信息和推荐特殊商品和新到商品，同时也会更愿意提供联络信息。

⑩ 在收款之后销售人员应该给顾客留下名片并送至销售区域处。最好能叫出顾客的名字或尊称:"再见，李女士，希望你喜欢刚买的服装，你穿上效果真是好极了。"这时顾客离开时一定会对购买的服装感觉良好，并非常自信交了一个新朋友，一位时尚专家。

10.4 服装零售顾客服务管理

10.4.1 服装零售顾客关系管理

1）顾客关系管理的基本概念

普遍认为，顾客关系管理是一种策略，是一种以顾客为中心的经营理念，通过对顾客的细分，实现对有价值的顾客的识别、获取、保留等一系列活动，达到企业与顾客的双赢。与传统经营管理理念最大的不同是，顾客关系管理是在识别顾客的独特需求以及解决顾客问题的基础上与顾客建立长期合作关系，而传统的以产品和销售为中心的经营管理思想则是在短期内将产品销售出去。

顾客关系管理有两个核心：一是不断发展忠诚 VIP 顾客；二是增加忠诚 VIP 顾客的重复购买。顾客管理要达到提升销售额的目标，就需要以顾客为导向，不断发现并满足顾客需求，经常超出顾客的期望值。其工作流程如图 10-3 所示。顾客关系管理的实现是基于顾客细分的一对一营销，所以对企业资源的有效组织和调配是按照顾客细分而来的。

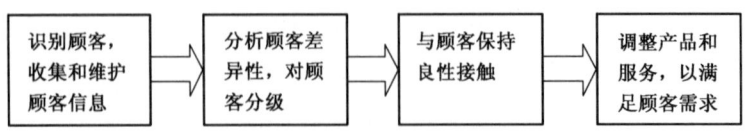

图 10-3 顾客关系管理的工作流程

2）顾客关系管理的意义

顾客是一个庞杂而多层次的集体，对顾客进行科学管理，是服装零售商掌握顾客需要、获得并保持顾客的关键一环。顾客关系管理可以帮助服装零售商建立与顾客沟通的双向管道，掌握消费趋势和时尚潮流，拉近与受众的距离，培养长期的顾客，顾客坚实的向心力和忠诚度，同时建立良好的公司形象。

顾客是企业的最重要的资源。越来越多的企业认识到顾客资源的重要性，但是顾客关系管理不仅仅是保护顾客资源，而是要将顾客关系价值最大化。市场中的顾客毕竟是有限的，开拓一个新顾客的成本远远大于维护老顾客的成本，而失去老顾客的间接损失有形象损失、顾客资源流失、信誉损失以及相关商业机密和技术机密的流失等等，因此顾客关系成为企业的重中之重。

目前有许多企业将重点从获得顾客或实现交易转移到留住顾客与维护关系上来。顾客关系管理的目标是"建立并维系住能给组织带来收益的忠诚顾客基础群体"。从根本上说，这意味着通过市场细分，将目标市场定位于那些有可能成为长期顾客的群体。长期顾客如果对现在的服务感到满意，就很可能购买该企业的其他产品。另外，他们还可以通过口碑效应为企业吸引更多的顾客。

(1) 顾客利益

顾客一旦与服装零售商建立起良好的关系，只要他们的需要得到满足，或者说，只要他们找不出更换的理由，就会与该零售商保持长期合作。这种长期顾客可以获得三种关系利益，即信心利益、社会利益和特殊待遇利益。

信心利益是指顾客对零售商的信任感及对所能获得服务的熟知感。大多数人一旦与零售商建立起关系就不愿意再更换。已经建立起的关系能让人感到舒适安全。如果顾客与零售商的关系已经很牢固，他/她会努力维系这种关系；当服务关系很牢固时，顾客就会从服务互动过程中接触到社会利益。比如，当一位老顾客进入某服装店时，店员像老朋友那样跟他/她打招呼，可以使顾客面露微笑，心情舒畅，如同享受到了优质服务一样让人难以忘怀。特殊待遇利益是指由于交易双方形成了长期关系，顾客可以享受到最佳的服务时间安排或优惠价格。虽然这些利益是实实在在的，且顾客也很领情，但研究显示，较之信心利益（最重要的）或社会利益而言，其对顾客的重要性并不显著。

(2) 企业利益

服装零售企业同样能从与顾客形成的牢固关系中获得多种利益。其中最明显的就是保持现在顾客比吸引新顾客的成本低，广告和促销费用也比较低，另外，随着顾客对整个服务过程越来越熟悉,"培训顾客"的成本也降低了。另一方面,利益在于潜在的、积极的口碑效应。当顾客寻求新服务时,一般会听从朋友的建议和推荐。而满意的顾客也往往愿意主动向朋友们极力推荐那些与自己具有良好关系的零售商,让朋友们分享自己的所获得的优质服务。

还有证据表明,只要对其服务满意,无论是企业顾客还是个人顾客,都会增加与零售商的交易量。拥有忠诚顾客的企业还能获得另一项利益:留住忠诚员工。因为如果顾客高兴,工作氛围就比较轻松愉快,员工也会心情舒畅。

3) 顾客关系管理的内容

(1) 建立顾客数据库

顾客包括每一位能影响零售商盈利的人,是一个庞杂而又多层次的集体。拥有一定数量的长期顾客,对提高零售商的知名度、保证营业收入有极大的帮助。"寻档管理"是将顾客的各项资料加以记录、保存,并分析、整理、应用,借以巩固顾客与公司的关系,从而提升经营业绩的管理方法。其中,"客户资料卡"是一种常用的工具,通常包括三个方面的内容:a. 客户基础资料,主要指客户的名称、地址、性别、电话;b. 客户特征,包括客户的年龄、相貌和身材特征、性格特征;c. 历史消费记录,主要包括消费的产品编号、消费日期、件数、单价、折扣情况等。

(2) 顾客调查

认识、了解顾客是服装零售商特别注重的工作内容。服装零售商必须通过各种方法和途径了解:顾客的需求和期待是什么?对顾客来说,其中最重要的是什么?对于这些需求和期待,本公司能满足多少?竞争对手能满足多少?如何才能做到不只是单纯满足顾客需要,而是真正满足顾客所追求的价值?

(3) 划分顾客层级——顾客获利能力细分

对服装零售企业来说,并非所有的顾客都值得注意和保留。根据顾客为公司带来的利润将顾客分为不同层级,将资源集中用于为高盈利服务,努力将低盈利顾客变为高盈利顾客,而放弃非盈利顾客,这比对所有顾客都提供相同的服务要好得多。

对于服装零售企业来说,根据顾客目前和/或将来为公司带来的利润不同对顾客进行细分,是较好的一种方法。因为它考虑了顾客细分市场的成本和收入。在确定利润群组以后,企业就可以根据特定的细分市场提供服务,并保持一致的服务水平。构建一个由适当顾客组成的高忠诚度的顾客库能够提高收益。

企业的顾客为企业带来的利润是不同的,这经常被称为 80/20 法则——20% 的顾客提供了80%的销售额或利润。20%的顾客被认为是公司最有价值的顾客,企业假定在这一层次内的顾客是相似的。根据公司充足的数据可以将顾客细化为四个顾客层级(如图10-4所示)。

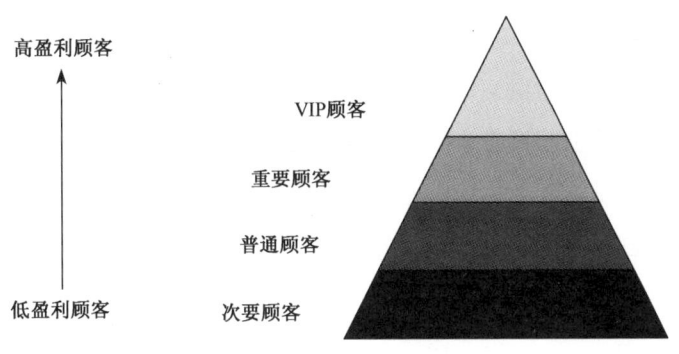

图10-4 顾客层级划分

① VIP顾客:是企业最有价值的顾客,他们通常对于价格不是过度敏感,愿意购买和尝试新产品或服务,是企业的忠实顾客。

② 重要顾客:与VIP顾客的不同主要在于其盈利水平不是很高,可能是由于这些顾客希望有价格上的折扣因而边际利润就很有限,而且他们也不十分忠诚。他们往往会选择多个公司的服装。

③ 普通顾客:包括一些重要的顾客,他们所提供的数量需求可以满足公司对销售量的要求,但是他们的消费水平、忠诚度和回报率距离公司的期望还有差距。

④ 次要顾客:是那些浪费公司金钱的顾客,他们的消费和回报率很低,却要求获得公司更多的关注,他们往往是公司的问题顾客——向其他人抱怨并且占用公司的资源。

用这种方法对顾客进行分类是非常简单的,它是采用利润而不是所有的细分因素来定义所有层次,并且说明了需要差别对待的顾客类型。一旦一个服装零售企业建立了顾客分类,就能够识别各个层级的顾客,通过延伸与忠诚顾客的关系,提高现有顾客的销售,提高每一个销售机会的回报率,企业能够增加每一个客户的潜能。但是这并不意味着公司只为VIP顾客提供优质的服务而忽视重要顾客及其他层次的顾客,公司可以通过努力去改变其他层次顾客的行为,如通过降低成本改变公司的成本结构,将他们转变为公司的忠诚顾客,从而提高收入获得更多的利润。

10.4.2 顾客关系管理的策略与方法

1）顾客关系管理的策略

(1) 定制化服务

与顾客建立关系的方法之一是为顾客提供定制化服务,满足个性化需求。服务定制化并非对所有企业都是最佳策略,但是,无论是否采用这一方法,都应该认真考虑这种核心理念,即顾客喜欢独特性,喜欢享受到符合他们偏好、生活方式和购买力的服务。比如,虎都为顾客提供终身免费干洗服务,这对于顾客特别是单身顾客来说,具有相当大的吸引力。服装零售商可以通过与顾客的沟通,了解顾客需要的是何种服务。

(2) 建立顾客组织,让顾客产生归属感

哈雷公司依靠哈雷拥有者小组(HUG)使哈雷的拥有者产生归属感。HUG 是一种地方集会、旅游和舞会,还包括公司组织的全国范围的 HUG 活动。通过 HUG,哈雷的顾客开始了解彼此并且基于共同的兴趣——摩托车驾驶,产生了归属感,这种方法是非常有效的。

服装零售企业也可以建立类似的顾客组织。如,顾客顾问团,定期或不定期地举行一些他们感兴趣的活动:观看新品发布会,提出对服装零售企业销售的产品的意见和建议;进行主题讨论,如流行趋势、服装搭配及服装与个人的形象等等。通过这些活动可以增强顾客与服装零售企业的情感联系。

(3) 答谢顾客

对顾客购买公司的产品表示感激和赞赏是维系顾客关系的集中体现。在节假日给顾客寄一张贺卡或感谢信当然不错,但是采用更个性化的方式效果会更好。当面或通过电话表达感激,以私人信件或私人电话对顾客表示感激和赞赏,将对顾客造成较大的影响;举行专门的答谢顾客活动;向会员顾客提供优惠的价格保证,在顾客自己的特殊日子如生日等送上一份祝福和小礼品等。通过这些方法形成的顾客忠诚可能比仅仅寄一份感谢信要有效得多。

(4) 补救服务过失

由于服务互动过程中存在诸多固有变化,服务不可能总是完美无缺。事实上企业出现服务过失不可避免,但它们可以学习如何补救过失。关于服务补救我们将在下节内容中进行详细分析。

2）发展顾客关系的有效方法

直接针对发展顾客关系方法的研究很分散也不够深入，而专门针对服装零售的顾客关系策略更是少之又少。以下是一些服装零售企业应用的策略和方法，目的是留住老顾客，吸引新顾客，激发顾客对企业的满意度和忠诚度。

（1）针对高盈利顾客的忠诚计划

忠诚计划只限于最具有盈利性的顾客使用，将顾客分为盈利性顾客和非盈利性顾客。根据顾客的年消费额划分不同的 VIP 等级，享有不同的特权，这要根据不同服装公司的产品定价及其他服务消费水准等因素而定。VIP 的年消费门槛带来了消费的增加。有限会员制有两个好处：它激发了会员的渴望，并确保企业的资源分配在那些回报最为丰厚的地方。

① 高级的俱乐部聚会和与众不同的个性化服务，这被称为软激励，这项激励往往十分有效。具体做法如下：通过当地事件产生个人和情感的交融；例如，深圳某服饰公司在商场举行服装搭配大赛，参赛的选手都是被邀约过来的 VIP 客户，客户自己挑选公司的服装搭配好穿在自己身上亲自走秀，由专业评委评分并说出搭配的效果如何以及原因。在这期间还有专业设计师给这些 VIP 讲解穿衣搭配的技巧。让重点客户在参与比赛的过程中又学到很多在外边得不到的知识。VIP 顾客参加完活动之后对穿着更有自信，对公司品牌的忠诚度更高了。在服装搭配大赛活动中，允许 VIP 带 1～2 个朋友陪同，陪同看比赛的人和商场里路过的目标顾客群对公司文化和公司的服装也有了比较全面的了解，进而可以树立品牌形象，促进消费。

② 增加对光顾本企业的顾客的销量，而不是通过打折来蚕食利润。因为打折会大大损伤老顾客的感情，给老顾客的印象是，自己持有的商品已经贬值了。这样不利于忠诚度的培养和维持。在每个季节为顾客做一个衣橱计划，以电话或邮件通知顾客，是一种很有效的方法。在销售的过程中，尽量向顾客推荐配套产品，搭配成套推荐给顾客，促成单笔销量的增加。邮寄有关时尚和购物方面的图片或文章给顾客。

③ 提供一系列使会员充满期望的独特活动或事件（只有 VIP 顾客方可参加）。独特性活动的恰当安排会创造广泛的宣传和认知，对挽留顾客与获取顾客一样有效。

④ VIP 顾客享有与非 VIP 顾客不一样的特权。如参加宴会、服装设计展、新品品鉴会以及其他事件的机会，增加了会员的价值。邀请会员参加一年一度的品牌周年庆，在会场专门设立品牌 VIP 顾客服务接待处，让 VIP 顾客加深对自己享有精英权限的认知。将被邀请嘉宾的名单刊登在企业内部杂志或者世界各地的媒体上，从而借助出版物进行全球宣传。例如，某服饰公司在自己的杂志中经常会出现会员穿着企

业品牌服装参加活动的照片,提高了顾客对品牌的向心力。仅对 VIP 顾客公布新款目录以及赠与 VIP 礼物,一切对外宣传都统一口径——独特的 VIP 专享活动。

⑤ 硬激励。在会员通讯中提供一些创意方法,以便他/她积累足够的积分来换取奖励。消费积分折返人民币会增加顾客的消费,但这并不是忠诚战略的基石,将硬激励与软激励相结合才能取得更好的效果。软激励中包括的独特活动和经历,将会体现 VIP 顾客的身份价值与独特性。虽然竞争对手也可以做这样的优惠政策,但由于向会员提供了独有的特权以及向顾客提供了独特的服务,他们不可能与企业所创造的价值和独特性相比。

⑥ 顾客服务是顾客忠诚战略的基础。授权员工在现场服务中识别 VIP 顾客并提供特殊服务。对那些表现出色的员工进行奖励,激励员工为顾客提供卓越服务。

⑦ 激励 VIP 顾客向周围的人介绍企业产品。积分可以兑换奖励作为礼物传递;VIP 可以携带一名朋友出席 VIP 宴会。

(2) 针对普通顾客的方法

① 终端销售人员在每位顾客购买服装之后可以立刻发送一个表示感谢的短信或邮件,这样做非常必要,能给顾客留下很好的印象。

② 对顾客想买而没买到的款式,当款式到货时及时通知顾客,顾客们会非常感谢这种服务,并且创造了最好的销售机会,顾客看过后只要合适他们就可能会买。

③ 对于顾客喜欢但因为某些原因没买的款式,在促销期间给顾客打电话,告知他们有特别活动,这样他们会感到自己是商店和商店活动的一部分,并会积极回应。

④ 每隔一段时间像朋友一样打个电话问候一下顾客,并告诉她/他商店最近有什么新货品。

⑤ 忠诚顾客优惠计划。对老顾客实行优惠计划可以减少顾客流失,培养顾客忠诚度,同时可以减少促销费用,让利于顾客,互惠互利,共同发展。常用的优惠方法有:优惠、折扣、让利、赠送、会员卡。

⑥ 建立顾客投诉制度。顾客投诉并不可怕,可怕的是不重视顾客投诉。一个高效的顾客投诉处理体系是维系顾客关系的有力渠道。

10.4.3 服装零售服务补救

服务补救是零售商针对服务失误采取的行动。失误可因各种原因产生:服务没有如约履行,送货延期或太慢,服务可能不正确或执行质量低劣,员工粗暴或漠不关心。所有这些失误都会引起顾客的消极情绪和反应。可能导致顾客离开,将其经历告之其他顾客,甚至通过消费者权益组织或法律渠道投诉该零售商。

1）顾客对服务失误的反应

当服务失误时，顾客会产生如图 10-5 所描述的各种反应。服务失误会使顾客产生一系列的负面情绪，包括生气、不满、失望、自怜和焦虑等。这些负面反应会影响客户对服务补救的作用的评价，并且决定是否还会选择该零售商。

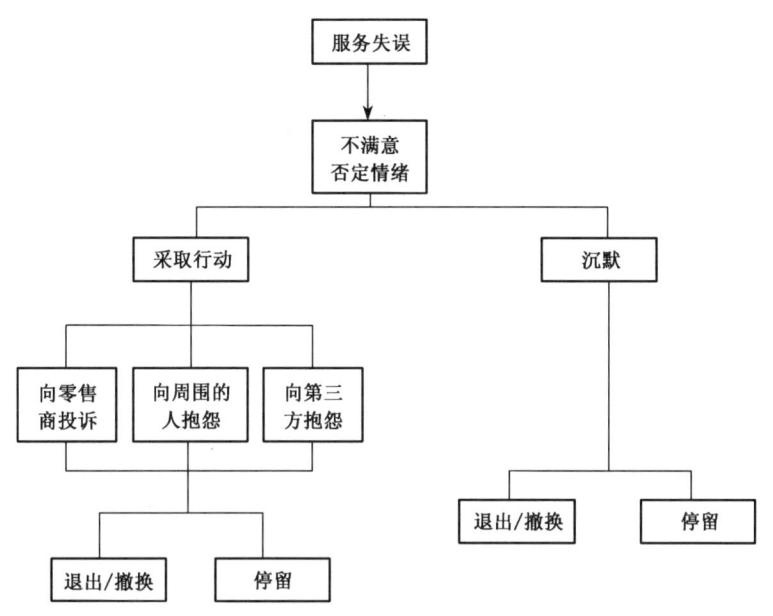

图 10-5　服务失误之后的顾客反应

2）顾客抱怨时的期望

顾客在抱怨时期望迅速得到帮助，期望对其不幸遭遇及引起的不便进行补救，期望在服务过程中得到亲切对待。在投诉时，顾客尤其想要得到公平的对待。

（1）结果公平

顾客希望结果或赔偿能与其不满意水平相匹配。这种赔偿可采用实际货币赔偿、一次性道歉、未来免费服务、折扣、修理或更换等形式。顾客希望公平的交换，也就是说，他们希望零售商为其错误而采取某种行动的付出至少等于他们已经遭受的损失。他们希望的公平还包括得到的赔偿与其他顾客经历同样类型服务失误时得到的一样，他们还希望零售商为其提供一些赔偿选择。

（2）过程公平

除公平赔偿外，顾客希望抱怨过程的政策、规定和时限公平。他们希望很容易进入投诉过程，并且希望事情被快速处理，最好是通过他们第一个接触的人。很多情况下，顾客们实际要求的会少于零售商预先估计的。公平过程的特点包括清晰、快速和无争吵。不公平过程使顾客感觉到缓慢、拖延和不方便。如果要求客户必须提供证明，证明他们所说的是真实的，他们也会感到不公平。

（3）相互对待公平

除了期望公平赔偿、无需争吵及快速程序之外，顾客们希望公司和员工能够礼貌地、细心地和诚实地对待他们。如果顾客感到公司及其员工态度漠不关心和几乎没做什么以试图解决问题，他/她会感觉到不公平。在多数情况下，销售人员对顾客漠不关心或者粗暴对待是由于缺乏培训和授权。对顾客的补偿要求无权做出决定的一线员工很容易表现出对顾客的漠不关心，尤其是顾客本身就很愤怒或粗暴的时候，他/她更会感到无所适从。

3）服务补救策略

许多公司已经意识到对不满意顾客提供完美补救的重要性。优秀的服务补救是各种各样的策略在一起发挥作用的综合体，如图 10-6 所示。

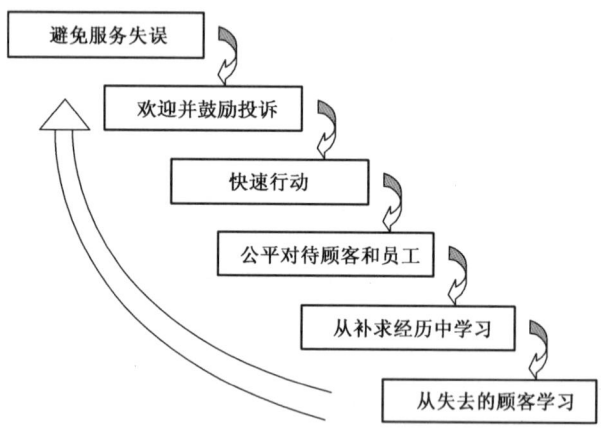

图 10-6　服务补救策略

（1）尽量避免服务失误，争取在第一次就做对

服务质量的第一规则就是在第一次就把事情做对。如果这样，补救就没有必要了，顾客得到了他们所希望得到的，再次服务的费用和对错误的赔偿也可以避免。形成一种零缺陷的文化来保证第一次就把事情做对是至关重要的。在这种零缺陷文化观念下，员工们和经理们的目标是让每个顾客满意，并且寻找改善服务的方法。零缺陷文化下的员工充分理解和领会"顾客的价值"概念，他们受到激励，每时每刻对每一位顾客都提供优质服务。

（2）欢迎并鼓励抱怨，降低意见反馈成本

即使是在追求 100% 服务品质的零缺陷组织中，也会发生失误。服务补救策略的关键组成部分就是欢迎并鼓励报怨。事实上，研究表明一般的公司得不到来自 96%

的不满意顾客的声音。这并不意味着顾客们不会抱怨,他们只是对朋友和家人抱怨,而不会对失误的公司抱怨。他们会选择永远离开。所以企业不应该把抱怨或者投诉的顾客看作是麻烦,而要感激他们愿意给企业改进服务的机会和建议,这些提出企业缺点的顾客的价值要远远大于那些默不作声静静走开的顾客。因为抱怨的顾客给了企业改进的意见和建议,企业参考之后提供更加完美的服务,可以争取到更多的顾客。

鼓励和追踪抱怨有多种方法,可以通过满意调查、重大事件研究和丢失顾客研究等特别设计顾客研究项目。一线员工们是重要的顾客抱怨信息来源,应该鼓励他们在一线发现顾客不满意和服务失误的根源,并报告这些信息。例如,所有的员工都随时带有一种叫做"快速行动表"的服务补救表格,这样,他们可以即时记录服务失误和相应的补救行动。另外,如果发现服务失误是由于服务的流程和提供的服务不能满足顾客需要,就需要对此进行修改和调整。

(3) 快速行动

很多时候,顾客提出自己的抱怨或者建议,并没有一定要企业给出十全十美的解决方案,而只是想看到企业为解决问题积极、认真的态度,而快速反映的能力强弱体现了企业对顾客问题的重视程度。为此,需要做到以下几点:

① 在一线关心问题。顾客希望听到其抱怨的人来解决问题。另外用最快速的方式回复顾客,如打电话给顾客(或者在某些情况下采用电子回复),而不是寄邮件答复顾客。

② 授权员工。企业要给一线员工足够的授权,相信训练有素的员工具有创造性的完满解决问题的能力,并在问题解决后给予员工肯定和鼓励。企业管理层授权给员工解决问题,节约了管理资源,员工对企业的忠诚度也会提高,员工顺利高效解决了问题,顾客的忠诚度也会恢复,对企业是一个三赢的局面。

③ 必须对员工进行培训和授权,以使问题在发生时就予以解决。对一线员工进行补救培训是非常有必要的。因为顾客要求服务补救在现场时即时进行,一线员工需要有技巧、权利和动力来从事有效的补救。有效的补救技巧包括:倾听顾客问题、采取初始行动、辨别解决方法、即兴发挥以及变通规则。

④ 允许顾客自行解决问题。另一种快速处理问题和抱怨的方法是建立一个允许顾客亲自解决问题的系统,通常这需要技术支持来完成。顾客们直接应用公司的技术完成对自己的服务,给自己提供即时答案。如,通过互联网技术和公司的信息系统,顾客可以自己在线解决一部分问题:解答关于服装洗涤和保养的问题,解决顾客退订服装和更换服装的问题。

(4) 公平对待顾客

关于公平对待顾客在前面已经进行了讨论,这种公平对待是有效服务补救策略必不可少的部分。

(5) 公平对待自己的员工

如果一个企业服务补救战略是把满足消费者的要求建立在牺牲自己员工的利益基础之上，这样的战略不会最终获得成功。过分要求自己的员工会导致员工的积怨与不满，最终会给企业带来麻烦。因为重新赢取顾客信任的过程往往充满挑战，尤其一线员工面临的压力更大。一线员工往往会直接承受愤怒消费者的质疑、挑衅甚至侮辱，而这些指责也许根本不是他们的过错造成的。例如：承诺的服装会在两天之内送到顾客家里，但在第三天的时候还没有到，顾客投诉的对象往往是导购，而服装没有及时送到的原因实际是在物流部门。因此，企业要公正地对待具体处理投诉的员工，也要设身处地地理解他们的困难处境，在对他们严格管理的同时要注意提供适当的补偿，提高内部员工的积极性和忠诚度。

(6) 从补救经历中学习

通过追踪服务补救的努力和过程，管理层能够获知一些在服务交付系统中需要进行改进的系统问题。通过进行根本原因分析，识别出问题的来源，进行过程改进，有时能彻底消除对补救的需要。

(7) 从流失的顾客中汲取教训

总有一些顾客因为种种原因而离开现有的零售商，转而选择其他零售商。对顾客离去的原因进行深入的调查和研究，有助于避免未来的失误。企业上至管理层下到一线员工都要不断反省。对于每一个服务失误的案例都要认真总结，因为反省是一个成长的过程，也是一个企业成功的过程。从上到下要建立一套定期的反省交流会的机制。公开、明朗地讨论对于一段时期内的顾客服务情况，对流失顾客的原因要不断总结，对类似案例进行归纳，找到适合这种案例的解决方案，制定服务补救预案，当再次发生类似事件的时候知道该怎么处理最好。

最后我们又回到了起点：避免服务失误并第一次就把事情做对。通过集成所有的战略，公司将发现对服务补救的需要越来越少，当服务补救确实发生时，公司也早有准备，让顾客相信较差的服务只是例外，而不是惯例，因此一次不好的体验并不会导致顾客转向其他供应商。

10.4.4 服装零售顾客服务的新趋势

(1) 与顾客建立良好关系

与顾客建立起密切的关系，是当今消费者驱动下的新经济环境中最重要的表现。要建立顾客的忠诚度，获得尊重是关键的一步，要努力获得顾客对品牌和销售人员的尊重。当拥有知识和自信的终端销售人员表现出自我尊重时，顾客对其的尊重就会自然而然产生。注重提高终端销售人员的专业形象和必要的知识储备，销售成功的机会就会大大增加。要想确保销售成功，要把着眼点放在建立亲密的顾客关系上。

顾客与商品或商店环境之间的互动体验则可以提供长期的优势。互动体验可以保证顾客的持续光临。了解顾客并发掘触发他们情绪的按钮，从而与他们建立亲密的关系，最终在销售中取得成功。

(2) 零售购物顾问

越来越多的消费者已经认识到让专业人士帮助自己理解体型特征，包括肤色和身体线条会获益匪浅。杂志和电视媒体对一些个人在接受指导前后的改变进行了报道，展示出改变前后的着装形象对比照片。于是，需要这种个性化服务的消费者数量在持续增长。

成功的零售商都拥有一支受过良好培训而学识丰富的终端销售团队，他们不仅看上去像专家，能为顾客提供专家式服务，还能着眼于顾客需求并与之建立良好关系。销售人员在接受基础训练后，还可以进一步接受高级培训成为零售购物顾问。近几年，在国外的一些服装商店引入了个人购物顾问的项目。这些零售购物顾问在店内采取一对一的形式与顾客见面。实践证明，了解顾客需求最好的方式是让其在购物之前与经过高级培训的终端销售人员进行单独沟通，这种沟通通常是一对一的。这虽然会占用顾客一些额外时间，或许也不适合每个人，但对于那些有时间或愿意腾出时间的顾客来说，这种服务可以让她/他获益非浅。

购物顾问可以与顾客预约见面，这样的方式给购物顾问提供了充足的时间，借此可以在购物之前了解顾客的特定需求和希望。会面时，设立一个精心装饰的房间，准备一些饮料和点心，可以营造出一种建立亲密关系的氛围。在咨询过程中，要收集顾客的喜好、生活方式、身材尺寸、个人色彩、外形、个性和对当前的小衣橱的需求等详尽的信息。借此机会可以讨论新的流行趋势，也可以提出一些建议。个人购物顾问与顾客之间的互动是此时最有价值的部分。在这个过程中，个人购物顾客开始了解顾客，顾客也开始信任个人购物顾问，这种关系由此得以进一步发展。顾客这时感觉到了特殊的重视，从而获得了满意的情感经历。

通过对顾客适当的询问，个人购物顾问可以获得足够的信息来为顾客提供出色的服务。购物顾问可以借助收集的信息，来帮助商店确定采购哪些商品来与顾客的需求相吻合。当顾客需要一些新款服装，而个人购物顾问发现某些款式适合这位顾客的需求时，便可以在顾客光顾之前提前选好，或通知顾客有空光顾商店。这样顾客不再需要随机试穿很多款式，可以节省时间，并能确保满意。而且这种不断提供特殊服务的方式,也会使顾客感受到与众不同。美国多数高级商场都有指导本商场顾客购物的个人购物顾问,他们都接受过高级培训。也有一些顾客能够聘用私人形象顾问,这些形象顾问陪同顾客在各种商店购物,他们的业务主要是为顾客在色彩、身体线条和衣橱规划方面提供个人咨询。

事实证明购物顾问确实可以促进销售额增长和提高顾客的忠诚度。其实不是零售购物顾问本身,而是其与顾客所建立的关系确保了顾客忠诚度和销售的增长。当顾客提供了个人信息之后,感觉到个人需求会得到满足时,这种关系也就建立起来了。

(3) 网上购物顾问

尽管专家型终端销售人员的顾客服务方式已广受欢迎。但是如果通过网络服务的方式进行补充会更加完善。不一定所有消费者都去那些提供免费个人购物顾问项目的商店购物。其原因并不是商店所在位置不方便,而是因为支付不起这些专卖店的高价位商品,或者他们最喜欢的商店没有提供类似的服务。另外,由于终端销售人员在顾客身上只能花费有限时间,相当部分的顾客通常时间也有限,因此不能保证每个顾客都能从终端销售人员那里获得满意的服务。通过计算机网络技术则可以解决这一难题。

计算机网络技术为顾客提供了一种新的咨询服务的平台,即网上个人形象档案。在这个平台上,销售人员的工作压力得以减轻,因为当顾客回答完一个在线问卷后,有关于顾客风格和个人特征的产品鉴别分析都已经完成。这种方法以会员制的方式为顾客提供独特的个性化形象分析和产品推荐服务。新技术的应用确保服务标准的统一性,能为商店积累顾客的个人信息。这些信息对库存管理和产品开发来说也是极为有价值的重要依据,对建立紧密的顾客关系来说,更是极为可贵的信息资源。

由于当今使用计算机和互联网的人数在增长,通过在线销售、广告和促销活动增加商业机会的潜力是巨大的。通过电子邮件通讯和移动电话促销可以落实和强化销售。在当今,对于销售人员和消费者来说都是一个忙碌的世界,时间是非常有限的,但是对服务的需求却在不断增长。网络服务项目提供了一个独特和方案,确保服装零售商在消费者驱动的环境中获胜。

案例 10.1

顾客衣橱顾问——专业服务提高单次销售量

不到 30 岁的刘红艳至今经营服装已有 8 年之久,从普通店员到讲师,再到公司培训部经理是一个从开花到结果的过程。成功的销售看似简单,其实背后有一套专业的配搭技能和销售技术,就像刘红艳所主张的——一定要让进店的顾客成套试穿衣服。

王小姐来到一家专卖店,告诉销售人员她需要买一条短裙,销售人员根据王小姐的衣着特点、体型、肤色为她挑了一条适合她的白色塔裙,王小姐试完之后非常满意,于是到收银台买单,专卖店成功销售了一件衣服。

不过,王小姐的购买能力就只有一条短裙吗?

王小姐来到另一家服装店,告诉销售人员她需要买一件T恤,于是销售人员根据王小姐的着装特点、体型和肤色不仅为其挑选了一件T恤,还递来了一条白色塔裙和一双黑色罗马鞋。销售人员告诉王小姐,今年流行塔裙和罗马鞋,如果用这两件配搭T恤,会让平实随意的T恤显得靓丽脱俗,人也活泼可爱了许多,如果她家里有类似的裙子和鞋子可以用来搭配。王小姐欣然接过这套衣服走进了试衣间……,结果,原本购买一件T恤的王小姐消费了三件衣服。

在获知王小姐的消费意向后,销售人员没有依据对方的目标消费需求推荐,而是站在衣橱顾问的高度,成套向顾客推荐,结果不仅提高了销售量,也让顾客更信任销售人员,信任品牌。

销售技术以及应变能力的要求,这是对导购的基本要求。待顾客进店试穿后,还可以依据顾客的着装特点、体型和肤色找来其他配套款,只有让顾客多试穿,才能扩大成交的数量和几率。因此在成套推荐中,需要专业的配搭技术和销售技术做支撑。

刘红艳认为,让进门顾客试穿一套衣服要形成销售理念和习惯,进而可以尝试为顾客延伸更多的专业服务,比如了解顾客的职业和生活习惯,为顾客设计不同场合的穿着和配搭建议,这样一次就不是推荐一套,而是数套,因为顾客不同场合有不同的着装需求。一旦专业服务于顾客的思维一打开,成套搭配推荐就成了职业素养,成为帮助顾客提升生活品质和解决配搭难题的义务和责任,那么,让进门顾客试穿一套衣服,就会变成水到渠成的事情。

问题1:衣橱计划的主要内容是什么?提高顾客一次性购买量取决于什么因素?
问题2:为顾客制定衣橱计划需要销售人员具备哪些能力和素质?

案例启示:
衣橱计划的主要内容是将顾客选中的服装单品和他/她已有的服装单品搭配成套,并加上配饰来衬托效果。提高顾客一次性购买量取决于销售人员为顾客制定的衣橱计划是否能满足顾客的需求,是否符合顾客的外貌和身体特征。

为顾客制定衣橱计划要求销售人员具备一定的能力、知识和技巧,具体来说包括:

① 观察能力和与顾客交流沟通的能力。通过观察和了解顾客的外貌和身材特征,通过交流与沟通了解顾客需要什么服装、穿着服装的场所、顾客喜欢的风格,在此基础上推荐适合顾客体型、色调的服装单品搭配成套或与顾客穿着的服装搭配,使整体效果协调时尚,符合顾客的特点和喜好。

② 具备专业的服装色彩知识和搭配技巧。同样的服装色彩和款式穿在不同的人身上会产生截然不同的效果,完美的搭配可以使服装增色不少。仅仅知道顾客喜欢什么还不够,销售人员必须具备一定的服装色彩知识和搭配技巧,才能使服装搭配的整体效果完美体现,得到顾客的认可。

③ 具备的一定的服务技巧。自信的笑容、得体的语言、周到而恰到好处的服务,这是销售人员必须具备的基本素质。销售人员的自信可以感染顾客,相信能得到专业的建议;得体的语言是销售人员与顾客交流的基础,如果为了急于推销服装而说出一些不得体的话,可能会引起顾客的反感;根据顾客的态度和类型提供恰到好处的服务,既不冷落顾客又不热情过头使顾客感到不自在,这才能让顾客在店内轻松自在的浏览服装,从而有更多的选择。

本章小结

本章介绍了顾客服务的内涵、特征以及对服装零售企业的重要性。顾客服务是一种无形的活动或过程,它具有互动性、无形性和不可贮存性。服装零售企业提供高质量的服务可以提高员工和顾客的满意度,从而提高获得能力。

服装零售顾客服务包括售前、售中和售后服务。在服装销售的各个阶段注重为顾客购买服装提供恰当的服务,可以促成交易的达成。

服装零售顾客服务的基本流程包括寻找和接近顾客、销售展示和结束销售。在各个阶段销售人员都应保持良好的状态,注重与顾客的交流和沟通,为顾客提供贴心的服务。

发展与顾客的关系可以为服装零售商带来长期的利润。顾客关系管理的主要内容包括建立顾客数据库、顾客调查和顾客盈利能力细分,将企业资源用于为高盈利顾客提供高质量的个性化的服务,可以提高每一个销售机会的回报率。

服务补救是零售商针对服务失误采取的行动。服务失误不可避免,服装零售企业应该采取正确的服务补救策略,消除顾客的不满。

服装零售顾客服务的新趋势:与顾客建立良好的关系;为有需要的顾客提供个

人购物顾问；网上购物顾问可以使顾客用有限的时间获得满意的服务。

本章习题

1. 选择题

（1）顾客服务的特征是（　　）。
    A. 生产与消费同时进行　　B. 无形性
    C. 不可贮存性　　　　　　D. 有偿性

（2）以下哪些属于服装零售售后服务（　　）。
    A. 处理顾客的不满　　　　B. 退货换货
    C. 商品质量保证　　　　　D. 送货
    E. 商品包装　　　　　　　F. 商品信息咨询服务
    G. 售后跟进

（3）顾客关系管理的主要策略有（　　）。
    A. 定制化服务　　　　　　B. 建立顾客组织
    C. 答谢顾客　　　　　　　D. 补救服务过失
    E. 只为高盈利顾客服务

2. 判断题

（1）在销售展示过程中，对顾客暂未选定的款式应立即撤掉。
（2）在销售过程中应尽量向顾客推荐价格较高的服装，以获得较高的利润。
（3）提高单次销售量的关键是将服装搭配成套。
（4）顾客关系管理是在识别顾客的独特需求以及解决顾客问题的基础上与顾客建立长期合作关系。
（5）根据顾客获利能力将顾客划分为不同层级，通过延伸与忠诚顾客的关系，可以提高每一个销售机会的回报率。

3. 简答题

（1）为什么顾客服务在服装零售业中如此重要？
（2）服装零售售前服务有哪些方式？
（3）服装零售售中服务的主要内容有哪些？提供这些服务有什么意义？
（4）销售展示过程中应注意哪些问题？
（5）什么是顾客关系管理？如何进行顾客关系管理？

（6）在进行服务补救时，如何才能做到快速行动？

（7）如何正确对待顾客抱怨？

4. 分析题

（1）根据顾客类型的不同，服装零售商提供的服务内容有什么不同？

（2）服装零售购物顾问主要针对哪些顾客？如何才能为这些顾客提供优质的服务？

参 考 文 献

［1］多丽丝·普瑟,张玲.服装零售法则[M].北京:中国纺织出版社,2006.

［2］叶开,刘钢.客户关系管理之叶问——理论与实务[M].成都:成都时代出版社,2011.

［3］程文超.品牌启示录[M].北京:机械工业出版社,2007年.

［4］瓦拉瑞尔 A·泽丝曼尔,玛丽·乔·比特纳.服务营销[M].张金成、白长虹译.北京:机械工业出版社,2004.

［5］马克·戴维斯,贾贝尔·海内克.服务管理[M].北京:人民邮电出版社,2006.

［6］帕特里克·M·邓恩,罗伯特·F·勒斯克.零售管理[M].赵娅译.北京:清华大学出版社,2007.

［7］邢云芳.用原点-价值链方法对服装企业顾客忠诚度的探索[D].成都:四川大学纺织与服装工程系,2011.

［8］分析三大服装零售案例.赚取可观隐形财富.华衣网,2010.

第六篇 服装零售信息与财务系统

第 11 章 服装零售信息系统

学习目的、要点：

1. 了解服装零售信息系统的概念和作用；
2. 了解服装零售信息系统的软硬件构成；
3. 了解服装零售信息系统的常用功能模块；
4. 了解服装零售信息系统的基本硬件配置。

随着市场竞争的日趋激烈，越来越多的企业管理者开始认识到，在当今充满不确定性的经济环境中，只有投资于产品和科技创新，使内部管理得到完善，才能对抗外界力量，在市场中脱颖而出。如何有效地利用信息管理技术实现转型升级成为服装企业保持竞争优势的关键。服装企业对各个生产和销售管理的各个环节也有着越来越高的要求，特别是进、销、存的管理，服装企业仅靠传统的信息管理方式已经远远不能满足企业发展和竞争的需要。

当前的服装信息化管理系统往往采用先进的管理思想和管理方式，在大量的实践调查和数据研究的基础上，以服装企业销售管理的需求为目标，提供了全方位的服装零售企业信息化的问题解决方案。零售信息系统不仅管理企业日常销售活动，更重要的目的是支持企业的销售决策，是一种支持销售决策的有效系统。

11.1 服装零售信息系统概述

11.1.1 服装零售信息系统分类

从信息系统的执行功能来分，现阶段的零售信息系统可以分为管理销售信息系统和操作销售信息系统。管理销售信息系统的主要功能是管理销售信息、控制销售活动、处理销售业务、制定销售方针、分析销售环境及效果、规划销售策略、制定报表、制定预算等内容。操作销售信息系统是销售活动的实现工具,是对传统事务处理系统的发展,通过操作销售信息系统,缩短了销售周期,降低了销售成本,为管理销售信息系统的实现提供信息基础。大多数销售信息系统兼有管理销售信息系统和操作销售信息系统两方面的功能。

从信息系统实施的方式来分,可以分成单机版的信息系统、企业自建系统的模式以及将信息服务外包的 ASP 模式。单机版的系统软件无需联网,在单机安装一套软件即可操作,简单方便,单机版软件通常价格较低,多适用于单店使用。企业自建的信息系统,通过企业投资购买一套系统软件后,辅之以相应软硬件配置,以及专人进行系统维护和,往往投资较大,适用于一些大型的连锁经营的零售企业。ASP(Application Service Provider,即应用服务供应商)作为一种业务模式,是指在共同签署的外包协议或合同的基础上,企业客户将其部分或全部与业务流程的相关应用委托给信息服务提供商,由服务商通过网络管理和交付服务并保证质量的商业运作模式。服务商将保证这些业务流程的平滑运转,即不仅要负责应用程序的建立、维护与升级,还要对应用系统进行管理,所有这些服务的交付都基于互联网,客户则是通过互联网远程获取这些服务。

11.1.2　服装零售终端信息系统的作用

由于服饰行业消费市场需求变化节奏日益加快,消费者的消费需求不确定性不断增强,有一种因素可以有效降低消费者需求不确定因素对企业的影响,那就是信息。随着信息技术的不断发展,企业可以快速获得有针对性的、有实效的信息和情报,通过对采集到的信息和情报进行科学处理可以提高对市场的预见性和预测准确率;影响库存的最根本原因是产品不能适销对路,通过信息改进、合理的开发流程、产品的开发组合策略可以提高产品投放准确率;卖场的断色、断码、断款现象很严重是服饰企业产品销售的主要问题,但通过及早有效地掌握产品的销售和在库信息进行快速配送就可以保证快速地满足顾客的需求,提高顾客的满意度,保证企业长久的市场优势;当然提前期越长,需求不确定性因素影响越大,通过信息而不仅仅是依靠订单来组织生产,就可以大大地缩短订货提前期,提高企业的应变力,快速反应市场、满足市场需求。

服装零售信息系统是企业数字神经的末梢。来自终端的第一手数据,是企业分析决策的依据,终端销售信息系统成熟度、稳定性在企业中的地位举足轻重。通过信息管理系统的建立,用户可以随时查询服装商品库存及进销存情况,任意时间段的服装商品或收银员销售情况等经营管理中重要的统计数据,这样企业可以对零售终端物流和现金流的实时监控与管理,可以大大降低企业的管理成本,避免过度扩张并能及时解决终端和经销商等在产供销中经常出现的诸多问题。

新一代零售信息系统除支持离线、在线两种操作模式之外,还应支持市场上各大主流移动终端设备及 RFID 射频识别设备,实现终端店铺的移动零售管理。系统涵盖了零售、退换货、补货、收货、调拨、盘点、出纳、考勤和返修等多种业务内容,支持现金、银行卡、现金券、订金、外币和储值卡等多种结算方式。在价格和会员服务方面,除一般的促销功能外,新增多种会员积分累积和积分兑换方式。并将公司内部员工和会员的邮件和短信沟通平台扩展到终端店铺。

11.2 服装零售信息系统常用功能模块

11.2.1 系统应用构架

常用服装零售信息系统应用构架由 INTERNET 网络、零售管理及数据交换服务器、网络分销或进销存服务器以及零售终端构成(如图 11-1)。

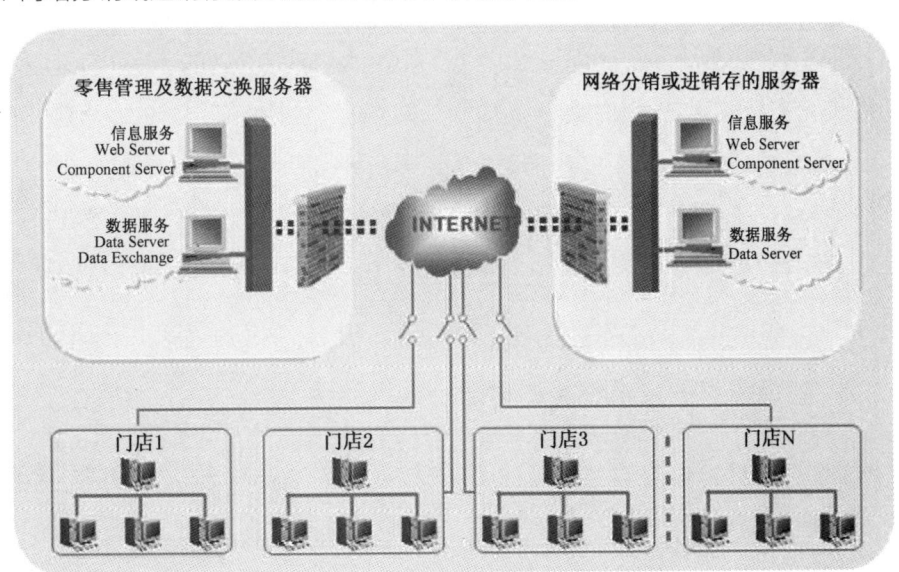

图 11-1 常用服装零售信息系统应用构架

为解决客户对零售终端集中管理与集中信息搜集的需要,先进的服装零售信息系统应具有如下功能特性:

① 门店类型支持:加盟店、直营店等多种模式;

② 一个零售管理端可以针对分属于不同分公司的零售终端进行集中的管理；

③ 基本档案自动同步：用户在零售管理端中作基本档案的修改，通过设置自动任务，能定期自动同步到门店客户端；

④ 零售管理端可以自行定义条形码解析规则，并下发到所有门店；

⑤ 门店客户端（直营店）：门店不作存量管理，统一在供应链中管理，定期下载存货现存量作为店存余额。门店上传经过汇总的零售单、退货单、收款单、退款单；上传要货申请、店存出库单和盘点盈亏单，生成服装企业供应链中相应的业务单据；

⑥ 以强大的零售后台管理为基础，真正实现对零售门店的集中管理；

⑦ 同企业分销管理系统或供应链系统紧密整合，形成包含经销商管理、终端管理的完整的通路解决方案。借助分销管理系统或供应链系统的物流管理功能，满足企业对终端门店的补货、配送等方面的物流管理需求；

⑧ 支持基于 INTERNET 或专网的全国范围内的门店分布应用。支持数百家到数千家的门店规模；

⑨ 系统支持离线应用和在线应用的切换，降低了系统对网络条件的要求，并确保了数据的完整性。未安装离线程序的门店，可以通过在线应用直接提交零售业务数据，已安装离线程序的门店在处理业务时可以断开网络在本地运行，业务空闲时集中同后台进行数据交换。对应用模式切换的支持，大大降低了企业的管理和营运成本；

⑩ 充分支持直营连锁和加盟连锁不同核算方式。包括企业自营的专卖店、加盟专卖店、自行管理的商场专柜、代销商场专柜等各种门店类型；

⑪ 支持对门店业务的集权式和分权式的管理模式，比如统一进行 VIP 管理；

⑫ 支持统一制定零售价格管理、折扣策略，也可根据需要由门店自行管理零售价格。

11.2.2 服装零售信息系统主要功能

以下以用友和 EPB 这两个品牌的零售信息系统为例，分别介绍企业自建系统的模式和 ASP 模式这两种服装零售信息系统的一些常用功能。

- **用友连锁零售管理系统（版本号 U861）（图 11-2）**

用友连锁零售管理系统主要功能描述：

1）零售管理端

(1) 基础设置

系统可以在零售管理端的基础设置中设置机构档案、门店档案、营业员档案、班次档案、零售商品类型表、特殊商品对应表、促销组合、条码解析规则；其余档案如客户档案、商品类型档案、商品档案、自由项档案、部门档案、仓库档案、退货原因档案、结算方式档案均由分销或用友供应链系统下发而来，除商品档案和结算方式档案可调整外，其他档案只可查询。

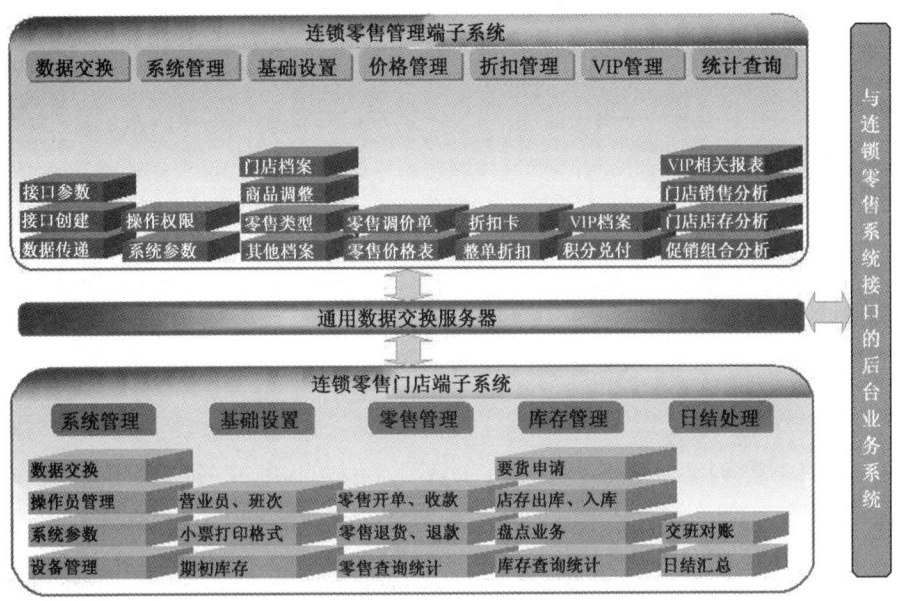

图 11-2　用友 U861 版本系统功能框架图

(2) 价格管理

价格管理包括两部分，一是门店零售商品价格的制定，二是价格的调整。价格管理的设置通常由零售后台管理人员完成，设置好的零售价格表和调价单可以下发到门店应用。

(3) 折扣管理

折扣管理包括两部分：折扣卡管理和整单折扣管理。零售管理端设置折扣卡或整单折扣的规则，在零售终端的零售单处理中引用。

(4) VIP 管理

VIP 管理主要是对拥有企业 VIP 卡的直接消费者进行管理。VIP 卡是由连锁总部发行的证实顾客 VIP 身份的卡，一般是分级的，如钻石卡、金卡、银卡等，不同级别的卡代表不同的 VIP 级别。在系统中，所有直营店、直营专柜、加盟店、代销专柜均允许 VIP 客户使用 VIP 卡进行打折消费并获取积分。VIP 管理在零售管理端设置和使用时不区分账套，只需要操作员具有功能权限即可。VIP 管理下设 6 个子模块：VIP 客户档案、VIP 卡等级、VIP 卡档案、积分获取规则、积分兑付和统计查询。VIP 卡可在所有门店使用。在门店端,需接收管理端下发的 VIP 卡等级,持有 VIP 卡的客户消费时可获取相应的折扣,系统记录 VIP 卡的消费信息并在日结后将 VIP 消费信息上传到零售管理端,以便进行积分的计算和兑付。

(5) 统计查询

统计查询主要包括以下内容:

① VIP 管理。可以查询 VIP 管理的各种统计报表:VIP 客户商品购买排名:针对某个或某类商品,查询全部 VIP 客户或者某类 VIP 客户群的消费排名,可以按金额、数量分别排名;可以选择只查询前 N 名;VIP 客户消费积分排名:查询全部或者某类 VIP 客户群的消费积分排名,可以选择只查询前 N 名;VIP 客户消费积分明细查询:查询门店端上传的 VIP 卡消费积分明细;VIP 客户消费积分累计查询:查询 VIP 客户的消费积分累计情况;VIP 客户商品消费查询:查询某个 VIP 客户针对指定范围商品的消费明细;VIP 客户积分账单:查询客户在某一时段的积分明细。

② 门店分析。针对门店进行销量、毛利等维度分析,便于找寻对企业贡献度最大的门店;门店销售分析:查看门店销售量、销售额、毛利的对比排名;门店销售周趋势分析:查看门店销售量、销售额、毛利的周趋势;门店销售月趋势分析:查看门店销售量、销售额、毛利的月趋势;门店商品库存分析:查看门店库存量、库存额的对比排名。

③ 营业员分析。按门店营业员角度进行销售分析、趋势分析;营业员销售分析:查看营业员销售量、销售额、毛利的对比排名;营业员销售周趋势分析:查看营业员销售量、销售额、毛利的周趋势;营业员销售月趋势分析:查看营业员销售量、销售额、毛利的月趋势。

④ 促销组合分析。对促销组合的销量分析,包括:促销组合销售分析、查看各种促销组合的销售额、毛利的对比排名;促销组合对比分析、查看指定商品在不同促销组合中的销售量、销售额及毛利的对比排名。

(6) 门店营业日报

对未使用或不能正常使用门店软件的门店,可以录入门店日营业报告单。手工录入的门店营业日报需要审核。

(7) 系统管理

系统管理包括:账套管理员设置、账套操作员设置、业务角色配置、系统参数设置、系统数据重置、系统公告、系统界面定制。

(8) 数据准备

对需要下发的数据进行分配,包括:基础档案分配、零售价格表分配、零售调价单分配、折扣卡分配、整单折扣分配、促销组合分配。

(9) 数据交换

通过零售数据交换服务器,与网络分销/用友供应链系统、门店客户端进行数据交换。

(10) 客户化

客户化等于将系统软件根据客户需要进行自定义设置。包括:档案自定义、单据自定义、表头自定义功能、表体自定义、单据按钮自定义、查询自定义、打印自定义、定义单据模板设置、指定账套模板等。

2) 门店客户端

(1) 基础设置

可以在零售终端的基础设置中设置营业员档案、班次档案、小票打印模板、期初库存。其余档案如客户档案、商品类型档案、商品档案、自由项档案、部门档案、仓库档案、退货原因档案、结算方式档案均由零售管理端下发而来,除商品档案可调整外,其他档案只可查询。小票打印设置用于设置零售单、收款单、零售收款单的小票打印模板。如果门店类型为加盟店或者代销专柜,可以录入期初入库数据,用于系统启用前,录入各仓库各商品的期初结存情况。如果门店类型为直营店和直营专柜,期初录入不显示。期初入库单需要审核,只有审核后的期初入库单才会作为期初数据,如果不审核,门店没有期初数据,但是允许进行业务处理。

(2) 零售管理

零售管理是零售终端系统非常重要的一部分,是软件的核心,它主要包括零售开单、零售收款、零售退货、零售退款以及各种查询统计。

① 零售开单:在较大的门店中,零售开单通过局域网由多台 PC 联网操作;系统支持对不同的行业引用不同的零售单模版;支持条形码扫描输入商品和手工输入两种方式;支持条码解析规则;支持折扣卡消费或者 VIP 客户打折消费、支持促销组合。商品销售支持整单折扣、现场折扣;支持零售开单的多种收款方式。

② 零售收款:根据零售单进行收款操作,支持多张零售单一次收款。

③ 零售退货:客户可以凭零售小票或发票进行退货,操作员录入应退金额;支持零售单单品退货、整单退货。系统支持两种方式退货:原单退货(参照零售单退货),非原单退货(不参照零售单退货),在同一张退货单中,如果使用原单退货就不能使用非原单退货,两种退货方式只能选择一种。

④ 零售退款:根据退货单进行退款操作,支持多张退货单一次退款。

⑤ 零售单汇总表:根据零售数据汇总查询。

⑥ 营业员业绩查询：查询营业员的业务，包括销售数量、销售金额、退货数量、退货金额。

(3) 店存管理

店存管理主要处理门店库存的要货、入库业务、出库业务、盘点业务，以及库存的各种查询统计报表。

① 要货申请单：处理门店向总部的进货请示业务。门店填制要货申请单，向总部进行要货申请。

② 店存出库单：处理门店退货、调拨出库业务。店存出库单可以向同一账套下的其他门店进行调拨出库，也可以将退货退还给总部。支持条码解析。

③ 店存入库单：用于处理门店调拨入库业务。与分销系统集成时，门店入库单参照分销系统下发的出库单据，店存入库是门店收货检验的过程。

④ 店存盘点准备单：门店进行盘点前，先录入盘点准备单，根据盘点准备单，再进行实盘工作。

⑤ 实盘单：门店根据盘点准备单进行实盘处理，填制实盘单。

⑥ 盘点复核：对实盘单进行复核，可以批量复核。对于直营店和直营专柜，盘点单复核后生成盘盈盘亏表，可在统计报表中查询，盘盈盘亏表需上传给后台业务系统（分销或用友供应链）以调整库存；对于代销专柜、加盟店，审核后的盘点单可以直接调整店存余额。

⑦ 店存余额表：反映门店结存情况。如果门店类型为直营店、直营专柜，店存余额表通过分销或用友供应链系统下发；如果门店类型为加盟店、代销专柜，店存余额表本地计算得出。

⑧ 商品进销存汇总表：查询商品进销存的汇总数据。

⑨ 商品出入库明细表：查询商品的出入库的明细情况。

⑩ 商品盘盈盘亏表：实盘单复核后，可以查看商品盘盈盘亏表。

(4) 日结处理

日结处理是对截止到当前的营业单据做结帐处理，处理之后生成相应的各种汇总单据。

① 日结的单据：汇总当前所有未日结的已收款的零售单和已退款的零售退货单，日结时可以删除挂起的零售单据和未收付款的零售单据，可设置传往分销或用友供应链的单据表体中含有的记录数。

② 交班对账：即班次的交接对账。门店一天的营业通常分为几班，各班次营业员及收款员在班次交接时根据需要进行库存商品和营业款余额的盘点和交接。

③ 录入底款：开店/交班时可输入每个款台的底款额。支持多种结算方式。

④ 收款统计：统计当日当前款台在指定时间内的每种结算方式的收款金额、营业款余额。

⑤ 店存统计：打印当前店存余量表。

(5) 系统管理

系统管理主要包括操作员管理、数据交换、系统参数设置、数据管理、日志几个部分。

- EPB 服装企业信息管理软件

(1) EPB 系统的特点

一般服装企业的销售业务包括针对经销商、加盟商的批发销售业务和针对自营店的零售业务。前者在于对产品折扣的控制、信用额度及帐期的控制以及对退货率的控制，最大限度降低企业的资金风险和库存风险；后者在于对店铺的配货业务、调货业务，对产品促销价格的把握以及与商场的结算和扣点的控制，以最大限度实现库存的安全和销售业务的支持，实现存销比的最优化。EPB 系统在销售的各个环节为企业提供业务流程和信息、数据、指标上的支持，帮助企业提升信息反应速度和经营管理质量的提高（见图 11-3）。

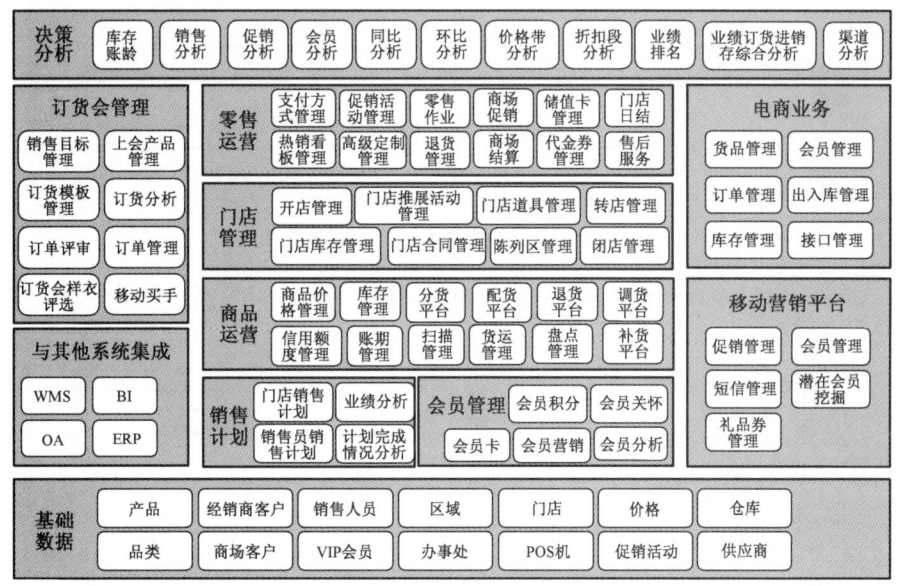

图 11-3　EPB 时尚行业分销零售相关业务模块

其主要特点有：由于 EPB 是 ASP 服务提供商，客户无需自建系统，可以免除系统维护成本；完全基于互联网，实现跨地域、实时集中管理；支持多语言、多税制、多组织、多币种；完全财务业务整合，避免两套系统数据接口；数据报表与 EXCEL 无缝集成；使用大型 Oracle 数据库,确保系统性能和数据安全;前台网站与后台管理系统无缝结合,轻松实现电子商务;通过消息系统实现信息主动提示,避免工作延误。

EPB 系统包括底层的基础数据、销售计划、会员管理、商品运营、门店管理、零售运营、移动营销、决策分析等 11 大模块灵活的自由组合,满足企业不同的成长应用需求,按需部署,快速见效,实现精细管理,敏捷经验的运营管理目标。

(2) EPB 系统 6.73 版本零售管理的部分功能模块

EPB 商品运营平台主要包括:订货平台、分货平台、配货平台、补货平台、调货平台。 订货模板的基本流程:自动生成预订单——直接录入或从 Excel 表格内容粘贴预订单——订货会现场投票满意度调查——预订单汇总评审——自动生成期货订单、采购订单/生产计划(图 11-4~11-5)。

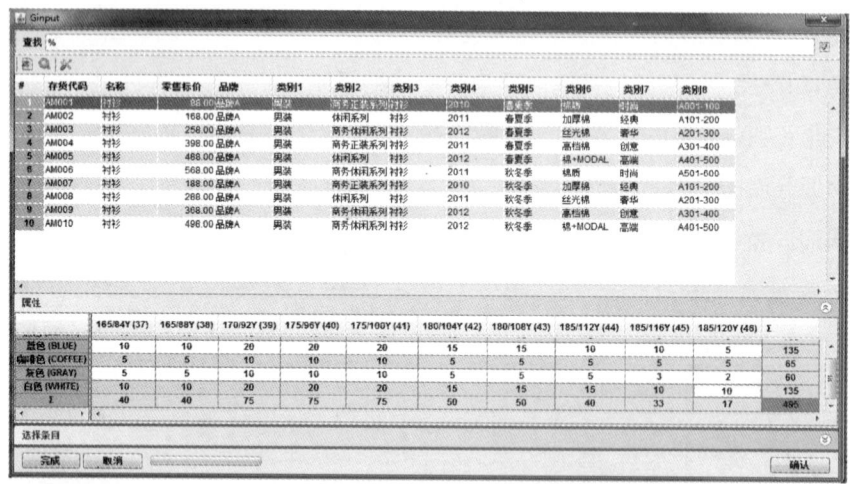

图 11-4　EPB 系统门店计划铺底量操作一

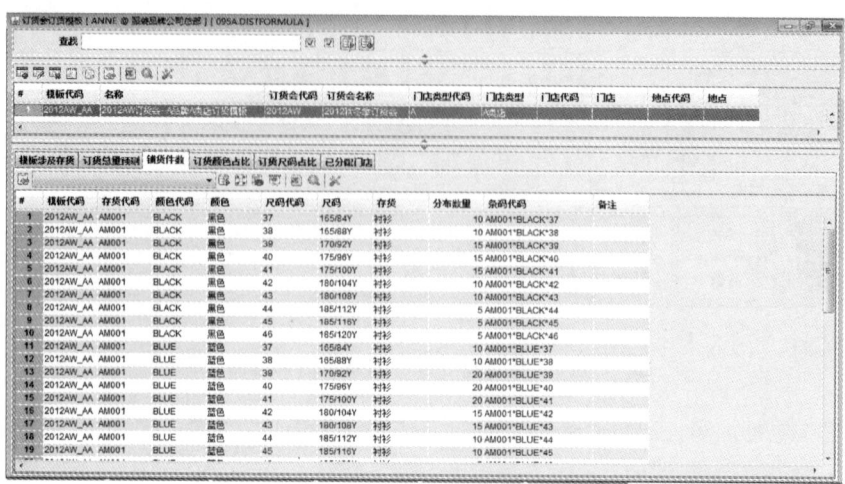

图 11-5　EPB 系统门店计划铺底量操作二

可以通过"%"模糊查询功能查询到所有的存货，即选中对应的存货记录，在下面的属性窗口中录入色和码的数量。在一个窗口中集中管理和实现分配数量操作，这给操作者带来操作的便利性和快捷性，减少了出错概率，提高了工作效率。

在订货会订货模板窗口中，可以关联查看对应的模板涉及的存货、订单总量预测、铺货件数、订货颜色占比、订货尺码占比、已分配门店。只需切换到不同的页签中查看明细，就可以完整地从不同维度判断订货结构的合理性和数量的完整性。

EPB 系统基于各个经销商订单上的未发货数量，通过红、黄、绿颜色提醒分货总仓的库存是否够分，提高分货效率。分货系统支持不同的分货策略。目前系统支持四种，即完全分配、部分分配（按照请求数量）、部分分配（按照销售订单金额）、分配（按分货比例）。通过显示不同的颜色反差来达到直观展现的目的，即红色标示部分表示目前库里可用量为 0，不足以支持发货业务，黄色表示能够满足部分发货请求数量，蓝色表示有足够的可用数量满足发货的请求数量。（见图 11-6）。

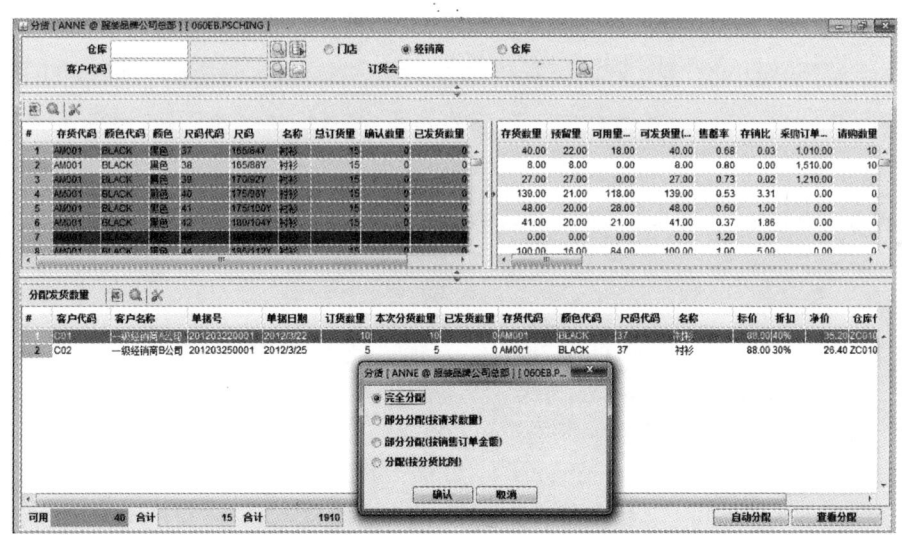

图 11-6　EPB 系统分货操作

EPB 系统支持产品自营销售及配货业务：自营店配货申请业务；配货及退货业务；自营店间调配业务等。基于各个门店的库存、销售、存销比、售罄率等信息，通过红、黄、绿颜色提醒配货总仓的库存是否够分，提高配货效率。系统支持自动分配，并且可以查看已分配量的情况记录。（见图 11-7）。

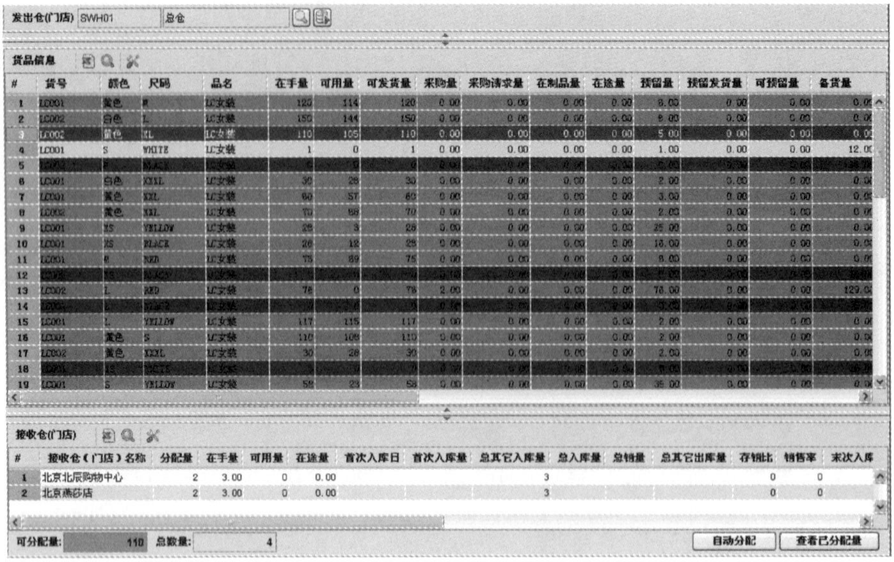

图 11-7　EPB 系统补货操作示例

EPB 系统的调货平台可以实现跨区域货品调配、同城店间货品调配、货品调配规则、在途管理等功能。系统支持对门店库存的初始存货数量的查看，并且根据销售历史数据来综合分析调配的存货以及对应的调整数量，加快存货周转，提高资金利用率。（见图 11-8）。

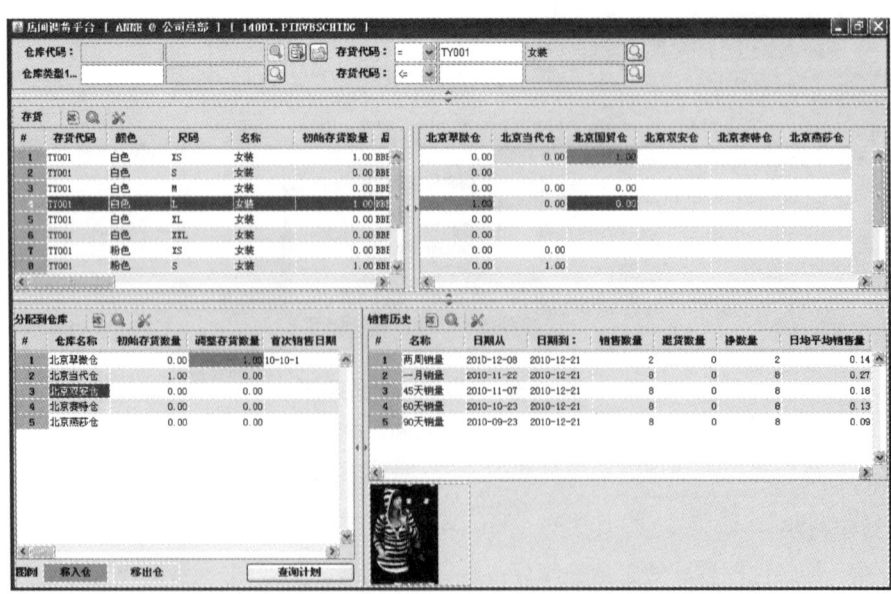

图 11-8　EPB 系统总部对所有门店的库存分布进行平衡调配

EPB 系统支持货运管理，可记录货车、司机、联系人、预计出发时间和到达时间等；

发货对象可选择客户、供应商、仓库、门店等；可记录货运总金额、总箱数、总重量、总体积等信息，也可记录各项明细费用信息；可对货运单进行统计分析。 货运单填写项目完整，方便查询和统计。 （见图 11-9）。

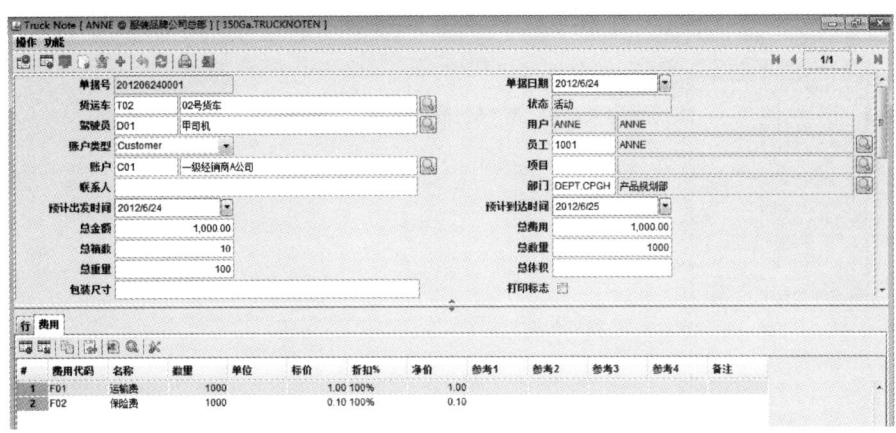

图 11-9　EPB 系统的货运管理操作

EPB 系统的盘点管理：在系统的盘点计划中明确盘点方式是全盘还是部分盘点，如是部分盘点，则指定盘点范围、指定盘点日期和盘点地点，并支持多次盘点，分头盘、二盘、三盘（图 11-10）。 系统可以满足不同的业务场景要求，可自由设定。

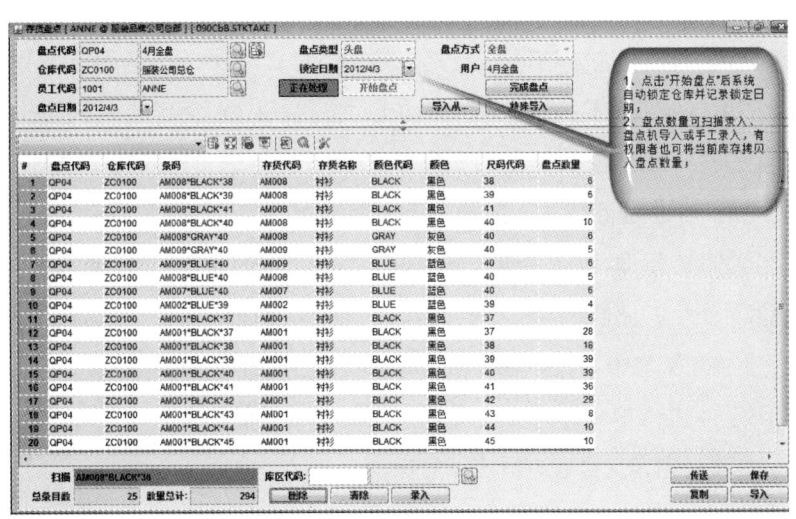

图 11-10　EPB 系统的盘点操作

EPB 系统支持门店月计划、季度计划、半年及年度计划的最低目标和期望目标设定。 系统内区分员工信息管理和用户信息管理，员工不一定是系统用户，但可以互相绑定。系统针对每个系统用户分配工作地点权限、品牌权限、岗位权限、门店权限和仓库权限等(图11-11)。系统可以实现用户的功能权限，数据权限，金额权限等，以达到对用户的控制和规范化管理。

图11-11　EPB的用户权限控制

系统支持多种支付方式管理。支持多种支付方式，如现金、信用卡、代金券、储值卡、积分等，单笔业务支持本、外币多种支付方式；每个门店可选择不同的多种支付方式。系统支持自定义多种类型的现金券，支持现金券进行有效期管理。现金券可分发给批发客户、供应商或VIP会员，可针对特定VIP会员等发放现金券。每张现金券可进行全程状态管理，包括活动状态、发行状态、已使用状态、作废状态等。系统同时支持多种类型的储值卡，支持对储值卡的登记、销售、分派、充值、替换、变更等操作。支持总部售卡，门店消费；也支持分发到门店进行储值卡销售。储值卡可以和VIP卡绑定，扫描VIP卡即可读取储值卡余额，支持对储值卡的每笔充值和消费明细进行查询，并支持自定义报表进行统计分析。

EPB系统售后服务管理的售后服务类型、服务需求、服务紧急程度等均可自定义；服务流程可通过工作流自定义，根据设定的工作流自动流向相关工作岗位待办；可以实时记录售后服务过程，实时查询服务进展情况。在工作流工作台，可以根据企业的业务场景设置对应的工作流，驱动业务协同流转，如图为售后服务的工作流查询界面。(图11-12)。

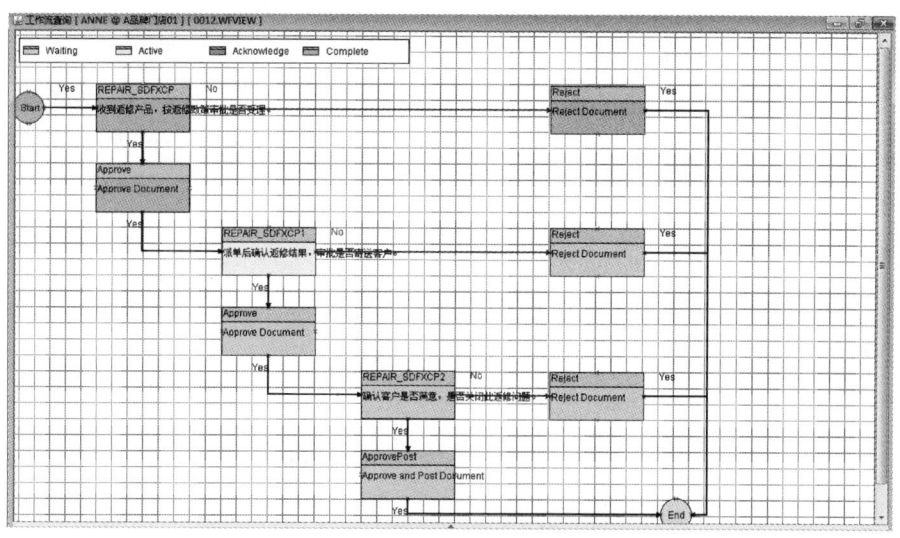

图 11-12　EPB 系统售后服务的工作流查询

EPB 系统的促销操作支持设定促销的起至日期和起至时间段；支持设定循环标志，同一个促销策略可以每隔多少天重复执行一次，如每年、每月要执行的相同促销策略不用重复设定；支持设定促销允许的最大销量，达到最大销量后则不再执行促销策略；支持设定每满多少减多少，或超过多少后减多少；支持设定每满多少折扣多少，或超过多少后折扣多少；设定参加促销的商品组，支持设定例外货品，例外货品表中的商品不执行促销策略；设定哪些门店执行此促销策略，设定哪些级别的会员可享受此促销策略。以"每满 1 000 元减 100 元"的促销活动为例，系统的提示精灵会主动提醒促销策略，并告知还差多少金额即可享受买减。每满 1 000 元系统会自动增加头折扣 100 元，无需人工干预。非促销商品组的商品销售则不享受此促销活动折扣。

系统自动进行促销分析包括：促销活动期间的销量和非促销活动期间的销量及销售额对比分析；促销活动期间的毛利和非促销活动期间的毛利对比分析；促销活动期间的毛利和非促销活动期间的客单价对比分析等（图 11-13～11-14）。

EPB 系统的销售数据分析功能模块还包括日销售汇总、款式销售排名、店员销售统计、销售时点分析、VIP 顾客分析、业务员销售和回款统计分析、业务部门销售和回款统计分析、各店不同类别、不同颜色、不同尺码等的货品销售情况等。

通过基于互联网的销售管理系统的实施，企业将实现销售网络的集中、实时管理，经销商和自营店的任何一笔销售都可以实时反应到总公司的系统中，总公司和经销商将能够实现统一库存管理，实现货品的统一调配管理，大大降低了双方库存风险，更好地巩固了企业的销售网络。

图 11-13 EPB 系统的促销操作

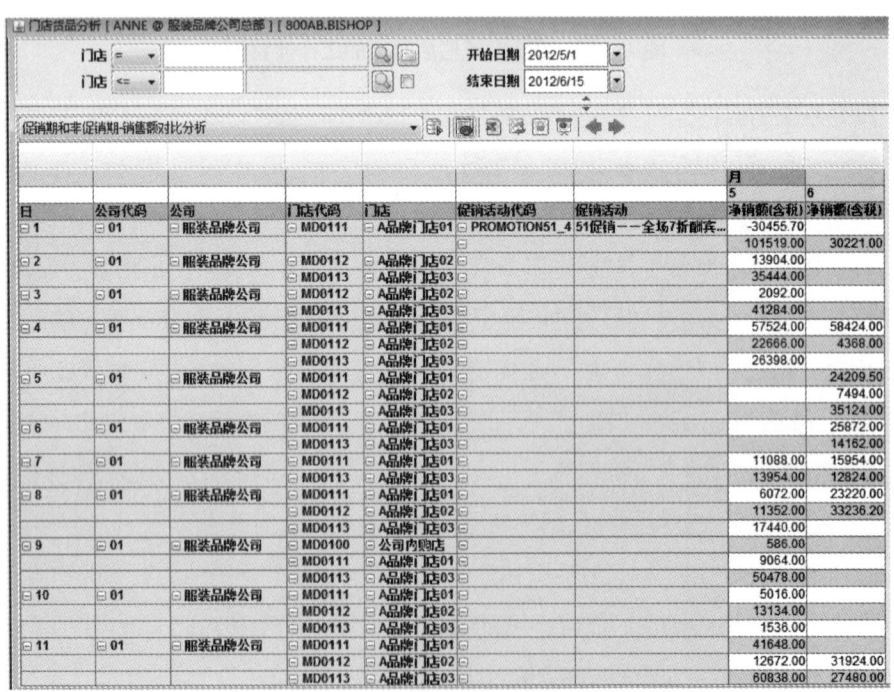

图 11-14 销活动期间和非促销活动期间的销售额对比分析

案例 11.1

"光杆"司令也能信息化

在北京宝华裕隆贸易有限公司里,没有一个 IT 人员,却实现了财务业务一体的信息化；总经理高楠，最近才刚刚学会用电脑收发邮件，却早在三年前就拍板上线了 ASP，并一手规划企业的信息化蓝图。正当其他中小企业还在为进不进行信息化改革而彷徨时，信息化已经成了宝华裕隆的命脉。

宝华裕隆是一家代理铁狮东尼、嘉宝、赛奥斯等国际鞋业品牌的企业，直销店有十几个，遍布全国的代理商也多达 40 多家。企业成立四年，信息化历史三年，销售额翻了三倍，达到 7 500 万元，可人员始终都是 12 人。没有 IT 部门、没有物流部门、没有人力资源部门，高楠一直戏称自己是"光杆司令"。然而，这个光杆司令是如何让信息化深植于企业的？"很简单，就是让自己的思想融入 ERP。"高楠说。

"没有墙"的启示

高楠的女儿上小学一年级，一天，班里的淘气男孩欺负她，小女孩也很厉害，勇敢还击。男孩招架不住，躲进了男厕所，小女孩竟然闯了进去，一下就把男孩给揪了出来。女儿对高楠骄傲地说："爸爸，你说他有多可笑，以为躲进了厕所我就抓不到他了。"

这件事让高楠思考了很多：男孩以为进了厕所就可以高枕无忧，女儿心里却没有这道门，真正挡住自己视线和行动的是自己的思想。在企业的运作中，部门的分割也筑起了一道道"高墙"，你做你的，我做我的。"企业的经营是一个非常复杂的过程，从预订单开始，每一个环节都与财务有着紧密的联系。以前，我们的业务一周汇总出一批单据给财务，业务量大了就几天一次，财务业务分两条线在走。"高楠说。

高楠所说的孤岛现象也是很多企业遇到的难题，在多年各自为政的信息系统建设中，信息化也垒起了一座座"高墙"，很多企业采取打接口的做法，即将财务与业务系统建立连接。高楠却认为，在两堵墙之间打接口与没有墙是两回事，他说："财务业务一体化是一个集合管理的问题，它不仅仅是技术上的革命，而是思想上的变革。有时，我们的系统上了 ERP，思想却没有融入 ERP。"

在高楠看来，财务业务一体化是财务从多角度看业务的发展过程，财务与业务不是两个硬币，而是一个硬币的两面，是为一件事而做的两个不同工作。以前的软件是用信息化分割企业，ERP 却是要将企业变成你中有我，我中有你的融合体。他的财务人员说：ERP 不仅改变了工作习惯，甚至改变了价值观。

思想上通顺后，宝华裕隆开始打破一道道高墙，利用信息化手段建立起一个没有"墙"的企业。以前，业务单据出了点问题，业务人员改改也就过去了，而现在，宝华裕隆只要卖出一双鞋，系统就自动完成成本核算，每一个经营行为都与财务紧密联系，随时反映到财务部门。曾经有一次，高楠为了学习系统使用，设置了一张单子，忘了取消，结果害得同事满头大汗地找根源，财务部找，业务部也找，最后发现"罪魁祸首"

竟是他。这一次小"故障"让高楠暗自窃喜：财务业务之间已经没有"墙"了。

买软件还是买服务？

思想上融入 ERP 了，企业如何实现 ERP 呢？ 对于宝华裕隆来说，拿出几百万元上线 ERP 是不可能的事，企业也请不起一流的 IT 人才。 于是，高楠想到了租赁外包。2003 年，宝华裕隆上线 ASP 系统，成为北京市科委"ASP 示范工程助飞企业 E 化项目"的平台用户。

此前，高楠曾经使用锐步科技发展公司的 ERP 系统。 2003 年，锐步科技总经理李文功放弃研发了十年的 ERP 而转做 ASP 服务商，李文功从卖软件向卖服务的转变深深影响了高楠，宝华裕隆也成了锐步科技的第一个 ASP 合作伙伴。

高楠将上线 ASP 形容为与巨人同行，ERP 在很多中小企业看来是高不可攀的，ASP 却提供了与巨人拉近距离的机会。 ASP 提供的是一种服务，而不是产品。"如果是买产品，厂商拍拍屁股就走人了，我们却一点办法也没有，别说修改升级，就是维护我们也很难做到。 而 ASP 提供的是服务，我们是用钱买服务，在厂商提供服务的过程中，我们还能不断地升级 ERP 思想。"

高楠也很明白，所有的信息化系统都放在 ASP 平台，宝华裕隆彻底被"套牢"，面临着很大风险。"两个人在一起，可以是朋友，也可以是情人，为什么要结婚？ 婚姻是一种长期契约，意味着双方应尽的权利和义务，契约的基础是双方有着共同的利益。"高楠说，宝华裕隆之所以与锐步建立这种"婚姻"关系，就是因为双方有着共同的目的：李文功期望在长期的软件服务模式中向客户导入企业管理思想，高楠则希望以软件服务打造企业信息化系统，学习 ERP 思想。

事实上，除了 IT，高楠还将买服务的外包思想用在了很多地方，在外埠开一个新店对很多公司看来是很头疼的事，而在宝华裕隆却很简单：外包装修公司装修二十天，项目经理招募员工到北京培训二十天。 装修完毕同时培训结束，员工休息一天。 新店配置一台电脑，物流公司发货，店长只要对着系统配置的货单点货就行了。 IT 外包、物流外包、人力资源外包，甚至连财务也外包出去了。"我就差把我这个总经理给外包出去了。"高楠开玩笑说。 业务外包让高楠得以轻装上阵，几年来，他都把心思放在产品和服务上，"我只用琢磨怎么快点把鞋变成钱，再把钱变成鞋就行了"。

ERP 解决了企业为什么信息化的问题，ASP 的形式解决了企业如何信息化的方式，接下来就得有保证信息化实现的手段。 在这一点上，高楠表现得很"强硬"，在上线 ASP 时，面对员工的怨声，高楠说："用不用是我的事，好不好用是你们的事。 不要把好用不好用的事抬到用不用的层面，不好用你们可以抱怨，软件公司也可以改。"信息化是企业实现管理的支撑，没有了信息化，宝华裕隆也不可能建立成没有"墙"的企业。

除了上线的强制手段,在上线的过程中,高楠还抛弃了大多数企业所青睐的分步实施。中小企业和大企业不同,信息化意味着思想的转变,意味着管理体制的转变,而要转变,就要彻底,就要一步到位。"我们怎么可能一脚站在封建社会,一脚站在信息社会? 一边说我是封建地主,一边又说我是比尔·盖茨?"

宝华裕隆的信息化就这样快速建立起来,ERP 思想不仅改变了宝华裕隆,还改变了宝华裕隆的上下游企业,他们开始从企业单点应用向供应链转变。采访时,高楠拿出自己的手机,给记者看了一条从一个黑龙江的代理商那里发来的短信:"关于联网一事,势在必行,此举必将使销售和库存效率产生飞跃。"

上线 ASP 时,宝华裕隆只在自己的十几个直销店布点,没有向代理商延伸。然而,几年下来,ASP 对于宝华裕隆的贡献有目共睹,代理商们也按捺不住,纷纷要求登录 ASP 平台,打通上下游,和宝华裕隆联成一体。在 ASP 的大平台上,供应链整合很快见到了效果。

宝华裕隆的信息化做法不但影响了下游代理商,也得到了上游厂商德国嘉宝公司的认同。7 月,高楠飞赴德国,参加了一个授钥仪式。嘉宝公司向宝华裕隆开放了自己的库存系统,宝华裕隆可以随时看到嘉宝公司的库存信息。当嘉宝公司总经理亲自将账号密钥递到高楠手里时,宝华裕隆已从嘉宝的普通代理商上升为核心合作伙伴。

"企业实施 ERP 不是难事,最难的是思想怎么融入 ERP,在两堵墙之间打接口与没有墙是两回事。"——北京宝华裕隆贸易有限公司总经理高楠

嘉宝公司库存的开放使宝华裕隆向着无库存发展,由于能实时看到上游厂商的库存情况,根据自己的销售分析,宝华裕隆能做到想要什么货就拿什么货,大大减少了自己的库存量;此外,对于嘉宝来说,订单的实时输入也能使嘉宝实时汇聚全球订单,整合生产,实现产能的最大化。上游和下游的打通,不只是技术打通,而是一种管理经营思想的传递。

高楠是一个特殊的"CIO",他代表着对信息化大胆探索的中小企业经营者。和大企业一样,信息化也将成为中小企业的命脉,和大企业不同的是,中小企业经营者必须面临资金短缺和信息化意识薄弱的特殊问题。思想先融入 ERP,然后为实现 ERP 寻找一个最佳途径,再加上板上钉钉的决心。也许,宝华裕隆的经历能为尚处于混沌状态的中小企业信息化带来一些启示。

本章小结

服装零售信息系统是一个用来辅助服装企业从事零售活动、零售管理和零售决策的工具，由一系列的软件系统和硬件系统组成。服装零售信息系统是现代商业管理模式与电脑信息技术的完美结合。服装零售信息管理系统适用于服装行业的生产企业、销售企业、生产与销售混合的企业，通常包括采购、销售、库存、分销、成本、财务等功能模块，它的核心功能是管理商品的进货、收银、零售POS、调拨配送、盘点等物流业务。用户可以随时查询服装商品库存及进销存情况，任意时间段的服装商品或收银员销售情况等经营管理中重要的统计数据。通常用户只需简单的填写业务单据，系统会自动生成各种数据，统计各类服装进销存财务报表。系统往往采用各项先进的技术，开发、集成出了一套先进、完整、规范、高效、适用的综合性网络型业务管理信息系统。

服装管理系统还可以覆盖企业业务的方方面面，使企业的业务信息化管理上一个新的台阶。同时，有些信息系统供应商还可以为服装零售企业量身定制一套完全符合企业个性化业务需要的系统。

本章习题

1. 思考题

（1）为什么要服装零售企业需要使用信息系统？系统的主要职能是什么？能为企业带来哪些好处？

（2）不同类型的服装零售企业需要的信息化管理系统有何不同需要？大型连锁型的服装零售企业和小型独立的服装零售企业和门店对信息化要求有何区别？

（3）服装零售信息系统的主要功能模块有哪些？

（4）服装零售信息系统的硬件构成主要有哪些？

（5）服装零售信息系统的潜在风险性表现在哪些方面？

2. 练习题

（1）进入两个不同规模大小的服装零售企业，对两家不同企业的零售信息系统的使用情况多对比分析，对其使用效果做出自己的评估；

（2）进入一个服装品牌店铺，了解该店铺的信息系统使用情况；

（3）请通过多种方式进行行业调查，了解当前国内服装零售行业的信息系统使用的总体状况,并做一份书面报告。

参考文献

[1] 用友连锁零售管理系统 U861 版本用户手册整理.
[2] EPB 系统 6.73 版本用户手册整理.
[3] 何源. "光杆"司令也能信息化[N]. 计算机世界报,2006-09-04(34).

第 12 章　服装零售财务管理

学习目的、要点：

1. 了解服装零售财务管理基本概念和作用；
2. 了解服装零售财务分析的具体内容和方法；
3. 掌握常用的服装零售企业的财务分析指标；
4. 了解企业三种主要财务报表；
5. 了解企业财务状况分析的主要指标；
6. 了解服装零售店铺财务管理的基本制度。

在逐渐远离了过去高增长、高利润的时代后，服装零售业已进入低增长、微利时代。服装企业内部管理日趋重要，如何对企业财务进行合理高效的管理显得尤为重要。财务管理是指以企业利益最大化为整体目标下，关于资产的购置（投资）、资本的融通（筹资）和经营中现金流量（营运资金），以及利润分配的管理。它是一种价值管理，主要利用资金、成本、收入、利润等价值指标，运用财务预测、财务决策、财务运算、财务控制、财务分析等手段来组织企业中价值的形成、实现和分配。财务管理是企业管理的一个组成部分，它是根据财经法规制度，按照财务管理的原则，组织企业财务活动，处理财务关系的一项经济管理工作。

12.1　财务管理内容概述

12.1.1　资金管理

资金管理是服装零售财务管理的核心。服装零售企业尤其是服装零售连锁企业具有货币资金流量大、闲置时间长、沉淀多的特点。这些特点对于服装零售企业资金营运提出了更高的要求。服装零售企业资金营运包括以下的内容和要求。

(1) 集中管控

集中管理可以使分散的资金快速回拢，一方面保证了资金安全，另一方面增大了沉淀规模，从而加快资金周转，提高资金使用效率。在具体操作上，总部资金管理中心承担资金筹措、使用、调度和管理的职能，门店实施收支两条线，专款专户，专款专用。

(2) 账户开设

独立核算的门店原则上开设两个账户：一个是基本账户，用于预算内的日常开支，资金由总部资金管理中心划拨；另一个为结算账户，用于日常开支以外的资金收付，如销售款收取，该账户只能存款不能取款，防止门店"坐支"销货款。非独立核算的门店，可不设独立的财务机构，实行驻店核算员制度，由总部派驻出纳和核算人员，严格执行定额备用金制度，用于支付预算内的日常开支，而货款资金直接入总部指定账户，该账户同样只能存款不能取款。

总部管理人员通过审核往来账单进行监管，保证总部的财务政策得到有效惯彻，同时，可以通过远程查询、网上银行随时督察。

12.1.2 财务预算管理

企业对一切经营活动需要全部纳入预算管理范围。具体的做法是在每年的年末对当年的财务预算执行情况作全面的分析，在此基础上，会同有关部门和门店对下一年的企业目标进行研究，结合经营计划，编制财务预算。全面预算是对企业各类经济计划的数字化表述，是企业控制经济活动的依据和考核所属部门、下属单位经营业绩的重要标准。预算的编制应以销售为中心，其他预算与销售预算密切配合，协调平衡，最终达到现金流量的平衡。这与以利润为中心，忽视现金流量平衡的做法不同，强调现金流量的平衡，并不意味着企业不需要利润。

销售预算要结合毛利与现金流量编制。围绕预算目标，业务部门不仅要考虑扩大销售规模，还要考虑毛利额和资金流。每个营销策略必须至少考虑三个问题：能增加多少销售、相应增加多少成本、如何确保现金流量的平衡。运用计算机管理技术实行销售预算项目细化，由上到下分解，由下到上反馈。项目越细分，则目标越明确、责任越到位，也就越容易执行。推荐采用滚动预算。由于市场变化很快，不确定因素增多，在预算执行过程中由于种种原因，常常会有所变动，为了使预算真正切合实际，更好地把未来的潜在因素考虑周到，销售预算一般一季度调整一次。

(1) 存货预算

以销售预算为基础，根据门店规模、品类特点的不同，分别确定存货水平及周转天数,将存货保持在较低水平。

(2) 进货预算

进货预算 = 预计销售金额 + 期末存货目标 - 期初存货。

(3) 成本预算

在销售预算、进货预算的基础上,对企业成本进行分解,根据细目编制成本预算。

(4) 费用预算

在销售预算的基础上,分解企业的各项费用,并结合财务会计准则要求,对费用进行合理分类,并编制预算。

(5) 利润预算

在销售预算、成本预算、费用预算的基础上,分析企业的利润构成,结合企业的经营目标,编制利润预算。

财务预算在执行过程中,要突出预算的刚性,管理的重点要落实过程控制。

12.1.3 企业资金运营

资金的集中管理,使企业的资金运作有了可能。服装连锁零售企业销售的最大特点是货币资金流量大,而进货款一般实行约期付款方式。所以资金始终会有一定时间的沉淀。可以通过协定存款率、委托贷款、短期证券投资和资金托管等方法进行资金运作,增加企业效益。

12.1.4 投资回报

开店的风险越来越大,资金需求越来越多,但资金的使用成本将影响企业盈利。财务部门应协同其他部门,构建投资回报模型,通过仔细调研,精准分析,提高开店成功率,减低风险。在经营过程中,针对不同的门店,分析保本保利点,对销售收入长期在保本点以下的门店及时预警。

12.1.5 会计核算

服装零售企业的会计核算可以采用进销分离下的单品进价数量金额核算。在商品流转的全过程中,前半程多与"进价"有关,而后半程多与"售价"有关。会计核算即是以单品进价核算为基础,辅之以售价控制的管理方案。

(1) 进货核算

连锁总部及各门店,应严格统一会计核算科目,统一供应商编码、商品分类码,这是高效、快速、准确核算的基础。每天接收业务部门(配送中心、门店)转来的商品进货单、退货单、进价调整单,查对供应商的送货单、退货单,核对各级人员的签字情况,确认进货数据,按统一的会计科目和会计分录模板做分录,登记三级账(总账、明细账、辅助账)。 相关单据应由业务系统转入财务系统,生成进货凭证,进而登记明细账、总账。 财务在进货环节主要是控制商品的进价,查验单据的合法性。

(2) 销售核算

每日按门店汇总后生成销售日报,财务核算员核对应收金额是否与门店解款到指定账户上的金额相符,如果相符,则登记入账,如果不符,则按应收入账,核算委员会同门店管理人员进行检查,对长短款进行跟踪处理。 对独立核算的门店,当发生配送业务时,就可以计入门店的销售收入。 连锁企业对销售收入的稽核非常重要,这是统一管理的基础,是统一结算的前提,必须加强管控,保证收支两条线的政策得以执行,搭建起资金高效管理的平台。

(3) 成本核算

每日进行销售成本的核计,默认情况下按先进先出的原则匹配,特殊情况下,如促销活动期间,可优先考虑促销批次,这种处理方法,较好地考虑了收入与成本匹配的财务原则,能较准确地反应成本和毛利数据。

(4) 存货核算

零售进销存管理系统可提供单品存货明细账,详细记录单品的进、销、调、存、退、配、结等业务,同时提供进价金额、售价金额、含税数据、不含税数据及税额,对不同税率的商品,可按税率统计存货数据。

连锁的经营模式,决定了存货的分布比较广,所使用的软件系统应当提供库存的连锁分布信息,即可以查询商品在配送中心不同区域的库存、门店的库存信息等。 为了精细化管理的需要,商品的库存应当分成正常品、不良品、赠品、促销品等多种类型,通过业务系统中的财务辅助账进行管理。

12.1.6 财务结算

建立统一的结算管理中心是服装零售连锁企业发展的必然趋势,结算中心是连锁企业的"内部银行",是各成员单位办理资金融通、结算、交割的平台,通过结算平台的运作,达到降低资金成本、防范财务风险、提高资金使用效益的目的,同时,还可以规范企业财务行为,提高透明度,改善与供应商的合作关系。

(1) 内部单位间的结算

通过收支两条线、专款专用、统一管理、授权使用的原则,总部结算中心制订统一的核算标准,协调处理企业内部各核算单位间的应收应付数据,主要包括配送商品的成本转移、销售收入的汇交、销售成本及毛利的计算等。针对连锁企业发行的统发通用的会员卡、储值卡、返利活动以及跨门店的顾客退货、店间调拨等业务，提供店间对账表，平衡各核算单位的数据。内部结算的关键是清晰业务处理细则，保证核算规范及数据同步，减少未达账项。

（2）与供应商的结算

与供应商的结算关系一般有账期结算、现款结算、代销结算、联营结算、租赁结算等。

对账的形式有两种：一是门店独立与供应商对账，适用于门店的自采商品或地域距总部较远的门店、独立核算的门店；二是总部统一对账。经销商品对账的主要依据是进货单、退货单、进价调整单及各种费用扣除明细。代销商品对账的主要依据是进货单、退货单、进价调整单、本期销售数据及各种费用扣除明细。

联营结算对账的主要依据是分扣点的期间销售明细表、保底政策、鼓励政策及各种费用扣除明细。租赁结算主要依据租赁合同及代收的销售款明细。

结算在对账的基础上，由总部结算中心统一办理，并区别业务应付、财务应付分别建立序时明细账。对账过程只是完成了和供应商的账目确认，从法律上彼此承认应收、应付关系，但是否马上付清款项，要根据具体情况而定。

12.2 服装零售企业财务分析

12.2.1 财务分析作用

在财务报告基础上，对财务报表数据进行进一步加工、整理、比较、分析可以解释和评价企业财务状况是否健全，经营成果是否优良，发现企业管理中存在的问题和经营面临的困难，为财务预测、决策和计划提供有用信息，减少管理人员对预感、猜测和直觉的依赖，减少决策的不确定性。同时财务分析也是评价财务指标、衡量经营业绩的重要依据，有利于挖掘潜力，改进工作，是实现理财目标的重要手段以及合理实施投资决策的重要步骤。服装零售业中一些常见财务分析包括：

① 分析企业的财务状况，了解企业资产的流动性、现金流量、负债水平及企业偿还长短期债务的能力，从而评价企业的财务状况和风险；

② 分析企业的资产管理水平，了解企业对资产的管理状况，资金周转情况；

③ 分析企业的获利能力；

④ 分析企业的发展趋势，预测企业的经营前景；

⑤ 按照部门、人员、商品、供应商、时间等各个维度综合分析各项财务指标，如：成本、毛利、利润、库存、结算、盈亏平衡点、销售数量、销售金额、市场占有率等等。

12.2.2　财务指标

服装零售企业的财务指标主要有以下几个方面。

① 销售额：是指公司或门店在一定时间内实现的商品销售金额。

② 毛利率：指毛利额与销售额的比率，反应企业的盈利能力，毛利率越高表明商品贡献度越大，反之，则越小。销售毛利应该是销售额扣除销售成本以及销售税金和附加后的余额，不需要扣除经营费用。

③ 周转率：指一定时期内销售额与平均库存额的比例。一般来说，周转速度越快的商品，对企业的贡献越大；反之，则越小。当然，不同商品周转率标准不同，不能只用一项指标来确定其贡献度。

④ 销售增长率：增长率越高、越快，表明贡献度越大；反之，则越小。

⑤ 利润贡献度：指某类（种）商品实现的利润额在利润总额中所占的比重，比重越大，表明贡献度越大，反之则越小。

⑥ 交叉比率：指某类（种）商品毛利率与商品周转率的乘积。毛利率代表获利水平，商品周转率表示商品的畅销程度，两者之积表明了商品的综合贡献度，也可理解为现有库存的变现、盈利能力。商品的交叉比率越高，就表示越有效率；交叉比率最少也要确保在200%。如果为100%，是指得到与商品投入资本相同数额的毛利，如果将风险负担、滞销商品及损耗计算在内的话，就谈不上效益了。各部门的目标交叉比率先由公司总部统一设定，然后各门店根据实际情况自行调整设定各部门的目标销售额，计算其应有的库存量。

假设有一部门销售目标 a 为 154 万元，销售占比 b 为 15.7%，交叉比率 c 为 133%，目标毛利率 d 为 15%，那么贡献毛利率为 $e = b \times d = 15.7\% \times 15\% = 2.355\%$，目标周转率 $f = c/d = 133/15 = 8.87$ 次，目标库存 $g = a/f = 154/8.87 = 17.36$ 万元。

⑦ 坪效：单位面积月（年）销售额＝月（年）销售额／卖场面积。坪效反应了单位经营面积的产出效率。

⑧ 营业费用率：营业费用率＝营业费用／营业收入。比率越高，表示营业费用支出之效率越低；比率越低，表示营业费用支出之效率越高。

⑨ 损益平衡点：损益平衡点＝门店总费用／毛利。比率若小于1，表示有盈余，比

率越小,盈余越多;比率越大于1,表示有亏损,比率越大,亏损越多。

⑩ 计划达成率:计划达成率=实际完成金额/计划金额×100%。该指标可用于考查计划及预算的达成情况。

⑪ 流动比率:流动比率=流动资产/流动负债。比率越高,表示短期偿付能力越强;比率越低,表示短期偿付能力越低。

⑫ 速动比率:速动比率=(流动资产-存货)/流动负债。比率越高,表示立即偿付能力越强;比率越低,表示立即偿付能力越低。

⑬ 资产负债率:负债比率=总负债/总资产。比例越高,表示负债越高,风险越高;比率越低,表示负债越低,风险越低,但使用财务杠杆获利之比率亦越低。

12.2.3 主要财务报表

财务报表反应企业经营成果,主要有资产负债表、损益表、现金流量表。财务报表之间的关系如图12-1。

(1) 资产负债表

资产负债表是公司在某一特定日期(月末、年末或季末)财务状况的静态报告,反映的是公司的资产、负债(包括股东权益)之间的平衡关系。

资产负债表由资产和负债两部分组成,每部分各项目的排列一般以流动性的高低为序。资产部分表示公司所拥有的或所掌握的,以及其他公司所欠的各种资源或财产;负债部分包括负债和股东权益两项。负债表示公司所应支付的所有债务;股东权益表示公司的净值,即在清偿各种债务以后,公司股东所拥有的资产价值。资产负债对照表是对企业偿债能力和综合反映(见表12-1)。

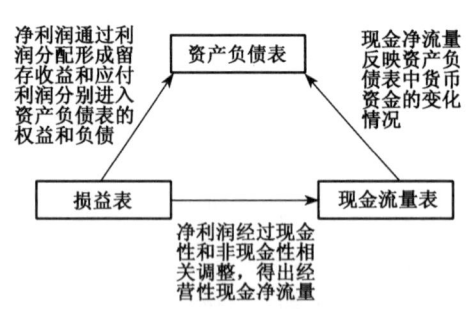

图12-1 主要财务报表关系图

表12-1 资产负债表

资产			负债与资本		
NO	科目	年上期	年本期	NO	科目	年上期	年本期
(1)	现金·存款			(11)	短期借入金		
(2)	赊帐金			(12)	应付票据		
(3)	应收票据			(13)	赊购金		
(4)	库存额			(14)	未付款		

(续 表)

	资产				负债与资本		
NO	科目	年上期	年本期	NO	科目	年上期	年本期
(5)	预付款			(15)			
(6)							
(A)	流动资产合计			D	流动负债		
(7)	土地建筑物			(16)	长期借入款		
(8)	车辆·运输费			E	固定负债		
(9)	器具·备品费			(17)	资本值		
(10)	其他资产			(18)	本期利润		
(B)	固定资产合计			F	(17)+(18)合计		
C	A+B合计			C	D+E+F合计		

(2) 损益表

损益表是一定时期内(1月、1年或1季内)经营成果的反映,是关于收益和损耗的财务报表。损益表是一个动态报告,它展示本公司的损益账目,反映公司在一定时间的业务经营状况,直接明了地揭示公司获取利润能力的大小和潜力以及时性经营趋势。利润表又称损益表,是用来解释企业的利润是如何产生的。利润表记载企业在一定时期内收入、成本费用和非经营性的损益,从中可以看出企业产生的净利润(或净亏损)。

损益表遵循的会计等式:利润 = 收入 – 成本费用。

如果收入大于成本费用,就会形成企业的利润;如果收入小于成本费用,就会使企业发生亏损,盈利与亏损的关系如图12-2所示。

图 12-2 盈利与亏损示意图

损益表由三个主要部分构成。第一部分是营业收入;第二部分是与营业收入相关的经营性费用;第三部分是利润。利润及利润分配表就是在损益表的基础上再加上利润分配的内容(表12-2)。

表 12-2　年度月份损益计算表

科目＼时间		1月	2月	3月	4月	5月	6月	7月	8月	9月	10月	11月	12月	合计
(1)	销售额													
a	期初库存额													
(2)	本期购货额													
b	期终库存额													
c	商品销售额(a＋(2)＋b)													
A	销售总利润((1)－c)													
(4)	工资·资金													
(5)	福利费													
(6)	水电费													
(7)	宣传广告费													
(8)	租金·房租													
(9)	消耗品费用													
(10)	修缮费													
(11)	通讯费													
(12)	交际接待费													
(13)	其他营业费													
(14)	折旧费													
(3)	营业费合计((4)—(14)项合计)													
B	营业利润(A—(3))													
C	营业外损益(收支)(支出)													
D	经常利润(B＋C)													

(3) 现金流量表

现金流量表是反映公司会计期间内运用资金(或现金)的变动情况及其原因,即资金的来源及其用途的报表,亦即筹资和投资活动的动态报表。简言之,它是通过资金变动来反映公司会计期间筹资和投资活动的全部概况,又称财务状况变动表。反映在一定会计期间内企业现金和现金等价物流入和流出的报表,体现了企业资产的流动性,是企业的血液,贯穿企业经营的全过程中,以收付实现制作为记录原则。通过现金流量表,可以概括反映经营活动、投资活动和筹资活动对企业现金流入流出的影响。现金流量表的主要作用是决定公司短期生存能力,特别是缴付帐单的能力(表12-3)。

表 12-3 现金流量表基本格式

会企 03 表
单位：元

编制单位： 　　　　　年度

项　　目	行次	金额
一、经营活动产生的现金流量：		
销售商品、提供劳务收到的现金	1	
收到的税费返还	3	
收到的其他与经营活动有关的现金	8	
现金流入小计	9	
购买商品、接受劳务支付的现金	10	
支付给职工以及为职工支付的现金	12	
支付的各项税费	13	
支付的其他与经营活动有关的现金	18	
现金流出小计	20	
经营活动产生的现金流量净额	21	
二、投资活动产生的现金流量：		
收回投资所收到的现金	22	
取得投资收益所收到的现金	23	
处置固定资产、无形资产和其他长期资产所收回的现金净额	25	
收到的其他与投资活动有关的现金	28	
现金流入小计	29	
购建固定资产、无形资产和其他长期资产所支付的现金	30	
投资所支付的现金	31	
支付的其他与投资活动有关的现金	35	
现金流出小计	36	
投资活动产生的现金流量净额	37	
三、筹资活动产生的现金流量：		
吸收投资所收到的现金	38	
借款所收到的现金	40	
收到的其他与筹资活动有关的现金	43	
现金流入小计	44	
偿还债务所支付的现金	45	
分配股利、利润或偿付利息所支付的现金	46	
支付的其他与筹资活动有关的现金	52	
现金流出小计	53	
筹资活动产生的现金流量净额	54	
四、汇率变动对现金的影响	55	
五、现金及现金等价物净增加额	56	

(续　表)

项　　　目	行次	金额
补充资料	行次	金额
1. 将净利润调节为经营活动现金流量：		
净利润	57	
加：计提的资产减值准备	58	
固定资产折旧	59	
无形资产摊销	60	
长期待摊费用摊销	61	
待摊费用减少（减：增加）	64	
预提费用增加（减：减少）	65	
处置固定资产、无形资产和其他长期资产的损失（减：收益）	66	
固定资产报废损失	67	
财务费用	68	
投资损失（减：收益）	69	
递延税款贷项（减：借项）	70	
存货的减少（减：增加）	71	
经营性应收项目的减少（减：增加）	72	
经营性应付项目的增加（减：减少）	73	
其他	74	
经营活动产生的现金流量净额	75	
2. 不涉及现金收支的投资和筹资活动：		
债务转为资本	76	
一年内到期的可转换公司债券	77	
融资租入固定资产	78	
3. 现金及现金等价物净增加情况：		
现金的期末余额	79	
减：现金的期初余额	80	
加：现金等价物的期末余额	81	
减：现金等价物的期初余额	82	
现金及现金等价物净增加额	83	

企业负责人：　　主管会计：　　制表：　　报出日期：　年　月　日

现金流量表遵循的会计等式：现金净流量＝现金流入－现金流出

经营性现金流和净利润对企业经营的影响如图 12-3 所示。

企业的经营过程中现金流的流动如图 12-4 例子中所示。

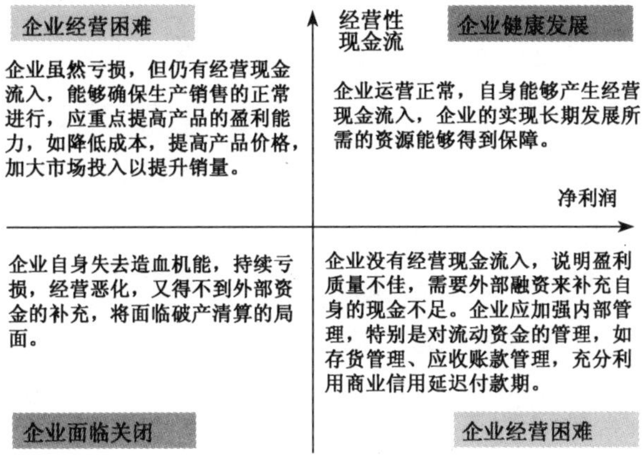

企业经营困难
经营性
现金流
企业健康发展
企业虽然亏损，但仍有经营现金流入，能够确保生产销售的正常进行，应重点提高产品的盈利能力，如降低成本，提高产品价格，加大市场投入以提升销量。
企业运营正常，自身能够产生经营现金流入，企业的实现长期发展所需的资源能够得到保障。
净利润
企业自身失去造血机能，持续亏损，经营恶化，又得不到外部资金的补充，将面临破产清算的局面。
企业没有经营现金流入，说明盈利质量不佳，需要外部融资来补充自身的现金不足。企业应加强内部管理，特别是对流动资金的管理，如存货管理、应收账款管理，充分利用商业信用延迟付款期。
企业面临关闭
企业经营困难

图 12-3　经营性现金流和净利润对企业经营的影响

债权人
40万元
投资人
60万元
分红10万元
借
款
投
资
留存收益30万元
利润
40万元
总资产
130万元
购买
扣除采购成
本及期间费
用10万元
服装存货
130万元
销售
销售收入
150万元

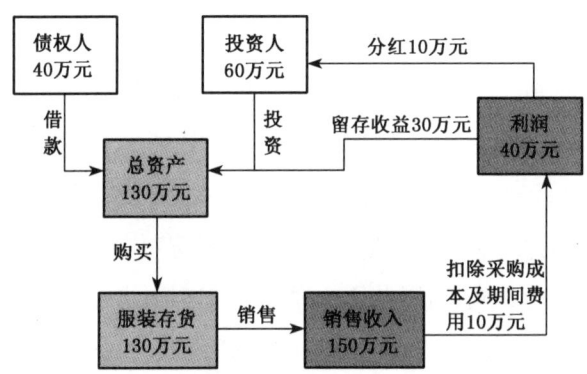

图 12-4　企业经营过程中现金流的流动示例图

12.2.4　财务分析指标

1）偿债能力指标

偿债能力分析主要包含三个指标：现金比率、流动比率、资产负债率。企业的财务管理目标之一就是到期偿债。流动比率和现金比率反映企业偿还短期债务能力，资产负债率反映企业长期的偿债能力。

(1) 短期偿债能力

一般认为流动比率为 2 的时候，企业偿还短期债务的能力比较强，企业在短期内是比较安全的；流动比率小于 1 是一个警告信号，说明企业有可能无法及时偿还即将到期的债务。现金比率需要维持的合理水平要看企业的流动资金需求及即将到期的债务情况而定。

(2) 长期偿债能力

资产负债率越大,企业面临的财务风险越大。如果企业资金不足,依靠欠债维持经营,导致资产负债率特别高,偿债能力弱,风险大,经营者应特别关注。

通常认为,资产负债率在55%～65%之间为合理稳健;资产负债率在70%以上为预警信号。如果企业的资产负债率小于50%,在企业盈利时,可以通过适度增加借款用以实施新的经营项目,或者进行新产品的推广,以获取额外的利润,但前提是新的项目要确保盈利,增强企业的盈利能力。值得注意的是,即使企业的资产负债率和流动比率指标非常稳健,但企业也可能会面临到期无法偿还债务的可能,企业所拥有的现金或者经营性现金流入才是偿还到期债务最有力的保障。企业虽然可以通过债务重组的方式以非现金资产偿还债务,或者达成延长还债期限协议的方式缓解到期债务压力,但这通常意味着企业利益的更大流失。

资产负债率关注的是企业的全部资产偿还全部债务的能力。由于企业的长期投资、固定资产、无形资产等不能马上变现,而企业的长期负债也不需要在短期内偿付,所以我们还要考察企业以流动资产对流动负债的偿还能力。通常企业用现金来偿还到期债务,为确保偿还到期债务的能力,重点要考察企业拥有的现金对流动负债的比例,即现金比率的大小。未在财务报表上列示的影响短期偿债能力的其他因素可以增强短期偿债能力的因素有:可以动用的银行贷款指标;准备很快变现的长期资产或固定资产;偿债能力的声誉(例如银行对企业的信用评级)。未在财务报表上列示的影响短期偿债能力的其他因素可以减弱短期偿债能力的因素有:未作记录的或有负债,如:未决诉讼,企业可能败诉,但企业并没有预计损失;由于对外提供担保,可能引发的连带责任。

2) 营运能力指标

评价服装零售企业运营能力的指标可以通过资产的周转速度指标来衡量,主要包括流动资产周转率、固定资产周转率、总资产周转率等指标。资产的周转率越高表示资产的利用率越高,也从财务的角度反映了企业营运能力越强。

(1) 流动资产周转率

$$流动资产周转率 = 销售收入/平均流动资产$$

流动资产周转率越高,资产周转速度就越快,能够相对节约流动资金投入,增强企业的盈利能力,提高企业的短期偿债能力。如果周转速度过低,会形成资产的浪费,使企业的现金过多的占用在存货、应收帐款等非现金资产上,变现速度慢,影响企业资产的流动性及偿债能力。

流动资产周转率比较高，说明企业在以下四个方面全部或某几项做的比较好：快速增长的销售收入、合理的货币资金存量、应收帐款管理比较好，货款回收速度快、存货周转速度快。

货币资金周转天数、应收帐款周转天数、存货周转天数这三个指标可以成为对流动资产周转率分析的重要补充，能够反映企业最重要的三项流动资产的使用效率，三项指标的变化会导致流动资产周转率发生相应的变化，其管理水平的高低直接影响企业的盈利能力及偿债能力。

计算分析应收帐款周转天数的目的，在于促进企业通过制定合理赊销政策，严格购销合同管理、及时结算货款等途径，加强应收帐款的前中后期管理，加快应收帐款回收速度。存货周转速度的快慢，能够反映出企业采购、储存、生产、销售各环节管理工作的好坏。

如果企业形成应收帐款，意味着企业提前交税，而税金都是以现金方式支付，这会影响企业的经营性现金流减少，从而影响企业的资金周转速度减慢；如果因为应收帐款和存货的增加导致企业经营现金流为负数，企业就要通过银行贷款来补充经营中短缺的现金，企业负债增加，同时需要支付相应的利息费用，导致企业偿债风险加大，减弱企业的盈利能力。

(2) 固定资产周转率

$$固定资产周转率 = 销售收入/平均固定资产$$

固定资产周转率高，表明企业固定资产投资得当，固定资产结构合理，能够充分发挥效率。反之，则表明固定资产使用效率不高，提供的生产成果不多，企业的运营能力不强。提高固定资产周转率通常从规模与结构两个方面来考虑。规模太大会造成设备闲置，形成资产浪费。反之，规模过小，生产能力小，形不成规模效益。生产性和非生产性的固定资产结构是否合理有效。

(3) 总资产周转率

$$总资产周转率 = 销售收入/平均总资产$$

总资产周转率是综合评价企业全部资产经营质量和利用效率的重要指标，该指标反映出企业单位资产创造的销售收入，体现企业在一定期间全部资产从投入到产出周而复始的流转速度。提高企业的总资产周转率有以下四个途径：

① 在企业盈利能力较高的前提下，通过适当降低产品售价，提高销售量，加快资金的周转速度，从而提高企业总资产周转率，提高企业盈利能力。

② 在企业资产规模不变，生产效率不变的情况下，通过提高产品销售价格，增加销售收入，可以提高企业总资产周转率。

③ 企业通过处置闲置的固定资产,减小资产规模,也会提高企业的总资产周转率。

④ 在企业资产规模不变时,通过提高生产效率,提高产能利用率,从而达到提高企业总资产周转率的目的。

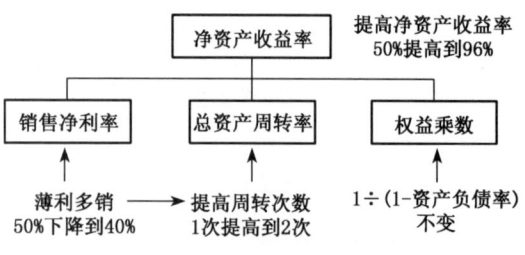

图 12-5 资产周转次数增加,提高了企业的净资产收益率

如图 12-5 中虽然企业销售净利率由 50% 下降到 40%,但是由于采取薄利多销的方式加快资产的周转,使资产周转次数增加一次,为企业多增加 46 元的利润,提高了企业的净资产收益率。

3) 盈利能力指标

盈利是企业内部产生的资金,是企业发展所需资金的重要来源。

(1) 销售能力指标

销售毛利率、销售利润率这两个指标表示了销售收入的收益水平,指标的变化则反映企业经营理财状况的稳定性、面临的危险或可能出现的转机。销售毛利率是企业是销售净利率的最初基础,没有足够大的销售毛利率便不能形成盈利;销售利润率可以分解成为销售费用率、管理费用率、财务费用率等比重类销售指标进行分析,判断企业目前存在的问题。这些指标反映企业经营中每一元销售收入负担多少成本费用支出,比率的增长均会导致销售利润率的下降。

多数情况下,企业管理费用总额是相对固定的。在企业销售持续增长的一定范围内管理费用率应当呈下降趋势。多数情况下,在保持贷款规模不变的情况下企业财务费用总额是相对固定的,如果该项指标偏高,说明企业资金管理出现问题,比如应收帐款过高。

销售收入增长率是衡量企业经营状况和市场占有能力、预测企业经营业务拓展趋势的重要标志。世界 500 强就是以销售收入的多少进行排序。销售能力指标可以评价企业的市场竞争力,判断企业同竞争对手相比的竞争优势及竞争劣势集中在哪些方面,企业在市场竞争中所处的位置。销售能力指标的高低,还同企业经营管理及控制的水平直接相关,指标不正常的偏高,总会反映出企业经营中存在的某些问题。可以作为企业控制各项成本费用支出的重要参考依据,通过对各个指标的分析,我们可以确定影响利润的主要原因,应作何种改进措施。

(2) 净资产收益率

$$净资产收益率 = 净利润/平均净资产 \times 100\%$$

净资产收益率是评价企业投资者投入企业的资本获取净收益的能力的指标,反映了企业持续收益的能力,该指标如果持续增长,说明企业的盈利能力持续提高,如果该指标降低,可能并非是企业的盈利减少影响,是由于其他的一些相关因素导致该指标降低,比如:增发股票,接受捐赠等。

服装零售企业经营管理业绩的最终反映,是偿债能力、营运能力、获利能力综合作用的结果,是评价企业资本经营效益的核心指标。一般认为,企业净资产收益率越高,企业的运营效益越好,对投资者、债权人的保证程度越高。对该指标的综合对比分析,可以看出企业获利能力在同行业中所处的地位,以及与同类企业的差异水平。

(3) 资本积累率

资本积累率 = 本年所有者权益增长额/年初所有者权益 × 100%

该指标表示企业当年资本的积累能力,是评价企业发展潜力的重要指标。指标越高,表明企业的资本积累越多,企业资本保全性越强,应付风险、持续发展的能力越大。该指标为负值,表明企业资本受到侵蚀,所有者利益受到损害,应予充分重视。

(4) 盈亏临界点

盈亏临界点是指企业收入和成本相等的经营状态,即企业处于既不盈利又不亏损的状态,通常用一定的业务量来表示这种状态。盈亏平衡分析是研究如何确定盈亏临界点及有关因素变动对盈亏临界点的影响等问题。盈亏平衡分析又称量本利分析,盈亏临界点又称保本点,见图12-6。盈亏平衡分析的一个重要部分是对两类费用的区分:变动费用和固定费用。变动费用是随销量变化而直接发生变化的费用,如面辅材料费用和工人计件制工资。固定费用是不随销量变化而变化的费用,在销量水平一定范围内保持不变,如管理人员固定工资、厂房租赁费等(表12-4)。

表12-4 盈亏平衡点费用分类及计算公式

序号	项目	公式
1	一、变动费用总额(万元)	变动成本 + 市场费用 + 运输装卸费用
2	单位变动费用	变动费用总额÷销售量
3	二、固定费用总额(万元)	固定成本 + 销售费用 + 管理费用 + 财务费用
4	三、利润计算	
5	销售收入净额(万元)	销售收入净额
6	单位销售收入净额(平均)	销售收入净额÷销售量
7	营业利润(万元)	营业利润
8	四、盈亏平衡点产销量(件)	固定费用总额÷(单位销售收入净额 − 单位变动费用)
9	盈亏平衡点产能利用率(%)	盈亏平衡点的销量÷总产能

盈亏平衡分析关注是企业收入与费用之间的联系。以××公司为例,图12-6反映了××公司的盈亏平衡点及该公司现阶段所处的盈亏状况。数据显示,当销售件数为7.9万件时,××公司能实现现金平衡,而销量低于7.9万件时,公司亏损,并且公司现金流为负数。考虑到其他各项非现金支出成本,当该公司销售件数达到9.5万件时,可以实现公司盈亏平衡。而该公司的当前销量为8.2万件,则表明公司处于亏损状态,但现金流为正数。

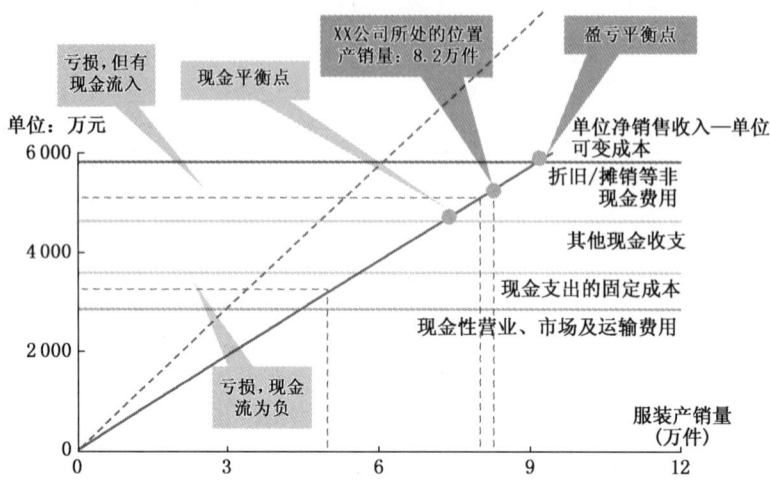

图12-6 ××公司盈亏平衡分析实例

4) 控制能力指标

偏差率可以用来反映企业经营控制能力的大小。偏差率包括:销售收入偏差率、销售量偏差率、销售费用偏差率、利润总额偏差率等。这些指标反映了实际指标同预算的偏离程度,可以用来评价管理层对企业运营的控制力,评价企业对经营未来预计的准确程度。

偏差率=本期指标数额同预算数的差额/本期预算指标数×100%。

偏差率绝对值越小,说明企业预算控制越好,这与从经营角度看待指标好与差的标准不同。比如:企业本期销售收入同预算相比增幅很大,站在经营角度看值得赞赏,但从预算能力角度看反映企业预算编制不准确,未能预计到本期收入的增长因素。

需要指出的是,不能揭示业绩变化的关键因素。财务指标是综合性的事后指标,只能对企业经营决策和活动的最终结果进行评价,另外,财务指标偏重于企业内部评价,忽视了对外部环境的分析,因此,如果过分关注财务指标,就可能影响公司长久健康发展。平衡计分卡的思想认为:影响企业经营成败的关键因素有顾客、学习和成长、内部流程、财务等四个方面，因此业绩评价也应以这四个方面为基础，分别放在四个象限中进行评价。财务指标可以体现股东的利益，但单一的财务指标会给企业的决策带来误导性信息，它只有与非财务评价相结合，才能发挥更大的作用。

12.3 服装零售店铺财务管理

店铺财务管理主要包括盈亏管理和资金安全管理两部分。

12.3.1 盈亏管理

服装零售店铺在开店之前必须对赢亏情况进行预估。盈亏预估可以通过总成本与预估销售利润的对比来获得。预估销售利润来自于服装产品的销售毛利率乘以预估的销售总额。销售毛利率是相对固定的一个已知数值，预估销售额则来自于同品牌其他店铺销售或者同地区、同地段的其他同类品牌的销售进行预估。而服装零售店铺的总成本则包括店铺租金、商场扣点、装修费、店铺转让费、员工工资与销售提成、水电交通运输费、税收、城管卫生费、通讯费、货品积压成本等。

(1) 店铺租金

通常沿街路边的专卖店，即街面店以及部分 shopping-mall 独立收银的内部店铺，往往采取的是收取租金的形式。考虑到做生意的资金运作，租金的交纳周期越短越好，这样更有利于零售商自身资金的运转。近年来中国的商业房产的价格不断攀升，因此即使是以每年按一定的百分比进行递增（通常年租金增长率在 10% 左右）为条件也要尽量地把租赁时间签得长一点。即便是零售商自有的商铺，租金成本依然需要按照市场价计入成本。

以扣点形式的百货商场由于不需要一次性交纳租赁店铺的租金，所以其商铺前期投资相对较小。要计算净成本，可以参照同等商铺的租金水平来定。并且目前国内也有部分商场在品牌进驻之前需要一次性交纳一定的进场费用。即使不用交纳进场费，在一些经营状况比较好的商场里，进驻商场所需的公关费用也可能是一笔不小的数目。

(2) 转让费

有些店铺不是直接从房东手上租赁，而是通过原租赁人转租的，就可能要付出一定的转让费。在大中城市优质店铺资源有限，往往供不应求。此时，原租赁人如果想把店铺转手就会开一笔不菲的转让费（或叫做顶手费），转让费更多的是原租赁人的装修损失承担费用。由于每个品牌之间的装修都存在差异,所以原有的大部分装修物料对于新的承租人都是没有任何价值的。通常转让费可以在下一次转手的时候收回,但也存在风险,因此可以把转让费作为店铺运作成本按三年进行分摊。

(3) 装修分摊

新店装修往往是费用较大的一笔成本支出,并且店铺的装修需要进行不断地更新,而品牌公司也会在一定的周期根据市场流行、竞争力等因素进行店铺整体形象的更换。通常一家店铺的整体装修平均两年会进行一次大的整改,而每个季节也会进行一些小的调整。有些竞争非常激烈的市场(如省会级城市等)或者一些非常重视店铺形象的品牌,其装修调整的周期还会更短。在装修费用的成本计算中,新店开业时的首次装修费用一般按两年分摊,然后再加上平时在装修方面的实际费用支出。

(4) 员工工资

员工工资(含员工福利等)也是服装店铺的主要支出之一。如果零售商本人是专职管理店铺的,在人员工资部分支出还应该包含经销商本人的工资。百货商场的员工工资计算方式与沿街店铺的员工工资计算方式基本相同,一般是由百货商场的管理层或者经销商自己来制订的。员工工资所占销售额的比例视工资方式和品牌销售额度而定,销售额越高,员工工资所占的比重就越低。通常情况下,所有员工的工资总和占销售额的 4%～7%。

(5) 税收

税收含国税、地税、工商税等。地铺(街边店)的税收通常是由当地税务部门核准后统一收取固定金额的税费,而进驻商场的店铺通常也是按销售额计算的。经销商向百货商场结账需要一个周期,一般是一个月或 45 天,也有其他的时间周期。在结账之前,经销商所操作的品牌公司需要向百货商场提供相应销售额的税票。品牌公司开具增值税发票时需要缴纳开具额度的 17% 的税,而他们向经销商收取的一般是 4%～5%(具体视品牌公司加盟制度而定),公司所收取的这部分即经销商的税收成本。当然,进货折扣是按吊牌价计算的,而税收是按实际销售价计算的。

(6) 广告费

由于百货商场经常会做一些广告,比如宣传广告、促销广告等,所花去的广告费将由商场和零售商一起承担。有些商场在扣点中已经包含了广告费,所以在平时的经营过程中将不再收取。需要注意的是,有些信誉不太好的商场,会在结账的时候随意扣除所谓的"广告费"。目前中国的大部分情况是,百货商场处于相对强势地位,而零售商则相对弱势。所以服装零售商在品牌进商场之前,最好把广告费谈到销售扣点里面。

(7) 其他费用

店铺成本还包括水电费、交通费、电话费、办公耗材费用、差旅费、运输费、银联刷卡机手续费、宽带通讯费、进销存管理系统使用费、业务招待费等。

12.3.2 安全管理

服装店铺财务安全管理主要包括营业款安全管理和价格安全管理两方面。

(1) 营业款安全管理

在实际的服装店铺中，偶尔会出现极个别不法员工有挪用营业款的不法行为。特别是当店铺在异地时，财务安全管理则更加困难。要保障营业款安全，需要做到以下几点：

① 建立店长/收银相互监督机制。在营业款的管理中，店长和收银的关系与企业财务部门会计与出纳的关系一样。店长相当于会计，管账；收银相当于出纳，管钱。店长从不直接接触营业款，但对营业款安全负主要责任。店长和收银相互监督。

② 定时存款。每天不论营业款多少，都定时存到指定账户。一般可以在下午银行下班前，将昨日晚班营业款与今日早班营业款存入指定账户，并短信通知零售商或零售商公司财务部门。存款为实际销售金额，而非求整。存款时由两人同往，一般是店长和收银员，或指定一名员工与收银员。

③ 营业款不许带出店铺。除指定存款时间以外，任何人不得以任何理由将营业款带出店铺。

④ 放置保险箱。每日晚班的营业款均放在保险箱保存，保险箱密码由店长或晚班班组长知晓，由店长或晚班班组长打开保险箱，收银员交接营业款并存入保险箱内。第二日上班再由店长或昨日晚班班组长交接备用金给收银员，指定存款时间交接昨日晚班营业款给收银员。

⑤ 营业款不得购买店铺用物。不论情况如何紧急，营业款均不能作购买店铺用物使用。一般店铺用物需由店长申请，零售商购买，确实紧急的用品，可暂由店长代买。如果金额较大，零售商可以另外通过银行汇款。

⑥ 零售商还需要建立营业款管理制度。当营业款少、错时，相关人员需要受到一定处罚。一般来说，除了主要责任人以外，店长应受到最严重的处罚。如果每月的营业款准确无误，店长和收银也应受到一定的奖励。

⑦ 对于异地店铺的营业款安全管理。在新店开业前3个月，零售商需要从原有店铺派遣店长或督导任该店店长。与此同时，也要从新店员工里选拔一名店长，对该店长进行完全了解后，新店方可交由他管理。

(2) 销售价格安全管理

价格安全管理指的是店铺是否通过制度化管理，防止店铺销售人员恶意篡改售价而谋取私利。例如某服装店铺做了"满400减100、满800减300"的促销活动。有不良企图的收银员可以将当天的269元和559元的两票合并到一起，变成了828元。原本的两票销售只需要减100元，而合并以后的则可以减300元，这样收银员就可以从中非法获取200元。这就是销售价格安全管理的不规范。服装店要做好销售价格安全的管控，需要做到以下几点：

① 统一折扣，不设特殊权限。有些零售商认为有时候会遇到个别"刁蛮"的顾客，不稍微打个折扣就是不买。为了不影响销售，于是给店长一个权限，比如可以在销售价格上打9.5折。但事实上，任何一位顾客都不可能因为0.5折价格本身而放弃自己喜欢的衣服，而从另外一个角度来看，任何一名导购都应该有能力解决顾客0.5折的还价，并且不是通过降价手段。在这方面，零售商应该培训员工使其具备解决此类问题的能力，而不是给予特殊权力。

② VIP卡打折管理。对于已安装销售软件或顾客管理软件的店铺，VIP顾客持卡消费时，需刷VIP卡，并在销售小票上签字。对于手工进行顾客管理的店铺，最好采用印制凸出号码（最好是姓名拼音、手机号等个性标识）的卡片，消费时将凸出的号码或标识印在销售小票上，并由顾客签字。任何员工都不能因为顾客还价而私自按VIP折扣销售产品，亦不得用未发出的VIP卡"借"给非VIP顾客进行打折。

③ 票据规范管理。对于手工开票的店铺，领取票据需要对抬头号码进行登记。收银员应认真保管好票据，不得遗失。因收银员笔误、顾客原本说要买的衣服而没有买等原因而使票据出错时，不得将该票据销毁，而应由店长签字后再作废处理。

案例 12.1

Q 品牌直营店财务管理制度

1) 现金管理（营业款、备用金、福利金、现金卡及券等）

(1) 营业款管理规定

各直营店必须在每日9:30前将前日全部营业款存入公司指定的银行账户，以备财务核查，若因银行或其他不可控制因素而导致营业款无法准时存入，须及时报备财务出纳及督导,否则店长将处以小过(扣款100元)处罚一次;当日交接班的店铺,第一班营业款超过5 000元时,收银员下班后30分钟必须将营业款全部存入公司指定的银行账户,营业款低于5 000元时、则移交给第二班收银员;第二班收银下班后,将营业款保存在收银柜,有保险柜的分店由收银员将营业款交存入保险柜、店长或组长负责监督,若未将营业款放入保险柜而被盗,损失将由收银及相关店内负责人承担;次日第一班收银员向店长领取前日营业款,到银行存款,并立即将银行存款单交给店长,由店长核对无误后保存。(存款由两人前往,否则存款过程中被盗被抢或丢失,损失将由个人承担);远程分店的固定(税收,电费等)费用,在备用金不够的情况下,需填写费用申请表传真(或邮件)至直营部,待直营部审批后,由直营部汇款至店铺,方可支付;严禁私自截留或挪用营业货款。(一旦发生此类事件将移交司法程序)。

(2) 备用金管理规定

备用金使用审核权限,费用在100元以内由店长审批购买;费用在100元以上(外地店铺费用在200元以上)必须填写《费用申请单》或《物品申购单》由直营部主管审核、报经理审批、最后由财务部批准;各直营店应设《现金日记帐》,作为记录直营店备用金收支情况之帐目(直营部汇款的收支也需登记入账)。该帐目的登录由助理店长来完成,店长对其进行监督。如该店未设助理店长职位,《现金日记帐》的登录则由店长或指定人员完成。若稽核查到未登帐,每次处以警告(处罚现金30元)处罚一次;直营店所有报销费用要求须符合如下规范。

如:①发票的客户名称栏应为公司的正式名称;实在无法取得票据的尽量有收据;任何单据都没有的,必须事先请示主管,是否可以使用白条收据,若无票据将不予报销费用。②所有发生之费用必须与所附的票据金额相符;常规无法取得票据的费用需填写《无单据支出证明单》进行报销。③每张发票联须注明经办人及简单发生原因;由店长和经办人签名。④直营店饮用纯净水补贴每人每月1桶;附发票报销。⑤直营分店的电话费,每月附长话明确单报销;员工私人电话按电信局打单核查结果,每打一次按话费5倍罚款。⑥店铺员工自用物品一律不得报销,如纸巾、洗手液等,但可从福利金支出。⑦填写报销审批单时,字迹公整,需要用钢笔或水笔,不可使用铅笔或原珠笔;正规发票(含税务发票)与收款收据不能填写在一张报销审批单,须分开填写报销单。⑧金额要填写正确,大小写金额要相符,不允许涂改,不得用钉书机装订,若担心粘贴不牢,再用回形针加固。⑨固定资产购买必须先填写《固定资产申购单》,到货时保管人须在相应报销单据上签名。⑩当月费用必须于次月10日前全部报销完毕(外地分店每月上半个月的费用单据,需于每月16日前寄回公司,下半个月的费用单据,于次月的5日前寄回公司),若因外部原因无法及时报销的,必须先报备直营部,否则次月 25 日前未报销的单据将不予以报销,费用由个人承担,另不合理或超标的费用也由本人(本店)承担。

(3) 福利金管理规定

直营店废纸盒、处罚员工等其它收入的款项应做分店收入帐做为员工的福利,有帐目可查,卖废物的收入款应有店长、组长签字确认;福利金的收入及支出明细须于每月 5 号前向所有店员公布,若稽核查到无公布或无登记将处以记小过处罚(现金 100 元)一次。

(4) 现金卡、现金券、赠券管理规定

现金券及现金卡出售必须将其作为商品销售,打单金额应为零,但日报表中现金部分必须体现收入的现金并加以备注,出售现金卡及现金券之款项必须与当天营业款分开管理,当天存入公司指定帐户,否则盘点发现现金券(卡)未入账的,一次将处以售出金额 10 倍进行处罚;现金券及现金卡售出及回收必须做好登记,并于每月月底同盘点帐一同寄回审核。 促销活动之赠券管理,赠送出时必须同顾客购买之商品一并以零金额打单,并必须要求顾客在单上签字及留下其电话号码,回收时亦一样必须要求顾客在其抵用单上留下其联系方式,若未严格按此操作,审核出来单据有问题而无法核实时,将以操作人员作弊论处。 另若因未打单或其他原因造成赠券短少,一律按票面金额进行赔偿。 因为此券为赠送券,容易出现漏洞,故对此细则各店须严格执行;赠券送出及回收必须严格做好登记,并于每月月底同盘点帐一同寄回审核。

2)货品帐目管理(帐目、盘点、货品管理、丢货赔偿等)

(1) 帐目管理

大型店铺须将店堂帐目与店内仓库帐目各自独立作帐,店长负责汇总帐。 小型店或货品总数不超过 3 000 件之店铺可以统一做总帐;店堂每日上下班交接必须进行点数交接,点数至少盘点至每个货品大类之数量,两班必须同时在交接表上确认签字,以便货品发生短少时责任的追究,交接好后将点数表送交店长或组长核对;店堂帐目由专人负责做帐,必须对店堂每日进销存了如指掌,对每日营业员的上下班交接数量进行核对,若发现帐目不对,必须马上查原因。 若确定丢失必须由店长上报主管及财务;仓库与店堂分开作帐之大店,店内仓库帐目由仓库员(兼)负责作帐,应对仓库的每日进出存进行明细登记,帐目清楚。 店长与财务不定时期抽查帐是否与实物数相符。 如有出现亏损情况由仓管员一人承担赔偿责任,并由店长上报主管及财务。

(2) 盘点管理

盘点分为定期盘点和临时盘点；定期盘点包括年度、季度、月份；直营部要求各直营店在每月月底组织定期盘点，并将盘点结果（《盘点表》）传真至公司直营部财务课；临时盘点指人员调动或发生其他变故时，对全部或部分商品进行盘点，以确定库存数额；盘点日所有直营店员工除特殊情况外应全部到场，参与盘点；特殊情况须事先告知店长，并征得同意；直营财务不定时对各直营店进行抽查盘点，盘点盈亏由店长做出盈亏说明表；盘点短少按原价赔款并统一从工资中扣款，由部门财务统计人员对已赔商品进行调整；盘点时发生货品丢失（特别是差异数较大时）必须如实上报，如隐瞒不报的视金额大小处以记过至开除的处分。

(3) 货品管理

如无征得总经理批准，不得以任何理由擅自将衣物出借他人或是擅自拿出店堂，否则将对当事人追究责任并处一定的经济处罚；赠送衣物或金额较大（50元以上）礼品时，须写《赠送申请单》，由总经理批准方可赠送，并开具退货单退回公司，再由部门连同《赠送申请单》开具赠送单！ 如无经审批私自出货，经手人以开除处理；内部（包括门店营业人员、公司员工）内购统一在公司展厅出货，一律不得从专卖店出货，否则将对当事人追究责任并处一定的经济处罚。

(4) 丢货赔偿

店铺如出现物品（含货品、物料、宣传品等）短少或丢失，则货品按正价货品原价赔偿。 如为库存过季货品，按店铺销售的折扣价赔偿；公司每月定期对各个店铺进行盘点，盘点结果如有短缺，由遗失责任人赔偿。 员工遗失正价货品原价赔偿。 如为库存过季货品，按店铺销售的折扣价赔偿；无法分清责任的，其赔偿处理方案为整体赔偿制，即整店员工或整组员工进行赔偿；交接班时，接班导购员在清点该区域货品中发现数量有误，经与交班导购员复核并查明原因后，确定为货品丢失，如接班导购员未完成交接手续，则该责任由交班导购员和该组负赔偿责任；如完成交接手续，则由接班导购员及其组员负赔偿责任；卖场在正常营业中，因现场人员的疏忽，造成货品丢失的，则由当班人员赔偿（请假/调休人员除外）；店铺在营业后，店长须监督当班人员进行货品清点，方可离店。 如无监督，造成的货品丢失，则丢货区域当班人员和店长承担主要责任；店铺接收公司到货时，如未按程序进行验货者，则造成的货品丢失或短少由收货负责人承担；货品入库后，保管责任由店铺负责仓库管理的人员负责，如在仓库里发生的丢货情况由责任人承担；丢货赔偿从当月工资中扣除，赔偿货品调整由直营部统一进行开《库存调整单》进行调整。

3）折扣管理（促销、贵宾卡折扣、签单、员工折扣等）

（1）促销折扣管理

促销折扣期间，所有打折销售单必须有顾客签名，并单的情况必须由同一个顾客在两张销售单中签名，并留下电话，以便核查，如无按此规定操作，将以未让利给顾客论处，由责任人补回差价；折扣POP必须放在相应商品柜上，以便顾客容易清楚店内促销活动，若未将POP放显眼位置，故意收藏起来的，稽核发现将每次处记过一次处罚；若折扣期间欺瞒顾客，将商品以高价售出，事后以折扣价开出，一经查出，即移交司法程序。

（2）贵宾卡折扣管理

贵宾卡使用必须见卡打折，输入卡号并在相应的销售小票用铅笔刷上卡号，并由使用人签名，严禁私放VIP折扣，一经查出有私放折扣，收银及店长将处以记小过一次；若顾客未带卡要求打折，须确认其是否真正持有贵宾卡，告知其下次必须带卡，本次给予打折后必须在单上注明其贵宾卡号，并要求顾客签名并留下电话号码以备核查，若无留下联系方式，将以私放VIP折扣处罚，由收银补回差价。

（3）签单折扣权限

表12-6　Q品牌直营店签单折扣权限

职 级	正常服装、鞋类折扣权限	配饰类折扣权限
区域主管	8.5折	9折
部门经理	7折	8折
总　监	6折	7折
总经理	5折	6折

注：现金抵用券、特价品、金额较大之赠品不在上述权限范围内，须经分公司总经理最终签核。

审批人必须在销售帐单上签字确认，财务方可给予确认入账；若不能当场签字，直营店可与签核权限人电话确认，并须事后补签，如到时不能取得补签的，一律由责任人补回差价；若越权打折，事后所有差价需由店铺及当事人补回，并报直营部、行政部给予相应处分。

（4）员工折扣管理

员工购买公司货品可享有员工折扣，正价货品为5折，零售价格在5折以下的特价商品不再享受折扣；员工折扣每人每季控制在2件货品以内；员工折扣如果超出限额，公司将处以罚款；员工折扣必须在公司展厅使用；员工内购将明细在月底前统一报至店长处，由店长统一交给部门，由部门汇整后交由展厅补货（店铺开具退货单至展厅），并于每月店长会议时，由店长统一到展厅交款提货，其余时间均不得内购。

（5）其他折扣管理

若店内出现大单顾客须给予一定折扣时，必须经由有审批权限者口头同意才可打折，并月底将销售单（必须有顾客签字并留下其联系方式）统一由相应权限审批主管签字确认，未经请示私放折扣的，差价由店长补回。

4）退、换货管理

顾客换货必须持有电脑小票，否则不予以更换！若顾客执意要换，须请示督导处理，督导同意更换，专卖店方可给予退货，并由督导在退货单上签字确认；原单据必须帖附于换货单上，所有退、换货单据都必须有顾客签名，单据不全的必须留下其联系方式；所换货品只换相同折扣，相同或以上价格，不退款；非因质量问题不允许退货，属质量问题的，专卖店无权给予顾客退货，若顾客执意要退，须请示督导处理，督导同意退款，专卖店方可给予退货。

5）赠品管理

礼品要求与销售小票一起开单，赠品将其售价直接改为0即可，必须由客户在销售小票签名，若赠品同时也在店堂销售时，赠送顾客必须留下其联系方式，以便直营财务抽查；若店长须赠送例外的小额礼品的，必须经过区域主管口头同意，并月底将销售单（必须有顾客签字）统一由区域主管签字确认，否则差价由店长补回；礼品不可补单，盘点若有短少，一样按丢货赔偿；《礼品赠送登记表》须于月底交回直营部审核。

6）票据管理

电脑能正常开单时，禁止开手工零估单；手工零估单必须从部门统一领用，每用完一本必须将用完的拿回部门更换新；手工零估单必须连号，作废单必须三联都在，并由店长注明作废原因；事先开手工零估单，后补电脑单，必须将零估单白联附在补开小票上；手工零估单视同正式销售票据，所有打折、赠送之程序均按正式票据操作（如顾客签名、主管签名等）；手工零估单不得涂改，商品明细必须写清楚，与事后补单之销售小票明细必须相吻合；严禁店铺私自购买收款票据等一经查到，将处以记大过处分一次；电脑销售小票必须连号，若因系统问题出现跳号，应在日报表中注明或预先报备主管，若无按此规定操作，将视同私自销毁票据出发，记小过一次；电脑销售消费作废时必须三联同在，新打印联若有折扣等必须有相应顾客签名，若顾客已离开，必须由店长在新票据上注明原因，由当班所有人员签字证明，另在日报表中注明，否则将以记小过一次处罚。

7）责任追究

凡有违反公布制度规定事项的，视情节轻重处以记过至开出之处分，同时须补回相关差价部分、处以涉及金额部分 1~10 倍之罚款;情节特别严重、达到立案标准的,移交司法机关处理。

本章小结

服装企业的财务管理从公司层面上来说,和一般企业财务管理内容是相同的,主要是通过各种财务分析工具来有效指导和辅助公司的资产有效运行,最终实现企业利润最大化的目标。当然,对于服装零售企业来说,也存在一定的特性,比如货币资金流量大、资金周转周期长等特点,这些都对企业的财务管理提出了特别的要求。

从服装零售店铺的层面来看,店铺财务管理主要包括盈亏管理和资金安全管理。针对盈亏管理,相应地通过系列的盈亏分析指标来进行分析,资金安全管理则通过相应的店铺现金管理的各项规章制度的制定和执行来得以保证。

本章习题

1. 思考题

(1) 财务预算的准确性主要影响因素有哪些? 如何做到预算的尽可能准确?

(2) 周转率是不是越大越好? 如何才能提高服装零售的资金和货品周转率?

(3) 交叉比率为什么能代表商品的对销售和利润的综合贡献度?

(4) 三种主要财务报表之间存在什么样的关系?

(5) 财务指标能揭示企业业绩变化的关键因素吗? 如果不能,哪些因素是真正影响企业业绩变化的关键因素? 财务指标在其中扮演了个什么样的角色?

(6) 服装零售店铺的运营成本主要包括哪些方面? 哪些是可控成本? 哪些是不可控成本?

2. 练习题

(1) 对一个服装公司的三种主要财务报表进行分析,并得出该公司财务状况的结论。

(2) 选择一个服装零售店铺,对其各项收入支出进行全面了解。并利用各项销售指标对其经营状况进行分析。

第七篇 服装零售发展趋势

第 13 章 服装非店面零售营销

学习目的、要点：

1. 理解非店面零售的基本概念、特征与传统零售的区别；
2. 了解网络经济环境下零售渠道的特点与发展趋势；
3. 了解国内外非店面零售的现有商务模式和运行状况；
4. 掌握服装主要非店面营销管理与策略；
5. 掌握服装网络营销、目录营销与物联网营销的应用。

本章提要

按有无店面划分，零售形式总体可分为两大类：一是店面（实体）销售，以坐商形式，在一定位置，以相应的店堂形式出售商品，包括连家店、售货亭、前店后厂，以及各种业态固定的售货场所。二是非店面（非实体）销售，即没有固定的场所摆设商品销售，而是借助于电话、电视、网络等虚拟形式，向消费者出售商品或服务。

13.1 服装网络营销

13.1.1 网络零售基础

1）网络直复营销

直复营销也称直销、直接营销。英国"直销营销协会"的定义为：直销是指"为达到量化的市场营销目标，公司与顾客或潜在顾客之间进行直接接触，并系统地使用数据信息的沟通过程"；美国"直复营销协会"的定义为："一种互相的营销系统，运用一种或多种广告媒体在任意地点产生可衡量的反应或交易"。网络营销在很大程度上是直复营销在网络世界的应用。网络营销具有直复营销的特点：互联网使营销活动能够跨时空地直接向顾客宣传、展示商品，可以直接了解顾客对商品或服务的意见和建议，而且能够做到一对一地个性化互动，通过双向交流，企业真正了解顾客的个性化需求并利用柔性化的生产和服务最大限度满足顾客，有效地提高顾客满意度和忠诚度。企业也可以从顾客的需求中了解市场、细分市场和锁定市场，最大限度降低营销费用，提高对市场的反应速度。

(1) 网络营销的定义

网络营销(On-line Marketing 或 E-Marketing)就是以国际互联网络为基础，利用数字化的信息和网络媒体的交互性来辅助营销目标实现的一种新型的市场营销方式。简单的说，网络营销就是以互联网为主要手段进行的，为达到一定营销目的的营销活动。

(2) 网络营销的主要形式

网站是一个开展网络营销的综合工具，企业网站就是企业网上"展览厅"，面向全球展示企业形象与产品介绍等。在所有的网络营销工具中，网站也是最基本、**最重要**的一个，一般都需要用户实现对网站的点击之后，才能形成真正的营销效果。网站营销就是要使网民更便利地找到网站，继而乐于通过网站了解信息或开展相关的商务活动。因此，建立一个营销导向网站是网络营销的关键。网店一般有三种形式：a.企业直销网站。这类的网店更像企业的门户网站。b.独立交易型网上商店。这类的网店主要由商品目录、顾客购物车和付费台等构成。c.托管网店。在专业的大型网站注册会员，借助建店模板开设个人网店。

(3) 网络营销与电子商务的区别

网络营销与电子商务研究的范围不同。电子商务的内涵很广，核心是电子化交易；网络营销注重的是以互联网为主要手段的营销活动。电子商务与网络营销实际上又是密切联系的，网络营销是电子商务的组成部分，实现电子商务一定是以开展网络营销为前提。

2）网络零售的特点

(1) 网络零售的优点

① 启动资本与运营成本较小。大多数的网络零售平台注册以后只要进行身份认证就可以开店。目前中国尚未对 C2C 模式的网络零售进行征税。所需员工人数少，网络平台都有一些购物者的自助服务功能，不需要雇用大量的人员进行管理与销售。

② 经营方式灵活。时间上，网络零售可以提供一天 24 小时的服务，增加消费者

订货的自由度。空间上，网上商店可以突破地域限制，潜在购物者是全国甚至全世界的网民。网络零售可以被看作是传统零售商业的另一种选择或附加渠道，同样能带来开设新的实体零售店所得到的价值，能够扩展业务，扩大地理涵盖区域，并且提高消费者的便利程度。

③ 公平竞争的市场环境。网络零售商品的价格比较容易进行，通过搜索引擎让价格由低到高或由高到低进行排序，可以清楚地了解竞争对手的定价策略，通过比较购物网站，还可以了解同类商品在网络世界的定价策略。大卖家与小卖家、企业与个人在网上也可以进行相对公平的竞争。

④ 便于开展数据库营销。网络零售商可以通过软件自动搜集信息，在用户访问时，通过交易信息，网络零售商可以对购物者的需求进行准确的识别。购物者对产品或服务的评价，可以使网络零售商更深入地了解购物者的内在需求。

(2) 网络零售的缺点

① 顾客成本高。顾客成本是指顾客为商品所支付的真实花费。零售中存在的运输费用以及网络零售报价中可能包含的税金都属于顾客成本。运费高也是顾客最终放弃购买的重要原因。

② 网络零售适用的商品具有较强的选择性。网络零售的商品若单价低、体积小的商品，加上包装费、运输费就会丧失价格优势。

③ 网络营销对购物者的影响力较弱。消费者购买商品的过程，重视购物过程中的愉悦感。网络零售主要是依赖静态的图片和文字描述制造"网页氛围"。通过音乐和视觉效果，使用 3D 展示和视频剪辑来吸引顾客。但是为避免下载时间过长，不能过度使用音频和视频效果。

④ 利润空间小。网络零售容易进行价格比对，利润空间相对较小，消费者会把网络零售与低价画等号；服务质量难以监控。网络零售过程中的服务包括在线沟通与物流配送，物流公司的服务质量不佳是网络零售交易纠纷的主要原因。

3）网络营销的产生原因

网络营销的产生是科技发展、消费者价值观变革的商业竞争等综合因素所促成的，网络营销的产生是有其技术基础、观念基础和现实基础的。

(1) 网络营销的技术基础

现代电子技术和通信技术的应用与发展是网络营销产生的技术基础。现在正走进计算机发展的第四个阶段：网络时代（第一个阶段是主机时期、第二个阶段是微型计算机时期、第三个阶段是个人计算机时期）。国际互联网（Internet）是一种集通信技术、信息技术、计算机技术为一体的网络系统。简单地说,Internet就是众多计算机及其网络,通过电话线、光缆、通信卫星等连接而成的一个计算机网。它将入网的不同类型的网络和不同机型的计算机互联起来,构成一个整体,从而实现了网上资源的共享和网络信息的共享。Internet是目前计算机之间进行信息交换和资源共享的最佳方式。

(2)网络营销的现实基础

随着Internet的用途由学术研究向商业应用的逐步转变,零售市场正由卖方市场向买方市场演变等是网络营销的的现实基础,主要表现在:消费者价值观变革是网络营销产生的认识基础;个性消费的回归,购买主动性的增强。消费者以个人心理愿望为基础挑选和购买商品或服务,主动通过各种途径获取与商品有关的信息,并进行分析比较,追求心理上的认同感。现代化生活节奏使消费者户外购物的时间越来越有限,网络营销提高了消费者购物的效率。同时网络营销给人们描绘了一个诱人的场景,使购物过程不再是一种沉重的负担,而是一种休闲、一种娱乐。激烈的零售市场竞争是网络营销产生的现实基础;随着市场竞争的日益激烈化,为了在竞争中占优势,各个企业不断地推出各种营销手段来吸引顾客,但市场竞争已不再仅仅依靠浅层次的营销手段就能取胜,而需要经营者寻找变革,网络营销能为企业节省巨额的促销和流通费用,缩短运作周期、增加企业赢利。

4)网络营销的主要运营

网络营销作为新的营销方式和营销手段实现企业营销目标,它的内容非常丰富。一方面,网络营销要针对新兴的网上虚拟市场,及时了解和把握网上虚拟市场中消费者特征和行为模式的变化,为企业在网上虚拟市场进行营销活动提供可靠的数据分析和营销依据。另一方面,网络营销通过在网上开展营销活动来实现企业目标,虽然网络具有传统渠道和媒体所不具备的特点,但它的基本营销目的和工具与传统营销是一致的,只不过在实施和操作过程中与传统方式有着很大区别。

(1)网销客户管理

随着时代的不同,零售市场客户数目、层面及地域分布呈几何级数增长,妥善管理客户关系,通过对客户详细资料的深入分析,判断、选择、争取、发展和保持客户,提高客户满意度,为企业追逐最大利润。客户关系管理(CRM)是一种管理理念,其核心思想是将企业的客户(包括最终客户、分销商和合作伙伴)作为最重要的企业资源,通过完善的客户服务和深入的客户分析来满足客户的需求,实现客户产生的终生价值。

(2)网销策略制定

网络营销在运营过程中,在不同的网店发展阶段,即包括网店介绍期、网店成长期、网店成熟期,其资源配置状态、消费者的心理需求、市场竞争状况等都具有不同的特点。为此,网店经营者要根据所处生命周期的不同阶段实施不同的营销策略,例如网络广告、网络公关关系、意见领袖、社会媒体、搜索引擎等内容的营销策略,以用户体验为中心,以满足消费者需求为价值取向,使用合适的网络营销方法与技巧,与消费者进行有效的沟通,以达到理想的营销效果。

(3) 网销运作维护

网络商品的直销是指商品需求方和供应方(也可指消费者和生产者)直接利用网络做买卖,排除批发、代理等中间环节。通常遵循 B2C 电子商务模式和规律,这种交易的最大特点是直接见面,环节少、速度快、费用低。

5) 网络营销与传统营销的整合

网络营销是一种完整市场调查——策略——运行——销售的整体过程,只是它的活动范围主要是网络方面。所以,网络营销并非独立的,而是企业整体营销策略中的组成部分,网络营销与传统营销相结合形成一个相辅相成、互相促进的营销体系。无论网络营销还是传统营销,基本的营销原理是相同的,仅仅表现在一些方法上的差异。网络营销带来的影响,包括业务人员与直销人员的减少,经营组织扁平化,经营部门和分店数量的减少,渠道缩短,虚拟经销商和虚拟门市的盛行等变化,都将促使企业对组织机构、零售渠道在互动性和超时空性等方面进行再造。

传统的市场营销策略 4P 组合出发点是追求企业的利润。由于网络的互动性使得顾客能够真正参与整个营销过程,这就决定了网络营销要把顾客整合到整个营销过程中来,从需求出发开始整个营销过程追求 4C。因此,网络营销的模式是从消费的需求出发,营销决策 4P 是在满足 4C 要求的前提下追求企业利润最大化,最终实现的是消费者需求的满足和企业利润最大化,而形成了"一对一"的营销关系(One-to-one-Marketing),体现了以客户为出发点及企业和客户不断交互的特点。

(1) 营销观念的整合

在意识观念上企业不能把网络营销和传统营销完全独立开来,二者是互补的,也是相融的,都是以满足顾客的需求为目标,实质没有变。从理论基础来说,网络营销是传统营销在网络时代的延伸,4P 仍然可以作为其理论基础,只不过是网络营销一定程度上更加追求 4C,而 4P 和 4C 本来又是不可分的、递进的关系,在意识观念上,实现网络营销与传统营销的整合。

(2) 产品营销的整合

对于知识产品,企业直接在网上完成其经营销售过程。在这种情况下,市场营销组合发生了很大的变化(与传统媒体的市场营销相比)。对于有形产品和某些服务,虽然不能以电子化方式传递,但企业在营销时,网上简便而迅速的信息流、资金流和商流,使中间商在数量上最大限度地减少甚至成为多余的,渠道中的物流则可实现速度、流程和成本最优化。在这种情况下,传统的营销组合没有发生变化,价格则由生产成本和顾客的感受价值共同决定(其中包括对竞争对手的比较),只是营销组合概念因产品性质不同而有所不同。

(3) 企业网站与形象的整合

网销中企业在虚拟中的形象应该与现实中的形象达到一致,既要能够充分反映企业的实力规模又不能过分夸张,所以,网络营销的企业必须建立一个能够宣传企业及其产品,能够作为企业电子商务平台,能够充分满足企业信息交流的网站,特别是产品生产开发部门及物流和售后服务部门大力支持网络营销,并有专门的部门来维护网站的运行、管理和处理与网络营销有关的事务。企业网站对企业的网络营销来说起着关键作用。

综上所述,新兴的网络营销以其自身的特征和优越性对传统营销产生巨大的影响和冲击,但是传统营销也有其自身的优点和不可替代性,在新的经济时代,二者将缺一不可。随着网络技术和新经济的发展,网络营销将逐步为更多的人所接受,网络营销与传统营销相互影响、相互促进,最终将实现融洽地内在统一。在将来,我们会没有必要再来谈论网络营销,因为营销的基础本身就包括着网络。

13.1.2 服装网络营销运营与管理

随着计算机、信息技术和电子商务的发展,网络营销的繁荣而蓬勃已成为必然趋势,服装无论何时都拥有巨大的市场,服装网络营销的开展无疑为服装企业开辟了另一个广阔的市场。在一些发达国家,品牌服装网络营销已经成为趋势,在美国网络营销已成为服装销售不可忽视的模式。对于中国服装销售而言,网络营销还是一种全新的服装销售渠道。近几年来,网上服装销售量增长迅速,网上服装销售在整个服装销售比例中所占比例将会越来越高,与传统的服装销售模式相比较,网上服装销售拥有许多不可比拟的优越性和特点,服装企业对网络营销的重要性已被广泛认可,但同时又面临着发展中的各种障碍。

1)服装网络营销的现状分析

(1) 服装网络营销特征

服装网络营销就是将网络营销的理论和实践引入服装领域,是服装产业借助现代信息技术的平台,将网络技术应用到面向市场的服装产品经营过程的一种营销手段,是电子商务平台最重要的功能之一。

服装网络营销在我国还是一种较新的购衣体验,客户表现了很大的热情。据调查表明,40岁以下的青年女性人群,特别是那些酷爱时尚、追逐赢行的白领人群以及部分大中学生,对通过网络选购服装服饰和上网购衣表现出兴趣和关注。目前,从产业生命周期看,国内服装网络营销依然还处于市场的导入期,与国外相比还有不小的差距,网络营销的职能未能得到真正的发挥。国内大部分的服装企业已经意识到了利用网络开展业务、寻找客户是一种行之有效的营销方法,很多服装企业已建立了企业网站,这里面既包括如雅戈尔、杉杉等大型服装企业,还有一些知名度不高、中小规模的企业,但企业网站往往仅作为对外宣传的媒体,大多数网站对服装的介绍大都停留在图片展示阶段,缺乏如三维虚拟展示、服装穿着效果、触感模拟等体验功能,形式单一。从发展的角度,我国服装企业网络营销的重点应该逐渐转移到深度营销上,开展网上交易和提供多元化服务,有效地推进企业实施电子商务和信息化的进程(图 13-1~13-2)。

图 13-1　Gap 的网上销售

图 13-2　雅戈尔企业网站

(2) 服装网络营销优势

由于服装市场"多品种、小批量、高质量、快交货"的不稳定性趋势,有别于其他商品的生产和销售,而互联网具有及时性、交互性优势及时传达信息的独特优势,服装网络营销作为一种建立于互联网上的新型营销模式,为服装企业提供了一系列的应对方法和策略,已经成为服装电子商务中重要的一部分,具有市场营销的正反馈机制的优势。具体表现如下:

① 节约消费者成本。在网络购衣环境下,消费者只要在服装销售目录中输入所要购买服装的相关信息,很快就能搜索到网站上所有符合要求的服装,大大节约了消

费者的时间成本和体力成本。

② 降低企业成本。利用互联网络降低服装企业管理中交通、通讯、人工、财务、办公室租金与费用的管理成本,利用互联网络给服装企业带来网上直销和促销等新的销售模式和管理方式,大大降低了销售成本。满足消费者个性化需求和购买。

③ 服装网络营销是一种以消费者为导向、强调个性化的营销方式,具有极强的互动性,它能满足消费者对购买服装方便性的需求,提高消费者的购物效率,能满足重视价格的消费者及大大增加了服装购买的选择范围的需求。提高服装企业的快速反应能力。

④ 服装是流行性很强、流行周期短、变化快等特点的商品,服装企业如何能根据市场行情的变化做出迅速反应显得尤其重要。通过网络销售服装,企业不仅可直接对网上服装销售数据进行统计分析,及时获得消费者的反馈信息,以此为依据快速调整产品分配,提高服装企业的生产效率(图 13-3)。

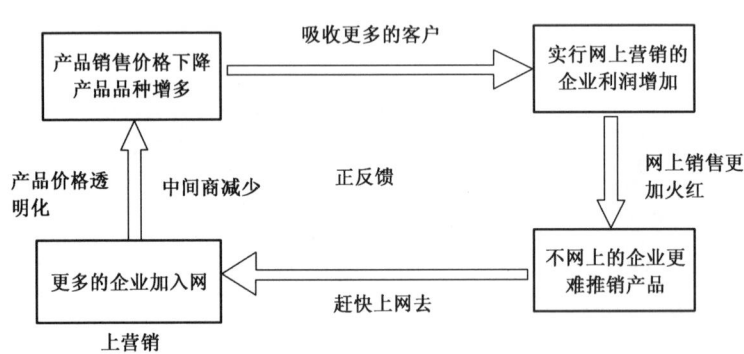

图 13-3 网络营销正反馈机制

(3) 制约服装网络营销发展的因素

由于服装营销有其自身的特点,所以服装网络营销许多问题也随之显现:

① 在线试衣问题。服装作为一种传统零售业,中国消费者传统"买衣先试穿"的购买方式和观念束缚至深,客户们总要先经过亲身试穿、触摸面料等来确定服装的款式、型号、风格等是否与自己的气质、肤色、体型等相称,而这正与目前网上不可试穿的服装购买模式相背。

② 售后服务问题。服装虚拟零售给消费者退货和换货不方便,许多消费者不愿意在网上购买服装,主要是因为担心购买的服装不合适,而退货或者换货会带来更多麻烦。

③ 物流配送问题。购买的服装一般网络营销的消费者非常关心网上购买的服装是否能及时收到? 多长时间能收到? 这就牵涉到物流配送系统,中国的物流系统和国际标准物流系统相比有较大的差距,物流配送又成了网络服装销售又一障碍。

④ 服装网络营销还涉及网上支付、安全、诚信等其他问题。

2）服装网络营销的策略深度与实施方法

服装作为一种特殊的商品,其网络营销策略与职能是通过各种网络营销方法手段来实现的,根据不同的营销深度、范围,网络营销实施的方法手段由浅至深来分层次：信息发布与推广、网上销售与定制和营销创新服务。不同的营销深度层次具有不同的作用,其中信息发布层次属于浅层次的网络营销,而营销创新服务层次则属于深度网络营销(如图 13-4 所示)。

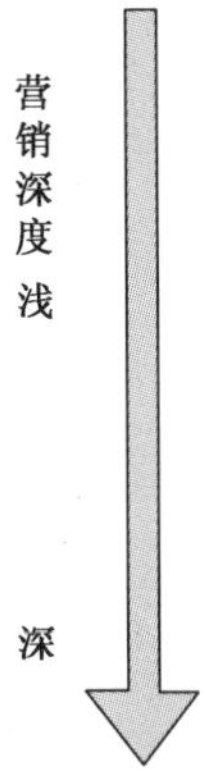

营销层次	营销手段
广告、信息发布	网络广告 网络实名 搜索引擎 发送电子邮件
网上销售	网站设计 网上销售 网上交流
营销创新服务	客户个性化服务 特征客户网上定制

（营销深度：浅 → 深）

图 13-4　网络营销实施的方法手段

3）服装网络营销的信息发布与推广

① 网络广告。网络广告是一种最常见网络营销手段,与传统媒体高额的广告费相比,网络广告低成本、有效、快捷等优势,在 YAHOO、SOHU、淘宝网等门户网站做网络广告已经成为越来越多企业宣传的一种手段。随着网络广告形式的不断翻新,企业展示自己优势信息的视觉传达也逐渐简洁、清晰起来。在方寸之间,企业要尽可能地充分利用 flash、音乐等方式丰富广告的表现力,使自己的网络广告具有吸引力,促使客户观看或点击广告(图 13-5)。

② 企业网站。一个内容丰富,适合网络上、业务拓展的企业网站是开展网络营销的综合性工具,专业性的企业网站是网络营销效果得以保证的基础。就像传统的服装卖场通过艺术化商店的建筑风格、招牌、店内装饰、商品陈列、灯光效果等设计,构筑一种促进客户购物欲望的环境和氛围。企业网站是各种功能和服务的大载体,从营销策略到功能、服务、信息、运营,都将在网站上得到实现。成功的企业网站不仅是一个宣传的平台,更是一个综合性的门户,协同了市场、采购、销售、客户服务等业务接入,依托于企业网站,网络营销的基本职能均可实现。

图 13-5　服装企业网络广告

4）服装网络营销网上销售与定制

（1）服装网上销售

网上销售既是网络营销的基本职能，同时又是企业推销产品、拓展销售渠道的有效手段。开设网上的服装专卖店是最常见的网络化服务之一，主要有以下几个模式：

① 综合性的网上购物网站，设有服装销售栏目，如淘宝网等（如图 13-6）；

图 13-6　综合性的网上购物网站

② 专门经营服装类相关产品销售的网站，如 Landsend.com；

③ 经营品牌的服装企业，开设该品牌服装的网上销售和传统销售店互为补充的模式。

网上销售不但是一种降低成本的新兴销售方式,成功的网上销售还能帮助企业推广品牌、宣传企业、开拓新市场。如上海"三枪"、"海螺"企业开发了网络销售系统(如图 13-7 所示),提供给客户许多全天候的交互式服务,为客户带来愉快的购物体验节省了购物的时间和精力。

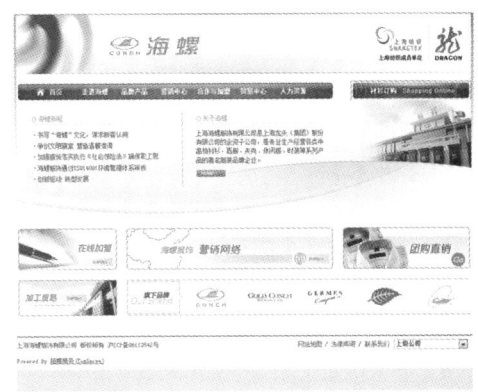

图 13-7　上海"三枪"、"海螺"企业网

(2) 服装网上定制服务

在所有的日常生活用品中,服装可以说是个体差异性最大的商品之一。传统零售服务中有量体裁衣、按需定制,同样在网络服装零售上也需要相应的定制服务。网络所表现的丰富个性,使服装网上定制的含义更为宽泛,不仅可以对服装产品进行定制,更可以对网站的零售服务进行定制。传统的服装定制主要通过和客户进行一对一的沟通,了解客户对服装的实际需求,经客户认可后确定设计方案,最后按客户的尺寸进行制作。而在网上定制过程中,客户往往不是和设计人员面对面交流,双方的信息沟通都需要通过网页内容反映和反馈,如图 13-8 对传统定制和网上定制的过程进行了比较。

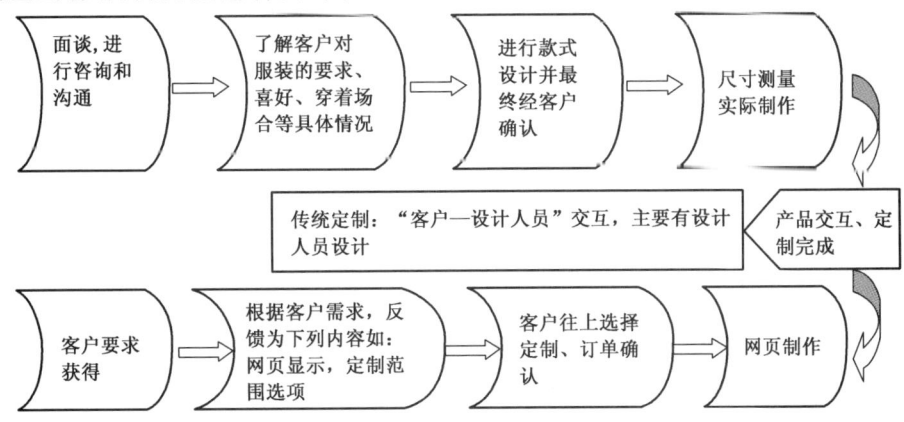

图 13-8　网上定制与传统定制的对比

(3) 服装模块化定制

服装网上定制主要是对服装的款式、面料、尺寸等特征进行定制。网站在提供定制选项时,要尽量对服装的特点进行分析,将服装结构进行模块化处理,力求所有参数值组合后能够表达该服装的完整性和个性化。网上定制中的服装模块化处理指的是在能够能表达服装特点并适合定制的范围内,将服装划分成一些可供选择属性值的独立模块,如领口、袖口、腰身等,通过对这些部分不同设计方案的选择,搭配出不同的成衣设计方案。经过分类后的服装各"部件"和其特征可以存放在款式库和特征库中,并不断积累和更新。对于服装生产企业来说,则是利用成熟技术和模块制作的"成熟产品",只是组合方式和构成要素不同而已。因此,网上的服装定制并不适用于所有类型的服装产品,而是适合那些易于进行模块化处理的服装,即在结构上比较简单、规则,款式较固定,具有一定的承袭性的服装,比较典型的有男式的衬衫、T恤、牛仔裤、各类制服等(如图 13-9 所示)。

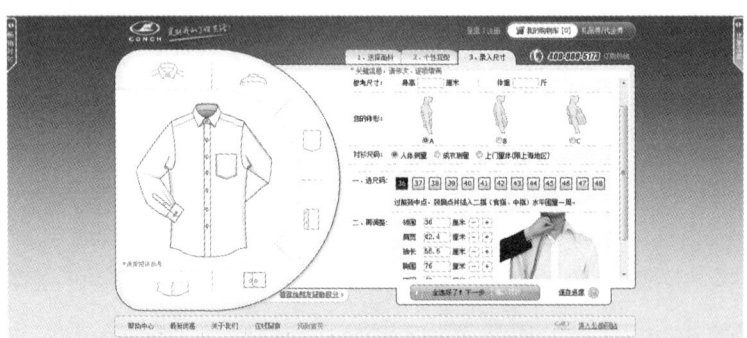

图 13-9 海螺企业定制界面

如 www.ic3d.com 是一个提供牛仔裤和便裤网上定制的网站。在定制过程中,网站将提供定制服务的裤子作了模块化的处理,表 13-1 服装各特征的定制情况进行了归纳。

表 13-1 服装网上定制的特征选择

定制特征	定制深度	选择范围	属性值示例	
服装类型	浅	有限选择	牛仔裤 便裤	男装 女装
面料	浅/较深	优先选择/定制	面料:灯芯绒/粗斜纹棉布	由顾客参与设计的个性化面料
			颜色:梅红/天蓝	
款式	较深	有限选择	领型:尖领/圆领	
			开衩:后开衩/侧开衩/无开衩	
			裤型:直筒/喇叭	
尺寸	深	有限选择/量身定制	身高:160~165 cm 166~170 cm	完全量身定制,需测量具体尺寸

因为在互联网上，服装销售、定制方无法用传统的方式为客户进行尺寸测量，需要借助相应的工具，或者到专门的地点由专人帮助测量，然后将数据传回网站处理。随着对服装生产自动化和快速反应要求的进一步提高，各种人体测量技术也在不断发展，目前主要的体型测量技术有：非接触式体型扫描技术、量体夹具、摄像法等；除了服装款式、尺寸的个性化，服装面料的个性化更使服装定制大放异彩。客户的面料定制可以不再局限于网站提供的有限范围，而是真正由客户自己来参与设计，借助于面料数码印花技术和数码喷射印花机设备，将专用染液直接喷射到纺织品上，以形成所需花色图案，缩短时间、降低成本、提高服装定制服务的深度。

5）服装网络营销创新服务与其他

由于服装产品的特殊性，使客户在购衣通常要一看二摸三试，致使服装网络虚拟营销会遇到一些特殊困难，比如不能试穿、大小不合适等。为了让服装的网上销售更贴近现实，很多服装网站借助先进的技术，开展了一系列具有创新性的服务内容，从而帮助客户获得体验感受，将服装的色彩、面料、款式及着装效果在网上传输再现，使客户能更真切了解服装的信息，进而获得愉悦的购物感受，因此产生了一系列的服装网上创新服务。

(1) 网上试衣间

德国弗劳恩霍夫学会的科学家与其他科研小组共同开发出一套名为"网上试衣间"的系统，不仅可以帮助客户体验举手投足之间新衣是否合体，还可以观看不同场合灯光下服装的效果，帮助客户挑选到满意的新衣。客户在进行虚拟试衣之前，先通过手持式的三维扫描仪对自身形体进行扫描，获得的数据被传输回服装销售商处，形成客户自己的虚拟三维映像。之后客户就可以根据销售商提供的服装目录选取新衣"试穿"上身，并可以通过鼠标控制虚拟映像进行简单地举手弯腰等动作，在计算机屏幕上察看衣服是否合身。此外，客户甚至可以调控光线等参数进一步观看服装的整体效果。我国杭州赛狐网络技术有限公司等也先后开发成功的网上三维试衣系统，给客户带来逼真的视觉冲击（图13-10）。

(2) 虚拟模特

eshop的虚拟模特，只要输入身高、体重、肤色以及头发的颜色等数据，按客户的体态特征自动生成的虚拟模特就会出现在屏幕上，"试穿"相中的衣物给你看。目前已有多家网站采用了这一技术，帮助服装网上销售（图13-11）。

(3) 网上体验

美国伊默尔森公司新研制成功一款能够让上互联网的客户"触摸"网上商品的鼠

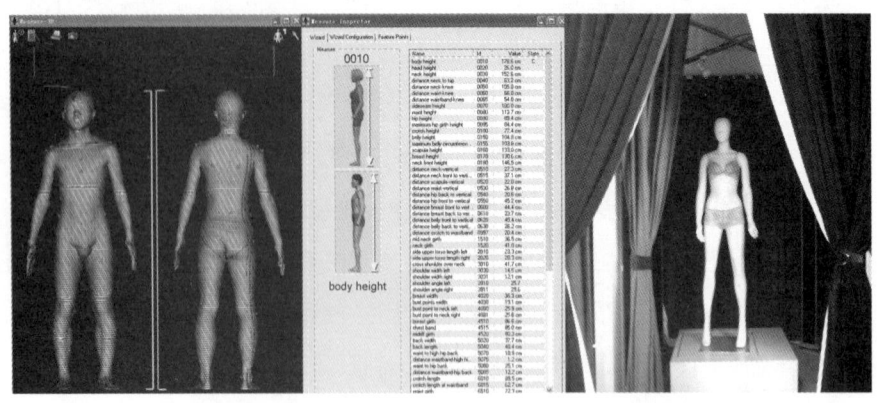

图 13-10　Vitus Smart 三维人体扫描仪应用实例

图 13-11　虚拟模特（http://www.eshop.com/）

标，这种鼠标的奇特功能，改变了目前人们上网购物时，对远隔千里的网上商品只能看照片的现状，可以通过小小的鼠标对网上商品进行"触摸"。英国一大学研究人员开发了一个 Click 2 Touch 的软件，该软件可以让客户通过点击鼠标、看显示器来"感知"网上销售的服装的质地，达到虚拟现实的目的。客户可以通过交互式的虚拟现实动画，感受不同面料和他们的质地。客户只需在面料的图片上拖动鼠标，就能"摸"到其质地并"看"到随着鼠标移动产生的褶动效果（图 13-12）。

（4）网上互动设计

网上互动设计是虚拟真实模拟，对布料仿真利用，是服装设计师及计算机技术和

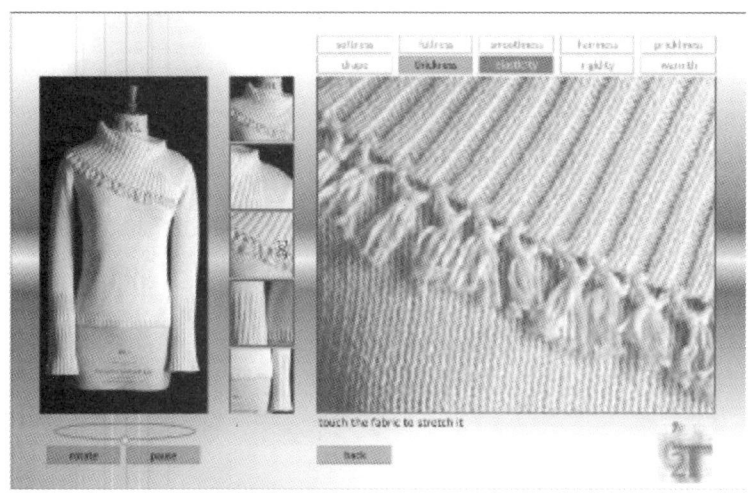

图 13-12　Click 2 Touch **软件的界面**

动画技术最理想的结合。客户与服装设计师利用网络进行在线共同设计，设计师利用人体三维服装模型进行二维服装衣片的设计，并把服装衣片缝合后穿戴在三维人体模型上，通过选择和设置布料的物理机械性能参数、重力、风力以及人体的运动系列，设计师可以对话式地进行服装和人体的动力学运动模拟和仿真。通过观察三维服装的运动模拟和仿真效果，设计师便可以直观地考察服装设计、布料及图案选择效果。同时客户可看到其穿着效果，如果有任何不满意，可在网上向设计师提出，设计师可在二维或三维空间进行衣片形状和材料的修改来改善其效果，最后得到双方都满意的服装。

13.2　服装目录零售

目录销售在国外是一种极其重要的销售形式，它运用目录作为传播信息载体，通过直邮渠道向目标市场成员发布，从而获得对方直接反应的直邮营销特有形式。

世界上第一个目录（关于书籍的目录）诞生于 15 世纪的欧洲，目录销售于 20 世纪上半叶在经济发达国家中率先兴起，逐渐成为国际社会比较流行的新型商业形式，主要运用在服装、电子玩具等行业，在零售市场中占据重要份额，在某些行业中其销售额超过超市及便利店零售。据专家介绍，目录销售甚至是在危机中经受考验的"黑马"，美国几次经济萧条时期中，目录销售和仓储超市是仅有的两种能够在经济不景气中取得成功的零售业形式。

在中国,目录销售也开始发展起来了。 这就是曾在国外流行、主要面向高端消费群的"目录销售模式"。 如今在经济危机的气候下,它却受到了中国大众消费群的追捧,由于它的节省时间、价格实惠及消费者对新型消费方式的追求,是目录销售在国内走红的引擎;而生产制造商对无店铺销售的利润憧憬,则是目录销售发展的另一个强大动力,受到各类企业喜欢的营销模式,尤其在国内服装、家居用品等行业,在产品目录营销模式的典型企业有麦考林、慕立达、广州友安、红孩子、宜家等。

13.2.1 目录销售的基本概述

1)目录营销的概念

目录销售是指运用目录作为传播信息载体,并通过电话、直邮、短信、邮件等渠道向目标市场成员发布,从而获得对方直接反应的营销活动。 严格意义上说,目录并不是一种独立的直复营销媒介,它只是直邮营销的一种特有形式。

(1)目录营销的种类

根据目录营销的对象,可以将其分为针对消费者的目录和针对企业组织的目录两种,也可以根据其所登载的商品类型、目标市场、目录形象和质量等方面进行分类。 近年来,专卖品(specialtygoods)目录在目录营销市场中处于主导地位,而且越来越取代传统的一般商品目录,使目录更具有专业化,其商品范围涵盖服装、食品等产品种类,这类目录突出不同生活方式的偏好,例如兴趣、活动、态度和价值观等方面的差异,更具有针对性。

(2)目录营销的特点

a.商品信息量大。 在以消费者为营销对象的目录中,产品品类繁多,包括服装、饰品、家庭用具、食品、日用品等等,目录中包含了各种商品的图片以及品质、规格和用途的说明,海量信息利于顾客进行比较和选择。 b.印制精美的目录。 图文并茂,综合运用美术、摄影和色彩技巧,赏心悦目利于顾客产生感情诉求,敦促其作出购买决定。 c.目录便于保存。 信息海量、印制精美,出于喜爱和以备将来,顾客会将目录保存下来,使得目录的促销效果增强。 d.传播一种生活方式。 目录不是简单的商品介绍,而是通过商品新用途、创新设计传播了人们的新生活方式,比如宜家家居,即使营业员也无法将商品的特点一一讲述清楚,而目录销售独特而详细的商品介绍弥补了这一缺陷。 e.双向高效零售渠道。 相比传统实体店、商场和超市等,消费者通过目录销售购买商品,可省时、省钱,而商家则省去了租用店面的高昂费用以及销售人员开支等成本,正是目录销售模式能蓬勃发展的重要原因。

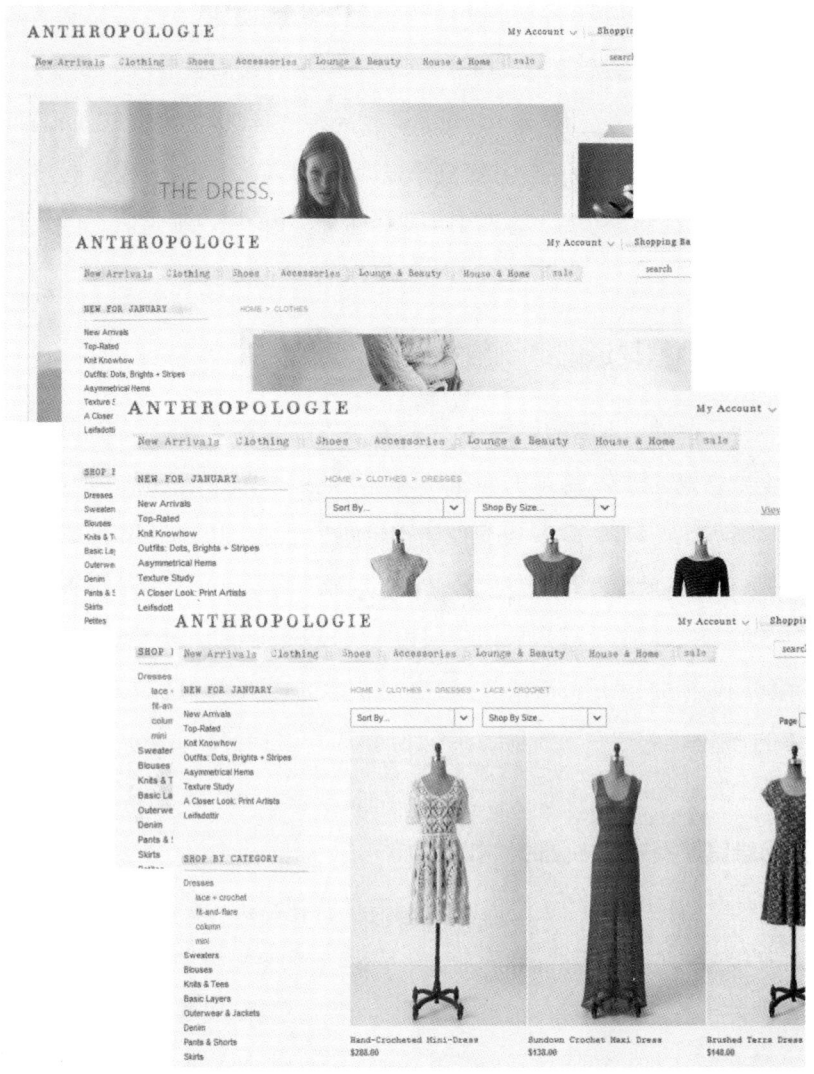

图 13-13　Anthropologie 的目录内嵌式订单

2）目录营销的目录设计制作

目录属性（catalogannbute）是指目录所具有的各方面特征，是消费者或企业顾客所关注的、认知诉求。 按其重要性程度可以分为：a.目录的方便性；b.目录所列商品的渴求程度；c.目录的可信性；d.目录对商品介绍的方式；e.目录传递简要、必要信息的版式；f.目录色彩心理的视觉效果；g.目录邮件寄发时机；h.目录邮购商业经历。 目录设计制作要围绕消费者或企业顾客所关注的、认知诉求点，遵循整体突出一个主题或概念。 无论是图案制作、文案撰写，还是色彩搭配和封面设计，都围绕它来进行，这样可以给顾客或准顾客视觉上形成某种印象或形象。

每个成功的目录营销者都有成功的目录设计。例如,就女性服装消费者的目录属性偏好而言,目录营销专家通过研究后,就重点围绕该消费者群体的偏好:a.目录易于使用;b.方便性;c.公司声誉;d.商品花色品种多样性;e.良好的价值;f.目录的吸引力;g.财务风险低;h.商品的独特性来设计。如Anthropologie是美国一家家居产品品牌,其产品已经涵盖了服装、床上用品、配饰等等,其目录内嵌式订单共分为四页面(见图13-13)。

13.2.2 目录销售渠道的继承与发展

目录销售是一种古老的销售模式,但随着技术革命和信息时代的到来,以及人们价值观和消费方式的改变,目录销售在发达国家的增长率急剧下降,据介绍如今其在美国零售业所占比例只有10%,在其他国家更低。但我国目录销售还是个较新的销售模式,并且它还在及时变革与发展,它尝试走向低端,走向大众,让更多消费者享受便宜而便捷的购物体验。它依靠因特网和通信技术的推动和运营效率大幅提升,它与网络销售相辅相成,满足都市快节奏的生活需求。目前我们身边的目录销售,已经不是原来的老模式,它正在不断创新,探索目录销售"古老模式"的"中国式"现代生存和发展。

1)目录销售模式在中国的"水土不服"

① 目录销售消费群体的定位错位。目录销售在欧美和日本是非常成熟的项目,它是一种直投杂志的销售模式,利用杂志为载体,向顾客推荐最新的产品。这样人们就可以减少去商场购物的麻烦,也可以有更多商品可选择,只要打一个电话,货就送到家门口。在欧美等地小镇居民具备与都市居民不相上下的消费能力,但由于居住地的分散,加之邮购业所具备的方便快捷、足不出户即可购物等特点,目录销售往往成为小镇居民首选的购物方式。而在中国,由于物流体系的不畅、支付信用的缺失,以及农村有限的消费能力和滞后的消费观念,使刚兴起的目录销售企业在中国首仗便遭遇了"定位"缺陷。

② 目录销售创业有多重条件限制。目录销售是个门槛较高的行业,单就销售目录的制作成本来说,要制作印刷精美,特别是能激发消费者购买欲望的目录,在纸价不断上涨的今天,就要下"血本"。同时能把目录准确地寄到目标客户手中,提高了目录销售购买率,其基础掌握客户信息相关资源,但客户信息需要客户关系计划和长期持续地积累。目录销售需要有强大的呼叫中心和供应链作为后盾,有处理上千张订单的能力,这些都需要有强大硬件设备的支撑,充足的资本作为保障等,这对使刚起步

的中国目录销售企业缺少自身具备和社会环境的"实力"支撑。

2）目录销售模式在创新"中国式"生存

(1) 古老模式植入时尚理念

据了解,在目录销售领域独树一帜的企业——麦考林,在刚进入中国时也经历了"水土不服",之后麦考林对顾客群做了重新定位,把客户目标从农村女性调整为收入较高、追求时尚的都市白领女性,策略也由"农村包围城市"调整为"城市中心论",着力开拓一二线城市,最后把目标消费群锁定在白领阶层,才闯出一条路来。对于白领白领阶层的消费群体来说,目录销售最初吸引他们的不仅是商品,更多的是目录的时尚外观和其中传递的时尚社会理念。据了解,目前一些国外知名品牌的目录展示的商品不太多,而是越来越像本专业的杂志,一页一件商品、一个品牌,再溶入几个小故事,先从理念迎合消费者的价值取向,之后再传播商品信息。这对中国消费者来说,通过目录购物传递时尚生活的一种营销创新体现。

(2) 目录销售与网络联动互通发展

调查调查,现在许多消费者在看完目录之后,往往不会通过电话订购,而是更习惯到网上下订单。例如 Ebay 向数以百万计的美国人邮寄一份 32 页的精美产品目录,介绍一部分网站零售商的优质商品,以此吸引消费者上它的网上商店去购物,以帮助广大的网站零售商获取新客户,尝试"目录销售"与"在线销售"的互补。对他们来说,目录销售超越了原来的渠道意义,而成为网站促进销售额和进行品牌传播的手段。在中国受各种条件的限制,发展得一直不温不火目录销售,是否能在依托我国雄厚网民群体的基础,便借助网络平台来推动目录销售发展,搭建一个极具想象空间的"目录+网络"战略规划图,通过该"目录+网络"的普遍模式,不仅可以展示比目录多得多的产品信息,还可以给消费者营造一个互动平台,以此帮助广大的网站零售商吸引、获取新客户。

(3) 构建消费者信息资源数据库

越来越多目录销售企业认识客户资源制胜的原理,开始关注营销数据库的建立和收集。目录销售的执行者们期望能够收集尽可能多的客户和潜在客户的数据。对于已经存在的客户,一些精明的营销人精心设计了消费者信息数据库,包括各式各样的数据:客户姓名、住址、购买历史记录、人口统计信息以及过去跟客户之间的双向沟通记录。对于潜在客户信息的收集,可以通过策划相关的市场活动,吸引潜在客户参与或者让其通过网站进行注册,或者依赖于第三方数据源。

另外,加强信息管理和分析。目前在目录销售行业比较通用的方法是利用 RFM

客户细分模型,通过分析客户的最近一次购买时间、购买频率、购买金额,将客户细分成不同的群;对不同的群特点,采取差异化的营销。 对于拥有大量数据的企业来说,建议可以通过购买预测模型、交叉销售模型、风险预测模型来更大程度地利用数据提高营销效率。

(4)"多元销售"提高客户信赖度

"无店铺销售"降低了企业的成本,但同时也使不少消费者犹豫起来。 在他们看来,通过目录销售来购物,似乎还存在不少风险。 初次接触目录销售,许多消费者还会想起一些电话购物的陷阱;尽管订购方便,但目录销售的"退货服务"却不可能那么便捷;完全没有实体店支撑,目录上的产品会不会"失真",特别是时装,穿在目录模特身上的效果,和穿在自己身上并不是一回事,而且目录中的服装面料、材质等,在照片和现实中应该会有不小的视觉差异。

因此,不少目录销售企业尝试起了"多元销售"之路。 麦考林 2006 年一举颠覆传统,在上海开设了第一家实体直营店,正式宣布进军多渠道零售行业,宣称要在三年内把门店扩张到 2 000 家店。 麦考林之所以能在此次金融危机中逆势增长,就在于它整合了邮购目录、门店、电子商务三种营销渠道。 预测这"多元销售"模式,打破了店面空间和时间以及地点的限制,应该会有很大的推广潜力。

13.3 物联网零售交易系统

13.3.1 物联网的概念

1)物联网的定义

物联网是新一代信息技术的重要组成部分。 其英文名称是"The Internet of things",即"物联网就是物物相连的互联网"。 这有两层意思:物联网的核心和基础仍然是互联网,是在互联网基础上的延伸和扩展的网络;其用户端延伸和扩展到了任何物品与物品之间,进行信息交换和通信(图 13-14)。

因此,物联网是通过射频识别(RFID)、红外感应器、全球定位系统、激光扫描器等信息传感设备,按约定的协议,把任何物品与互联网相连接,进行信息交换和通信,以实现对物品的智能化识别、定位、跟踪、监控和管理的一种网络。

物联网的本质主要体现在三个方面:互联网特征,即对需要联网的物一定要能够实现互联互通的互联网络;识别与通信特征,即纳入物联网的"物"一定要具备自动识别与物物通信(M2M)的功能;智能化特征,即网络系统应具有自动化、自我反馈与智能控制的特点。物联网的技术架构可分为:感知层、网络层和应用层。物联网的关键领域:RFID、传感网、M2M、两化融合等四大部分(图13-15)。

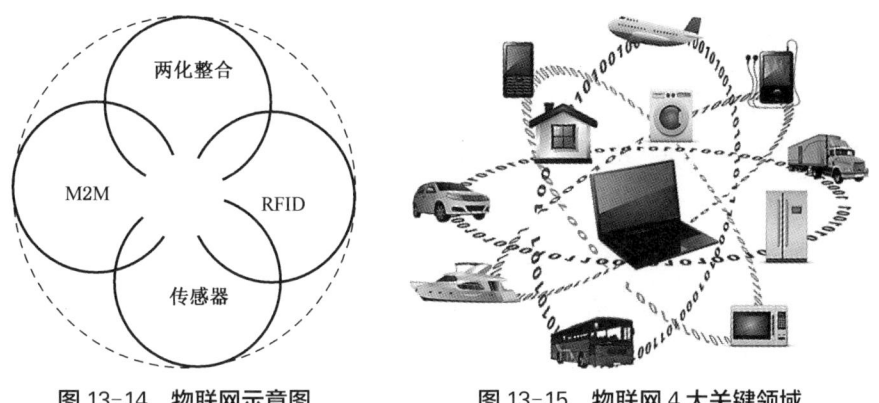

图13-14 物联网示意图　　图13-15 物联网4大关键领域

2）物联网技术的应用

(1) RFID 技术

RFID 是一种非接触式自动识别技术,主要通过射频信号自动识别目标对象并获取相关信息,无须人工干预,能够在各种状态如静止、移动甚至恶劣环境下准确识别运动物体。

RFID 标签的远功能比条形码功能更强大、读取速度更快捷、读取质量更精准。

RFID 技术具有体积小、容量大、寿命长、穿透力强、可重复使用、支持快速读写、可定位和长期追踪物品等特点,在食品安全、质量管理、制造业供应链管理、智能交通等方面有着极大的应用潜力。

(2) 物联网应用模式

根据其实质用途可以归结为三种基本应用模式：

① 对象的智能标签。通过二维码、RFID 等技术标识特定的对象,用于区分对象个体(获得对象的识别信息),通过智能标签还可以用于获得对象所包含的扩展信息,例如智能卡上的金额余额,二维码中所包含的网址和名称等。

② 环境监控和对象跟踪。利用多种类型的传感器和分布广泛的传感器网络,可以实现对某个对象的实时状态的获取和特定对象行为的监控,如使用分布在市区的各个噪音探头监测噪声污染,通过 GPS 标签跟踪车辆位置,通过交通路口的摄像头捕捉实时交通流程等。

③ 对象的智能控制。物联网基于云计算平台和智能网络，可以依据传感器网络用获取的数据进行决策，改变对象的行为进行控制和反馈。例如根据光线的强弱调整路灯的亮度，根据车辆的流量自动调整红绿灯间隔等。

一般来讲，物联网应用步骤主要包括：对物体属性进行标识，属性包括静态和动态的属性，静态属性可以直接存储在标签中，动态属性需要先由传感器实时探测；对需要识别设备完成对物体属性的读取，并将信息转换为适合网络传输的数据格式；将物体的信息通过网络传输到信息处理中心（处理中心可能是分布式的，如家里的电脑或者手机，也可能是集中式的，如中国移动的 IDC），由处理中心完成物体通信的相关计算等过程。

(3) 物联网实际应用和商业模式

物联网用途广泛，遍及智能交通、环境保护、政府工作、公共安全、平安家居、智能消防、工业监测、环境监测、老人护理、个人健康、花卉栽培、水系监测、食品溯源、敌情侦查和情报搜集等多个领域。物联网的价值不是一个可传感的网络，而是必须各个行业参与进来进行应用，不同行业会有不同的应用，也会有各自不同的要求，这些必须根据行业的特点，进行深入应用研究和价值的开发。

这些物联网实际应用开发不能依靠运营商，也不能仅仅依靠所谓物联网企业，因为运营商和技术企业都无法理解行业的要求和这个行业具体的特点。很大程度上，物联网没有创新物联网商业模式很难调动各方的积极性，目前物联网的主要模式：

① 客户全部自建模式：客户建设包括业务平台、终端识读器、识读终端标识，同时租赁运营商的通信网络方式。在这种模式下，客户承担了物联网平台的全部费用，客户的投资压力大，需要有充足的资金链保证。典型的代表有：电力行业的电力远程监控、水利行业的水文监控、环保行业的污染源监控。

② 平台租赁运营模式：平台运营商搭建公共平台，客户无需建设平台，只需要承担物联网识读器和物联网识读标识的费用，并支付相关通信费用。典型的代表有：广告收费模式、政府 BOT 模式、移动支付模式等，使得平台成本得到了均摊，建设运营能够降低较多。

13.3.2　物联网在零售渠道的应用与发展

关于物联网，在 2010 年我国政府工作报告的注释："是指通过信息传感设备，按照约定的协议，把任何物品和互联网连接起来，进行信息交换和通信，以实现智能化识别、定位、跟踪、监控和管理的一种网络，它是在互联网基础上延伸和扩展的网络。"据美国咨询机构 forrester 预测，到 2020 年，世界上"物物互联"的业务，较之人与人通信的业务相比，比例将达到30比1，"物联网"将是下一个万亿级的信息服务业务，这无疑会带来商业的革新，使零售渠道充满期待。

1）物联网引发零售服务渠道的热潮

尽管作为一个新兴产业，物联网历史尚短，但发展飞速。据统计，物联网技术应用涉及30多个行业，应用最普遍的当属零售、供应链领域。目前，我国的射频识别技术在仓储管理、电子自动化、产品防伪、RFID卡收费等领域应用较多，发展前景十分广阔。

当超市应用了物联网，实现了没有收银员等服务；当消费者购物车通过一个门禁后，就可自动将你所购买的所有商品完成计价，而银行转账系统据此从你的账户上划出了相应的金额。以前超市是用条形码来加快收费速度的，当消费者在收银台付过账后，商品上的磁条就失去效用了。但是与磁条不同的是，RFID标签在视线范围之外还能被继续识别。并由此可以追踪消费者的个人生活方式，消费行动轨迹图，以此来调整商业决策。比如在使用RFID标签的沃尔玛商场里面的货品脱销现象减少16%，RFID技术在货品补充上要比传统条形码技术快3倍，同时人工订单已经减少大约10%。

当零售货物都贴上RFID标签，商品信息一目了然；消费者只要用手机里的读卡器读一下商品RFID芯片，若购买一件服装（不管是店铺购买还是网上购买），可了解其从设计、原料供应、生产过程、流通过程的全部环节与相关资讯，包括商品厂商、品牌、设计师、质量，物流的各环节的过程时间和成本。若买一块猪肉，就可以知道所购买的猪肉产自何处，是吃什么饲料长大的……这对一般对企业和消费者都是一种非常奇妙的感觉和极之有意义过程。

当流通业应用了RFID技术，给管理带来更深远的变化。在供应链管理内两个最大的难题就是商品断货和损耗，而传感技术可以解决流通业这个问题，RFID技术可以使物流公司能做到实时监测，可随时报告货物停留在哪个港口、是否已经报关等常规信息。就像当年条形码的出现，让流通环节上主导权从制造商向零售商转移一样。

当所有凭证服务RFID技术，繁琐的凭证管理变为更方便了；如与航空公司的全面合作共同开发RFID作为电子凭证，推行电子条码机票。乘客通过网上和电话订好机票后，手机会收到电子机票条码凭证，到机场后，可以直接通过二维码识别器登机，从而免去柜台登机的繁琐手续。目前这一应用已经扩展到电影票、麦当劳优惠券等多个服务领域。

2）物联网在零售渠道应用与推广的障碍

尽管物联网热潮已经到来，但调查数据显示，目前国内还有50%的人不知道物联网所指何物,40%的人听说过,但不大清楚。所以,物联网在国内各行业的推广还存在许多主观认识观念提高和客观应用推广基础、技术环境等的工作。

物联网技术应用的碎片化问题。RFID 技术的应用能提高了零售渠道管理效率,然而对于整个零售、流通领域来说,RFID 技术应用还局限某些企业,其应用大多局限在某一封闭部分范围内,就不能实现跨界的融通。如物流车的踪迹可以追踪,但在运送过程中商品周围环境的湿度和温度、货物是否会被掉包等更细节性的信息无法呈现,因此其实际应用、效果和推广受到了极大的限制。同样,RFID 技术在服装企业也受到的关注度和应用,但目前服装行业的应用大多数只局限于给衣服贴上标签等阶段,依据借鉴国外同行经验,物联网技术应该更加深入参与,从服装的生产到销售。通过建立全面系统的数据库,深度挖掘产品信息,系统应用 RFID 技术来大大提高了服装业在生产、物流、仓储、零售等一系列过程中的效率等,无疑能大大提高其经营效率。

物联网技术推广的标准化问题。专家指出,物联网要由萌芽阶段转向成长,RFID 还要进一步突破其技术标准上的瓶颈。RFID 标准的不统一延缓了 RFID 的发展,各个企业若推出的 RFID 产品互不兼容,这会对 RFID 产品互通和发展造成了阻碍。而目前国内还缺乏 RFID 的国家标准,这势必让 RFID 技术推广难以形成规模效益。应该着手以国家颁布或即将颁布的相关标准为依据,立即着手物联网信息编码标准规范的研究,建立相关编码、实施标准、行业规范。

物联网技术发展的政策支撑问题。国内零售企业在使用 RFID 时,一方面表现在 RFID 较高的成本上,一些规模小或产品价值或利润不高的零售企业在使用 RFID 技术时,存在成本相对较高,投资风险较大,企业在主观上对 RFID 技术望而却步;另一方面零售企业总体信息化水平较低,过分依靠国外技术,也使得国内企业向国外支付较高的专利费用,从而增加国内 RFID 的成本,使其推广、规模应用的难度加大,也阻碍了 RFID 的充分应用进程。

综上,零售业在物联网时代的变革,不仅需要物联网技术的支持,更重要政府制定相关政策、优化商业环境,给零售企业各方面的资助、猛推一把让支撑零售业的整个产业基础体系"联网"启动,使物联网的普及和资源合理整合,才能使其持续地发展。

3)RFID 技术在日本服装企业全球供应链管理中应用

产业全球化趋势使得服装供应链管理变得日益复杂,某种程度上说管理者几乎不可能知道某一件特定衣服是在哪里生产的;其次,随着零售店数量的不断扩大,零售管理不善的概率大大增加;再次,服装业的时尚元素瞬息万变,多样化及个性化需求不断增加等。这些都注定了供应链管理具有很强的不稳定性和挑战性。对此,日本经济产业省(METI)通过制定"U-Japan"计划,在服装企业供应链管理中运用物联网技术推进信息化方面颇具特色,值得服装企业借鉴。

① METI 推行的基于 RFID 的 SPA 实施方案。SPA(Specialty Store Retailer of Private Label Apparel),即"经营独有品牌专门店的成衣业"模式,是企业拥有自家品牌,从商品策划、设计、生产、直到零售均由总公司负责的一体化方式,具有"通过与最终消费者直接交易,实时掌握市场需求信息"的特点。它由美国 GAP 公司提出的,之后在日本世界株式会社(日本知名服装企业)成功运用并推广,SPA 模式的关键在于"拥有完善的信息和物流网络"。因此,IT 系统是 SPA 发展的必不可少的技术支撑,而基于 RFID 物联网技术的信息系统也正在成为服装行业 SPA 的重要支撑和关键技术。SPA 方案面向所有联盟成员,应用在服装供应链的所有阶段,包括生产制造、配送和仓储、销售等。RFID 技术的执行,有利于企业及时获得市场需求信息,促使客户和供应商紧密衔接,以满足消费者需求为首要目标,实现对市场的快速反应;有利于加快提升企业的库存管理水平,节省货物周转时间,取代手工操作使得货物即刻增值,仓库之间的盘货和库存数据的传输和处理更加准确和便捷。

② 基于 RFID 技术的服装企业全球供应链管理。日本服装企业的全球供应链结构是一个开环结构,从"国外工厂—海关检验—国内配送中心—各个商店或分店"的整个过程中,供应链的每个环节,都应用了 RFID 技术。日本海外工厂的每件成衣在出厂时都加贴单件级标签、打包成箱后加贴成包级标签,经过海关的各项检验之后,再通过运输、仓储、分拣、配送、分销、销售等物流活动,最终到达日本的消费者手中。在供应链的整个运作过程中,企业能够搜集到服装流转的大量相关信息,这些信息经过"单件级 RFID 的标签信息—RFID 数据库—数据挖掘—检索"系统的处理,其流程都基于服装企业的 IT 系统架构(见图 13-16),它是日本服装企业 RFID 技术应用的一个典型的系统架构,其中,各种 RFID 读卡器被应用到出入场口、智能试衣间、智能货架、POS 系统和手持读卡器等。

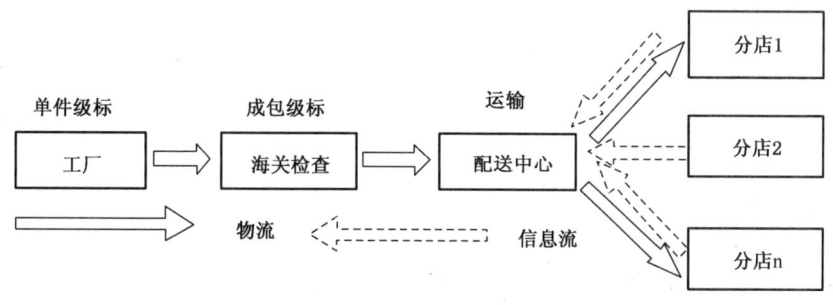

图 13-16　日本服装企业的全球供应链流程图

当客户下订单后,服装经过熨烫、钉扣、检查、再次扫码等一系列工作流程,再进入发货区。如果衣服被检查出问题,则被退回到返货区,编码信息也随之消除。服装从发货区装载到运输车辆时,需再次扫码,获取服装的状态信息。服装的整个物流过程都处于RFID系统的监控和跟踪中,零售商可以直接下单,直接查货物的状态等。同时,通过IT设备,顾客可以自助完成收银付款过程,并实时获得优惠券,自动累积积分到会员卡。另外,发票打印机可以自动识别顾客的购物单据,自动完成打印发票服务。日本服装企业信息化的应用案例表明,RFID物联网技术能够实实在在地提高企业的核心竞争力,未来,日本METI计划继续推进RFID的应用,扩大实施范围,整合更多的服装商店。

4) 物联网技术在我国服装行业的应用分析

(1) 物联网技术在服装行业应用前景

从中长期来看,通过利用物联网技术来更好地提取企业各种信息,并进行数据挖掘,映射到合理的生产和营销策略,能使服装企业从生产、配送、流通到库存控制等,营销的运作效率、全程追踪和业务智能化等水平得到提高,以实现零售业务智能化管理目标。

① 智能配送管理。通过RFID物联网技术来处理和分配"内部配送管理系统"和"商店管理系统"之间的数据,在配备了RFID装置的商店、配送中心和RFID标签系统中,无论衣服现在处于供应链的什么位置,它能被快捷准确的定位。

② 智能库存管理。实现智能收货、智能盘点和智能补货,帮助仓库管理者制定最佳的货物库存-供应方案,据统计,实施RFID技术的仓库比未实施RFID技术的仓库销售量提高达3%~8%,零售商库存盘点速度提高约20多倍,库存数据精度提高30%以上,使库存管理的精确性及高效性显著提升。

③ 智能销售管理。智能货架、智能试穿和POS机的数据分析来追踪、自动获取各件衣服何时上架等活动信息,制定和调整有利于更好销售的服装视觉展示位置、空间层次等方案。另外,只要顾客有需要,设计师、销售人员运用RFID就可以通过电子读码器快速获知该服装的颜色、款式、尺寸、目标服装的位置等信息,有助于能够及时了解服装的用户体验效果、流行款式的实际销售情况、客户试穿和购买几率的顾客心理,设计更适合市场需求的流行服装,为顾客提供更周到的服务。

整个服装供应链上实施RFID技术后,RFID物联网技术能够帮助企业实现业务智能化管理,供应链的各成员企业如供应商和零售商等,都能从中受益,彼此的合作更加紧密,从而实现企业利润的最大化(图13-17)。

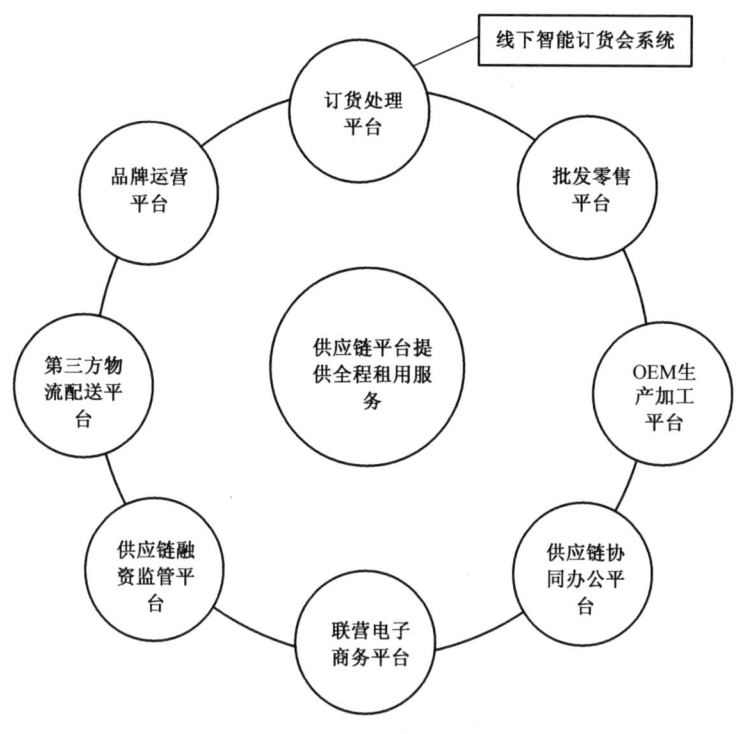

图 13-17 物联网服装行业应用示意图

(2) 物联网技术在我国服装行业的应用推进

从目前的情况,在中国服装行业物联网技术的应用将起步于库存物流管理以及零售终端智能化,进一步推进物联网技术在服装行业零售领域的深入应用,不论在关键技术、资金、还是与其他行业的对接以及数据交换等方面都会存在众多的困难,需要政府、行业协会、企业的通力合作,脚踏式步地推进推动服装产业与物联网技术有机结合,还需要一个政策导向、着力建设和渐进普及的过程。包括:

① 物联网零售的信息化建设。服装零售专业市场物联网技术的应用,实现实时的信息管理,提升了服装专业市场的智能化管理水平,降低了商户和商品的流通和运营成本。

② 物联网零售渠道的商业模式改进。物联网零售跨界合作,基于电子商务以及云计算下的物联网应用技术—网贸流,实现买家、卖家、银行和市场方的"多位一体"的物联整合,政府、行业协会、企业的通力合作,脚踏式步地推进多方面、多领域的共同参与和集中整合。

③ 物联网与传统零售有机"联"。使传统的服装供应链实现智能化、网络化数字贸易管理,对于服装零售渠道未来智能化、网络化、数字化建设和发展具有重要的

价值和意义。

案例 13.1

Levi's 网上量身定做的开拓网络销售市场

服装业在制造模式上历经了传统手工定制、大批量生产和多品种、小批量生产三个阶段,随着网络时代的到来,网上量身定做(个性化定制系统)将有巨大的发展空间。

全球知名牛仔裤生产商 Levis 的商业网站设计了一个"虚拟裁缝",倡导顾客的个性化定制。其中如图 13-18 显示 www.ic3d.com 网站设有一个"Measuring"的服务内容,由客户自己对各个尺寸进测量,并在线输入,网站提供测量方式的文字提示和图示,Levis 公利用互联网销售度身定做的牛仔裤。

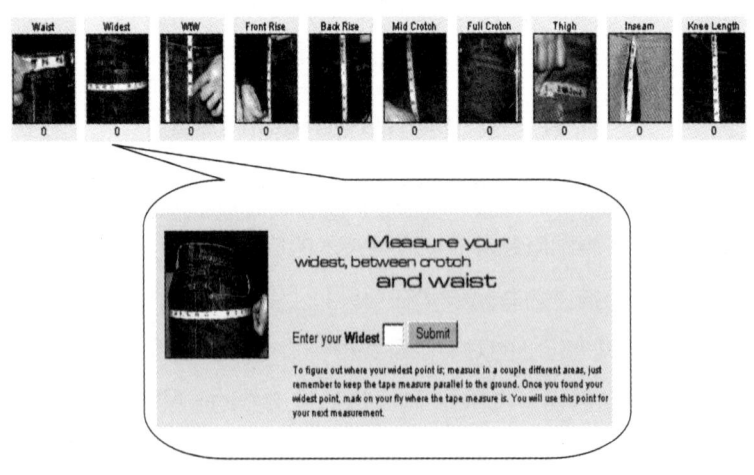

图 13-18 尺寸测量

该网站的特色栏目"定制个性化牛仔裤",点击进入之后,第一个提示问题是:"你喜欢什么型腰际的牛仔裤?"选项有三个:适腰、半低腰和低腰;第二个提示问题是:"你的体型是怎样的?"选项有二个:苗条和不苗条;第三个提示问题则是选择裤脚围大小。

此外,Levis 牛仔裤个性化定制还提供 15 种颜色以供选择。 网上量身定制牛仔裤省去了试衣间的麻烦,顾客完成以上各种选项提交之后,大概 3~6 周牛仔裤将送达至到顾客的住址。 顾客通过网上提供的量体制衣服务,费用仅比标准化的预先制造牛仔裤多 15 美元，却可以获得称心如意的牛仔裤。而 Levi's 公司发现大规模定制给了他们提供独特服务以及区别于其他牛仔裤公司的机会，公司的营业额上升了近三成，经营成本大幅降低。

案例分析：

（1）个性化定制的理论依据：大规模定制。以大规模生产的成本和速度为单个客户定制加工单件产品，这是一种为满足顾客个性化需求，提升企业竞争力而发展的全新的生产经营模式；具体到服装的大规模定制是指顾客参与到服装的设计活动中，与服装设计师共同完成服装的面料选择、款式设计等，并根据顾客的体型，采用流水线的加工方式为顾客量身定制单件产品。

（2）网上量身定做的难点：由于各地区、个体服装因素的特征差异、信息远程传送及服装体验等因素，使得这项业务有待进一步研究市场拓展和推广；消费者在短时间内还很难立即放弃原有的逛街购物行为，转而依赖网上购物，网络定制的兴起还需要经过市场培养发展时间。

（3）案例结论：通过网站上的商务平台进行信息交互，采用模块化设计技术，通过标准模块的组合与顾客共同完成形成定制服装的设计；通过大规模定制的方式进行生产，同时由于只生产满足顾客需求的服装，就无库存之忧。网络时代的到来，网上量身定做（市场推广还面临许多问题）将有巨大的发展空间。

案例讨论：

（1）关注上海"三枪"、"海螺"企业网上定制内衣、男衬衫的零售业务的特征，分析中国企业的网络定制和 Levi's 在美国的网络定制是否有不同？

（2）网络销售会不会对实体店铺的零售造成冲击和分流？

（3）网络销售在我国未来零售市场发展趋势？将具有什么特征？

案例 13.2

信息化变革兵临城下服企物联网应用迫在眉睫

竞争对手的门店进货时只需整箱扫描便瞬间完成了批号、规格、尺码等信息的录入和整合，而你的门店员工还在一件件地手工录入服装信息，想想看，对手可以用省下来的时间作多少事情？以 RFID 技术新特点所提供的一系列创新的、高效的、显著的成功应用及案例,展示了 RFID 标签除了批量读取,还具有体积小、容量大、寿命长、可重复使用、快速读写、非可视识别、移动识别等优点。

通过在每件衣服上贴标、覆合或者植入 RFID 标签,就可以在从工厂到商店零售全流程中进行识别、实时追踪,帮助服装企业将缺货现象减少 20%～30%,库存清点准确率从 80% 提高到 98%,最终给客户带来增加销售额、减少后台存货、缩减管理成本,以及供应链商品流通速度加快等利益。

某宾馆的制服管理一直沿用手工登记方式,员工每天早上上班都要到服装间排队领取制服,有时排队人数达几十人,每人要花 3 分钟。为了提高生产效率,宾馆为每一件制服都贴上 RFID 标签,并透过芯片把资料自动上传到服务器,当一组制服通过阅读器检查时,瞬间实现读取所有衣服的型号、大小、颜色等信息,而无需像以往一样逐一扫描条码。

另外,由于使用标签进行服装管理,宾馆还采用了服装自助服务系统以提高效率。宾馆在服装间外设置该自助服务系统,当员工领取服装后,只要走到仪器前,刷一下员工卡,然后把几件制服放到读写器前,即可快速地确认借出,该系统大大节省了员工借出制服时间。与此同时,假如员工一旦拿错制服,系统还可以根据员工卡中记录的服装样式及尺寸来自动提醒员工。采用该系统后,宾馆提升了五成以上的效率。

RFID(即无线射频识别)技术是物联网技术的重要组成部分,RFID 技术的最突出特点是可以同时识别多个标签,只要在每一件服装上加载吊牌标签,便可批量读取服装信息,省去了拆箱逐一扫描的麻烦。可别小看了批量读取信息的进步,"快"在市场竞争激烈、时尚潮流不断变化的今天,对于服装行业的意义显得格外重大。如果不够快,就有可能被更快的竞争对手抢占了市场;如果不够快,就有可能落在潮流之后疲于奔命。如果不够快,就有可能严重影响供应链的畅通和响应周期。你的竞争对手的门店进货时只需整箱扫描便瞬间完成了批号、规格、尺码等信息的录入和整合,而你的门店员工还在一件件地手工录入服装信息。想想看,对手可以用省下来的时间作多少事情?更不必说因逐件录入带来的误差。对于服装企业来说,竞争对手的信息化变革已经兵临城下,物联网应用迫在眉睫。

近 10 年来,经过 RFID 技术本身的快速发展,该技术已经进入到服装领域的实际应用阶段。去年,沃尔玛已全面将 RFID 应用于其服装产品,物联网时代的服装行业数字化竞争的大幕已经开启。

案例分析:

长三角地区以上海为核心的纺织服装产业面临着转型升级,提高信息化水平、打造高效率产业链是其可持续发展的必由之路。物联网是基于互联网与电信网基础上发展起来的信息网络,应用领域广阔,"大上海地区"服装行业应抓住物联网技术方兴未艾的时机,提高能效,占据主动。

但值得注意的是,服装行业的物联网应用与其他行业一样,同样需要在硬件层面与软件层面的统筹配合,RFID 技术虽然利用数字标签和读取装置快速准确地获得了大量信息,但同时产生的是如何对海量信息进行整理、分析和再利用的问题。也就是说,服装行业不能仅仅满足于给衣服贴上标签,更重要的是,基于相关信息的数据深度挖掘,建立恰当、适用的数据处理系统,真正达到产业升级的目的。正如专家提出,目前我国服装企业应用 RFID 技术的还不多,应大力推广该技术。

案例讨论:

(1) 为什么服装业也需要应用物联网 RFID 技术? 会带来那些变化?

(2) 浏览相关网站信息,关注简介沃尔玛如何将 RFID 技术应用于其服装产品的零售服务?

(3) 分析物联网时代的未来服装行业数字化零售的发展趋势及其特征?

案例 13.3

一个国外的目录销售模式

英国:Argos 代表网址:http://www.argos.co.uk/

经营范围:所有产品;

操作模式:目录—网站—实体店。

实体店外面看:见图 13-19,13-20,店里的目录很厚很厚,随便拿,爱拿多少拿多少,而且很欢迎你拿。

图 13-19 实体店

图 13-20 实体店

实体店内部：实体店内部环境很简单，有一排是收银台和取货区。先排队，交了钱后拿个号，然后等着，等叫到号后去取货区拿货，走人，交易完成。实体店大堂内不放货品，一切都从后台（仓库）取货拿，整个过程很短，大概5～10分。

实体店内员工很少：收银2～3名，不过不忙的时候就1人，取货柜台部2～3人，后面仓库区人员不清。内部基本就这样，大家看到靠近中间有一些桌子，上面摆放着目录吗，这就是进入实体店，你可以翻阅目录，然后每个产品有个编号，每个目录正前面都有个库存查阅器，然后你输入产品编号，你可以看到本店内你需要的货品还有多少剩余，从而选择你要的货品。这是人们站着在翻看目录，看到目录上边有个蓝色的东西了吗，那就是查询器，很方便实用。地下摆放的都是随便拿的目录，后面排队等候的是拿了号等着叫号取货品的人。

案例讨论：

（1）简介什么是目录营销？目录销售模式有那些特征？有那些类别？"国外的目录销售模式"案例是属于那种目录营销类别？

（2）结合课程内容，试从"目录营销的——多元销售"的角度，分析"国外的目录销售模式"案例，对探讨目录销售模式创新"中国式"生存有何借鉴意义？

知识拓展：

1. Joseph Pine，《Mass Customization：The New Frontier in Business Competition》
2. http://www.levis.com/（Levi's 官方网站）
3. http://www.threegun.com.cn/（上海三枪（集团）有限公司网站）
4. http://www.myconch.com/（上海海螺服饰有限公司网站）
5. http://www.wal-martchina.com/（沃尔玛网站）

本章小结

非商店零售商又称无店铺销售商,是指借助其他形式而非固定实体商店独立从事商品的零散卖出业务,并对经营的商品拥有所有权的企业。非商店零售商所借助的具体形式有:网络营销、目录营销、电视营销、电话营销、人员上门营销。随着社会生产和消费需求的发展变化,新的非商店销售形式还将不断涌现。在网络时代,随着我国市场经济的迅猛发展,服装非店面新的市场营销形态—虚拟营销已经悄然出现。

(1) 网络营销在很大程度上是直复营销在网络世界的应用。

了解网络营销具有直复营销的特点:互联网使营销活动能够跨时空地直接向顾客宣传、展示商品,可以直接了解顾客对商品或服务的意见和建议,而且能够做到一对一地个性化互动,通过双向交流,企业真正了解顾客的个性化需求并利用柔性化的生产和服务最大限度满足顾客,有效地提高顾客满意度和忠诚度。

理解网络营销的定义、网络营销具有主要形式和网络营销与电子商务区别,网络营销与电子商务研究的范围不同,电子商务的内涵很广,核心是电子化交易,电子商务与网络营销实际上又是密切联系的,网络营销是电子商务的组成部分。

掌握服装网络营销运营与管理,包括服装网络营销特征、服装网络营销优势、制约服装网络营销发展的因素;掌握服装网络营销的策略深度与实施方法,根据不同的营销深度、范围,网络营销实施的方法手段由浅至深来分层次,涉及信息发布与推广、网上销售与定制和营销创新服务。

(2) 目录销售是一种极其重要的销售形式,它运用目录作为传播信息载体,通过直邮渠道向目标市场成员发布,从而获得对方直接反应的直邮营销特有形式。

了解理解目录销售的基本概述、目录营销的种类、目录营销的特点;

理解目录销售渠道的继承与发展,目录销售是一种古老的销售模式,但随着技术革命和信息时代的到来,以及人们价值观和消费方式的改变,已经不是原来的老模式,它正在不断创新,探索目录销售"古老模式"的"中国式"现代生存和发展。

掌握目录销售模式在创新"中国式"生存和发展,包括古老模式植入时尚理念、目录销售与网络联动互通发展、构建消费者信息资源数据库、"多元销售"提高客户信赖度等策略。

(3) 物联网是新一代信息技术的重要组成部分。

"物联网就是物物相连的互联网"。这有两层意思:物联网的核心和基础仍然是互联网,是在互联网基础上的延伸和扩展的网络;其用户端延伸和扩展到了任何物品与物品之间,进行信息交换和通信。

了解物联网技术、物联网应用模式和物联网实际应用和商业模式。

理解物联网在零售渠道应用与发展,涉及物联网引发零售服务渠道的变革及物联网在零售渠道应用与推广的障碍分析。

掌握物联网技术在我国服装行业的应用,即物联网技术在服装行业应用前景和物联网技术在我国服装行业的应用推进对策。

本章习题

1. 简答题

(1) 简介非店面营销营销的概念及特点。

(2) 简述目录营销的概念、类别和特点。

(3) 网络营销与传统营销的区别? 如何进行营销整合?

(3) 什么是物联网 RFID 技术? 其主要内容及其应用?

(4) 简介服装非店面营销主要模式? 其营销策略特征? 其运营模式有那些共同点和不同点有?

(5) 简介非店面营销与虚拟营销、网络零售与电子商务的共同点和各自不同点有哪些?

2. 理解题

(1) 论述网络营销与传统营销区别。 从营销理念的转变、沟通方式的转变、营销策略的改变、方便性等方面分析,网络营销给传统营销哪些方面造成了冲击?

(2) 结合"目录营销"教学内容,请选择现实中目录营销相关案例,从目录零售如何与"多元销售"整合角度进行对策分析。

(3) 论述物联网的主要内容和技术特征,分析物联网实际应用和商业模式,探讨物联网在服装零售渠道应用与发展前景。

参考文献

[1] 刘娟. 电子供应链下服装大规模定制的快速反应的研究[D]. 湖南师范大学硕士学位论文, 2008(3).

[2] 胡守忠,周静,王黎明. 构建中、小企业服装营销快速反应系统的探讨[J]. 上海纺织科技

2006(4).

［3］程镔,等.网络营销实用教程[M].中国经济出版社,2011.

［4］陈德人.网络零售[M].清华大学出版社,2011.

［5］佚名.服装行业网络营销探讨和研究.新浪网.2010.8.20.

［6］张晓倩,等.服装电子商务[M].中国纺织出版社,2007.

［7］MBA智库百科 http：//wiki.mbalib.com 2012.1.20.

［8］目录营销(红孩子). blog.163.com/goseafood/blog/static/408950. 2012.1.6.

［9］目录营销:便捷的产品信息销售手册.当代直销,2011.3.9.

［10］"目录销售"古老模式的"中国式"生存.http://www.efu.com.cn/data 2009.10.13/.

［11］什么阻碍中国零售业步入物联网时代.武汉市可多连锁商业有限公司.2010.04.02.

［12］2011服装行业物联网技术应用研讨会召开.全球纺织网,2011.12.20.

［13］日本服装企业信息化RFID物联网技术应用. http：//www.99114.com. 2012.1.20.

［14］2011服装行业物联网技术应用研讨会召开.天仕物联网,2011.11.07.

第 14 章 多渠道下服装复合零售的发展

学习目的、要点：

1. 理解多渠道销售的定义、概念；
2. 理解跨渠道销售的基本方法和作用；
3. 区分各种销售渠道的各自功能及特点；
4. 了解统一的多渠道销售平台构建及运行；
5. 掌握多渠道销售的策略和未来发展趋势。

"复合零售"模式的零售业态称为复合零售业态。复合零售是一个比较新的概念，它包括有店铺零售（store-based retailing）和无店铺零售（non-store selling）。在互联网技术的引领下，通过不同店铺零售和无店铺零售手段相结合，创新出了一种全新"复合零售"模式。

14.1 复合零售

14.1.1 复合零售的概念

"复合零售"关注的和跨越了两个或多个渠道的单个交易，并集成这些渠道来完成单笔零售交易。它与多渠道的概念不同，多渠道指的是商家提供了对多种销售渠道的支持，从而使购物者可以通过多个不同的渠道来实现购物。例如，客户可以从网上商店购物，也可以通过实体商店购物，还可以通过电话销售中心购物。跨渠道销售的一大优势在于可以突破实体店与非实体店的客观限制，让消费者很方便地得到产品信息，给消费者提供差异化的服务方式。

① 客户通过网上商店选购商品，然后到实体店提货。而当该客户到达实体店后，又顺便选购了其他商品，一并加到同一订单中，以便能够享受促销活动的优惠。

② 对于在网上选购的商品,客户希望能够到实体店进行退货。当客户到达实体店后,客户经理在系统中查询到订单信息,并在系统中创建退货请求。

③ 光临实体店后,客户发现了需要的商品,但由于该商品目前缺货,于是通过店内的自助购物触摸屏(Kiosk)登录网上商店订购了该商品,待到货后商店将会履行订单,将商品按照客户指定的方式发货。

从整个零售方式来说,在线零售渠道在传统的零售业中其实常常被视为一个独立的业务单元,而这样的机制其实只涵盖到跨渠道零售的三分之一,零售业的重塑绝不仅仅是发展在线零售业务或者在网络上架设一个购物渠道,而要重新思考在线与实体渠道相辅相成的可能。百货店从兴起到现在已经存在了 100 多年,在这期间又发展出超市、专卖店等实体零售形式。变革的新兴零售业态充满生机和活力,但他们并没有使传统的百货店消失,反之多种业态并存于购物渠道之中,满足人们各种生活所需。现在,电子零售作为新兴的销售业态还需要更多人的认知,零售业的发展更多元化,形式更丰满。

德勤管理咨询历时六个月,对美国 15 位领先的零售行业的高级主管进行了访谈调查,发现随着互联网技术的应用和普及,消费者的购买行为在朝着跨渠道模式方向迅猛发展。跨渠道营销的爆炸性增长:根据第三方 Forrester 研究公司的数据显示,从 2007 年到 2012 年,消费者的购买行为结构会发生显著改变。跨渠道销售和在线销售收入总量在 2007 年也不过占了全部零售收入的 27%,而这一数字在 2012 年预计将达到近 50%(图 14-1)。跨渠道销售的整体零售战略,零售商并不会刻意将他们的顾客往"实体店"、"网店"或"多渠道"方向引导,而是纯粹以客户体验为中心的多渠道复合零售的界定。

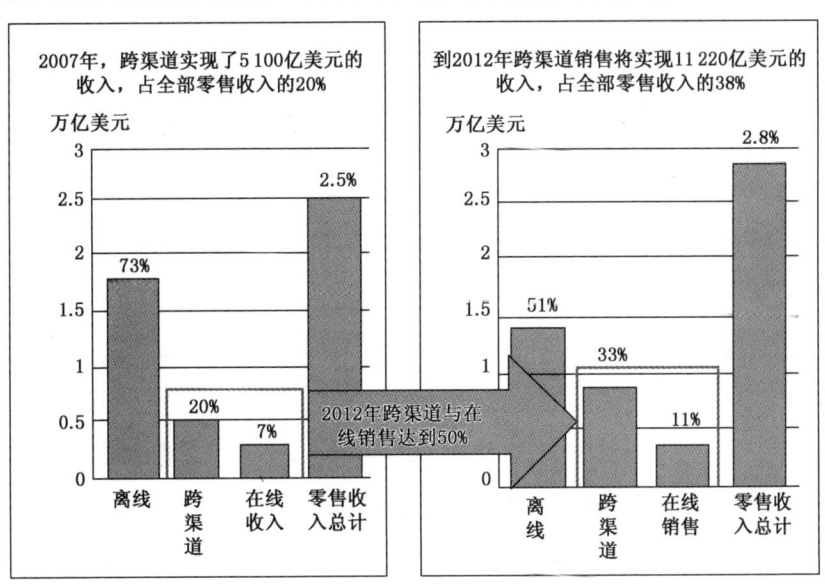

图 14-1 跨渠道零售呈现的"爆炸性"增长

14.1.2 复合零售交易系统

复合零售是涵盖了消费者从与零售商取得联系，到对产品进行了解、调查、评估，再到处理产品的购买、维修和退货等多项事宜的行为方式。"跨渠道"涵盖了消费者从与零售商取得联系，到对其销售的产品进行了解、调查、评估，再到处理产品的购买、维修和退货等多项事宜的行为方式（图14-2）。

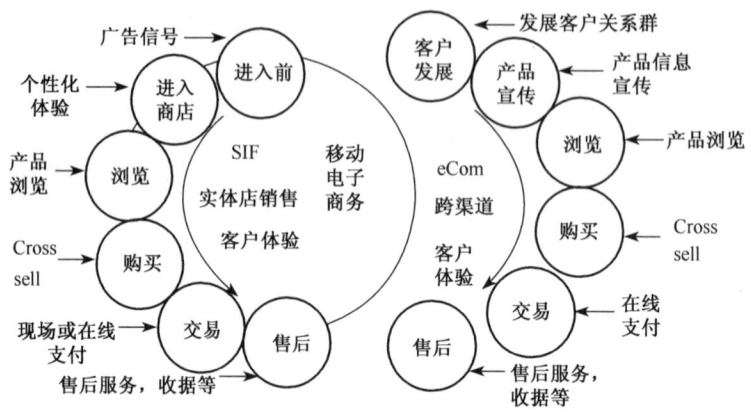

图14-2 跨渠道复合零售模式

零售是将产品和服务出售给消费者，供其个人或家庭使用，从而增加产品和服务的价值的一种商业活动。跨渠道的复合零售改变了零售业的交易方式和产业格局，但传统的零售业态和零售渠道依然具有存在的价值。在许多交易的过程中，实体和虚拟是可以并存的，因此，零售企业应该有效发挥两者之间的互补性，而不是替代性。

从企业的角度来讲，销售渠道有很多种，最基本的销售渠道是实体商店渠道，就是通过物理上存在的各种商店进行实物销售。随着电子商务的兴起，浏览器销售成为另一种主要的销售渠道，主要是指Web渠道或者网上商店渠道。跨渠道的复合零售可以帮助企业扩大销售范围、节约成本、增强客户体验和客户满意度；对于客户来说，除了能够获得更好的购物体验外，也可以选择更多的购物渠道，增加了购物的便利性。事实上，跨渠道复合零售的消费者期待在他们挑选、购买、送货以及要求售后服务时得到无缝体验，不管是通过实体店、邮购、网站还是直邮。

每种单一的渠道销售方式都或多或少地存在着问题，例如物流的支持、价格的高低、服务的质量等，如果不能很好地解决这些问题，势必造成多渠道销售的冲突。为了解决这些冲突，使多渠道销售能够发挥出它固有的优势，就必须进行渠道的整合，使各个渠道能够协同工作。例如，商品交易在电子商店完成，而配货、物流和售后服务等在实体店面进行,这样既解决了多渠道销售的冲突,又发挥了各渠道的优势。这种营销模式就是跨渠道销售。跨渠道的复合零售非常便利地为企业和客户提供了多种选择和渠道,以达到买和卖的目的。

(1) 复合零售的电子商务平台

在零售业电子商务平台中,为支持客户希望能够通过不同渠道(如网上商店、电话销售、PDA(Personal Digital Assistant)上网、实体店及店内自助购物触摸屏(Kiosk)购物的需求,需要一个复杂的订单处理系统。在这个订单处理系统中,一些功能(如订单履行、退换货处理)的机制也非常复杂。对于这些复杂的流程,当前主流的电子商务业务模型大都通过与订单管理系统(Order Management System,OMS)、商店集成系统(Store Integration'Framework,SIF)及业务流程管理系统(Business Process Management,BPM)的整合,对来自各个渠道的订单进行更加有效的处理。

首先,随着电子商务的普及,客户(购物者)越来越不满足于原有的一些购物流程和购物体验。也就是说,客户对电子商务购物的期望值提高了。客户希望获得无缝的跨渠道购物体验,希望获得不同的支付和交付选择。例如,客户希望可以选择在网上支付货款或是到实体商店确认货物以后再在实体店的 POS 机上为网上订单支付货款,客户希望可以选择等待卖家邮寄或快递的方式发货,或者把货物发到某个指定的就近实体商店,然后购物者自己去这个实体商店取货。显然,商家必须通过提供更多高附加值的服务,以及更多强大、丰富的功能,才能吸引住当今忠诚度越来越低的客户。再次,来自市场方面的研究统计数字显示:大部分的在线购物者曾经在网上查看要买的货物,然后到实体店去真正购买;接近一半的购物者在决定最终完成一笔交易前都希望能够亲眼见到和触摸到实物。在应对这些客户行为时,商家既面临着机遇,也面临着挑战。

(2) 复合零售的后端订单处理整合系统

随着电子商务的推广,网络不再是零售业电子商务订单的唯一接入点,电话销售、PDA 上网、店内自助购物触摸屏(Kiosk)等渐渐丰富了消费者的购物渠道,但是,实体店销售仍然是零售业最为重要的销售方式之一。有效地将来自各种渠道的订单进行统一管理,有助于为客户提供完整、一致的购物体验,提高客户满意度,增强客户忠诚度。因此,网上商店的订单系统必须与企业的后台系统整合,以便客户能够查询到所订购产品的库存状况,并能够便捷地以多种方式提交订单,同时还要提供多种商品递送方式供客户选择,支持客户随时跟踪订单状态。通过电子商务平台实现自动化的订单处理流程,还能提高订单的处理效率,降低订单的处理成本。多样的订单提交及商品递送方式能够最大程度地为客户带来方便。

通过与商店集成系统的整合,能够支持客户查询就近的实体店信息和产品库存信息,支持网上下单、店内取货,增加实体店的顾客流量,支持将所有实体店和其他渠道整合,使各渠道的市场营销活动相辅相成,为客户提供更便利的购物方式和更简单、快捷的订单处理流程,从而提高经营收入和顾客忠诚度,且无需增加劳动力成本。

14.2 多渠道下复合零售的策略

14.2.1 多渠道环境下的零售战略发展模式

随着网络和信息技术的发展,许多非店铺式零售渠道(网络零售、直接销售或目录零售)迅速发展起来。其中,电话、传真、电子邮件、手机以及互联网等通信传媒问世不久,无一例外地被快速引进到商业世界的业务往来之中,并逐渐成为新颖别致的营销渠道,多渠道零售的环境便应运而生。零售渠道总体上可划分为店铺式零售渠道(包括超市、折扣店、特许经营店专业店等多种形式)和非店铺式零售渠道(涉及直销、网络零售、目录零售、邮购和电视零售等多种形式)。

零售企业起步时,可能采用单一的店铺或无店铺的销售模式,随着社会、商业和企业的成长,零售企业或许会转向多渠道零售模式。例如,沃尔玛从单一的店铺模式转向店铺和网络共用的模式。多渠道零售模式能使供应商覆盖不同的顾客群体,提高顾客的忠诚,增强市场效率,在不同零售渠道之间分摊成本,并能推动供应商的多元化。消费行为趋势表明,跨零售渠道消费的顾客占全部顾客的比重越来越大,并且其消费金额要高于单一零售渠道的消费者。为了充分挖掘跨零售渠道消费的顾客价值,并尽量提高顾客的覆盖面,越来越多的零售企业正将店铺零售和非店铺零售结合起来,积极参与跨渠道整合。因此,在多渠道环境下,零售企业从消费者的渠道选择行为出发,来调整、完善自己跨渠道零售战略发展模式(见图14-3)。

但多渠道零售是个门槛非常高的行业。客户信息需要长期积累,成本高;需要有强大的呼叫中心和供应链,有处理上千张订单的能力,硬件设备强大为后盾,成本高;需要有充足的资本作为保障,以使用户获得较为满意的购物体验。受这些条件的限制,多渠道零售虽然极具想象空间,但在实施过程中具有较大的障碍。所以,多渠道营销的管理绝非易事,具有较大的挑战性。多渠道环境下的复合零售发展模式包括以下策略。

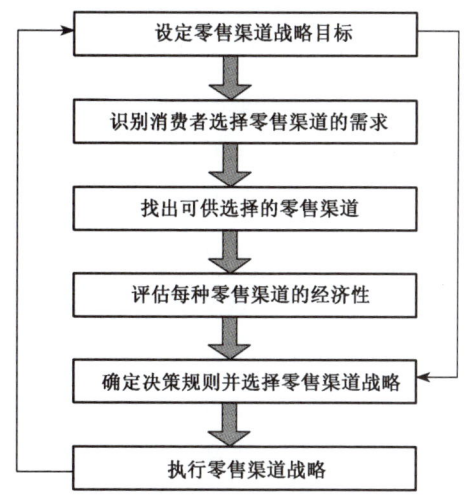

图 14-3　多渠道环境下的零售战略发展模式

(1) 从关注零售商品和货物转向关注消费者群体

目前来看，零售业者大多数的关注都在商品和货物上，而不是消费者本身，实际上，零售业者需要更多的注重、收集有关消费者的有价值的信息，这是关键点。零售企业需要仔细深入地了解消费者，可以借助网络、直邮、社区或企业实体店铺掌握消费者的相关数据，并细化到每一个消费者的层面，有效利用这些信息创造相关度的交互(包括提供给消费者的信息)，以有效吸引消费者的注意，提高其"注意力份额"。

零售企业必须通过巧妙地引导客户来限制客户渠道选择数量，必须在销售与服务的过程中对客户加以巧妙的引导，从客户知道产品开始，到客户购买，再到售后支持的整个过程，通过引导客户来限制客户使用的渠道数量。这种对渠道的"再规划"使零售企业可以决定在何时、何地与购买产品和服务的客户进行互动。而且，针对客户量身定制的"市场渠道"，还可以成为提供持续差异化服务的利器，使客户将渠道与实际产品或服务紧密联系起来。通过对零售业的重塑而达到在线与实体渠道相辅相成的可能。这时零售商并不会刻意将他们的顾客往"实体店"、"网店"或"多渠道"方向引导，而是纯粹以客户体验为中心，给消费者提供各种购买渠道。不论消费者最终选择在哪里进行购买行为，只要购买行为发生，就是实现了跨渠道销售。

(2) 无店铺零售业态与与实体零售结合发展

多渠道环境下的复合零售就是主张通过联合、加强两条或更多的营销渠道，以实现对顾客关系及交互的全过程管理，旨在通过整合运用一种以上的营销渠道去实现产品或服务的销售。

例如，2006年，国际直复营销巨头麦考林开设了实体直营店销售服装，实现了邮购、电子商务与连锁门店三种业态的成功组合,开创了多渠道零售成功的先例。 麦考林在邮购市场上十几年的经验,使它在这个领域内有了很大的积累和市场,由此而派生出来的电子商务和门店形式,能够更好地把它的优势发挥出来。 多渠道零售加强了零售商与消费者的紧密程度,如果各个渠道的特长都发挥出来,就能得到 1+1+1>3 的效果。 麦考林拥有强大的核心数据库。 在麦考林,无论从哪个渠道购买商品的顾客,他的精准信息都会被保存在集中的数据库里。 这样,麦考林就可以了解顾客是从哪个渠道进来的,倾向于购买哪些种类的商品,从而针对性地提供顾客想要的信息,实现个性化、一对一营销。

再例如,早在 2007 年,作为一种网络店铺加实体经营的的多渠道模式的网络实体街区"淘淘巷"在南京淮海路开业。"淘淘巷"的开业,吸引了众多创业者的目光,高峰时期日逾万人次的人流量充分证实了"淘淘巷"的成功。 在网店的卖家看来,由于目前电子商务的发展和普及尚欠火候,尤其是非网民群体对网上交易往往会心存顾虑。 而多渠道零售的"淘淘巷"将网络的便捷和现实的信誉相结合,实现了面对面的服务。 而对于买家而言,网络实体街区的形式,实现了网购时的明码标价,既避免了一般购物的讨价还价,又能看到实物,比单一的网上购物或实体店购物更有一种新的购物体验。

因此,"无店铺零售"受到零售网络的覆盖面、消费者的观念和消费习惯的影响,单一渠道的无店铺零售企业很难获取预期的经营业绩。 而将无店铺销售与实体店铺结合的跨多渠道零售,发挥虚拟店不仅为消费者提供了可到达的便利性,同时也是实体店的在线广告;实体店则是虚拟店的有形展示,既增加虚拟店的可信度,也为消费者提供产品有形体验的机会。 实体零售企业开设的网络销售渠道也比一般的网店更容易被消费者接受。 将虚拟渠道和实体渠道的业务结合起来,共享顾客信息,提高营销活动的有效性,不失为实体零售企业向多渠道扩张的道路。 无店铺零售企业与实体零售结合向跨多渠道零售模式是发展的趋势。

(3) 传统零售业态向跨渠道复合零售发展

在经济形势尚不明朗的今天,需要大量资金投入的实体扩张会加大零售企业的财务风险,相比之下,简便快捷的网络营销能够使零售商更快地接触更多的消费者,实现零售企业的隐性扩张。 许多有实力的传统零售企业都有向多渠道零售进军的趋势。 例如,国际零售巨头沃尔玛在 2000 年 1 月就成立了 walmart.com 作为沃尔玛的一个分支机构。 经过多年的发展,walmart.com 已经从沃尔玛的门户网站转变为沃尔玛的网上超市。 已经能够提供比较全面的网购服务:包括店内商品浏览与搜索、在线订货、在线付款(使用沃尔玛的 visa 卡)、在线客户服务和送货服务等,

walmart.com 所销售的物品从日用杂货到数码产品等,涵盖了沃尔玛连锁超市的大部分商品。

传统零售业态向跨渠道复合零售的条件日益成熟。进入21世纪以来,计算机技术迅猛发展,尤其是个人电脑功能的提升和价格的下降,电脑和英特网的普及率大大提高,已经进入了大众化的时代。目前我国的网络购物市场虽然与发达国家相比还有一定差距,但也已经具备相当的规模,并且具有巨大的发展空间。

跨渠道复合零售中,物流是商品流通中的重要枢纽,如果没有高效率的物流体系做保障,电子商务的无空间距离、快速交易的优势难以转化为快速的商品流通优势。跨渠道复合零售的发展对高质量的物流配送系统的需求,无疑会刺激物流配送系统的完善。目前,现代物流系统、第三方物流物流配送系统的逐步完善完善,从而为网购与多渠道零售提供一个良好的外部环境。再有,跨渠道复合零售中对系统软件服务需求的发展。如2009年1月,微软和埃森哲宣布实行多渠道计划。根据这项多渠道零售计划,埃森哲和微软将与由这两家公司联合创建的全球IT咨询公司A-vanade合作,帮助零售商将购物体验拓展到更大的范围,从而使零售商能够通过消费者与他们互动的每一个渠道始终如一地提供广泛的服务和产品。这就意味着没有经验的零售商在实行跨渠道复合零售时候,可借助第三方服务软件商,将开发跨渠道复合零售系统中节省资金和降低技术风险(图14-4)。

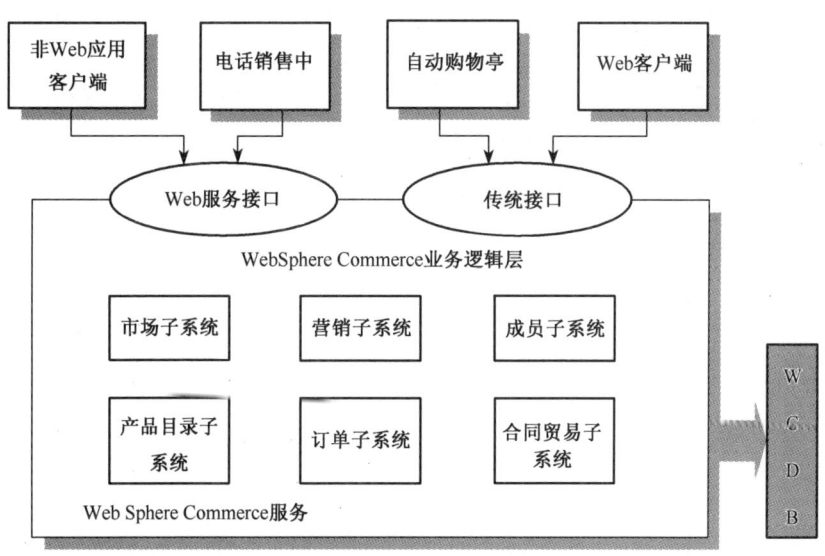

图14-4 IBM对多渠道零售的服务支持系统

14.2.2 跨渠道复合零售的基本方法

跨渠道集成销售在实际复合零售商务活动中的一些具体的应用和方法包括以下几个方面：

1）网上商店购买，电话销售中心修改订单

在生活中可能常常遇见这样的情况：消费者在商家的电子商务网站上选购自己想要的商品，提交订单并在线支付，在订单被处理和履行之前，消费者希望能够对订单进行修改。这个简单的过程，实际上就是一个常见的跨越网上商店和电话销售中心这两个销售渠道来最终完成一个交易的过程。

(1) 零售供需双方的利益

从客户的角度来看，消费者最初查找和比较商品、将商品添加到订单、选择运送方式、提供运送地址和支付信息等这些操作都是在网上商店的渠道自助完成的，消费者充分享受了网上购物的便利和自由。当消费者希望对已经下过的订单进行更改时，只用简单地打个电话，提供订单号或者客户 ID 等信息，就有商家的客户销售代表来帮助完成必要的修改。此时，一般不用再提供购物者的送货地址、支付信息等，因为这些信息已经在网上渠道提供过了，能够在电话销售渠道自动获得。这样，消费者同时也能充分享受电话销售渠道的快捷和简单（只动口不动手）的特点。

从商家的角度来看，通过网上下单的渠道能够享受网上商店渠道的优点，节省完全代客下单的客户销售代表的人力、物力。通过电话销售中心的服务系统和为网上商店的消费者提供订单修改服务，能够增加网上商店客户的满意度，让网上商店渠道和电话销售中心渠道相互配合、相互促进。

(2) 实现跨渠道零售的流程

零售企业的网上商店系统和电话销售中心系统最好建立在同一套电子商务平台之上，共享一个服务端应用和数据库管理系统。这样，网上商店的页面和电话销售客户端指示同一个服务的不同客户，而后台服务的用户系统、订单系统及支付系统共用同一套系统。这样，网上商店的订单在电话销售中心的客户端可以被查询并编辑，用户在网上商店提供的信息（例如送货地址、支付方式等）可以在电话销售客户端的订单编辑中被获取和使用，网上商店渠道已经进行的支付操作（例如信用卡的资金冻结操作）可以在电话销售终端重新提交订单后被直接使用，而不必对信用卡进行取消资金冻结和重复资金冻结的操作。

零售企业电子商务平台的订单管理系统要有很强的订单编辑能力，能处理比较复杂的订单编辑任务。如果用户申请订单编辑时，订单的库存已经分配，要及时调用库存管理系统去取消库存分配。甚至如果订单的部分内容已经履行（例如发送至送货中心或已经送货），订单管理系统也要有相应的应对策略，不允许对这一部分订单项进行编辑，或通知退货系统进行反卖操作。如果用户申请订单编辑时，订单的费用已经被冻结，或者订单的费用已经转账等，订单系统需要根据订单编辑带来的订单金额的变化（增加或减少）进行相应的支付处理。

2）网上商店购买，实体商店取货

"网上商店购买，实体商店取货"允许购物者在网上商店渠道查找、定位要买的商品，并且在网上提交订单、预留库存、在线支付，但是在选择商品交付方式时不使用零售企业提供的运送方式，而是选择购物者自己到指定的某个实体商店去取货的交易方式。这种购物方式实际上就是跨越了网上销售渠道和实体店渠道而复合进行一个完整购物流程的交易方式。"网上商店购买，实体商店取货"在欧美发达国家已经越来越成为一种流行的购物和交付方式。

(1) 零售供需双方的利益

从消费者的角度看。由于不用被动等待物流公司送货上门，消费者自己可以主动在订单处理后的第一时间（或者在自己指定的方便的时间）去取货，避免了等待，使消费者的购物用户体验得到提升。使用这种交易模式，用户可以在网上商店事先确定要买的产品，在要取货的实体商店确认是否有库存，就可以避免消费者直接去某个实体商店购买商品时碰到缺货的情形，也就避免了给消费者带来不愉快的购物经历。

从商家的角度看。提供了一种复合交易模式来整合网上商店和实体商店的跨渠道资源，使之互为补充、互相促进。特别是对于某些开设实体门店非常多的大型零售商，可以用它分布于全球各地的庞大实体店网络来服务网上商店，让网上商店的客户到这些实体店去验货、取货和付款。同时，实体商店的一些店面活动、促销广告也可以通过网上商店来发布和推广。零售企业通过推广运用这种交易模式，可以吸引更多的网上购物客户去了解和拜访其实体商店，从而扩大了实体商店的知名度和客流。同时，因为实体商店往往是消费者最后决定是否真正购买的地方，当零售家把客户吸引到实体商店以后（例如客户来实体商店验货和取货时），就可以深入挖掘客户的潜在需求，提高客户继续购买更多商品的可能性。

零售商把消费者引导到有库存的实体商店的做法可以有效地减少消费者流失到商业竞争对手处的可能性。零售商很清楚，当消费者在一个零售商店（或网上商店）买不到他所期望的商品时，他很可能会到别的零售商店（或网上商店）去购买，这很可能就是竞争对手的商店。因此，需要提供一种方便的手段，让零售企业的商店信息和商品在各个商店的库存信息可以方便地被查询，从而引导客户到附近有库存的商店去购买或取货。"网上商店购买，实体商店取货"就是提供这种手段的交易模式和解决方案。

(2) 实现跨渠道零售的流程

实现"网上商店购买，实体商店取货"的跨渠道购物方式，需要零售企业电子商务系统提供相应的支持。

实体商店定位器：实体商店定位器可以让客户按照地理区域，或者确定某个中心点地址和搜索半径等方式来查找商家的实体商店，并且可以查看实体商店的营业时间、地理位置、乘车路线等信息。当消费者在网上购物时，可以通过实体商店定位器搜索出零售商位于自家附近或公司附近的实体商店，通过查看距离远近和行车路线来决定在网上下单时指定到哪个实体商店去取货。通过与 Google Map 等电子地理信息系统集成，有的实体商店定位器还提供了地理导航功能，可以把搜索出的实体商店在电子地图上显示出来。同时，实体商店定位器还可以提供一个起始地址，给出具体的乘车或行车路线指南。

库存查找器：库存查找器可以让购物者在网上商店上查找其所购买的商品在某些实体商店的库存状况。实体商店的服务人员也可通过库存查找器来查找某商品在临近门店的库存情况，从而引导客户到相关门店购买。库存查找器与普通的电子商务种库存查询的不同之处，在于它可以事先进行跨渠道的库存查询，也就是说，在网上商店既可以查询网上商店的库存，还可以查询某个商品在实体商店的库存。库存定位器通过利用实体商店定位器提供的查询功能，可以方便地搜索指定地理区域或指定地址周围的指定范围内有没有指定商品的库存。在"网上商店购买，实体商店取货"的交易模式中，这种应用场景较为普遍。

实体店订单系统和履行系统：为了支持"网上商店购买，实体商店取货"的交易模式，一般的电子商务订单系统和购物流程都需要一定的改进。一般的电子商务交易流程大致分为产品浏览、添加到购物车、提供或修改运送地址及运送方式（如平邮、快递、特快）、支付和提交这些过程。因为在默认情况下，在线购买实体商品都会通过物流系统来运送，现在要支持用户自己到指定实体商店去取货的模式，所以购物流程需要变成产品浏览、添加到购物车同时指定履行方式（送货或取货）。如果用户选择送货，那么与普通的商品购买流程一样，进入设置运送地址和运送方式的步骤；如果用户选择自行取货，那么就要让用户查找和选择有这个商品库存并提供取货服务的实体商店，并在订单系统中记录下用户的这些选择信息。订单履行系统也需要经过改进来支持新的交易模式。商品要从履行中心发送到订单指定的实体商店,而不是某个运送地址。实体商店的 POs 系统要支持用户取货时可能发生的更改网上商店订单中的产品数量、取消某些网上购买的商品、改变支付方式等用户流程。

在线支付系统:"网上商店预订,实体商店付钱取货"与"网上商店购买,实体商店取货"的流程,两者的不同之处在于,在订单提交环节,网上商店预订只是完成了订单项的添加和提交,商品的库存被预订和分配了,商品的费用并没有被在线支付,而只是在网上提交了订单费用指定"在实体店支付"的信息,这就要求零售商的在线支付系统能支持"在实体店支付"的方式。当用户选择了这种支付方式时,选择自己取货的订单可以被正常处理和发送到取货商店,并且通知商店服务人员该订单没有付款,在提货时需要付款。也有一种常见的情形是有些商家虽然不要求客户在提交实体店取货的订单时支付全额订单,但是会要求购物者提供完整的支付信息(如信用卡号、过期日期、账单地址等),从而可以进行在线支付信息验证,防止可能出现的欺诈行为。在订单履行环节,当购物者在实体商店取货的时候,实体商店的 POS 系统需要按照消费者在提交订单时所提供的支付信息来完成支付,或者由消费者现场更换其他的支付方式进行支付。

3)网上商店购买,实体商店退货

退货是网上商店的一个传统难题,但是退货在电子商务中的确是一个常见的现象和普遍的需求。如果商家能够把网上商店渠道和实体商店渠道整合起来,让实体商店作为网上商店的服务中心,处理来自网上商店(或者其他实体商店)订单的退货和换货请求,将会极大地为网上购物者的退货处理提供便利,有助于增加购物者对网上商店的信心。同时,实体店退货也能够最大限度地保护商家的利益,防止网上退货可能发生的欺诈行为。构建这样一个系统时需要考虑的模块和步骤如图 14-5 所示。

客户:到实体商店申请退货的前提条件是他已经在网上商店或其他实体商店购买了某个商品。客户可以将订单号或收货清单、收据、发票等订单凭证提供给商家店员来申请退货,也可以通过提供下单时结账所用的信用卡信息或者会员卡等来查询包含要退货商品的订单。

零售企业:客户服务代表用自己的内部 IT 登录退货系统,利用客户提供的信息定位到包含要退货商品的订单。在系统中创建一个退货对象,并且关联到源订单。客户服务代表这时可以通过一些人工操作来核实退货者提供的信息是否与订单信息一致,检查所退货品是否完好无损,检查客户身份等信息。在完成这些基本的人工核查和反欺诈检查程序以后,系统还可以调用相应的后台检查模块和反欺诈检测模块。

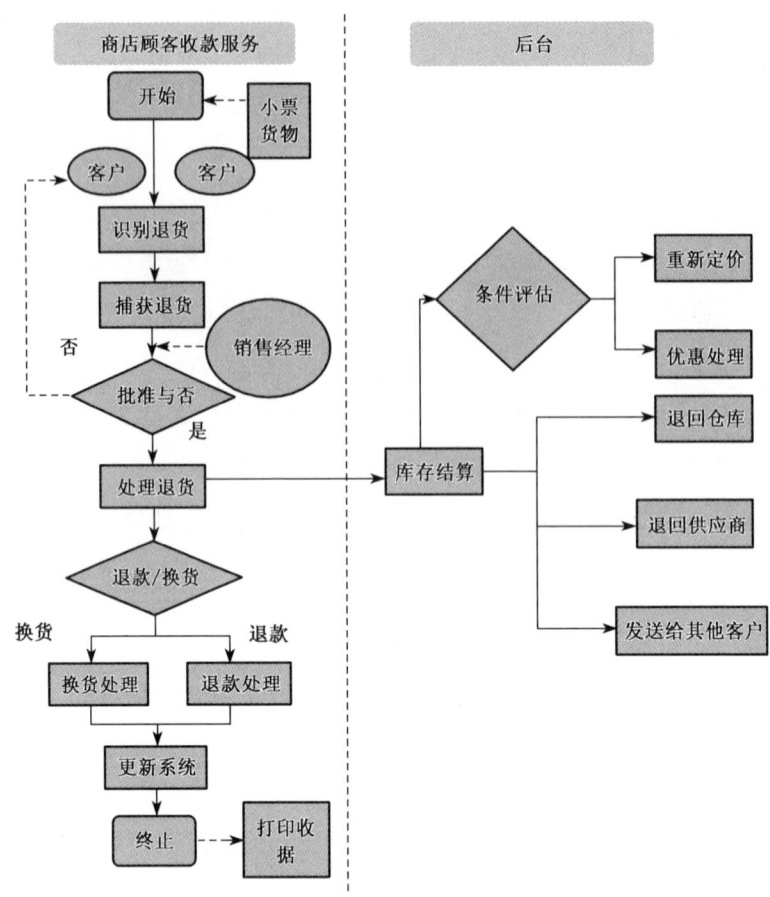

图14-5 "网上商店购买,实体商店退货"业务模块和步骤

根据系统预先制定的退货规则,例如超过多少天或超过多少钱就要加收多少退货费以及用户购买商品时的促销情况等,综合计算出应该退货的金额,并确定退款的方式。根据预先定义的商业规则,有时候零售商只允许退款到会员卡中,有时候零售商家会要求退款到支付订单时所用的信用卡中,有时候则允许现金退款。

信息沟通:客户销售代表在退货对象的各项检查都通过以后将提交退货处理,退款方式和退款金额等信息会发送到相关店员(收银员或出纳员)处。在退货处理过程中,信息会发送到库存中心进行退货库存处理。根据货物的状况和退货原因,所退商品可能直接交给配送中心发送给下一位购物者,也可能进行以原价重新上架、打折销售、发回仓库或退还供货商等处理。在退货处理结束后,客户可以选择是退款还是换货。客户服务人员根据客户的选择进行相应的处理,在系统内部进行相应的信息更新和同步。

14.2.3 跨渠道复合零售的顾客策略

随着经济力从商品的生产者转移到商品的消费者身上,商品零售和市场营销的作用就变得越来越重要。对于一个零售企业来说,仅仅拥有多种销售渠道是不够的,仅仅实现了购物环节的跨渠道也是不够的,在商务决策和市场零售营销领域同样也应该整合多渠道、跨渠道市场营销的概念。每种零售渠道都有其特点,能满足消费者的不同需求。多零售渠道环境下的消费者渠道选择的目标是实现购物的效用最大化,这种效用来源于产品和购物过程两个方面。消费者的渠道选择受到一些主要因素影响,这些因素直接影响消费者从各类渠道购物时所获得的效用.因而会影响不同购买阶段的渠道选择。对零售商家而言,为了实现多渠道环境下复合零售,并且形成一个客户满意的跨多渠道策略,需要关注一些关键问题(图 14-6)。

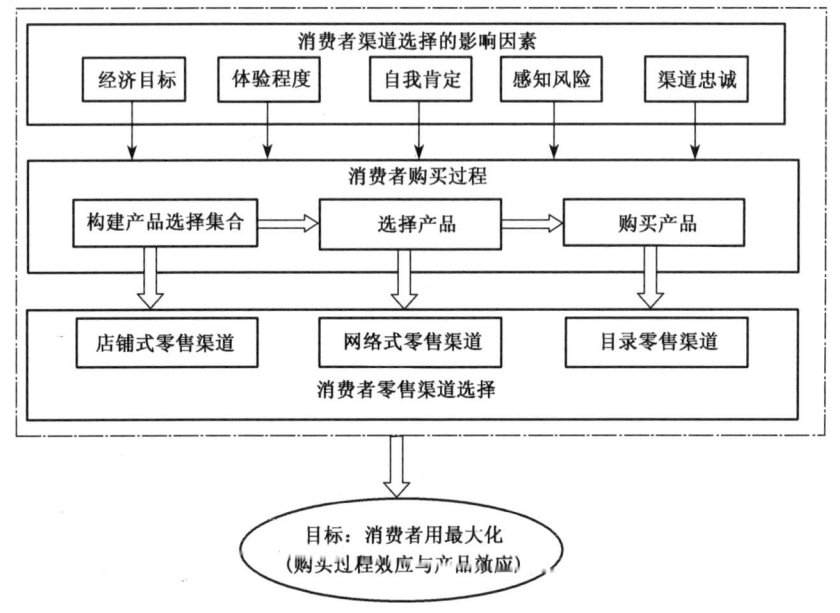

图 14-6 多零售渠道环境下的客户的选择

(1) 经济目标与零售渠道选择

消费者按经济目标来选择渠道时,其目的是实现净收益最大化,净收益是采用该渠道所获得的收益减去成本(过程成本和时间成本等)。消费者需要在购买的不同阶段,对采用特定渠道的成本和收益进行权衡。从客户购买行为过程分:

① 购买对象信息集合阶段。客户的任务是尽量收集产品信息以构建产品选择集合。通过网络渠道,客户可以以最低的成本收集到充分的产品信息,网络渠道是消费

者在第一阶段非常青睐的渠道。网络渠道和目录提供的信息存在许多局限性,客户不能对产品形成触觉、视觉、听觉、味觉、嗅觉等直观判断,而店铺式渠道可以有效地捕捉到这些信息。如果对所购买产品的各种直观判断是非常重要的,客户在这个阶段会倾向于选择店铺式零售渠道。

② 购买对象选择阶段。客户的目标是从产品集中选择最高价值的产品。在经济目标导向下,客户对产品选择集中的各种产品进行比较。在该阶段,客户可能会选择网络零售或目录零售,它们能为客户进行比较提供直接的信息,但提供的信息可能不够完备。如果产品的评价需要较完善的信息,客户通常会选择店铺式零售渠道。

③ 依据产品选择所需信息的完备程度,客户会在网络、目录和店铺等零售渠道中选择。

④ 购买对象实施阶段。客户的目标是最大化消费价值和最小化交易成本。在该阶段,客户以金钱交换产品。

网络零售和目录零售具有交易成本低和销售价格低的特点,容易受到客户的青睐。但是,客户购买还会考虑到消费的及时性和风险性。在及时性方面,由于网络零售和目录零售从产品订购到消费都会有相对较长的周期,如果消费的及时性不强,客户会选择网络零售和目录零售,及时性强,则会选择店铺式零售。

(2) 体验程度与零售渠道选择

体验程度是指客户在购物过程中对产品和购物环境的感受程度,体现为购物愉悦感和社会交际的需要,它会影响到零售渠道的选择。购物愉悦感是客户选择零售渠道的一个重要依据。客户在不同状态对刺激的需求程度不同,在无刺激状态下会寻求更大的刺激,在过度刺激状态下需要寻求安静。

店铺式零售渠道的丰富购物环境能提供高的刺激,对于长期处于低刺激状态下的客户,他们会在高刺激的店铺式零售渠道中购物;而对于经历过高刺激的消费者,他们会寻求安静的网络或目录零售渠道。同时,店铺式零售渠道能提供视觉、听觉、嗅觉、触觉、味觉等五种感观体验,能激励客户产生购物的冲动,会使冲动性的购物者产生过度的购买;而网络零售和目录零售所能提供的感观体验是非常有限的,该环境下的消费行为通常是理性的,客户会按照计划去购买。因此,在店铺式零售渠道下容易产生过度购买的消费者会倾向于选择网络或目录零售。

(3) 感知风险、客户个性与零售渠道选择

渠道风险会影响到消费者的购买行为,对客户而言,尽管店铺式零售渠道存在产品种类少、交通成本、购物时间短等不足,但是客户可以对产品进行完整的检查,并和商店工作人员面对面地交流,这种渠道的社会的、可见的特性降低了购买的感知风险。相反,网络零售存在许多感知的经济风险和社会风险。因此,风险厌恶的客户会选择店铺式零售,而寻求便利性和可控性的消费者会倾向于选择目录零售和网络零售。另外,低参与度、价格便宜或标准化的产品会降低消费者对渠道的感知风险,如书籍、CD 等,消费者通过不同渠道购买这些产品感受到的风险差异较小;而高参与度、价格高、差异化程度较大的产品,如价格昂贵的消费电子、笔记本电脑、服装等,消费者倾向于在店铺式渠道购买,而网络或目录零售渠道给消费者的感知风险较大。

从客户个性来看,对于性格内敛、沉默、固执或粗线条的人,他们在购物时不愿意或不需要别人的赞同或认可,通常会选择网络或目录零售;而性格外向的人,倾向于所购产品能得到别人的赞同,通常会选择店铺式零售渠道。

14.2.4 跨渠道复合零售的企业策略

从商业零售实践来看,依据零售商提供的零售渠道种类及策略,在多零售渠道环境下,零售企业有多种零售渠道可供选择。供应商需要对多种零售渠道进行优化组合,制定有效的零售渠道战略零售渠道战略的目标主要体现为提高消费者效用、增加消费者覆盖率、增加销售额和利润水平、降低交易成本,其中消费者效用可用客户满意指数表示,因此,有些因素对跨渠道复合零售会产生较大影响,对零售企业来讲,主要需要考量五个维度的问题:

(1) 零售企业需要考量五个维度的问题

① 消费者关系。从消费者角度来思考,包括提供给消费者哪些信息、怎样做在线营销、如何为消费者做个性化服务。与实体店大同小异的促销广告不同,跨渠道销售是在虚拟环境中进行,因此需要提供个性化方案以吸引不同的消费个体。

② 零售企业职能角度。现在大部分的零售业者会有两组人负责不同渠道的营销,一组专注于实体渠道的营销,一组专注于虚拟渠道与互联网的营销。但在这两者之间怎样取得更大的协同效益,对于零售企业来说尤为重要。市场营销和零售规划则是零售商需要考量的。

③ 店面战略和存货管理。在这些自己所要准备的商品里面,有哪些是必须要在店内陈列销售的?有哪些是不需要陈列在店铺里面、可以由分销中心直接递送给消费者的?"如果只是很单纯地把跨渠道看成是在线销售,只加一个网站或者网页,问题就被单纯化了。不论怎样,跨渠道的变革,都是整套零售市场营销系统的一个根本性改变。

④ 零售系统整合。大部分零售商在实现跨渠道变革时,没有从组织层面让足够的人员参与变革,而不论是产品、客户信息还是库存都很难做到相应的跨渠道管理,

这就造成了渠道之间的脱节,消费者的跨渠道购买行为自然就不能实现。

⑤ 业绩考量与激励。这看似简单实际非常复杂的问题。客户的购买行为过程可能包含了很多渠道,那么,销售额业绩如何考核? 实现跨渠道零售部门营如何激励等。所谓的跨渠道零售变革不过是 IT 信息技术层次上的问题而已,事实上,跨渠道变革远远在信息科技之上,包含了整个运营模式的改变、流程的再造和组织的变革,在跨渠道经营的思路下,商品组合与商品的选定有根本上的不同,需要审慎培养零售组织的企业文化。

(2) 复合零售多渠道环境下的企业成本策略

明确可供选择的零售渠道之后,接着需要对每种渠道的经济性进行评估。不同渠道的经济性有很大的差异,这种差异体现在渠道成本和渠道收益两方面,渠道成本包括渠道的交易成本和基础设施成本,其中,基础设施成本是一次性的投资成本,而渠道的交易成本包括该渠道中促销、广告、基础设施维护及渠道管理的成本,这些渠道成本都会反映在消费者支付的产品价格上,如传统店铺式渠道成本要明显高于网络渠道成本,因为零售渠道不仅基础设施成本低,而且交易成本也很低。渠道收益表现为渠道覆盖率、销售额和利润水平,在全部可供选择渠道的经济性评估基础上,确定跨渠道零售决策。

跨渠道复合零售的成本优势:在营销管理上,形成一种数字化网络与传统营销体系相结合的新的营销系统,使营销管理无论是在企业内部还是延伸到各类客户,都将变得更为便捷、有效、更为省时、省钱。多渠道零售是一种将在线零售和实体零售等零售业态结合起来的零售体系,降低顾客的购买成本同时也会降低零售商的营销成本。多渠道零售有一个"一三法则",即在线零售增加一块钱,将会对店面销售产生至少三块钱的影响。这就意味着多渠道零售商可以利用各个渠道之间的交互影响来实施有效营销。销售的成本多渠道客户通常比单一渠道客户服务成本要低,因为购买的后端流程和库存管理流程可以共享,企业可以通过针对高价值客户和满足其预期实现规模优势。

14.2.5 跨渠道集成服装零售的挑战与发展

1)"麦考林"的成功与多渠道零售的特点

"麦考林"公司成立于 1996 年,主要针对较高收入、追求时尚潮流的都市女性发展服装邮购业务。2005 年,麦考林重建"麦网",整合其电子商务和目录资源,形成一个"虚拟的女性百货商店"。2006 年,麦考林在上海开设第一家实体直营店,有效整合网站、目录和实体店三种业态。这种"三位一体"的多渠道零售模式在国外已经发展成熟,但在中国尚处于起步阶段,从而成为我国多渠道零售行业的领跑者。

作为中国最大的邮购目录零售公司,麦考林产品涉及服装、配饰、家居、美容等业务,目前拥有 580 万注册会员,200 多万活跃用户,目录全年发行 8 000 万册,网站浏览 10 万人/天,连续 5 年保持了 50%以上的复合增长率。麦考林公司在借鉴国外成功经验的基础上,以数据库管理为核心,从而实现多渠道营销。白天,顾客们可以边看目录边打订购电话;下班以后,门店又接棒成为麦考林的主要销售渠道;等到晚上门店关门,消费者又能到其电子商务网站上购其所好,这样形成一个 24 小时的销售链,不但满足了不同的购买习惯,而且可以不断丰富公司的数据库系统。麦考林的工作人员每天利用专业模型,将客户的年龄、性别、爱好以及前一次购买物品的特征等进行统筹归类。根据数据分析样本测试会员的购买情况,制作正式目录。比如某款货品在测试中反应冷淡,那么正式目录上会对其做降价促销;某款产品销售火爆,则通知相关部门准备补单,或者立马研发类似货品等。

因此,麦考林的多渠道零售的核心依然是数据库,无论从哪一个渠道购买产品,顾客的信息都会被保存在集中的数据库里。麦考林根据数据信息分析客户爱好、购买趋向、价格定位、时尚偏好等,以发送目录、设计产品和进行采购,实现个性化、一对一的市场营销。麦考林公司 CEO 顾备春认为,"多渠道营销加强了和顾客的紧密程度,如果各个渠道的特长都发挥出来,就能得到 1+1+1>3 的效果"。

总体来说,跨渠道集成复合零售的发展进一步优化了零售市场,使零售模式比以往任何时候都更加有效率,更加集成。其特点主要围绕着:帮助商家吸引和维护优质客户,让在线购物能够与其他传统渠道的购物关联起来,并且能够降低客户购买成本,增加客户在线购物的回报,提供无缝的跨渠道购物体验。如"网上商店购买,实体商店取货"就是这种新的跨渠道增加了客户的购物体验,零售商需要继续为用户提供更好的跨渠道购物体验。借鉴现代电子商务和信息平台,以整合企业所有的资源和能力,跨越企业所有的销售渠道,无论是网上商店还是实体商店,吸引更多消费者的注意,提升零售服务的效率。

2)跨渠道集成复合零售的挑战与发展

(1)跨渠道复合零售系统的集成整合

跨渠道复合零售不仅仅是在线零售,或是只添加一个网站或网页的问题。跨渠道复合零售的变革意味着整个零售系统根本性的改变。跨渠道复合零售的变革远在信息技术层面之上,它包含了整个零售模式的改变、流程再造和组织变革。跨渠道复合零售的运营不是多个渠道的并行运营,而是使多个渠道协调起来,创造多个渠道间的协同效应和规模效应。各个渠道间积累的顾客资源和顾客数据应该是可以共享的,渠道之间的后端服务流程和库存管理流程也是共享的。实体渠道和虚拟渠道的营销活动也是可以相互影响、相互促进的。如图 14-7 所示。

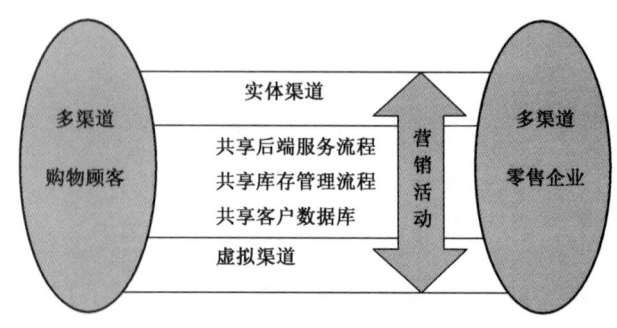

图 14-7　多渠道零售模型

如果多渠道零售商不能在产品、客户信息和库存等方面做到跨多渠道管理,就会造成渠道之间的脱节,消费者的跨渠道购物行为也就不能实现。

(2) 跨渠道复合零售的运营导向策略

跨渠道复合零售的运营是突出技术导向还是顾客导向。传统渠道零售企业的运营总是以产品和店铺为中心,强调较低的价格购进商品、店址的选择、店面环境的设计和商品的摆放。价格的竞争难以维持长久的优势,而特色的竞争最终也会走向趋同。要在未来的长期竞争中立于不败之地,跨渠道复合零售企业需要转变零售理念,以客户需求为中心,营销策略也应由 4Ps 转向基于客户需求的 4Cs,利用跨多元渠道发掘消费者的需求,开展个性化的营销,与客户建立长期的合作关系,进行个性化竞争和客户关系竞争。

零售商家可以利用通过网上商店、实体商店和其他渠道收集到的客户行为统计数据来制定更加精确和细粒度的市场零售策略。网上商店是零售商市场销售信息的一个重要来源,这些市场销售信息正是零售企业制定市场零售策略和开展商务活动的依据。例如,当发现网上商店里某件服装近期销售成绩比较好时,就可以在实体商店的模特展示区把这件服装展示出来,以吸引更多光顾实体商店购物的消费者的注意。当发现很多网上商店用户都把某件商品加入到兴趣列表的时候,实体商店也应该响应并增加该商品的进货量。商家需要跨渠道市场营销来为商家的商务行为和营销活动提供精确的决策支持。

(3) 借鉴现代信息技术搭建跨渠道复合零售平台

随着现代信息技术的发展,部署下一代电子商务平台,以整合企业所有的资源和能力,跨越企业所有的销售渠道,例如:通过与库存系统的整合,无论是网上商店还是实体商店,都能够即时查询库存信息(包括 ATP 库存系统的期望库存信息);通过与市场促销系统的整合,网上商店的热销商品能在实体商店中得到体现,实体商店的热销商品也能动态地出现在目录销售手册里；用户在网上商店购物，可以获得与在实体商店购物时同样的优惠券等。通过这样的整合，可以将企业的网上商店销售服务、电话销售中心服务，以及实体商店服务、目录销售服务系统都联合起来。

案例 14.1

GAP 的线上线下整合销售之道

GAP 集团（http://gapinc.com/）一方面在线下的实体店铺销售上持续保持业内领先地位，但另一方面也同时将拓展直营电子商务渠道视为公司重点战略，并且取得了很好的成绩。也正是看到了 GAP 集团在这里取得的骄人成绩，很多其他的传统服装品牌商才开始认真思考和跟进电子商务渠道建设这件事情。

如果我们将品牌公司分为 3 类，一类叫做"纯水泥"公司，也就是只有线上实体店铺的传统品牌商；一类叫做"纯鼠标"公司，特指没有线下实体店的基础，直接从购物网站起家的新兴品牌；而还有一类就是所谓的"鼠标+水泥"公司，属于上面两者的结合，一方面既有线下实体店支持，另一方面也支持线上网站购物的公司。近年随着电子商务环境的不断改善，越来越多的"纯水泥"公司开始考虑是否需要进行电子商务渠道建设的事情，但面临的一个大问题就是公司如何维持线下渠道和线上渠道的平衡，从而保证全局销量的最大化？我们不妨直接看看 GAP 集团在十几年的实际探索和尝试中是如何做的。

从引来用户，转化用户，留存用户这三方面来说，像 GAP 这样的传统知名品牌商发展直营电子商务渠道时，比其他所谓的"纯鼠标"电子商务品牌来说，拥有不少先天优势：

（1）跨渠道交叉推广。运营电子商务网站的第一个主要难点是如何创造流量，因此很多电子商务网站的成本支出重头都在营销推广费用上。而 GAP 公司成立初期首先就充分利用了自己广大的实体专卖店网络来做推广，包括在店铺内广告海报上加入宣传自家购物网站的地址和让收银台的职员为正在买单的顾客进行口头推荐，甚至还在一些重点店铺中提供了链接到 gap.com 的机器让顾客尝试。

（2）更低的用户接受门槛。当一个购物网站成功吸引了潜在用户前来访问后，第二个重要任务是如何促进这些用户实际转化，也就是从单纯浏览到下单。GAP 由于已经通过几十年的实体店运营让广大用户了解和熟悉了自己的品牌，并且建设和维护了良好的品牌信誉，因此用户在考虑是否从 GAP 旗下的电子商务网站购物的时候，会自然地将这份信任传递过来,从而提升初次购物转化率。

(3) 通过优秀的服务留住用户。 一旦用户迈过了第一次线上购物的门槛,随之而来的第三个重要任务是如何将这些用户留住,这里 GAP 公司则是通过优秀的服务来保证用户的忠诚度,而能提供这些服务的基础还正是因为有实体专卖店做后盾。 退换服务。 如果是在一个"纯鼠标"的购物网站下单并收货后发现不是特别满意,除了邮寄退回外,用户还可以选择将收到的商品就近拿到自己熟悉的线下实体专卖店中进行退换;改衣服务。 如果用户在网上购买了衣物后发现要进行一些小的修改,可以方便地将商品拿到线下实体店获得免费服务,这样用户在网上购买时就更放心了。

这些先天优势保证 GAP 集团旗下购物网站群能够从直接销售数字上带来收益的原因,同时这些购物网站群也为集团提供了大量的非直接收益,包括整体品牌美誉度的提升、为顾客提供一套无缝整合并且始终一致的购物体验,而且还能收集到大量有价值的消费行为数据。 这些数据如果想通过传统线下实体店来收集将非常困难。 如果说在这个整合线上线下渠道战略的推动初期更多的是通过 GAP 的传统线下渠道为新兴的线上渠道来引流和支持的话,那么到了 GAP 集团旗下网站已经站稳了脚跟的今天,如何更好地利用这些已经建立起来的影响力和用户群来反向带动实体店铺销售的尝试就更为重要了。 尤其是目前美国整体经济还较低迷,对实体店铺销量影响比较明显。 一个最新的例子是 GAP 集团在 2009 年初为旗下的廉价大众品牌老海军(OldNavy)推出了一个名为 OldNavyweekly.com 的网站,在引导线上用户去线下实体店购买方面取得了不错成绩(图 14-8)。

图 14-8 OldNavyweekly.com,旨在通过线上营销和创意拉动线下实体店铺销售

GAP 集团的线上线下渠道整合之道确实一个很好的成功案例,证明如果战略制定和执行正确,传统品牌商完全可以进行完美的"鼠标+水泥"的转生,实现渠道共赢。 如果一定要将 GAP 的案例在中国市场上进行比较,也许就只能拿佐丹奴来看了。 无

论从时装风格上,还是从对自营电子商务渠道的建设上,都有一定类似之处,而且据说佐丹奴的购物网站年销售额也早就过了千万(http://www.e-giordano.com/)(图14-9)。 整体还是希望能够在中国市场上涌现出更好的线上线下多渠道销售整合的案例,只有这样才能进一步促进整个产业链条的发展和转型。 毕竟对于品牌商来说,无论是"纯鼠标"、"纯水泥"还是"鼠标+水泥",最终的目标都应该是服务用户,渠道平衡应该是为之服务的,千万不可本末倒置。

图 14-9　佐丹奴的直营电商网站

案例启示:

对于一个品牌商家来说,渠道管理一直是一门重要的学问。 渠道冲突(Channel Conflicts)这个问题也在业内存在了很久,特别是随着近年来电子商务概念的兴起而变得越发突出。 建设线上渠道的好处很多,适应了越来越多的用户将时间花在互联网上购物这一需求。 所以传统品牌商也必然要开始考虑自身网站的建设,只不过在建设的战略上需要分析清楚。

谨慎型:这类型品牌商属于商品本身不是特别适合纯网络销售(例如汽车生产商),或者是现有线下渠道非常强势的商品(例如一些日用消费品品牌,包括牙膏、洗发水等),这些品牌商可以选择在自身的网站上不提供商品出售,但是应该放上大量产品资讯以及如何寻找到最近的线下渠道购买这些对于用户有价值的信息。

激进型:这类型品牌商属于商品本身比较适合网络销售并且对于现有线下渠道有不错控制力的,类似前文中提到的 GAP 或者佐丹奴。 这些品牌商可以选择更激进地推广和支持自身的电商购物网站,但建议至少在产品价格上要做到线上线下渠道一致,否则利益冲突过于明显。

折中型：这类型品牌商属于介于上面两者之间，一方面确实有值得尝试网络渠道直销的利益，一方面也希望继续维持和现有线下渠道的良好关系。这些品牌商可以尝试通过一些折中的手段来平衡两边的利益，无论传统品牌商最终选择哪一种方式来进入互联网，重要的都是首先分析清楚自己所处的环境并设计正确的战略，然后在执行层面上保证和现有线下渠道商进行充分而有效的沟通，达成共识，这样才能避免所谓的"品牌商的两难"。

本章小结

服装零售业需要进一步整合统一的电子商务平台上的多个渠道，进一步拓展多渠道的应用，实现跨渠道销售，为终端客户提供真正无缝的跨渠道购物服务。服装营销渠道模式不是一成不变的，随着市场环境、竞争对手、中间商、企业自身资源及战略等一系列因素的变化，服装营销渠道模式也需要进行相应的调整。

掌握电子商务中的多渠道销售的概念，了解电子商务活动中有哪些常见的渠道，各个渠道有哪些优点，适用于什么样的人群和业务需要。如何在一个统一的平台上支持多种销售渠道，包括实体店渠道、网上商店渠道、电话销售渠道、目录销售渠道等，然后介绍了一个好的电子商务系统应该在一个统一的平台上支持多种销售渠道，让多个销售渠道结合起来，实现完整的跨渠道销售，从而达到渠道互补和有机结合的销售和营销效果。

重视营销渠道的变革与模式发展战略。要理解营销渠道变革与模式选择的相关理论研究，理解基于顾客让渡价值的营销渠道变革与模式选择、基于交易成本的营销渠道变革与模式选择，分析基于顾客的营销渠道战略整合，掌握营销渠道一体化模式和多零售渠道环境下的渠道战略模式。

明确执行零售渠道战略是确保零售渠道战略目标能否在管理实践中实现的重要步骤。零售渠道战略的效果取决于消费者效用的获取程度、各类零售渠道经济性及渠道间的相互影响程度。渠道经济性和不同消费群体采用各种渠道的相对程度对零售渠道战略的产出有显著的影响，因此，理解并充分发掘不同消费群体的利润贡献是执行零售渠道战略的关键。在执行零售渠道战略时，需要保证消费者在不同渠道之间获得的效用要有一致性，要确保消费者在不同渠道间获得的沟通和服务是协调的，同时，要优化营销资源在不同渠道间分配所产生的回报，另外，要尽量减少不同渠道间可能产生的冲突。

最后，掌握进行一些多渠道销售的策略分析和发展趋势探讨的方法。

本章习题

1. 练习题

(1) 多渠道销售营销的模式主要有哪些?

(2) 网络营销与电子商务的共同点和不同点有哪些?

(3) 网络营销从哪些方面给传统营销造成了冲击?

(4) 什么是统一的多渠道销售平台? 如何构建及运行?

(5) 什么是网上中立交易平台? 网上中立交易平台的营销模式有哪些?

(6) 网络营销的主要内容是什么? 具有哪些特点?

(7) 常用网络商务信息采集工具有哪些? 各有什么特点?

2. 思考题

(1) 了解现阶段网络经济环境中的社会、政治、经济、人文环境以及主要交易规则,分析该环境下服装市场零售的发展趋势,提出服装电子商务方法与手段、服装网络营销、多媒体展示等的策略。

(2) 解释多渠道销售的概念、特点和职能以及多渠道销售营销模式。

(3) 理解和掌握多渠道销售的"线上、线下"主要特征、区别,特别是能够比较两者的优势与劣势所在,如何在服装零售中实施"整合"和"互补"?

(4) 结合自己的体会,谈谈开展服装多渠道销售的关键,并通过上网实践,分析1~2个服装多渠道销售的实例。

参考文献

[1] 万蕊,德勤. 零售业的多渠道变革[J]. 北京:商学院 BMR,2009(5).

[2] 周宇辰. 下一代电子商务[M]. 北京:电子工业出版社,2010.

[3] 范小军. 新型零售市场模式下的渠道关系发展战略[M]. 北京:科学出版社,2010.

[4] 张永强,陈育聪. 零售业多渠道营销趋势[J]. 天津:天津市财贸管理干部学院学报,2009(4).

[5] 宋新华. 论零售企业的多渠道营销[J]. 北京:商业时代,2011(3).

[6] 张永强,陈育聪. 零售业多渠道营销趋势[J]. 天津:天津市财贸管理干部学院学报,2009(4).